広島修道大学学術選書 66

オランダ会社法

Nederlandse ondernemingsrecht

田邉真敏 著
Masatoshi Tanabe

商事法務

はしがき

　本書はオランダ会社法の全体像を明らかにすることを目的としている。世界で最初に株式会社を生み出した栄誉に浴するオランダは、幕末に至るまでわが国にとって西洋学問の唯一の情報源であった。わが故郷の丹波・福知山藩主であった朽木昌綱（1750〜1802）は、オランダ語の地理書を読みこなし『泰西輿地図説』を著している。明治になると研究対象としての関心は他の西欧諸国に移り、オランダの存在感は薄れてしまった。現在国内の大学でオランダ語を学べる機会もごく限られたものとなっている。

　しかしオランダは、国際企業取引において「小さな強国」として確固たる地位を占めている。石油・天然ガス、電機、食品、家庭用品、ビール醸造、家具小売、会計事務所などの業界でその名を知られた世界を代表する企業が、オランダに本店を置いている。また、日本の企業と欧州の企業が合弁会社を設立する交渉を行う際に、設立候補地として必ずといっていいほどあがってくるのはオランダである。税制面でのメリットという現実的な理由があるが、事業の本拠地として実際に選択される以上、オランダ会社法の知識は国際企業法務に携わる者にとって必要不可欠といわざるを得ない。

　このような実務面からの必要性だけでなく、オランダ会社法はわが国会社法の今後のあるべき姿を考えるにあたりベンチマークとなる存在である。オランダは国土の地勢的、歴史的ポジションからして、フランス法、ドイツ法、英国法から影響を受けてきたことは容易に想像がつく。国土の4分の1におよぶ海面下の土地を、風車と先進的な干拓技術で水害から守り抜いてきた中で育まれた共同体意識は、会社法を含めオランダ法人法に少なからぬ影響を与えており、また日本の戦後の共同体的会社観にも相通ずるものがある。これらの点でわが国会社法が置かれた立場と一定の共通項を有しているオランダ会社法を研究することで、わが国会社法のこれからを考えるにあたっての示唆が得られると思われる。

　本書の特色は、第1に、オランダ会社法のほぼすべての領域をカバーしていることである。公開株式会社、非公開株式会社、合名会社、合資会社、そしてオランダで企業活動に比較的多く用いられる協同組合に加え、社団、財団に関する記述を含めた。オランダ会社法の条文は「法人法」として民法典に組み込まれており、株式会社以外の法人や人的会社との対比により、本書の中核である公開株式会社、非公開株式会社の特徴を浮き彫りにすることを目指した。

　第2に、事例、判例、図表を数多く取り入れたことである。外国法の概説はともすると条文をなぞらえることになりがちであるが、そのような単調さを回避するとともに、比較法研究のための情報源となることを目指している。上場会社の実例や

オランダらしい仮想事例を置くことで説明を立体化することに努めた。判例は最高裁判所、商事裁判所を中心に、重要なものについては事実の概要も示している。一方、学説については、実務を意識した概説書という本書の位置づけを踏まえ最小限の記述をするにとどめた。

　第3に、わが国と異なる制度については紙幅を割いて説明している。具体的には、資本保護規律（第4章）、経営協議会（第7章）、取締役等の「会社の利益」擁護義務とその不履行に対する責任（第9章）、商事裁判所と調査請求権（第10章）、結合企業法（第13章）などである。オランダ会社法がいかなる考え方でわが国を含めた他国と異なる制度を設けているかを明らかにするように努めた。それらに関する説明の前提として、第1章にオランダ会社法の沿革についてやや詳細な記述を置いた。また、読者の手許に法令集がないであろうことを踏まえて、条文の規定内容に関しては逐一記述するようにした。このため本文中に同様の表現が繰り返し出てくることをご容赦いただきたい。一方で、わが国会社法の知識の類推で容易に理解が可能な項目については簡潔な説明にとどめ、めりはりをつけるようにした。

　第4に、本書を手に取る方には国際企業法務に携わる実務家が含まれるであろうという想定の下に、オランダの子会社や合弁会社の運営にとって有益な情報を含めている。

　本書は、オランダの大学の法学部で標準的な教科書として用いられているM.J. Kroeze, L. Timmerman en J.B. Wezeman, *De kern van het ondernemingsrecht*, 3e druk, 2013とP. van Schilfgaarde, *Van de BV en de NV*, 16e druk, 2013に依拠している。これに多くの研究者に引用されるAsser serie, *Rechtspersonenrecht*, 2-I* 9e druk, 2015; 2-II*, 3e druk, 2009; 2-IIa, 4e druk, 2013の3冊およびE.J.J. van der Heijden en W.C.L. van der Grinten, *Handboek voor de naamloze en de besloten vennootschap*, 13e druk, 2013のほか、参考文献リストに掲げた各種文献資料ならびにヴォルターズ・クルーワー（Wolters Kluwer）社のクルーワー・ナビゲータ（Kluwer Navigator）データベースで提供されている裁判例を踏まえて執筆している。本書がその目的にかなった内容を伴うものとして故郷の先達の偉業に少しでも近づけているか、大方のご評価を仰ぐ次第である。

　本書は、2014年9月から2015年8月までアムステルダム自由大学法学部において客員研究員として行った在外研究を基礎としている。受入依頼に快く応じ、願ってもない研究環境を提供していただいたW.J.M. ファン・フェーン教授（prof. mr. W.J.M. van Veen）のご厚情に心からお礼申し上げたい。ファン・フェーン教授のご理解とご支援なくしては本書が日の目を見ることはなかったであろう。また、同大学法学部のベルナデッテ・ファン・レーウェン（mr. dr. Bernadette van Leeuwen）、ヴァウタ・ファント・スペイケル（mr. Wouter van 't Spijker）両氏には、研究の過程で出てきた疑問等について、ご自身の教育研究業務でご多忙にもか

かわらず丁寧に回答していただいたことに感謝申し上げる。

　また本書刊行の実現のためにご支援いただいた学内外の方々に、そして最後になるが、多大なご配慮をいただいた株式会社商事法務書籍出版部の岩佐智樹、木村太紀の両氏に、厚くお礼申し上げる。

　2016年6月

田邉真敏

目　次

はしがき

第1章　序　論 ——————————————————————— 1
第1節　オランダ会社法の意義 ………………………………………… 1
1　会社法の主題（1）　　2　会社の歴史的役割と会社法（2）
第2節　オランダ会社法小史 …………………………………………… 3
1　立法前の発展（3）　　2　1811年商法典（5）　　3　1838年商法典（6）　　4　1928年法（7）　　5　変動する会社法（1971年前後以降）（8）　　6　EU法の影響（9）　　7　1971年前後の発展（10）　　8　民法典第2編の施行（1976年）（11）　　9　1976年から2000年にかけての発展（11）　　10　2000年から2010年にかけての発展（12）　　11　2011年から現在まで（14）　　12　柔軟な非公開会社法（2012年）（17）
第3節　会社法の構造 …………………………………………………… 20
第4節　法人法の一般条項 ……………………………………………… 21
1　法人の権利義務（2:5条）（22）　　2　合理と公正の原則（2:8条）（24）　　3　強行法規性（2:25条）（25）

第2章　会社法総論 ——————————————————————— 27
第1節　企業形態の種類 ………………………………………………… 27
1　序　説（27）　　2　株式会社の特徴（28）　　3　非公開株式会社（29）　　4　公開株式会社（31）　　5　組合、合名会社（32）　　6　合資会社、協同組合（39）
第2節　企業形態と法人格 ……………………………………………… 42
1　法人格の意義（42）　　2　法人概念（42）　　3　民法典の法人規定（43）　　4　個人企業（44）　　5　社団、財団（44）
第3節　商業登記 ………………………………………………………… 45
1　総　説（45）　　2　手　続（47）　　3　効　果（47）
第4節　経営協議会法（Wet op de ondernemingsraden）と企業概念 ……………………………………………………………………… 49
第5節　株式会社の分類 ………………………………………………… 49
1　構造規制会社（Structuurvennootschap）（49）　　2　極小会社、小

会社、中会社、大会社　(50)　　3　一人会社　(51)　　4　上場会社
　　　(51)　　5　企業グループ（結合企業）　(51)　　6　外国会社　(52)
　第6節　会社法における利害関係の多元性（Belangenpluralisme）……… 53
　第7節　EUにおける会社法のハーモナイゼーション………………………… 54

第3章　設　立―――――――――――――――――――――――58
　第1節　設立手続……………………………………………………………………… 58
　　　1　設立公正証書　(58)　　2　定　款　(59)　　3　直接拘束効　(60)
　第2節　設立の瑕疵…………………………………………………………………… 61
　第3節　設立中の会社………………………………………………………………… 63
　第4節　登　記………………………………………………………………………… 68
　第5節　協同組合……………………………………………………………………… 70
　第6節　社団、財団…………………………………………………………………… 70
　第7節　法人格なき法人……………………………………………………………… 71
　第8節　設立に関する責任…………………………………………………………… 72
　　　1　発起人の責任　(72)　　2　取締役の責任　(73)
　第9節　株式会社以外の法人の設立前の行為……………………………………… 74
　第10節　組合、合名会社、合資会社………………………………………………… 75
　　　1　双務的債務契約　(75)　　2　契約自由の原則　(76)

第4章　資本の構造―――――――――――――――――――――78
　第1節　株式に対する払込義務（Stortingsplicht）………………………………… 78
　　　1　総　説　(78)　　2　一部払込株式　(79)　　3　相　殺　(80)
　　　4　出資の履行　(81)　　5　現物出資　(81)
　第2節　留保利益……………………………………………………………………… 82
　第3節　貸借対照表と資本概念……………………………………………………… 83
　　　1　貸借対照表　(83)　　2　資本概念　(84)　　3　自己資本と他人
　　　資本　(87)
　第4節　株主の追加払込義務（Extra verplichtingen）…………………………… 88
　第5節　資本および資産の保護（Kapitaal- en vermogensbescherming）
　　　……………………………………………………………………………………… 89
　　　1　総　説　(89)　　2　利益配当　(91)　　3　自己株式　(95)

4　財務援助（Financiële steun）（99）　　5　非公開会社の資本保護（100）

　第6節　減資（Kapitaalvermindering） 102
             1　総　説（102）　　2　株式の消却（103）　　3　株式の額面引下げ（103）　　4　債権者保護（104）

　第7節　増資（Kapitaalvermeerdering） 105
             1　総　説（105）　　2　公開会社（106）　　3　非公開会社（107）

　第8節　ストック・オプション 109

　第9節　社団、協同組合、財団 110
             1　社　団（110）　　2　協同組合（110）　　3　財　団（110）

　第10節　組合、合名会社、合資会社 111
             1　出資義務（111）　　2　共同体と分離資産法理（Leerstuk van het afgescheiden vermogen）（113）

第5章　株式と株主権 ─────────────────────── 117

　第1節　株式総説 117
             1　記名株式と無記名株式（117）　　2　株式証書（Aandeelbewijs）（117）　　3　株主名簿（118）　　4　一人会社の株主登記（119）

　第2節　非公開会社の株式と株主権 119
             1　総　説（119）　　2　譲渡制限規制（Blokkeringsregeling）（119）　　3　株式の引渡し（121）　　4　包括承継（121）

　第3節　公開会社の株式と株主権 122
             1　総　説（122）　　2　譲渡制限（122）

　第4節　株式の譲渡手続 124
             1　非公開会社（124）　　2　公開会社（125）　　3　証券振替法（126）　　4　株式の上場（126）　　5　株式の強制譲渡（131）

　第5節　種類株式、株式預託証券 131
             1　総　説（131）　　2　議決権優先株式（132）　　3　配当優先株式（134）　　4　無議決権株式（135）　　5　無配当株式・配当制限株式（136）　　6　組分け（クラス）株式（137）　　7　株式預託証券（137）　　8　株主以外の者に与えられる権利（141）

　第6節　株式質、株式用益権 142
             1　株式質（142）　　2　株式用益権（143）

　第7節　社団、協同組合の社員権 144

viii　目　次

　　　　1　入　社（144）　　2　社員権の承継（144）　　3　退　社（145）
　第8節　組合、合名会社、合資会社の社員権……………………………………145
　　　　1　社員権の意義（145）　　2　入社、社員権の承継（146）
　　　　3　退　社（146）

第6章　機　関 ———————————————————————148

　第1節　序　説…………………………………………………………………148
　　　　1　機関概観（148）　　2　会社機関決議の効力による分類（148）
　第2節　機関の権限分配…………………………………………………………149
　　　　1　総説（149）　　2　構造規制（151）　　3　一層型と二層型
　　　（153）　　4　株主総会の権限（154）
　第3節　株主総会の運営…………………………………………………………160
　　　　1　総説（160）　　2　議決権（164）　　3　議決権行使契約
　　　（166）　　4　株主間契約（168）　　5　会計帳簿の閲覧（169）
　　　　6　情報請求権、質問権（169）　　7　預託証券所持人の権利（169）
　第4節　公開会社の権限分配と株主総会の運営………………………………169
　　　　1　株主総会と株主権（170）　　2　経営の裁量（170）　　3　上場
　　　公開会社における経営者支配とその規制（172）
　第5節　決議の無効（Nietigheid）と無効宣言（Vernietiging）…………175
　　　　1　総　説（175）　　2　無　効（176）　　3　無効宣言対象（Vernie-
　　　tigbaarheid）（177）　　4　第三者の保護（180）
　第6節　取締役会…………………………………………………………………180
　　　　1　権　限（180）　　2　構　成（183）　　3　取締役の選任、報酬、
　　　職務執行停止、解任（183）　　4　取締役会決議（188）
　第7節　監査役会…………………………………………………………………189
　　　　1　権　限（189）　　2　構　成（191）　　3　監査役の選任、報酬、
　　　職務執行停止、解任（191）　　4　監査役会決議（194）　　5　一層型
　　　会社の非業務執行取締役（194）
　第8節　ジェンダー・ダイバーシティ…………………………………………194
　第9節　コーポレート・ガバナンス・コード…………………………………195
　第10節　社団、協同組合、財団…………………………………………………196
　第11節　組合、合名会社、合資会社……………………………………………197

第7章　経営協議会（Ondernemingsraad）——198

第1節　総説……198
第2節　共同経営協議会、中央経営協議会、企業グループ経営協議会
……199
第3節　組織……200
1　構成（200）　2　選任（200）　3　雇用保護（201）
4　守秘義務（201）　5　費用負担（201）
第4節　権限……201
1　情報請求権（201）　2　諮問手続（202）　3　事前諮問（202）　4　事前承認（204）　5　構造規制会社の監査役候補者の推薦（205）　6　取締役会との合意（205）
第5節　手続等……206
1　諮問事項についての異議（206）　2　承認手続の不遵守（207）
3　司法手続（207）
第6節　小企業の従業員参加（Medezeggenschap）……208

第8章　会社の代表——209

第1節　取締役会の代表権と取締役の代表権……209
1　総説（209）　2　代表権の3つの特徴（210）　3　代表権制限規律の位置づけ（217）
第2節　利益相反……218
1　総説（218）　2　直接的利益相反（218）　3　間接的利益相反（219）　4　性質的利益相反（220）　5　2013年改正前の利益相反規定（220）
第3節　決議による代表（Vertegenwoordiging bij besluit）……221
第4節　取締役以外の者による代表・代理……222
第5節　社団、協同組合、財団……223
1　代表権（223）　2　利益相反（224）
第6節　組合、合名会社、合資会社……225
第7節　目的外行為（Doeloverschrijding）……226
第8節　不法行為……228

第9章　取締役等の義務と責任 —————————————— 230
第1節　序　説 ……………………………………………………… 230
1　総　説（230）　2　注意義務と忠実義務（230）　3　対内的責任と対外的責任（231）

第2節　取締役会の義務 ……………………………………………… 231
1　年次会計（231）　2　情報提供義務（Inlichtingenplicht）（234）　3　監査役会に対する義務（234）　4　経営協議会に対する義務（235）

第3節　取締役の対内的責任 ………………………………………… 236
1　総　説（236）　2　任務懈怠（Onbehoorlijk bestuur）（237）　3　配当規制違反（240）　4　派生損害（Afgeleide schade）（242）　5　被用者としての取締役の責任（243）

第4節　取締役の対外的責任 ………………………………………… 243
1　総　説（243）　2　破産会社の特例（244）　3　不法行為（249）　4　その他の責任形態（254）

第5節　監査役の責任 ………………………………………………… 255
1　総　説（255）　2　会社に対する責任（256）　3　破産会社の特例（256）　4　不法行為（257）　5　その他の責任形態（257）

第6節　一層型会社の取締役の責任 ………………………………… 258

第7節　責任の減免 …………………………………………………… 258
1　総　説（258）　2　責任免除（258）　3　免責契約（260）　4　補償（260）　5　保険（260）

第8節　社団、協同組合、財団 ……………………………………… 261

第9節　組合、合名会社、合資会社 ………………………………… 261

第10章　会社訴訟 ————————————————————— 263
第1節　商事裁判所 …………………………………………………… 263
第2節　調査請求手続（Enquêteprocedures）……………………… 264
1　序　説（264）　2　目　的（265）　3　申立権者（267）　4　事前通知（270）　5　調査対象（271）　6　調査請求申立て（第1ステップ）（272）　7　調査（第2ステップ）（276）　8　決定（Beslissing op het verzoek）（第3ステップ）（280）　9　暫定的救済措置（Onmiddellijke voorzieningen）（288）

10　特別抗告（Beroep in cassatie）　(292)
  第3節　紛争処理手続、少数株主締出手続 ……………………………………… 293
         1　紛争処理手続（Geschillenregeling）　(293)　　2　少数株主締出手続
         (Uitkoopregeling)　(297)
  第4節　商事裁判所におけるその他の手続 ……………………………………… 299
         1　計算書類を争う手続　(299)　　2　経営協議会法に関する手続
         (300)　　3　構造規制会社の監査役会の構成に関する手続　(300)

第11章　定款変更、解散・清算 ——————————————————————— 301
  ## 第1節　定款変更 …………………………………………………………………… 301
  ## 第2節　解散・清算 ………………………………………………………………… 303
         1　総説　(303)　　2　解散命令　(304)　　3　清算手続　(304)
  ## 第3節　社団、協同組合 …………………………………………………………… 306
         1　定款変更　(306)　　2　解散・清算　(307)
  ## 第4節　財　団 ……………………………………………………………………… 307
         1　定款変更　(307)　　2　解散・清算　(307)
  ## 第5節　組合、合名会社、合資会社 ……………………………………………… 307
         1　社員契約の変更　(307)　　2　社員の退社と会社の継続　(308)
         3　解散・清算　(309)　　4　破産　(309)

第12章　組織再編等 ——————————————————————————————— 311
  ## 第1節　合併（法定合併）………………………………………………………… 311
         1　総説　(311)　　2　手続　(313)　　3　略式合併　(316)
         4　クロスボーダー合併　(316)
  ## 第2節　分割（法定分割）………………………………………………………… 317
         1　総説　(317)　　2　会社分割の種類　(317)　　3　手続
         (319)　　4　略式会社分割　(322)　　5　クロスボーダー会社分割
         (322)
  ## 第3節　組織変更 …………………………………………………………………… 322
         1　総説　(322)　　2　手続　(323)　　3　クロスボーダー組織
         変更　(324)
  ## 第4節　事業譲渡 …………………………………………………………………… 325
  ## 第5節　社団、協同組合 …………………………………………………………… 325
  ## 第6節　財　団 ……………………………………………………………………… 326

第13章　結合企業法（Concernrecht）―― 327

第1節　企業グループ（結合企業）―― 327
1　企業グループ（結合企業）の定義（327）　2　子会社、企業グループ会社（328）　3　経営協議会法における企業グループ概念（328）　4　参加（Deelneming）（329）

第2節　結合企業形成の動機 …… 329

第3節　結合企業の形成 …… 331
1　子会社の設立（331）　2　企業買収（331）　3　公開買付け（333）　4　少数株主の保護（335）　5　従業員の保護（336）

第4節　結合企業法の意義 …… 336

第5節　指揮権（Aanwijzingsbevoegdheid of aanwijzingsmacht）…… 337

第6節　連結会計規定 …… 341

第7節　責任の貫通（Doorbraak van aansprakelijkheid）…… 342

第8節　結合企業の解消 …… 344

終　章　さまよえるオランダ会社法 ―― 347
1　変化する会社法（347）　2　変化しない会社法（347）　3　会社法のさらなる任意法規化（348）　4　上場公開会社法独自の発展（349）

参考文献 …… 350

事項索引 …… 355

●オランダ会社法関連用語・法律雑誌等の略表記●

AA	Ars Aequi	［法律雑誌］
AFM	Stichting Autoriteit Financiële Markten	金融監督機構
art.	artikel	（法令などの）条
B.A.	Beperkte aansprakelijkheid	有限責任
B.V.	Besloten vennootschap met beperkte aansprakelijkheid	非公開株式会社
BW	Burgerlijk Wetboek	民法典
c.q.	casu quo	場合によって
CV	Commanditaire vennootschap	合資会社
diss.	Dissertatie	博士論文
e.a.	en andere(n)	その他
EESV	Europees Economisch Samen-werkingsverband	欧州経済利益団体
EK	Eerste Kamer	議会第一院
Euroclear	Euroclear Nederland	中央保管機構
EVRM	Europees Verdrag tot bescherming van de rechten van de mens en de fundamentele vrijheden	欧州人権条約
hof	Gerechtshof	高等裁判所
HR	Hoge Raad	最高裁判所
HrB 2008	Handelsregisterbesluit 2008	2008年商業登記令
HrW 2007	Handelsregisterwet 2007	2007年商業登記法
HvJ EG	Hof van Justitie van de Europese Gemeenschappen	欧州司法裁判所
Inv. 1990	Invorderingswet 1990	1990年租税徴収法
i.o.	in oprichting	設立中
JAR	Jurisprudentie Arbeidsrecht	［労働法判例集］
JOR	Jurisprudentie Onderneming & Recht	［会社法判例集］
KG	kort geding	中間訴訟手続
KvK	Kamer van Koophandel (en Fabrieken)	商業（商工）会議所
LJN	Landelijk Jurisprudentie Nummer	全国事件番号
m.nt.	met noot van	〜による評釈付き
MvT	Memorie van Toelichting	趣旨説明

NJ	Nederlandse Jurisprudentie	［判例集］
nr.	nummer	番号
N.V.	Naamloze vennootschap	公開株式会社
OK	Ondernemingskamer	商事裁判所
OR	Ondernemingsraad	経営協議会
OWM	Onderlinge waarborgmaatschappij	相互保険組合
pres.	President	裁判長、裁判所長
q.q.	qualitate qua	職権により（*ex officio*）
Rb.	Rechtbank	地方裁判所
red.	redactie	編集
RO	Wet op de rechterlijke organisatie	裁判所法
Rv	Wetboek van Burgerlijke Rechtsvordering	民事訴訟法典
RvC	Raad van commissarissen	監査役会
SCE	*Societas Cooperativa Europaea*	欧州協同組合
SE	*Societas Europaea*	欧州会社
SER	Sociaal-Economische Raad	社会経済評議会
Stb.	Staatsblad	法令集
Stcrt.	Staatscourant	官報
TK	Tweede Kamer	議会第二院
TVVS	TVVS, Maandblad voor ondernemingsrecht en rechtspersonen	［法律雑誌］
U.A.	Uitgesloten aansprakelijkheid	責任免除
vgl.	vergelijk	［「参照せよ」の意］
VOF	Vennootschap onder firma	合名会社
Wfbv	Wet op de formeel buitenlandse vennootschappen	形式的外国会社法
Wfsv	Wet financiering sociale verzekeringen	社会保険積立法
Wft	Wet op het financieel toezicht	金融監督法
Wge	Wet giraal effectenverkeer	証券振替法
WOR	Wet op de ondernemingsraden	経営協議会法
Wtfv	Wet toezicht financiële verslaggeving	財務報告監督法
WvK	Wetboek van Koophandel	商法典

＊本書中で用いた略表記のほか、オランダ会社法関連の文献で比較的よく用いられるものを含めた。なお、本書中での法令表記に際し、民法典（BW）については条文番号のみを示している。

第1章
序　論

第1節　オランダ会社法の意義

1　会社法の主題

　オランダ私法の一分野を形成する会社法は、事業を営むための法人形態を提供している。それはあたかも企業が羽織る法的上着（juridische jas）のようなものであるといわれる[1]。そのため会社法における法人形態は、事業活動を促進すること（facilitair）を第一義とする。例えば、効率性の観点から会社がより良く経営されるために何が求められるかということが、会社法のあり方に強く関わってくる。

　会社法の主題は、①会社の内部構造（法的な組織や会社の設立）をどのように規整するか（この意味で会社法は組織法である）、②だれが会社のために取引行為を行うか（会社の代表の問題）、③会社の業務執行についての（経営陣の）責任はどうなるか、という3つに大きく分けられる。

　これらについては、企業がどのような法人形態を取るかによって異なる規律が適用される。この複雑さがオランダの大学の法学部で会社法が難しい科目の一つとされる背景となっている[2]。

　企業は利潤の獲得を目的に活動している。したがって会社とは、事業を営む会社に参加した者に専ら利益を分配することが認められている法的形態である。出資者は利益の分配をもくろんで会社に参加している。そのため、利益分配を志向した法制度設計や組織構造が必要となる。会社法は利潤の獲得を可能にし、それを促進するように整えられた法であるといってよい。創造的な企業家はオランダの会社形態をその目的達成のために活用する。それゆえ立法者と裁判官は、事業活動の促進と会社債権者や従業員の利益の保護という、企業家の自由とその規制の微妙なバラン

---

1)　M.J. Kroeze, L. Timmerman en J.B. Wezeman, *De kern van het ondernemingsrecht*, 3e druk, Kluwer, 2013, p. 1.
2)　オランダの大学の法学部では一般に、憲法、民法、刑法、行政法については1年次から入門科目が設定されているが、会社法は2年次からの履修となる。田邉真敏「オランダの法学教育と法律専門職——ボローニャ宣言後の変化と課題」修道38巻1号33頁以下（2015）参照。

スを保つことに常に心配りをしてこなければならなかった。

2　会社の歴史的役割と会社法

　会社法がおおむね今日の姿となったのは、19世紀のヨーロッパにおいてである。そのさきがけとして、公開株式会社や協同組合の立法が行われた。当時は株主総会や取締役会といった会社の構造や組織の規定が中心であった。20世紀に入り、会社法上の責任に関する規定が整備され、また判例の蓄積が進んだ。

　しかし、それをさかのぼること17世紀初めにはすでに株式会社の先駆者が登場していた。1602年に設立されたオランダ東インド会社は、有限責任の出資者の存在とアムステルダム証券取引所で売買可能な株式という特徴をもって、今日の株式会社の濫觴とされている[3]。出資者の人的結合が効果的に機能するためには、法的な団体を形成することがとりわけ重要であり、それを実現したオランダの株式会社およびそれに対応する西欧諸国の会社形態は、長きにわたり大きな成功を収めてきた。この法人形態は企業家精神を後押しし、経済的発展をもたらした。

　歴史の視点から会社を論じたジョン・ミクルスウェイトとエイドリアン・ウールドリッジはその著書である『株式会社』の序章で、「世界で最も重要な組織は会社だ。欧米の発展の土台は会社である」と述べている[4]。さらに、ノーベル賞を受賞したコロンビア大学学長ニコラス・マレー・バトラーを引用して「有限責任会社こそが近代最大の発明だ。これなしでは、蒸気や電気も比較優位とはなりえない」と紹介している[5]。やや誇張を含んだ表現であるとしても、核心をついていることはまちがいない。

　この世紀の発見も不変のものではない。この30年はむしろ変化の連続であった。オランダ会社法では、特に従業員と会社債権者の利益を重視した立法が進められてきた。株主総会の権限の縮小、会社情報の開示の改善、資本に関する厳格な規律、発起人・取締役の責任の厳格化などである。直近の10年では株主の権利に目が向けられるようになった。これらの発展は主に株式会社においてみられるものであるが、組合や合名会社などの法人格のない企業形態にも影響を与えてきた。

---

3)　会社法学者による東インド会社の研究成果として、E. Gepken-Jager, G. van Solinge & L. Timmerman（eds.）, *VOC 1602-2002. 400 Years of Company Law*, Kluwer Legal Publishers, 2005参照。

4)　J. Micklethwait & A. Wooldrigde, *The Company. A Short History of a Revolutionary Idea*, Modern Library, 2003, p. xv. 邦訳はジョン・ミクルスウェイト＝エイドリアン・ウールドリッジ（日置弘一郎＝高尾義明監訳、鈴木泰雄訳）『株式会社』10頁（ランダムハウス講談社、2006）。

5)　*Ibid.*, p. xxi. 邦訳は前掲注4）18頁。

第2節　オランダ会社法小史

1　立法前の発展——株式会社発展への東インド会社の多大なる貢献

　オランダ会社法の泰斗ファン・デル・ヘイデン（Van der Heijden）博士は、1908年の博士論文で、オランダで会社法が立法化される1811年までの公開株式会社法の発展についての研究成果を明らかにした[6]。博士は、株式会社の源がイタリアのコンメンダでありその後に北イタリアの交易会社に引き継がれたという説を否定し、またオランダの株式会社の構造が15世紀イタリアの銀行であるモンテス（ジェノヴァ共和国にあったサン・ジョルジョ銀行（Banco di San Giorgio）が代表例である）を引き継いだものであるという説も排除した。サン・ジョルジョ銀行のルオガタリー（luogatarii）とよばれた持分権者の有限責任は表向きのものにすぎず、本質的には必要に迫られてできた債権者団体であったと指摘している[7]。これに対し、オランダの交易会社（handelscompagnieën）は、出資者の有限責任が認められており、博士によればこれは明らかに普通法（gemeen recht）からの離脱であった。

　オランダの交易会社は株式会社の発展において輝かしい役割を果たした。1602年3月20日に設立されたオランダ東インド会社（Verenigde Oost-Indische Compagnie（VOC））（**写真1**）は、後に株式会社の名称を与えられた法主体を初めて体現した。東インド会社は、先駆諸会社（voorcompagnieën）が統合して設立されたもので、先駆諸会社は明確に合資会社の性格を持っていた。すなわち船主が匿名出資者とコンメンダとよばれた出資関係を構築し、そこからさらに発展して、直接的な出資者と経営者を特徴とする団体が登場した。そのような先駆諸会社の最古のものは1594年にアムステルダムで設立された遠国会社（Compagnie van Verre）であるとされている。

　東インド会社は、ネーデルラント連邦共和国議会（Staten-Generaal）の特許状をもって設立され、公益的性格と特定地域での独占的特権を与えられていた。加えて東インド会社は公開性を有していた。会社の資本は出資者が持分を自由に引き受け

---

[6]　E.J.J. van der Heijden, *De ontwikkeling van de Naamlooze Vennootschap in Nederland vóór de codificatie* (diss. Utrecht), 1908. ファン・デル・ヘイデン博士論文は、ユトレヒト大学図書館のホームページでデジタル版が公開されている（http://objects.library.uu.nl/）。またその要約として、E.J.J. van der Heijden en W.C.L. van der Grinten, *Handboek voor de naamloze en de besloten vennootschap*, 12e druk, W.E.J. Tjeenk Willink, 1992, § 2 以下。邦語で博士論文の内容に言及しているものとして、大塚久雄『株式会社発生史論（大塚久雄著作集第1巻）』339頁以下（岩波書店、1969）参照。

[7]　これに対して大塚久雄は、サン・ジョルジョは債権者団体を地盤として成長しこれと癒合していた株式会社であったとする（大塚・前掲注6）307頁）。

【写真1：現存する旧東インド会社本店建物（アムステルダム大学構内（非公開））。扉上部の明かり窓枠に東インド会社を表す VOC のマークが見える（筆者撮影（2015年））。】

ることによって拠出された。持分の取引には、記名式の預託証書が用いられた。配当は当初は金銭または金によってルールのないまま行われていた。均等な価額のアクチー（actie）に分割される固定の資本というものはまだなかった。出資者は、取締役出資者も含め、出資金を払い込んだ後はそれ以上の責任を免れた。会社の債務は会社（または取締役（bewindhebber）の職にある者）が負うとされた。ファン・デル・ヘイデン博士は、それまでになかったこのような現象は伝統的な海商法（Oude Recht）の委付（abandon）の概念では説明しきれなかったため、アクチー・コンパニ（actie-compagnie）の有限責任制という新たな概念が必然的に構築されるに至ったとしている。

　取締役の任命は、出資者から影響を受けることなく、取締役たちの推薦に基づき連邦議会が行った。1623年の延長特許状では、一般出資者も加わった選挙委員会による候補者3名の選出に変更された。また利益処分については、第1次特許の満了後6ヵ月以内に、取締役が公告をしたうえで残余の全会計を行い、出資者から授権された代表出資者（hoofdparticipanten）の確認を受けなければならなかった。ただし他の出資者は、同席は許されたものの、発言や投票は認められていなかった。代表出資者は、後に監査役または非業務執行取締役として知られる存在である。代表出資者は少なくとも取締役と同額を出資しなければならなかった。その後取締役の

選任に際し、一般出資者がわずかながらも影響を与える途が開かれ、また配当宣言が定期的に行われるようになった。

17世紀中頃までには、東インド会社をモデルにして、西インド会社（1621年）などいくつものアクチー・コンパニが設立された。それらは英国の非公開アクチー・コンパニであるジョイント・ストック・カンパニー（joint stock company）の影響も受けた。ジョイント・ストック・カンパニーは公法的な性格を有しておらず、出資者のために利益をあげることに特化していた[8]。それがあの有名な1720年の南海泡沫事件に至るのである。アクチー・コンパニはまたたくまに危険な存在となった。

1770年代初頭には、保険事業の分野でアクチー・コンパニまたはアクチー・ソシエテイト（actie-sociëteit）が設立された。しかしこの時期には政府の介入はなくなっていた。特許による独占権や特権の必要性はそれほどなく、むしろ商取引の独立性が強調された。そして確定した資本を均等な価額に分割したアクチーが使われるようになった。

19世紀初めには無記名株式（toonderaandeel）が現れた。計算書類（年次会計）（jaarlijkse rekening）、説明責任（verantwoording）、そしておそらく年次利益配当（jaarlijkse dividenduitkering）といった実務がこの頃には確立した。出資者から選ばれた株主代表や監査役が重要な役割を果たすようになり、それ以外では出資者が経営に直接的な影響を与えることはほとんどなかった。

2　1811年商法典──3種類の商事会社を有するフランス商法典のオランダへの導入

17世紀後半からの英蘭戦争を経たオランダは、1806年にフランスによってルイ・ボナパルトを国王（ローデヴェイクⅠ世（LodewijkⅠ））とするホラント王国となった。

1809年ローデヴェイク・ナポレオン法典では、その第3編第3章の組合契約（contract van sociëteit）に一般の民事上の組合の定めのみを置いていた。ローデヴェイクⅠ世は1808年に特別法典委員を任命し、1809年商法典案第3章第20条に「商事に関わる会社契約は、民法典、商事特別法および法令に反しない範囲で当事者の合意によって規律される」という定めを置いた。今日の商法典15条の合名会社、合資会社に関する規定である。

フランスの直轄領として併合された翌年の1811年には、1807年フランス商法典（Code de Commerce）がオランダに導入された。フランス商法典は合名会社（société en nom collectif）、合資会社（société en commandite）、株式会社（société anonyme）の3種類の会社を設けていた[9]。フランス革命の時代、会社はいささかいか

---

8)　大隅健一郎『新版株式会社法変遷論』29-35頁（有斐閣、1987）。

がわしいものと考えられていたため、商法典では株式会社の設立には政府の授権（l'autorisation du gouvernement）が必要とされていた。

重要なことは、商法典もまた株式会社を商法的切り口で特別な組合と見ていたことである。これは、株主が契約当事者として会社を経営する社員であるという考え方の基礎となっていた。民主主義原理の下、株主総会は最高機関であり、取締役は株主の代理人と考えられた。そして旧封建体制に対する革命的反応として、個人財産が株式会社へと展開してゆくととらえられていた。この考え方は明らかに東インド会社の特徴とは異なっており、長年にわたり商法典およびオランダ法学の株式会社に対するアプローチに影響を与えた。

3　1838年商法典──1814年から編纂作業が行われてきたオランダ商法典が完成

ネーデルラント連合王国となった19世紀初期には、商事取引会社（compagnieschappen of sociëteiten c.q. maatschappijen van commercie of koophandel）とよばれる企業形態が存在していた。主な特徴として、1822年に設けられた「設立における国王の同意要件（eis van Koninklijke Bewilliging）」およびその後1833年に導入された「継続的監督（doorlopend toezicht）」があげられ、設立については厳格な規制が行われていた。

1835年10月21日には、「商事会社について（Van vennootschap van koophandel）」と題する最終草案が提出され、今日の公開株式会社に相当する商事株式会社（naamlooze vennootschap van koophandel）が独立した章で取り上げられた。"naamlooze"（名前がないの意）はフランス語の"anonyme"に由来する。会社（vennootschap）という言葉が初めて正式に用いられたのはその前の1825年草案であった。1835年草案はほとんど変更されずに議会で可決され、1835年12月26日法となり、1838年に商法典（Wetboek van Koophandel）として施行された。

商法典が定めた株式会社の特徴は、①公正証書および設立における国王の同意を要件とすること（これは定款遵守の監督および解散権限が最終的に裁判所にあることと結びついている）、②登記および開示義務、③登記・開示懈怠の場合の取締役の責任、④定款の不遵守または違反における取締役の第三者に対する連帯責任である。資本は記名または無記名の株式に分割された。監査役がすでに設けられており、その職務は正味の監督機能に限定することができたが、経営に参加することもできた。監査役の職務は会社を代表して会計と取締役の説明責任を精査することであり、それ以外の経営に関する内容は、株主または定款で指定されたその他の者が精査した。

---

9)　法案では株式会社は société par actions とされていたが、その名称は合資会社の特徴にもあてはまるものであった。

4 1928年法──簡素な1838年法が不成功に終わり詳細な122条から成る1928年法に切り替え

　19世紀中に1838年法を改正する２つの取組みがあった。設立における国王の同意要件を廃止し、第三者保護のための代替措置を取り入れるというものである。前者については1871年ヨレス草案（Wetsontwerp Jolles van 1871）に含まれていたが、議会で強い反対が起こり撤回された。後者については1879年王令に基づき商法典改正委員会が設置された。この委員会は1890年に公開株式会社に関する規定を含めた草案を策定したが、法案としては提出されなかった。

　しかし依然として法改正の要請は強く、それは20世紀に入ってから結実した。1910年２月、改正草案がネリセン（Nelissen）司法大臣に提出された。この法案には国王の同意要件は含まれていなかったが、特に４つの改善がポイントとなっていた。それは、①設立、権限分配、財務状態に関する開示、②資本の保護（特に現物出資規制）、③発起人、取締役、監査役の責任、④少数株主の利益の保護であった。

　この法案は長い道のりを要した。準備委員会が1919年にその任務を完了し、1925年にヘームスケルク（Heemskerk）司法大臣に修正案が示されてから、設立における政府の予防的監督の論点が再び取り上げられた。ただし、国王の同意という形態ではなく、司法大臣による無障害証明（verklaring van geen bezwaar door of vanwege de Minister van Justitie）という形態に変化していた。

　修正法案に対する批判は、主に貸借対照表・損益計算書の開示義務が公開株式会社と非公開株式会社（以下、本章ではそれぞれ「公開会社」「非公開会社」という）で区別されていないことに集中した。1927年にドネル（Donner）司法大臣は再度修正案を示した。この法案は同年に議会両院を通過したが、司法大臣が貸借対照表・損益計算書の開示問題について再検討するという約束をしたうえでのことであった。かくして1928年７月２日法が成立し、1929年４月１日に施行された。この約束を踏まえて任命された委員会の報告に基づき、ドネル大臣は1929年１月に貸借対照表・損益計算書の開示規制について公開会社では異なる取扱いをするという法案を示した。この新たな内容は1929年６月25日法に取り入れられ、1929年７月21日に施行された。その後若干の小規模な改正を除いて、1970年代初めまでこの法律が継続した。

　1928年法は1838年法以上に大幅な改正となった。条文数は21条から122条に増えた。法律が詳細になっただけに、現実には法からの逸脱も少なからず起きた。上述のネリセン草案にあった４つの特徴（ただし少数株主の保護は、議会での審議の過程で決議無効の可能性に配慮して後退した）とは別に注目されるのは、これまで自明とされてきた公開会社の法人格が明文化されたことである。公開会社という法主体は、その目的における商事法的性格の有無とは独立したものであるとされていたが、すべての公開会社はその目的を1918年商業登記法２条２項に即して定めるとされ、商人として扱われることとなった。さらに1934年法では商人と非商人、商行為

と非商行為がそれぞれ区別された。

　普通議決権（algemeen stemrecht）が導入され、株式会社は株主総会、取締役会、監査役会の3つの機関を設けるものとされた（監査役会の設置は任意）。株主総会は法令および設立証書に定められた範囲内で権限を有し、取締役会その他の機関に全権を与えることはされなかった。株主総会には取締役、監査役の選解任権が与えられた。監査役会が有する取締役候補者の拘束的指名権を覆しての取締役選任には、株主総会で発行済資本の過半数を代表する議決権の3分の2以上の賛成が必要とされた（☞第6章第6節3参照）。すべての条文は強行法規とされ、法令で許された範囲でのみ定款で別段の定めを置くことができた。

5　変動する会社法（1971年前後以降）──国内・EUの発展を受けた会社法の絶え間ない発展

(1)　5つの立法の波

　変化は波のように時をおいてやってくる。最初の波は1971年頃であった。非公開会社法の導入、構造規制（structuurregime）、計算書類規制、SER（Sociaal-Economische Raad）合併規則、経営協議会法である。第2の波は1976年から2000年頃にかけてであった。民法典第2編、第3次会社濫用防止法、少数株主締出手続、紛争処理手続、民法典第3編・5編・6編である。第3の波は2000年頃から2010年にかけてであった。株主の権利とコーポレート・ガバナンスが中心である。第4の波は2011年から現在までである。予防的監督規律の廃止と柔軟な非公開会社法の導入、経営・監督法である。司法大臣が公開会社法の改正に向けた表明を行ったこともあり、次の第5の波が目の前に来ているように思われる。次項以下でそれぞれの波について概観する。

(2)　会社法委員会

　1968年7月9日司法省令により、次の立法の諮問のために会社法委員会（Commissie Vennootschapsrecht）（委員長：ファン・デル・フリンテン（Van der Grinten））が設置された。委員には学界および実務界の専門家が任命された。

　この委員会は正式名称を会社法・一般法人法諮問委員会（Adviescommissie voor het vennootschapsrecht en het rechtspersonenrecht in het algemeen）といい、1988年12月27日省令で4年間再設置され、1992年12月1日省令でさらに4年間延長された。会社法委員会は1997年1月1日省令で、司法諮問制度法1条（1997年7月5日法）および諮問会議基本法（1996年7月3日法）に基づき常設の諮問委員会とされた。委員長は初代がマエイエル（Maeijer）、その後ティメルマン（Timmerman）が引き継ぎ、現在はハンメルステイン（Hammerstein）である。委員会は法人法、会社法のすべての改正その他の課題について報告書を提出する。諮問に関する情報は司法省のホームページで公開されている[10]。

さらに今日では、法改正作業はパブリック・コメントに付され、市場関係者や利害関係団体（弁護士会、公証人会、株主団体、労働者団体など）から意見が提出される。

6　EU法の影響――1968年以降のE(E)C（現EU）による加盟国会社法の調和と統一に向けた努力に基づく立法上の変化

EU運営条約50条1項（旧EEC条約44条1項）は、域内市場の基本的自由の一つとして開業（設立）の自由を宣言している。これに基づきEUは、加盟国の法人の社員および第三者の利益を保護するために加盟国が要求する保証が同等なものとなるよう、その調整を図るものとされ（EU運営条約50条2項g号（旧EEC条約44条2項g号））、その任務を遂行するために指令を定めることができる。

指令（richtlijn）はその性質上EU加盟国に宛てられたものであり、加盟国はそれを国内法化しなければならない。加盟国に対しては直接拘束力がある（EU運営条約288条）。これに対し個人（自然人および法人）は、直接EU指令に基づいて他の個人に対して請求をすることはできない。

EU運営条約50条1項・2項g号に基づき、1968年以降いくつかの指令が出され、オランダでは1971年以降会社法に重要な改正が行われた。おおむねオランダ会社法の半分はEU法に基づいている。

主な指令とその主題は、第1指令が株主および第三者保護のための開示、第2指令が資本の維持および増資、第3指令が合併、第6指令が会社分割、第10指令が国境を跨いだ（クロスボーダー）合併となっており、また計算書類に関しては第4・第7・第8指令で扱われている。第11指令は支店に関する開示、第12指令は一人会社、第13指令は公開買付けについてである（☞第2章第7節参照）。そのほかに、上場会社の株主権に関する指令、欧州経営協議会に関する指令などがある。

これらの会社法指令に加えて、さまざまな証券法指令が会社法にも関わってくる。市場不正行為指令、目論見書指令、透明性指令などとよばれている。

またEU法では、規則（verordening）も用いられている。指令と異なり、規則は一般適用性があり、加盟国に直接適用される。すなわち規則は、その作用からして実質的な意味の法律となる（EU運営条約288条）。ただし会社法の分野では指令と比べ規則が与えているインパクトは小さい。欧州会社（SE）、欧州経済利益団体（EEIG）、欧州協同組合（SCE）に関する規則がある。

10）　https://www.rijksoverheid.nl/ministeries/ministerie-van-veiligheid-en-justitie

7　1971年前後の発展——フェルダム委員会報告書に対応した大改正：非公開会社の導入、構造規制、計算書類規制、SER合併規則、調査請求権、経営協議会法改正

　1950年代後半になると、「会社的関係（vennootschappelijke verhoudingen）」の開示と従業員の経営参加（zeggenschap）の必要性が増大してきた。司法大臣は1960年4月に委員会を設置し、企業の法形態の改正の必要性について、大企業の経営と監督および企業の説明責任に留意した調査を委嘱した。委員長の名前をとってフェルダム委員会（Commissie Verdam）と称されたこの委員会は、1964年11月に会社法の見直しに関する報告書（フェルダム委員会報告書）を提出した。

　この報告書では4つの論点について具体的な立法提案がされた。①会社の計算、②調査請求権（enquêterecht）、③新たな経営協議会法（Wet op de ondernemingsraden）、④公開会社の機関構成規定の改正である。この報告書の提案は広く理解を得られたが、例外は公開会社の機関構成規定の改正であった。大会社について監査役会の構成と権限を変更することを求めていたフェルダム委員会報告に対しては社会経済評議会（Sociaal-Economische Raad（SER））[11]が意見書を提出した。報告書の内容は1970年から71年にかけて順次立法された。

　これと並行して1971年5月3日法により、公開会社とは別の法人形態として非公開会社が導入された。その背景は1968年にEEC指令によりすべての公開会社に計算書類の開示が義務づけられたことである。このため、「閉鎖的」な公開会社を開示義務の対象外とすべく、非公開会社が設けられた。このように非公開会社設置の目的が限定されていたことと、当時会社法の見直し作業も最終段階に入っていたこともあって、非公開会社の制度設計に関しては根本的な議論が行われなかった。公開会社を下敷きにして立法されたことで、非公開会社の規定の大半は公開会社の規定を引き写したものとなった。とはいえ2012年10月1日に柔軟な非公開会社法が導入されるまでの間、非公開会社法は独自の道を歩んだ。

　また1971年5月3日法では、設立および定款変更における司法大臣の予防的監督を定めた規範が改正された。

　そのほか、1970年にSER合併規則が制定された。その後数度にわたって改正されている。SER合併規則は、公開買付けおよび合併において、株主と従業員の利益を保護することを目的としており、2000年に2つの規則に分離された。従業員の利益

---

11)　政府の社会経済政策に関する最高諮問機関として1950年に設立された。重要な社会経済政策関連の法案については、政府が議会提出以前に社会経済評議会に諮問することが義務づけられており、労使がその意向を政策に反映させる重要な場となっている。労使各代表と政府任命の専門委員から構成されている。社会経済評議会の答申の多くが立法結果に大きく影響してきた（水島治郎『反転する福祉国家——オランダモデルの光と影』26頁（岩波書店、2012））。

は2000年 SER 合併規則で、株主の利益は公開買付法で、それぞれ定められている。公開買付法は当初1995年証券取引監督法（Wet toezicht effectenverkeer）に含まれていたが、その後、金融監督法（Wet op het financieel toezicht）に移された。

8　民法典第2編の施行（1976年）——民法典第2編による法人法の体系化

1960年5月12日法により民法典第2編が制定され、1976年4月8日法によって施行された。民法典第2編は、公開会社と非公開会社に関する旧商法典36条～58g条および企業会計法を引き継いでいる。それにより商法典の該当条文は削除されたが、民法典第2編の施行自体は会社法の内容に大きな変更を加えるものではない。民法典第2編には株式会社を含むすべての法人について多数の規定が設けられている。公開会社については2:64条以下、非公開会社については2:175条以下にそれぞれに適用される規定がまとめて配置されている。計算書類（2:360条以下）、調査請求権（2:344条以下）に関する規定は、株式会社だけでなく協同組合、相互保険組合にも適用される。民法典第2編にはあわせて株式の質権・用益権に関する特別規定が1976年5月17日法によって設けられた。

同じく1976年には、株式会社の設立および定款変更に際し司法大臣が予防的監督を行う省令が定められた。この省令はその後1986年省令に代わり、1998年9月10日に再度改正された。

9　1976年から2000年にかけての発展——EC 指令による立法、第3次会社濫用防止法、少数株主締出手続、紛争処理手続、民法典第3編・5編・6編

1976年以降、いくつかの重要な法改正が行われた。特に会社濫用防止法である。なかでも第3次会社濫用防止法が1987年に施行されたことにより、会社が破産した場合の取締役、監査役の責任が厳格化された（1986年5月16日法）。続いて記名株式の交付についての新たなルールが1993年1月1日に施行された（1992年9月3日法）。少数株主の締出手続は1988年に施行され（1988年3月3日法）、現行の規定は1989年に改正されたものである（1988年11月10日法）。また1989年には、インサイダー取引に対する罰則規定が設けられた（1989年2月2日法）。

1971年以降この間、再度の法改正が行われたものがある。経営協議会法、構造規制、調査請求権、紛争処理手続、資本保護規定、計算規定（特に EC 指令との関係）、および民法典第2編総則である。

1992年1月1日に民法典第3編・5編・6編が施行された[12]。これに伴い民法典

---

12) 民法典改正の経緯については、アーサー・S・ハートカンプ（平林美紀訳）「日本民法改正試案提示の準備のために〔7〕オランダにおける民法典の公布」ジュリスト1358号134頁以下（2008）参照。

第2編も改正の検討が行われ、その結果第1章総則が改正されるに至った（決議無効、組織変更、解散、清算）。

それに続いて、調査請求権の改正、いわゆるペーパーカンパニー（lege vennootschap）の商業会議所による解散、公開会社の議決権、株主総会出席権行使の基準日に関する法律が制定された。

これらの法改正にあたっては、いくつかの経過措置規定（overgangsbepaling）が定められた。1976年の民法典第2編の施行に際しては、新民法典経過措置法第2編に一連の経過措置規定が置かれた。経過措置の一般原則は同法29条であるが、株式会社についてはさらに特別な経過措置規定も設けられた。また、民法典第3編・5編・6編の制定に関しても経過措置規定が設けられた。

10　2000年から2010年にかけての発展——株主権とコーポレート・ガバナンス、EU指令の国内法化

(1)　予防的監督規制の改正（2001年）

会社設立および定款変更に際し司法大臣がその内容を審査する規制が廃止され（2000年6月22日法）、それに代えて民法典第2編に予防的監督規制が定められた（2001年9月1日発効）。司法省令に含まれていた規定の多くは民法典に引き継がれた。

(2)　コーポレート・ガバナンス（2003年）

コーポレート・ガバナンスに関する議論は、2003年12月9日にコーポレート・ガバナンス・コード（タバクスブラット・コード（Code Tabaksblat））として姿を見せた。コーポレート・ガバナンス・コードは2008年に改正され、経営、監督、説明責任、透明性に関して上場会社に対する要求項目を示している。コーポレート・ガバナンス・コードは、モニタリング委員会（Monitoring Commissie）の評価に基づいて定期的に見直されることとされている。

(3)　構造規制導入法（2004年）

コーポレート・ガバナンスの議論に合わせて、2004年7月9日法による構造規制が取り入れられた（2004年10月1日施行）（☞第2章第5節1、第6章第2節2）。これは対象となる構造規制会社（structuurvennootschap）の株主の権利のみならず、株主総会の権限（重要な経営決定事項に対する承認権、議題提案権、報酬方針の確立など）に及ぶものである。また、この法律によりコーポレート・ガバナンス・コードの内容の一部が民法典第2編に取り込まれた。

(4)　商業登記法（2007年）

1996年商業登記法は2007年3月22日法に切り替わり、2007年商業登記法として株式会社をはじめとした法人の登記に関する基本的なルールが定められている。この法律により中央管理的な登記システムが導入された。商業登記が電子化されたため、

第2節　オランダ会社法小史　13

登記は現在いずれの商業登記所でも行える。法改正に伴い2008年商業登記令も公布された（☞第2章第3節）。

　(5)　公開買付規制（2007年）

　株式公開買付けに関するルールは、2001年9月5日よりSER合併規則第1章から1995年証券取引監視法および1995年証券取引監視令に移行した。この新しい規制は、その後2007年10月28日にEU第13指令を取り込む枠組みの中で、金融監督法および公開買付令に移行した。

　(6)　SER「バランスのとれた企業統治」指針（2008年）

　2008年2月15日にSER指針2008/01「バランスのとれた企業統治（Evenwichtig Ondernemingsbestuur）」が示された。これはオランダ上場会社における従業員の地位を取り上げたものである。SERによりオランダの従業員参加制度については根本的な変更の必要性はないとされた。しかしSERは関連する規律を補充し、オランダの従業員参加制度に対する国際化、グローバリゼーションの影響についてその見解を示した。SERは、上場会社の良い企業統治と適切かつ独立した内部監督の重要性および調査請求権の望ましい改正について取り組んでゆくことを示した。SER指針を基にして、調査請求権調整法（Wet aanpassing enquêterecht）が誕生し、2013年1月1日から施行されている（☞第10章第2節1）。

　(7)　公開会社の資本に関する規律の緩和（2008年）

　公開会社の資本保護法は2008年5月29日法により緩和され、2008年6月11日から施行されている。改正対象は主として資金援助および自己株式の取得に関するものである（☞第4章第5節3・4）。

　(8)　EU株主指令の立法化（2010年）

　2007年7月11日EU株主指令は、上場会社での国境を跨いだ株主権行使を促進することを目的としていた。この指令は2010年6月20日法として立法化され、2010年7月1日から施行されている。上場会社において、①株主総会の28日前を法定基準日とすること、②株主総会の招集期間を15日から42日に延ばすこと、③株主総会招集通知および議決権行使を電子的手段で行えるようにすることが定められている。

　(9)　経営協議会発言権法（2010年）

　2010年7月1日、経営協議会発言権法（Wet spreekrecht ondernemingsraad）が施行された（2010年6月30日法）。この法律は、公開会社の経営協議会に、株主総会において3つの総会議題についての発言権を与えるものである。第1は、役員報酬方針の決定の承認、第2は、2:107a条が定める重要な経営決定事項の承認、第3は、取締役・監査役の選任・解任である（☞第7章第4節）。

　(10)　社会的企業法案（2010年）

　2009年7月3日に社会的企業法案（Wetsvoorstel maatschappelijke onderneming）が議会第二院（Tweede Kamer）に提出された。これはヴェイフェルズ委員

会（Commissie Wijffels）報告書「社会的企業2006（Maatschappelijke onderneming 2006）」に一部対応したものである。「社会的企業」とは社会的な問題とされている活動に貢献し、したがって非営利部門（教育、健康、公共住宅など）で活動し、原則として配当を行わない企業である。この法案は準公共分野に民事法の組織と機関を提供しようというものであり、民法典第2編に2つの法主体が新たに導入され、「社会的企業を維持するための社団・財団（vereniging en stichting tot instandhouding van een maatschappelijke onderneming）」とよばれた。その基礎は通常の社団と財団であり、それらをアレンジしたものとなっている。この法案は十分な政治的、社会的賛同を得られず2010年11月に撤回された。

11　2011年から現在まで──①株式会社のインテグリティの改善、②柔軟な非公開会社法、③株式会社の経営と監督の変革の3つの特徴による企業立地国としてのオランダの存在感

(1)　会社法の現代化（2004年）

2004年9月7日、司法大臣は「会社法の現代化（Modernisering van het ondernemingsrecht）」と題する文書を公表し、経営・投資の環境を改善するために会社法を改正することを明らかにした。その目的には法人の濫用を防止すること、柔軟な法形態を導入すること、株式会社のコーポレート・ガバナンスを改善することが含まれていた[13]。これらの目的は、当該文書では、「法人管理法」、「柔軟な非公開会社法」、「経営・監督法」の項目にそれぞれ記されている。

(2)　法人管理法（2011年）

2010年7月7日法人管理法（Wet controle op rechtspersonen）が2011年7月1日に施行された。この法律により、株式会社の設立および定款に関する国の監督が、恒久的な抑制的政府管理に代わることとなった（☞第3章第1節）。この新たな管理形態の目的は、効果的な法人濫用防止にあった。

(3)　柔軟な非公開会社法（2012年）

2012年6月18日柔軟な非公開会社法（Wet Flex-BV）が、2012年10月1日に施行された。その概要は本節12で述べる。

(4)　経営・監督法（2013年）

2013年1月1日に2011年6月6日経営・監督法（Wet bestuur en toezicht）および2012年9月27日修正経営・監督法（Reparatiewet bestuur en toezicht）が施行された。

経営・監督法は株式会社の一層型の機関構成の法的根拠となっている（2:129a/239a条）（☞第6章第2節3）。一層型の取締役会は、経営に携わる業務執行取締役

---

13)　*Kamerstukken II* 2003/04, 29 752, nr. 2 (de nota).

と経営に携わらない非業務執行取締役から成る。業務執行取締役が経営方針を決定し、非業務執行取締役は業務執行を監督する。非業務執行取締役は取締役会の構成員であり、したがってその名のとおり取締役である。二層型の機関構成では取締役会とそれとは別に監査役会が設けられるが、一層型の会社には監査役会がない。会社は一層型と二層型の2つの機関構成のいずれかを選択することができる。法改正前から実質的に一層型に移行していた会社もあったが、非業務執行取締役の職務と責任について不確実な面があった。立法化して明文規定を置くことでその不確実さを解消したものである。さらに、オランダを外国の投資家、とりわけ一層型を有する国の投資家にとってより魅力的なものとすることも意図していた。今後一層型は、上場会社、同族会社、一層型の機関構成を有する外国親会社のオランダ子会社で用いられてゆくであろう。

　一層型の導入とともに、取締役の責任を定めた2:9条との関連で、取締役会内部で職務を分担する方向に進んでゆく可能性がある。しかしどこまで職務を分担することになるのか、また意思決定責任、説明責任、損害賠償責任を分担することでどのような効果がもたらされるかは、必ずしも明らかではない。

　職務の分担は、取締役が連帯して誤った経営の責任を負う連帯責任の原則を変更するものではない。しかし取締役の一人が、他の取締役に割り当てられた職務に関して、自らには重大な非難に該当する点がなく、誤った経営という結果を防止するための手段を取ることにおいて過失がなかったとして責任を免れることが生じ得る（☞第9章第3節2）。なお経営・監督法は、職務の分担を定款で定める根拠として2:9条を特定している。

　経営・監督法はこのほかに利益相反規制の見直しを行っている。代表権に関する2:146/256条の規定が削除され、代わって、利益相反取締役・監査役の決議参加を禁止する2:129/239条6項および2:140/250条5項により対応することとなった（☞第8章第2節）。この規律は判例およびコーポレート・ガバナンス・コード（最良執行条項 II.3.3、III.6.2）と平仄を合わせたものである。新たな規律では、利益相反概念の射程を直接または間接に会社の利益と衝突する個人的利益として規定している。この概念は2007年6月20日ブラウル（Bruil）事件[14]で示された最高裁判所の解釈を端的に表現したものである。とはいえ特定の事案で利益相反があるかどうかは、新たな規律においても個別に判断せざるを得ない。定款で対外的な効力を有する利益相反規定を定めることはできない。

　また経営・監督法は、上場会社の取締役の地位を変更した。それまでは取締役は会社との間で二重の法的関係を持っていた。すなわち会社法的関係と雇用契約関係である。新たな2:132条3項では、上場会社とその取締役の関係は雇用契約関係とし

---

[14] HR 29 juni 2007, *NJ* 2007, 420.

ては扱われないと定められた。ただし、法改正前に締結された雇用契約は引き続きその効力が認められる。今後は、上場会社と取締役の法的関係は、委任契約または独自の非典型契約（overeenkomst sui generis）とされることになった。法改正の背景には、被用者でもある取締役には解雇手続（7:685条）、不当解雇規制（7:681条）が適用される結果、コーポレート・ガバナンス・コードに定められた上限（1年分の固定報酬）を超える解雇手当を手にする者がいたことである。新法はそのような高額な退職報酬の支払を防止することを狙いとしている。法改正によるもう一つの効果として、病気・妊娠による解雇禁止（7:670条、646条）が取締役には適用されないことがある。

　さらに経営・監督法では、取締役・監査役の兼任規制が設けられた（2:132a/242a条（取締役）、142a/252a条（監査役））。これもコーポレート・ガバナンス・コード（最良執行条項 II.1.8、III.3.4）に由来する。この規定に対しては企業側からその効果と必要性について疑問を呈する声が相次いだ。

(5)　**公開買付規制の改正（2012年）**

　2007年のABNアムロ（ABN AMRO）銀行の買収案件などを契機とした公開買付けに関する問題提起を受けて、オランダでも英国型の市場監督者（テイクオーバー・パネル）を導入すべきかが議論された。この市場監督者は公開買付けの全過程を監督し、金融監督機構および商事裁判所と公開買付けに関する任務を分担することが検討された。司法大臣は2009年9月に、市場監督者制度を導入する理由はないと表明したが、買付手続を整備して透明性を高め、強制買付けのルールを明確にするために、改正の必要性については認めた。これにより公開買付制度導入以来初めての大規模な改正がEU第13指令を取り込む形で実施された。

　新たな公開買付規制は2012年7月1日に施行された。主要な変更点は、公開買付令（Besluit openbare biedingen Wft）および公開買付免除令（Vrijstellingsbesluit overnamebiedingen Wft）で示されている。いわゆる「put up or shut up（正式な提案をする気がないなら黙っていなさいの意）規定」が設けられた点が特徴である。この規定の背景には、ターゲット会社の請求を受けて、金融監督機構が潜在的買付者に対して、公開買付けを考える根拠となった情報を公開させ、一般向けの情報開示を義務づけることができるようにすることがある。この開示では、潜在的買付者が公開買付けを表明するか（"put up"）、あるいはその意思がないことを表明するか（"shut up"）のいずれかを行わなければならない。後者の場合、潜在的買付者は6ヵ月間公開買付けを表明または公表してはならない。これはその気がないのに公開買付けの思惑を示して上場会社をもてあそぶ者が出ることを防止するためである。さらに新しいルールでは、以前は1回に限られていた買付価格の引上げを複数回行うことが可能になった。また公開買付義務に3つの新しい免除が付け加えられた。第1は、支配的持分を得るために募集株式の引受業務を行う銀行、第2は、議決権の

過半数を有する多数派株主が公開買付けに応じ、公開買付者との間で共同行動的支配持分（gezamenlijk ('acting in concert') overwegende zeggenschap）を形成する議決権契約を締結した場合、第3は、公開買付免除令施行時点ですでに免除されていた株主コンソーシアム（samenwerkingsverband van aandeelhouders）に属する株主である。

(6) 調査請求権の改正（2013年）

2000年頃から調査請求権（2:344条以下）に関して、いくつかの点で改正を要するかどうかに関する論議が活発化した。グッチ（Gucci）、HBG、ストーク（Stork）、ABNアムロ、フェルサテル（Versatel）、DSMといった議論を呼んだ一連の商事裁判所の裁判例が、一部は最高裁判所で破棄されたものの、それを加速した（☞第10章第2節）。これらの事件に関する評釈が2008年から2009年にかけて公表されたが、調査請求権は紛争解決の効果的な手段として十分に機能しており大きな見直しは必要ないというものが主流であった。とはいえ、部分的な調整をすることが適当であろうと考えられていた。

その結果、2012年6月18日調査請求権調整法（Wet van 18 juni 2012 tot aanpassing van het enquêterecht）が成立し、2013年1月1日から施行された。主な変更点は、調査請求を行うことができる株主の持株比率の引上げ（2:346条1項b号・c号）、会社自身による調査請求申立ての新設（2:346条1項d号・2項）、株主総会外での株主の行為に対する調査請求権の対象拡大（2:350条1項）、調査手続の遂行を司る受命裁判官（raadsheer-commissaris）の導入（2:350条4項、352条）である。

12　柔軟な非公開会社法（2012年）──初めての非公開会社法独自の大改正

(1) 背　景

1971年の非公開会社法の導入は、既存の公開会社を下敷きにしたものであったため、非公開会社の閉鎖的な性格はほとんど考慮されなかった。そのため非公開会社は公開会社の「クローン」になってしまった。近年になり、非公開会社の位置づけについての議論が活発になった。これは非公開会社を団体というより株主間の契約的関係ととらえようとするアプローチの変化であった。

特にラーイマーケルス（Raaijmakers）博士がこの問題に積極的に関わり、また実務界でも簡素で柔軟な非公開会社法の必要性が増大してきた。会社法の多くの条文は複雑で必要以上に抑圧的であると批判された。また、EUで急速に展開した会社設立の自由に関する判例が、非公開会社に対する関心を呼び起こすことに貢献した。この点については、外国会社の利用を制約することに対してその限界を示した欧州司法裁判所のインスパイア・アート（Inspire Art）判決[15]が重要である。これによりオランダの非公開会社は外国法人と競争することとなり、非公開会社の競争力を見直すきっかけとなった。さらに、EU会社法指令の多くは非公開会社に適用

されないため、非公開会社法の改正については自由度が大きかった。
　(2)　立法過程

　簡素で柔軟な非公開会社法の要請は、司法大臣と経済問題担当首相補佐官がデ・クラウファ（De Kluiver）博士を座長とする専門家グループを設けたことがそのスタートである。この専門家グループは2004年5月に、「オランダ非公開会社法の簡素化と柔軟化（Vereenvoudiging en flexibilisering van het Nederlandse BV-recht）」と題する報告書を取りまとめた。専門家グループの柔軟な非公開会社法報告書につづいて、オランダ議会は3つの草案を公表した。

　これを受けて、科学研究文書センター（Wetenschappelijk Onderzoek- en Documentatiecentrum）から委嘱された2名の研究者が、英米法系のLLP（limited liability partnership）およびLLC（limited liability company）と同等の法主体をオランダに導入するかどうかに関する調査研究を行った。その結論は、人的会社および非公開会社の法改正に加えて、LLP/LLCと同等の新たな法主体を導入することは望ましくないというものであり、政府はこの報告結果を受け入れた。

　3つの草案は1つの法案としてまとめられ、2007年5月31日に議会第二院に提出された。法案は2012年6月18日に可決承認され、2012年10月1日に施行された。

　(3)　改正内容

　柔軟な非公開会社法は、文字通り非公開会社の規律をより柔軟にしようというものである。一方、規律を簡素化しようという目的は必ずしも十分には達成されていない。規律の簡素化とは裏返せば規律が複雑になっていることを意味している。柔軟化により非公開会社は公開会社とは明確に区別される独自の性格を有するに至った。柔軟な非公開会社法の主要な特徴は、第1に、新たな債権者保護制度、第2に、(少数株主の保護見直しとの関連で) より自由な設立手続である。柔軟な非公開会社法に取り入れられた具体的な内容は以下のものである。

　まず、非公開会社の資本および債権者の保護ルールが見直された。それに関連して、最低資本金（1万8000ユーロ）、金銭出資に対する銀行の払込金保管証明、現物出資に対する会計士の評価証明、事後設立、法定授権資本が廃止された。さらに、出資の払込時期についても合意によってそれを定める余地が拡大された。

　旧法では、株主に対する配当の支払は、非公開会社が任意準備金を有している場合にのみ許された。この規律は廃止され、代わりに「配当テスト」および「簡易貸借対照表テスト」が取り入れられた。配当テストにより、非公開会社は取締役会の承認決議により配当を行うことができるが、もし会社が配当を実施した場合に、その後に支払不能となるときは取締役会は承認を拒否しなければならない。取締役会

---

15)　HvJ EG 30 september 2003, NJ 2004, 394. 判決の邦語概要は、M・ヘルデーゲン(中村匡志訳)『EU法』257頁（ミネルヴァ書房、2013）参照。

が配当を承認した結果会社が支払不能となったときは、取締役が責任を負い、また株主には受け取った配当金の返還義務が発生する。

　この新たな規律の派生として、非公開会社は、議決権のある株式が1株になるまで株式を償還することができるようになった。これに対する異議申立ては減資手続の中で行われる。また財務援助の禁止規定も削除された。

　非公開会社の株式の額面は、新ルールではユーロ以外の通貨とすることもできる。さらに非公開会社では、配当請求権のない株式を発行することも認められた。無議決権株式や複数議決権株式を発行することもできる。

　非公開会社法の株主総会決議手続もより柔軟になった。非公開会社では株主総会の招集期間を15日から8日に短縮できる（2:225条）。株主総会をオランダ国外で開催することも認められる（2:226条）。株主総会によらずに決議を行う機会が広げられ、議決権を有する株主全員が同意すれば総会外での決議（電子的方法でもよい）が可能である（2:238条）。

　改正法では、非公開会社の種類株主に、自らの代表者として取締役・監査役を選任・解任する機会が与えられている（2:242条1項、244条1項、252条1項、254条1項）。旧法ではその権限は株主総会に留保されており、一部の株主に権限が与えられることはなかった。また定款に定めを置くことにより、他の会社機関に取締役・監査役の解任権を与えることもできるようになり（2:244条1項、254条1項）、監査役会が取締役の解任権を持つことも可能である。ただし以上のことは構造規制会社には適用されない。

　非公開会社の株主が取締役会に対して拘束的な指示を出せる範囲も広がった。定款に定めを置くことで、株主総会その他の機関は取締役会に対して具体的な指示を出すことができる（2:239条4項）。旧法では取締役会は株主総会が示した一般的な指針に従う義務があるのみであった。

　非公開会社の閉鎖性の性格も弱められた。強行的な株式譲渡制限規制は廃止された。したがって非公開会社においても株式譲渡自由からスタートし、譲渡手続についてのデフォルト・ルールを置いているが、会社ごとに独自の譲渡制限（例えば固定譲渡価格など）を選択することができる。さらに定款で、株式譲渡の一時的停止を定めることもできる（ロック・アップ条項）。旧法ではこのような内容は株主間契約で取り決めるしかなかった。

　定款で株主に追加的な義務を設定することもできるようになった。主に株主の会社に対する義務であるが、他の株主に対する義務や第三者に対する義務を定めることもできる。同様に株主の資格要件や提供規制（先買権）を、株主の追加的な義務として（株主の意思に反しない範囲で）導入することができる。

　非公開会社法では株式預託証券の発行に際し、会社の協力の有無により総会出席権の付与を区別することをやめた。現行法は、預託証券所持人の総会出席権の付与

手続は定款で定めることができるとしている（2:227条2項）。

改正法は強行法規をより少なくして、株主の権利についての規律を定款で定める余地を大きくした。これによって少数派株主を多数派株主から保護する必要性が大きくなった。追加された保護措置は、権利内容が変更される株主の賛成を要件とすること、決議に賛成しなかった株主には出口を与えることである。そしてさらに追加的な保護が紛争処理手続（geschillenregeling）の改正によってもたらされ、抑圧された少数派株主はより速やかに、より容易に会社から抜け出すことができるようになった（2:335条〜343c条）（☞第10章第3節）。定款や契約で紛争解決条項を設ける余地も拡大された。

第3節　会社法の構造

オランダには会社法という名称の法典は存在せず、会社法に該当する法律は、民法典の一部として民法典第2編（Burgerlijk Wetboek Boek 2）にその他の法人規定とともに定められている（**図表1-1**）。このため民法典第2編は、法人法または会社法を指す言葉として用いられており、本書もこれにならうこととする。

【図表1-1：民法典の構造（会社法関連部分）】

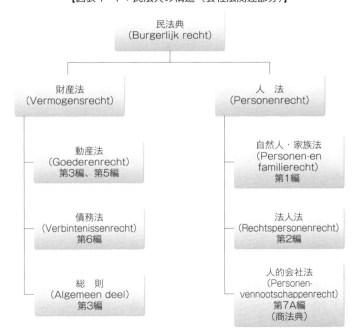

民法典第2編は、総則（第1章）、社団（第2章）、協同組合、相互保険組合（第3章）、公開会社（第4章）、非公開会社（第5章）、財団（第6章）、合併、会社分割（第7章）、紛争処理手続、調査請求権（第8章）、計算書類、経営報告書（第9章）の全9章で構成されている。

民法典第2編は、特定の法人理論に立脚しておらず、また法人の定義についての明確な規定を設けていない。それに代えて、法人格を有する公法上および私法上の法主体の特徴が表現されている（2:1条～3条）。立法者は、条文中で特定されていない主体については、法律に基づき法人格を有するとの結論が導かれる場合にのみ法人格が認められると考えていた（公法人については2:1条2項）。

このような立法は、「クローズド・システムの法人制度（gesloten systeem van rechtspersonen）」である。私法上の行為の作用によって創立者が自ら創り出した主体が、創立者の意思のみを基礎として法人として扱われることを認めない法人制度という意味である。そのことは物権が法に定めがなければ自由に創設することが認められていないことと似ており、法人法と物権法では私的自治は規制されている。したがって、個人営業主は自ら法人を設立したと宣言することはできない。民法典第2編は関連する客観法規範（objectief recht）を欠いた状態であり、どのような場合に法人格が認められるかについて、純粋に理論を根拠として結論づけることができない。法人格は組織に適用される法に基づいて認められるが、立法者は法人格について多くを語っておらず、民法典第2編の枠組みは理論に一定の余地を与えている。この余地を使ってオランダでは、夫婦共有財産、破産財団、証券振替法の集団的寄託といった2:4条3項の「存在しない法人（niet bestaande rechtspersoon）」が議論されているが、本書ではそれらがこの余地に入るものかどうかには立ち入らない。

立法者により法人とされているものがすべて民法典第2編で扱われているわけではない。公法により規律されるものがあるほか、宗教団体は法令に抵触しない範囲において自らの規約により運営される（2:2条）。それらを含めて法人に直接適用される一般規定は2:5条であり、自然人との対比で法人に対する民法典の適用範囲を定めている。2:5条で特定されていない民法典の規定の準用は、2:2条が定める限定された範囲内で許される。賃貸不動産所有者協会（5:124条）や欧州経済利益団体（EESV）は私法上の法人と考えられている。

第4節　法人法の一般条項

会社法総論に入る前に、株式会社を含めたすべての法人に適用される一般条項である2:5条、8条、25条を取り上げる。2:5条、8条には、すべての法人が纏っている2つの特徴が反映されている。第1は、権利義務の主体という側面、第2は、部

分法秩序としての法人という組織的法律関係の側面である。また、2:25条は、法人法は強行法規であるという一般原則を定めている。

1　法人の権利義務（2:5条）

> 2:5条
> 　財産法に関して、法令に別段の定めがない限り、法人は自然人と同等である。

　本条における財産法は、家族法以外という広い意味と解されている。民法典には、第3編以下に財産法が置かれ、自然人・家族法と法人法はその前にまとめて配置されている。

　法令の別段の定めの例としては、設立公正証書に定款が含まれていない社団は登記財産を所有することができず、また遺贈を受けることができないとする2:30条をあげることができる。設立公正証書に定款が含まれていない社団も法人ではある。しかしそのような社団の法人格は限定され、社団の理事は在任中の法律行為によって生じた債務について社団に対して連帯責任を負う。

　2:5条に関して学説では、法人の債務については原則として法人のみが責任を負い、オランダ法では社員や取締役が会社の債務について直接責任を負う「責任の貫通（法人格否認）（doorbraak van aansprakelijkheid）」が認められるのはごく限られたケースであるとされている（☞第9章第4節1参照）。

　さらに会社の法主体性は、第三者によって会社にもたらされた損害については、原則として会社のみが請求できることを意味する。株式価値が下落したというだけでは、株主が第三者に対して自ら訴訟を起こす根拠とはならない。保有する株式に対する損害（派生損害）の賠償を株主が請求するためには、自分に対する特定の注意義務の違反があったことを立証しなければならない（☞第9章第3節4）。

【ポート／ABP（Poot/ABP）事件[16]】
　会社に対する不法行為は株主に対する不法行為にもなるかが争点となった事件である。
　ポート・グループ（P社）とABP（年金基金法人）は1978年から1980年にかけてテニス競技場の建設と運営に関するジョイント・ベンチャー契約を結んでいた。P社が建設したテニス競技場をABPが買い取り、それをP社に賃貸していた。また、P社はオランダ・スポーツファンド（Sportfondsen Nederland）N.V.と提携していた。1979年の半ばにスポーツファンド社はP社との提携から撤退した。こ

16）　HR 2 december 1994, *NJ* 1995, 288.

れによりP社とABPの提携関係も変更を余儀なくされた。

　1980年7月17日にP社はABPに対して7件の新プロジェクトを提案した。ABPは8月6日に当月中に決断すると回答した。しかし8月28日にABPはまだ決断できておらず、さらに情報が必要だと知らせてきた。その後の協議でABPはP社が実質的に破綻していると主張し、新プロジェクト提案を受け入れなかった。

　1980年12月から翌年の4月にかけてP社グループの複数の会社が破産申立てを行った。ポート（P社の唯一の株主）は、ABPがプロジェクト提案を拒否したことが事業の低迷を引き起こしたと主張した。さらにポートは、ABPが決断を遅らせたことはABPがテニス競技場を引き受けないという意思表示であったとして、ABPを非難した。ポートは会社の経営破綻はABPの行為が原因であり、それによって持株が無価値になるという損害を個人として受けたと主張した。

　地方裁判所は、ABPの契約違反または不法行為とP社の経営破綻には因果関係がないとして請求を棄却し、高等裁判所もそれを支持した。

　最高裁判所は次のとおり述べて、ポートの上告を棄却した。ABPがポートの持株が無価値になることについて知っていたか、または予見すべきであったか、もしくは予見し得たかという争点に関する事実関係について、それをもってABPのP社に対する行為を同社の唯一の株主に対する不法行為として構成するには不十分である。ABPがP社に対する法律上の義務または注意義務を怠ったことの主張は十分なされたが、それによりポート個人に対する義務違反があったということはできない。株式会社は、たとえ一人の者に支配されていても独立した法人格として法的な取引に参加する存在である。

　会社の財務上の損失は、それが回復されない限りは株式価値の減少をもたらす。原則として株主は、生じた不利益について損害賠償を請求することはできない。損害賠償請求ができるのは会社である。会社が損害を回復できればそれに応じて株式の損失も帳消しになると考えられる。そのことは、株主が複数いる場合でも1名の場合でも変わりはない。高等裁判所の判断に法令違反はない。

　ポート／ABP事件は、最高裁判所が法人の独立性の基本的な意義を正当に判断したと評価されている。2:5条は法人が権利義務の主体となることのほんの一面を表現しているにすぎない。組織的な側面は捨象されており、2:5条の実際的な意義は条文の文言には示されていない。権利義務の主体となることは法人の重要な特徴であるが、組織的な側面もまた忘れてはならない。株式会社を含めた法人は、所定の機関によって意思決定が行われるからである。

2　合理と公正の原則（2:8条）

> **2:8条**
> 1　法人および法令または定款によりその組織と関わる自然人は、その資格において、互いに合理と公正（公平）（redelijkheid en billijkheid）の命ずるところに従って行動しなければならない。
> 2　前項の者を法令、慣習、定款、内部規則または決議によって拘束する規律は、当該状況下において合理と公正の基準に従い受け入れがたいものである場合は、その限りにおいて適用されない。

　2:8条の合理と公正（公平）の原則は、債務法の一般規定である6:2条およびそれに基づき契約に適用される6:248条にも規定されている[17]。

　2:8条は法人の内部関係におけるすべての者に合理と公正が独立した行為規範として適用されることを定めている。法人に関わる自然人間の関係が債務法または契約に関わるものである場合は、その限りにおいて債務法の6:2条、248条も適用される。そのような関係としては合弁契約が想定される。

　6:2条、248条が財産法の主要規定であるとするならば、2:8条は組織法としての法人法の主要規定である。組織としての法人が典型的に表れるのは、その行為が決議によってなされる点である。決議は組織としての法人の行為の代表例であり、2:8条は行為規範として決議にも適用される。この規範に反する決議は無効宣言の対象となる。無効宣言の対象となる決議を定めている2:15条1項b号は、決議が2:8条の合理と公正の原則に従わなければならないことに明文で言及している。

　2:8条を具体化した条文として2:92/201条2項の株主平等原則（gelijkheid）がある。株式会社は、同等の状況にある株主および預託証券所持人を平等に取り扱わなければならない。2:92/201条2項は、増資に際しての新株引受権の排除、減資、株式払込義務の免除、自己株式の取得、利益配当、株主への情報提供、株主総会の運営などの場面を対象とする。逆に、不平等な取扱いに合理的かつ客観的な正当化事由があれば、この原則に反することにはならない[18]。

　なお、経営協議会および経営協議会の構成員が、2:8条の「法令または定款によりその組織と関わる自然人」に該当するかが一つの問題となる。経営協議会に関する規律を別法に委ねている民法典第2編の編成からすれば即答がためらわれるが、否

---

17) "redelijkheid en billijkheid" は、わが国民法の一般規定である信義誠実の原則および権利濫用の禁止に対応するが、本書では原語に忠実な訳語として「合理と公正（公平）の原則」を用いる。
18) HR 31 december 1993, *NJ* 1994, 436 (Verenigde Bootlieden). 本書第4章第7節 **3** 参照。

定する理由もない。2:8条は一定の関係に対する規範を定めているが、それを越えて私法全般に適用されると解される。

2:8条2項は、6:2条2項を発展させて法人の内部関係に適用したものであり、それはすなわち合理と公正の原則の制限的あるいは矯正的作用である。法令、慣習、定款、内部規則に加えて決議も対象となる。そして、2:8条と無効宣言の申立期限を定めた2:15条5項を併せ読むことで、合理と公正の原則に反した決議であっても、その無効宣言を求める期間は1年間に制限される。2項の適用に際しては、「合理と公正の基準に従い受け入れがたい」という1項に比べやや控えめな表現が用いられることにも留意する必要がある。有力な学説は、法令、定款または合理と公正の原則に照らし必要な場合は、裁判官が法人の決議を採択する権限を有するという条文を設けるべきと主張している[19]。

3　強行法規性（2:25条）

> 2:25条
> 　法令により認められた場合およびその限度を例外として、本編の規定から逸脱することは許されない。

なぜ立法者は原則として法人法の規定から逸脱してはならないとしたのか。契約法の原則である自由がなぜここでは適用されないのか。これは法人、とりわけ株式会社にあてはまるが、その部分法秩序および経営体という特別な性質によるものである。株主および債権者の利益は、部分法秩序の内部志向の機能および経営体による経済取引への参加の両面で、訴訟の場で一定程度保護されなければならない。株式会社では原則として、取締役および株主はその特別な役割を果たすに際して自らは責任を負わない。そのことはそれ以外の利害関係者にリスクを負わせることになるため、強行的な責任法規がそれを緩和しているのである。

この会社法の強行法規性は今日議論の対象となっている。とりわけ非公開会社では、機関の役割と権限、株主の権利と義務を自律的に形成できる部分法秩序の確立が求められている。問題となるのは、決議または契約で法令の規定から逸脱することができるかである。この点について法文は明確でなく、2:25条は警告を発しているにすぎない。この警告は非公開会社ではしばしば抑圧的なものとなっている。そこで、法原則を逆転させて、法令が明文で逸脱を認めていない場合、または法令の

---

19) L. Timmermen 教授など。Zie P. van Schilfgaarde, *Van de BV en de NV*, 16e druk, Kluwer, 2013, § 8; W.J. Slagter, *Compendium van het ondernemingsrecht*, 8e druk, Kluwer, 2005, § 33.

射程範囲からの逸脱を認めていないと解される場合を除き、法令の規定からの逸脱または追加が可能であるとする学説が有力となっている[20]。さしあたって非公開会社については、非公開会社法の柔軟化により主要な項目で2:25条からの逸脱（定款自治）が可能となった。

---

20) W.J.M. van Veen, *Boek 2 BW, statuten en aandeelhoudersovereenkomsten. Stand van zaken en blik vooruit*, Kluwer, 2011（W.J.M. ファン・フェーン（田邉真敏訳）「オランダ会社法、定款、株主間契約——その現在と展望」修道34巻2号348頁（2012））参照。

第2章
会社法総論

第1節　企業形態の種類

1　序　説

オランダの主な企業形態としては、非公開株式会社（besloten vennootschap met beperkte aansprakelijkheid（BV））、公開株式会社（naamloze vennootschap（NV））、協同組合（coöperatie）、組合（maatschap）、合名会社（vennootschap onder firma（VOF））、合資会社（commanditaire vennootschap（CV））がある（図表2-1）。組

【図表2-1：オランダの企業形態】

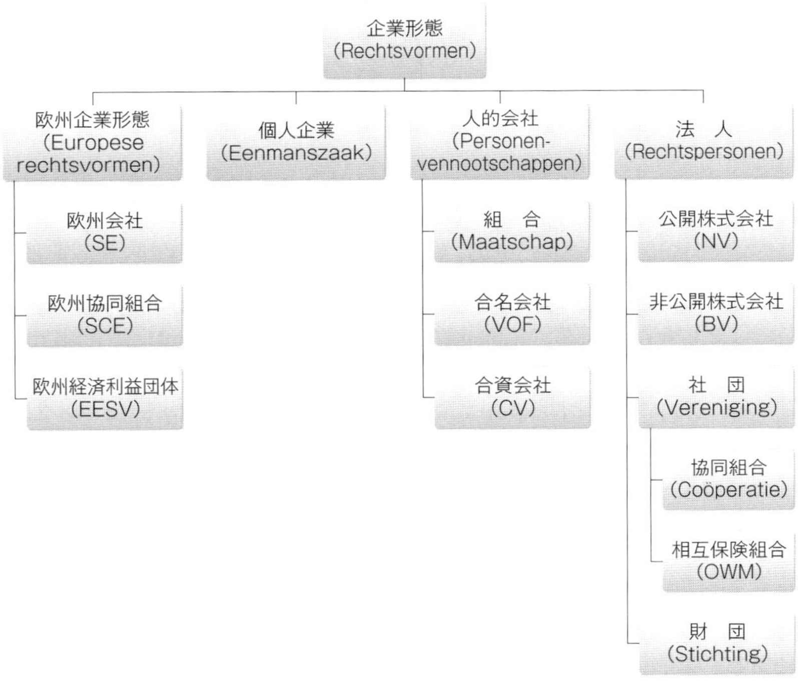

- 企業形態（Rechtsvormen）
  - 欧州企業形態（Europese rechtsvormen）
    - 欧州会社（SE）
    - 欧州協同組合（SCE）
    - 欧州経済利益団体（EESV）
  - 個人企業（Eenmanszaak）
  - 人的会社（Personen-vennootschappen）
    - 組合（Maatschap）
    - 合名会社（VOF）
    - 合資会社（CV）
  - 法人（Rechtspersonen）
    - 公開株式会社（NV）
    - 非公開株式会社（BV）
    - 社団（Vereniging）
      - 協同組合（Coöperatie）
      - 相互保険組合（OWM）
    - 財団（Stichting）

合、合名会社、合資会社は人的会社（personenvennootschap）と総称される。

また企業形態としての利用頻度は高くないが、社団（vereniging）、財団（stichting）があり、相互保険組合（onderlinge waarborgmaatschappij（OWM））は保険に特化した企業である。個人企業（eenmanszaak）も企業形態の一つである。本書は、株式会社を中心に叙述するが、比較の対象として協同組合、組合、合名会社、合資会社、社団、財団についても各章で簡潔な説明を加えてゆく。

そのほかに EU 法に基づくものとして、欧州会社（Europese vennootschap; *Societas Europaea*（SE））、欧州協同組合（Europese coöperatieve vennootschap; *Societas Cooperativa Europaea*（SCE））、欧州経済利益団体（Europees economisch samenwerkingsverband（EESV）; European Economic Interest Grouping（EEIG））があるが、本書ではこれらについては取り上げない。

2　株式会社の特徴

(1)　総　説

株式会社の際立った特徴は、資本が譲渡可能な株式に分割されることである（2:64/175条）。株式会社に参加する唯一の方法は、株式を保有することである。株式会社はいわゆる資本（物的）社団（kapitaalassociatie）であり、かつ資本（物的）会社（kapitaalvennootschap）である。設立時には少なくとも1株の株式を発行しなければならない。株式の額面（nominale bedrag）および払込金額（storten bedrag）は1ユーロを下回っていてもよい。2株以上が発行される場合に（むしろそのほうが一般的であるが）、一人の株主が全株式を保有する一人会社も認められる。

(2)　株式の機能

株式会社制度において株式は3つの重要な機能を有している。第1に、株式は自己資本を集める手段（middel om vermogen aan te trekken）であり、株主は出資の払込みと引き換えに株式を保有し、会社に対する支配力を得る。この払込義務は、原則として引き受ける株式の額面に見合う資産を株主が会社に提供しなければならないことを意味する。定款には額面が、例えば1株につき1セントとか750ユーロといった形で定められる。

第2に、株式には通常、株主総会における議決権が付帯している（2:118/228条）。株式によって会社内で発言権を行使することができ、株式は支配機能（zeggenschapsfunctie）を有している。額面が均一であれば、原則として1株には1議決権が与えられ、株主総会において行使できる議決権の数は持株数によって決まる。これによって、より多くの株式を保有する者は、株主総会において、ひいては会社全体においてより大きな力を有することになる。ただし、非公開株式会社では、定款に定めを設けることによってこれとは異なるアレンジをすることが可能であり（2:228条4項）、例えば無議決権株式を発行することも認められる。

第3に、株式は利益分配機能（winstverdelingsfunctie）を有する。原則として各株式には配当請求権が与えられており（2:105/216条）、会社が生み出した利益は株式に対して分配される。株式に対して利益を分配することが配当（*dividere* = verdelen）である。より多くの株式を保有すれば、原則としてそれだけ多くの配当にあずかれる。ただし、非公開株式会社では、定款でそれとは異なるアレンジをすることも可能である（2:216条6項・7項）。

株式は株主にとってほかにも重要な機能を有している。株式は他人に譲渡できるという意味で財産である。株式は原則として譲渡可能であり、上場会社であれば証券取引所で売買することにより現金化することができる。年金資産としても株式は重要な役割を果たしている。また株式は担保に供することができ（2:89/198条）、株主の債権者は株式を差し押さえることができる（民事訴訟法474c条～474i条）。

(3) 株主有限責任

株式会社が最もよく用いられる共同企業形態である理由は、株主（多くの非公開株式会社では取締役でもある）の責任範囲を画する株主有限責任の原則である。会社法はこの重要な原則を「株主は会社の名前で行われたことについて直接責任を負わず、会社の損失に関して株式に対して払い込んだ金額を超える責任を負わない」（2:64/175条）と表現している。

3 非公開株式会社

(1) 総 説

オランダの企業形態で最も一般的なものは非公開株式会社（以下、「非公開会社」という）である。現在約86万社が存在している。非公開会社はさまざまな事業活動に利用され、夫婦で経営するベーカリー・ショップから従業員数千人の大会社までが非公開会社である。非公開会社形態を利用するのは営利企業だけではない。商業登記所には、営利企業でない20万社の非公開会社が登記されており、その中には例えば年金基金を設けるための節税手段として設立されたものが含まれている。非公開会社は、会社形態というよりはある種の「金庫（spaarpot）」とみることができるともいわれる。

(2) 非公開性

非公開会社はその名のとおり非公開性を有するが、それは会社が発行した株式の譲渡が全くの自由とはいえないことを意味している。株式を譲渡したい非公開会社株主は、原則として他の株主に譲渡しなければならない（2:195条1項）。ただし、定款で株式の譲渡を自由に行えると定めてもよい。2:195条には、定款による株式譲渡の自由の制限態様に関してまとまったルールが設けられており、譲渡制限規制（blokkeringsregeling）とよばれている（☞第5章第2節2）。また、譲渡は公証人が認証した公正証書（notariële akte）により行わなければならないことに留意する

必要がある。

株主は株主名簿に記載され、取締役会がその維持管理について責任を負う（2:194条）。非公開会社はだれが株主であるかを常に把握していることになる。

(3) **法　源**

非公開会社には、民法典の非公開会社特有の条文（2:175条〜274a条）のほか、一般条項（2:1条〜5条）、合併（2:308条〜334条）、会社分割（2:334a条〜334ii条）、紛争処理手続、調査請求権（2:335条〜359d条）、計算規定（2:360条〜446条）に加えて、経営協議会法（Wet op de ondernemingsraden）（経営協議会の設置が義務づけられる非公開会社が対象）や2007年商業登記法（Handelsregisterwet 2007）といった特別法が適用され、適用法規が各所にちらばっている。

そして、非公開会社は定款によっても規律されていることに留意しなければならない。定款は発起人（oprichter）および設立時株主によって作成・承認され、当該会社を成立させるその会社特有の自治法規である。設立時には原始定款が作成される（2:177条）。定款は登記され（2:180条1項）、だれでも閲覧することができる。すなわち非公開会社といってもそれが設立されることは公知の情報となる。

株式会社にも民法の一般原理が関係することはいうまでもない。例えば、株式会社ではしばしば代理人（gevolmachtigde）が用いられるが、会社と代理人との関係には3:60条以下の代理権の規定が適用される。民法典の不法行為規定（6:162条）との関係では、会社は不法行為の主体となる（☞第8章第8節）。会社法の規定は民法典第2編であるが、第3編（財産法総則（Vermogensrecht in het algemeen））、第5編（対物権（Zakelijke rechten））、第6編（債務法（Algemeen gedeelte van het verbintenissenrecht））の規定も関係してくる場合がある。非公開会社は契約そのものではないが、契約と同じく民法の一般原則に埋め込まれている。

このほか重要な法源としてEU法がある。会社法の条文には、計算規定などEU指令やEU規則から来たものが比較的多く存在している。

(4) **非公開会社法の現代化**

オランダは2012年10月1日に非公開会社法の大改正を行った。その目的はオランダのアントレプレナーシップ（企業家精神）を促すことであった。法規制をシンプルかつスムーズなものとして、スタートしたばかりの企業家にとって非公開会社という会社形態を魅力あるものとした。また、非公開会社に対応する外国の比較的自由度の高い会社制度との調整も行われた。オランダの企業家にとっては、英国の私会社（private limited company）が実際のところ魅力的に映ると思われるが、EU法に基づくことでオランダ国内での事業活動に英国の私会社を利用することもできる。オランダの立法者はこれを踏まえて、非公開会社法を現代化することで、企業家が海外の法人に逃避する要因を解消しようとした。

非公開会社法の画期的な改正内容として、最低資本金（1万8000ユーロ）の廃止

がある。これにより非公開会社はより利用しやすいものとなった。また、譲渡制限規制の強制適用も廃止された。さらに非公開会社では、定款に無議決権株式や無配当株式の定めを置くことができる。改正非公開会社法は、会社法がそれを利用する企業家のために存在するという考え方を強く打ち出して起業を促す性格（facilitair karakter）を与えられ、任意法規化が図られている。

4 公開株式会社

(1) 総 説

オランダの公開株式会社（以下、「公開会社」という）は約4000社とその数が比較的限られている。公開会社という形態は特に大企業に適している。大企業は証券市場を通じて資金を調達する必要性が大きいためである。公開会社の株式は、ユーロネクスト・アムステルダム証券取引所に上場することで、証券市場を通じて取引することができる（☞第5章第4節4）。公開会社の最低資本金は4万5000ユーロである（2:67条2項）。このため小規模な企業にとっては、非公開会社に比べ公開会社は魅力が薄れる。

(2) 授権資本と株式

公開会社は授権資本（maatschappelijk kapitaal）を有し、それが株式の形に分割される（2:64条）。授権資本については2012年10月1日から非公開会社とちがいが生じている。非公開会社では授権資本を設定するかどうかは任意であり、1株を発行するだけで足りる。ただし公開会社と非公開会社はともに物的社団であり、株式の役割は公開会社も非公開会社も同じである。

公開会社の株式は記名式である必要はない。無記名株式（aandelen aan toonder）を発行することができ、無記名株式はその性質上自由に譲渡できる。無記名株式の保有者の名前は株主名簿には登載されない。その結果、公開会社では実質株主がだれであるかが把握できないという事象が生じ得る。まさに「名前のない（naamloze）」会社である。しかし名前のない会社は実は誤解を招く表現である。なぜなら公開会社は記名株式を発行することができ（2:82条）、記名株式を発行した場合には株主の名前が株主名簿に記載されるからである（2:85条）。

(3) 法 源

民法典、いくつかの特別法および定款が公開会社の法源であることは非公開会社と同様であるが、民法典第2編には公開会社特有の規定が設けられている（2:64条～164a条）。実は、公開会社に適用される規定の多くは非公開会社にも適用される。公開会社の規定（2:64条～164a条）と非公開会社の規定（2:175条～274a条）を比較すると、共通するものが多い。その理由は、1971年に制定された非公開会社法が、既存の公開会社法の規定を流用する形で立法されたためである。民法典は公開会社と非公開会社のそれぞれの一連の規定を別個の章立てで設けたが、年を経て改正を重

【図表2-2：公開株式会社と非公開株式会社の比較】

	公開株式会社 (NV)	非公開株式会社 (BV)
特　徴	・公開の協働関係 ・一般から出資を仰ぐ大規模な物的会社の組織形態 ・資本市場あるいは一般投資家に資金を依存	・閉鎖的な協働関係 ・株主の人的関係に期待
株　主	・投資家 ・株主は利益の獲得を主目的としてその限りで協働 ・株主による直接の経営参加・貢献なし	・会社の組織構造により深く関与 ・経営への参加・貢献度合い大 ・株主と経営者の機能が結合
株　式	記名株式、無記名株式	記名株式
株式上場	無記名株式または預託証券の上場可能	不可
株式譲渡	・原則として自由。 ・定款で法定要件を満たす譲渡制限規制の定め可。	・原則として他の株主以外には譲渡できない（提供規制）。 ・定款で別段の定め可（譲渡制限規制）。定款で譲渡自由と定めることも可。
最低資本金	4万5000ユーロ	なし

ねるうちに両者で異なる規定も増えてきた。特に2012年10月1日改正非公開会社法によりその差異は以前に比べ大きくなっている。公開会社と非公開会社の比較概要を図表2-2に示しておく。

5　組合、合名会社

(1)　総　説

　組合とは2以上の者（自然人または法人）が、協働関係（samenwerking）を構築するための双務契約である。他の双務契約と同様に、組合契約も原則として口頭の合意により成立する。組合は、協働関係を通じて組合員に財産法的利益（vermogensrechtelijk voordeel）をもたらすことを目的としている。それゆえ組合は、株式会社と同様に利益分配目的（winstverdelingsdoel）を有する。組合では、組合員が共通の目的のために共通の勘定（gemeenschappelijke rekening）で協力し合う。組合という枠組みの協働関係では、共同運営で得られた利益が組合契約に基づいて組合員に分配される。無から有は生まれないゆえに、組合員はなにがしかの貢献をして、組合に価値をもたらすことに応じて発言権を有する。この貢献は、例えば不動産であったり労務であったりする。組合の協働関係はこれらの貢献に基づいている。要するに、組合は組合員の能動的な協力を要し、共通勘定への寄与を通じてすべての組合員のために利益を得ることを追求する存在である。組合については、民法典第7A編第9章（1655条～1688条）に規定があり、これらの規定は合名会社、合資会社にも共通して適用される。

組合としての共通の名前（事業単位としての商号）の下に事業を行う組合には、合名会社に関する民法典第7A編1655条〜1688条と商法典16条〜34条が適用される。すなわち商法典上の組合が合名会社である。組合、合名会社いずれも法人格はなく、組合員・社員と別個の法人格として組合、合名会社が存在するわけではない。しかし合名会社は会社の名で財産を所有し、訴訟当事者となり、契約を締結することができる。合名会社は利潤目的の相互協力であり、社員の出資は現金、財産、労務、のれんのいずれでもよく、第三者との取引関係やノウハウも出資の対象とできる。社員はオランダ国籍またはオランダ国内の住所を有している必要はない。

(2) 協働・人的結合
ア 協働要件
組合および合名会社の協働関係要件（samenwerkingsvereiste）は次のようにまとめられる。
① 組合員・社員は均等な立場で協力して業務を執行すること。例えば、雇用契約に定めがあることを理由として、ある組合員が他の組合員に従属するということはない。
② 協働には、共同での活動をどのように実行するかについて相談することが含まれる。
③ 原則として組合員・社員は、組合または合名会社の運営方針を共同で決定しなければならない。
④ 協働関係要件は、組合契約特有の性格として契約に反映される。
⑤ 協働関係は通常継続的な関係である。

組合契約との比較で、一般的な契約では当事者が単一の共通目的を目指して長期の協力関係を築くために結びついているわけではない。売買契約であれば売主と買主は利害が対抗する一回の関係を作る。その意味で売買契約の売主と買主は長期の協力関係にあるとはいえない。一方、組合契約の債務は繰り返すというよりは並行的なものである。組合や合名会社の組合員・社員は、通常長期にわたって協働し、一人の組合員・社員は他の組合員・社員にとって重要な存在である。組合および合名会社は、人的関係に基づき（intuitu personae）構築されるといわれる。組合契約はだれとでも締結できるというわけではない。そのため組合および合名会社は、人的社団（personenassociatie）または人的会社（personenvennootschap）とよばれる。組合および合名会社には、資本、株式の概念は適用されず、組合員・社員自身がいわば蝶番になっている。

イ 株式会社との比較
株式会社に話を戻そう。株式会社は組合のような契約ではなく、その本来の性質からして法人である。立法者は株式会社に契約の要素を織り込んでいない。株式会社は資本が株式に分割されている法人であり、株主は株式を通じて株式会社と結合

している。株主は組合員とちがって密な協働関係を構築する必要がない。もちろんそのような関係を構築してはならないわけではなく、法律に明記されていないとしても会社当事者で規範を設けることはできる。法律上密な協働関係を構築する必要はないが、株主は他の株主の利益を考慮しなければならない。それは、株主が互いに合理と公正の原則に従って行動しなければならないと定めた2:8条1項が根拠であり、この規定によって株主は互いに関係を持った存在となる。互いの利益を考慮しなければならないという義務は、一般に協力義務よりレベルの低いものであり、例えば会社の経営方針を共同して描くといったことがあげられる。

　株式会社は主として金銭的関係に基づいているが（intuitu pecuniae）、非公開会社では法令または定款の定め以上に株主間の協力義務が強化されることが多い。時に株主は協力関係を取り決めた契約（株主間契約）を締結し、会社の資金調達や投資に関して共通の方針を確立するための義務を定める。このような株主間の関係は、ジョイント・ベンチャーとよばれる。会社法および定款の規定から導かれる非公開会社の法規範は、ジョイント・ベンチャーでは株主が株主間契約で何を互いに合意したかによって補充されることになる。このように非公開会社では、株主間の内部関係は人的会社の組合員・社員の関係に類似してくる。

　オランダの各企業形態の特徴は重複している点があるため、一つの事業活動に特定の一つの法人形態が適合するとは限らない。ジョイント・ベンチャーを設立するにも企業形態の選択肢があり、例えば非公開会社にするか合名会社にするかは、専ら発起人が判断して選択することになる。オランダ法の基底には、法的形態の選択の自由（vrijheid van keuze van rechtsvorm）がある。

(3) 利用形態
ア　総　論

　組合は、例えば弁護士、会計士、医師、建築家などの専門的職業を共同で営むために用いることができる。弁護士や医師は、複数の者が共同の勘定でその業務を行い、収入と支出を相互に精算する形態で業務を行っていることが多い。この場合、出資は主として労務の提供であり、非公開会社と異なり金銭や財物に限定されない。合名会社は、オランダでは管工事業や塗装業でよく用いられている。組合形態での専門的職業や営利事業は今日でも存在している。

　組合の一形態である匿名組合（stille maatschap）は、対外的には共同であるとは見えない組合である。匿名組合は、例えば農業分野で利用されている。父親の農場を継ぐ息子が父親と組合契約を結び、対外的には父親は表れず、息子だけが農場を営んでいることになる。父親は農場の所有者として組合契約に基づき息子に資産の処分権を委ね、息子は父親と農場の経営方針について相談する。

　弁護士や医師等の専門的職業では、共同であることが第三者に分かるように、名前を連ねて事務所やクリニックを営むことが行われている。そのような組合は、公

開組合（openbare maatschap）とよばれる。共通の商号での共同事業は、すでに述べたように厳格な連帯責任が課される合名会社形態にみられる。

共通の商号で事業を行うことはなにも難しい話ではなく、消費者にアピールするような造語でもよいし、例えばDetmarとKarelの2人がDetkarの商号を用いるなど組合員・社員の名字の一部をつなげてもよい。組合員・社員の名前が社用便箋のレターヘッドに表示されているのであれば、共通商号を用いること自体には問題はない。その共通商号が他の商号との関係で許容されるかは別の問題である。

イ　専門的職業と営利事業

合名会社形態を使って共通の商号の下に共同営利事業を行う場合には、専門的職業に比べて適用される責任がより厳格であることから、両者の区別は留意をしておく必要がある。これら2つの概念についての法令の定めはないが、一般に次のような区別の基準が認められている。

専門的職業は個人として役務を提供するもの（persoonlijke dienstverrichting）であり、個人の能力に大きく依存する。専門的であるということは、弁護士、会計士、公証人、医師などが典型であるが、依頼人の利益を考えることであるとされ、専門的職業の役務提供にあたっては依頼人と役務提供者の間の信頼関係が前提にある。専門的職業に就く者にはいわゆる職業上の守秘義務（beroepsgeheim）が課せられることが多い。一般にはその職業に適用される倫理規程に示されている。

以上のことは営利事業には必ずしもあてはまらない。例えば、一般小売店や塗装店を営むことを考えてみると、これらの事業にとって属人的な役務提供や守秘義務は決定的に重要なものではない。これらの事業者はさらに仕入先など取引先といった第三者との取引を行う点でも専門的職業とは異なる。取引を円滑に進めるためにも、これらの第三者に対しては、合名会社社員の個人資産という、より安全な債権回収策を与えておくことに意味がある。

専門的職業と営利事業のちがいは薄れつつある。その理由はいくつかあるが、専門的職業において非公開会社形態が用いられることが増えていることが特に指摘できよう。さらにオランダの大法律事務所のほとんどは公開会社である。立法者の当初の意思は、株式会社形態は営利事業活動にのみ用いられるというものであったが、専門的職業に株式会社形態が用いられることによって、営利事業との境目はあいまいになってきた。専門的職業自体も営利化しつつあることはいうまでもない。ともに人的会社形態を用いる専門的職業と営利事業で法的責任を区別して考えることが依然として立法者意思であるといえるかどうかは、疑問のある状況になってきている。

株式会社も合意に基づく存在であり、組合や合名会社に適用される民法典第6編の一般債務に関する規定は原則として株式会社にも適用される。一方、契約は多数当事者間の法的道具であり、民法典第3編に配置されている総則規定が適用され

る。例えば、3:32条〜59条は法律行為についての一般規定である。このように法規定が重層的に適用される状態は、民法典自体の重層的構造に由来する（図表１−１参照）。

(4) 組合と合名会社の異同

組合と合名会社の異同については、次の２点を指摘することができる。

第１に、合名会社の各社員は法律上代表権を有する（商法17条１項）。これは各社員が原則として単独で合名会社のために（namens de vof）法律行為を行う権限を有していることを意味する。ただし、合名会社契約の中で社員の権限を制限することは可能であり、例えば一定金額以下の取引に限り代表権を有すると定めることができる。反対に組合では、原則として他の組合員から代理権を与えられた場合に限り、ある特定の組合員が他の組合員のために法律行為を行うことができる（7A:1679条）。この差異の理由としては、組合はより内部志向の協力形態であり、第三者との商取引を行うことに特化しておらず、法定代表権の必要性は相対的に小さいと立法者が考えたためである。立法者の意図は、組合では全組合員がそれぞれ自己の名をもって取引を行うが、その経済的帰結（利益または損失）は組合の計算によるとすることにある（7A:1676条１号・３号）。組合では共通の計算で協力関係を継続することがポイントである。一方、合名会社はより対外的に活動することが前提とされている。そこで対外的な活動を行うための代表者が必要となる。実務上は各社員が合名会社を代表する権限を与えられていることが一般的である。

第２に、合名会社の債務は、全社員（代表権を有する社員に限らない）の連帯債務である（商法18条）。組合の債務責任に関する規律は合名会社と比べると緩やかであり、7A:1679条および1680条は、組合の組合員は原則として組合の債務について均等の割合で負担すると定めている。営利事業のために共通の名前で事業を行う場合は、専門職の業務などと比べてより厳しい責任をルール化すべきと考えられたためである。

組合と合名会社には、経営協議会法が（同法で経営協議会の設置が義務づけられる限りにおいて）適用される。また、2007年商業登記法は組合と合名会社双方に適用され、組合、合名会社は登記しなければならない。登記事項には、組合員・社員の氏名・住所、国籍、署名、目的が含まれる。オランダでは、約３万4000の組合と17万を超える合名会社が登記されている。商法典29条の登記義務に関する厳格さには留意しなければならず、合名会社が登記を怠った場合、当該合名会社は登記を要するあらゆる場面で無期限に未登記状態であるとみなされる。そのような場面では、社員の代表権は無限定となり、当該社員が合名会社の名前で行った法律行為は、そのすべてについて合名会社とその社員に帰属することになる（商法29条）。これは各社員にとっては極めて大きなリスクをもたらすことになるため、合名会社の取引相手が代表権の制限や排除について知っていたか、または知り得た場合は、例外とし

て連帯債務の適用はないと解されている。

　登記を免除されるのは、事業を行っていない匿名組合のみである（2011年5月3日経済事業・農業・イノベーション省令[1]）。これは匿名組合で農業機械を共同調達したり、図書館を共同で建設したりしたものの、それらが実際に利用されていない場合を想定している。事業を行っていない匿名組合の情報開示は必要ないと考えられたためである。

　組合および合名会社の活動にとっては、関係する法令の規定とは別に当事者間で交わされる契約が特に重要である。組合員・社員の関係はこの契約によって規律される。書面による組合・社員契約の作成は法律上の要件ではないが、実務上はそれを作成することが望まれる。社員契約には、社員の氏名、合名会社の目的、第三者に対する社員の権限、損益の分配方法、社員の出資、社員の退社・除名、合名会社の解散などが規定される。

　合名会社は、社員が1名になった場合を除き、社員契約に定めを置くことで、社員が退社した場合でも解散せずに残りの社員で経営を継続し資産を保有し続けることができる（☞第11章第5節２）。

(5) 株式会社と組合・合名会社の異同

　株式会社と組合・合名会社の異同をみておく。株式会社では、株主は原則として会社の名前で行われた法律行為に責任を負わない（2:64/175条）。合名会社では、その目的と社員の代表権が登記簿に示される。適切な登記がなされていない場合、第三者は社員が合名会社を代表して行った行為につき、それが合名会社の目的の範囲内と否とを問わず、全社員の連帯責任を追及することができる（商法29条）。したがって、登記を適切に行うことで、各社員の無限責任の範囲を、合名会社を代表した社員による権限内の行為にとどめることが可能となる（商法17条、18条）。

　合名会社の社員の持分は共有となるため、合名会社の債権者は社員の持分または社員個人の財産のいずれからも債権を回収することができる。ただし、合名会社を離れた社員個人の債務の債権者は、社員の持分から回収することはできない。一方、合名会社が破産した場合、合名会社の債権者は合名会社の資産に関して、社員個人の債権者に優先する。

【ヤン・ラウケン・ホテル（Hotel Jan Luyken）事件[2]】
　ヤン・ラウケン・ホテルを運営していた合名会社の社員の一人であったファン・スハイク（Van Schaik）は、工事業者にホテルの改装を指示した。しかし改装費用の支払が滞った。合名会社では全社員が会社に生じた債務について連帯責

---

1) *Staatscourant* 2011, nr. 8401.
2) HR 3 december 1971, *NJ* 1972, 117.

任を負うが、工事業者は各社員の個人資産ではなく会社の資産を差し押さえた。

本件では、合名会社の債務について全社員の連帯責任を認める判決をもって、会社の資産に対して執行できるかが争点となった。高等裁判所はこれを認め、最高裁判所もそれを支持した。各社員は訴訟において会社の債務についての責任を問われた際に、会社としての防御が可能であることが理由とされ、結論として、全社員に対して執行できる判決は会社の資産にかかってゆけるとされた。

最高裁判所はさらに高等裁判所の見解を確認して、工事業者にはファン・スハイクが合名会社の社員として認識されており、本件はその状況から合名会社を代表した取引であって、工事業者は反証のない限りファン・スハイクが会社を代表していたとして扱ってよいとした。したがって、本件において合名会社は取引に拘束されることになる（商法17条1項）。

【ボナペティ（Bon Appetit）事件[3]】

ボナペティ合名会社の元従業員が、合名会社および社員2名に対して1996年4月14日までの雇用関係の存在の確認と未払賃金の支払を求める訴訟を提起した。

地方裁判所支部は会社と2名の社員に連帯して金銭の支払を命じ、2名の社員が控訴したが会社は控訴しなかった。このため、合名会社に対する確定判決の既判力（gezag van gewijsde）が社員に対して及ぶかが争点となった。地方裁判所は、合名会社に対する判決に既判力が認められること、および社員が控訴手続における自己の利益の存在を疎明しなかったことを理由として、社員の控訴を斥けた。

これに対して最高裁判所は、合名会社と社員個人の両方に対して権利を有する債権者は、実質的に2つの請求を起こしており、その請求が認容されるかどうかは合名会社と社員個人のそれぞれの防御にかかっているとしたうえで、会社に対する請求についての会社に対する判決の既判力は、社員個人に対しては及ばないとした。破棄差戻し。

合名会社の債権者が、社員個人に対して債務の弁済を請求した場合、社員は会社としての防御を自らの防御として持ち出すことができる。このことは、社員が連帯して合名会社の債務について責任を問われている場合、社員が単独で合名会社の債務について訴えられている場合のいずれにもあてはまる。

株式会社は計算書類を作成して開示しなければならない（民法典第2編第9章）。会社法における開示は計算書類を商業登記所に備置することを意味する（2:394条1項参照）。計算書類は会社の財産および財務状態とその結果を示すものであり、それ

---

[3] HR 13 december 2002, *JOR* 2003, 32.

らを開示することによりだれもが会社の財務状態を知ることができる。これに対して、組合や合名会社には計算書類の作成・開示義務は適用されない。ただし、すべての社員が外国の株式会社である合名会社には、オランダの株式会社に適用される計算書類、経営報告書等の規律が適用される（2:360条2項）。

　物的会社の社員は退社が認められないのに対し、人的会社の社員は退社が認められる。株主は他人に株式を譲渡することによってのみ会社を離れることができる。人的会社でも社員契約で持分の譲渡に関する定めを置くことはできる。持分を証券化することも法的には可能である。

　株式会社と組合・合名会社にはさらに重要な相違がある。それは組織構造に関わるものである。株式会社は2つの機関、すなわち株主総会と取締役会を設置しなければならない。この2つの機関は法令および定款によって異なる権限を与えられる。また、定款に定めを置くことによりこれ以外に監査役会（2:140/250条）、種類株主総会（2:78a/189a条）を設けることができる。会社法上、株主総会と取締役会が同一の1名の自然人によって構成される一人会社も認められる。組合および合名会社では原則はむしろ逆である。組合および合名会社は、組合員・社員による経営・監督を法律上前提としているため、株式会社のような二元的機関構成（duale organisatiestructuur）は要求されていない。

6　合資会社、協同組合
(1)　総　説

　オランダ会社法には、組合・合名会社と株式会社の中間的な会社形態として、合資会社と協同組合が設けられている。合資会社は1名以上の無限責任社員（gewone vennoten）と1名以上の有限責任社員（commanditaire vennoten; stille vennoten）から成る（商法20条3項）。合資会社の有限責任社員は有限責任という特別な地位を与えられている。合資会社も法人格はない。また、有限責任社員の持分について株式を発行することはできない。

(2)　合資会社
ア　社員の責任

　有限責任社員は出資額を超えて負担を強いられることはない（商法20条3項）。この点において、有限責任社員の地位は株主に類似している。これに対し、無限責任社員は会社の債務について厳格な連帯責任を負う。そこで無限責任社員の責任を実質的に限定するために、株式会社を無限責任社員として、その株式を有限責任社員が保有する形態が用いられることがある。この場合、有限責任社員は無限責任社員以上に配当参加者という立場が明確であり、そのような立場で合資会社の利益に対する配当を受領する権利を有していることに加え、会社の債務に対する有限責任社員の責任は出資額が限度となる。

イ　法源

　合資会社にも民法典の組合の規定が適用されるが、商法典には合資会社特有の規定が3ヵ条にわたって定められている（商法19条、20条、21条）。これらは合資会社の対外的な関係を規律している。合資会社の対外関係は、合名会社の対外関係と同様であるが、商法典20条2項は、有限責任社員は会社の経営に携わることはできず、経営は無限責任社員によって行われなければならないとしている。合資会社の有限責任社員は合資会社の経営方針の策定に内部的に関わるにすぎない。有限責任社員も社員として無限責任社員と同様に相互協力義務を負うが、その対内的な行為によって無限責任社員の対外的な行為に決定的な影響（beslissende invloed）を与えることはできない。有限責任社員が、例えば業務執行を行うなどこの規律に従わない場合は、第三者との関係では無限責任社員とみなされ、会社の債務について連帯責任を負う（商法21条）。この場合、当該社員はもはや有限責任の特権を享受することはできない。有限責任社員は常に後ろに控えていなければならないのである。

　商業登記簿には、有限責任社員の出資額および人数が記録される。有限責任社員の氏名は登記する必要はない。無限責任社員とちがって合資会社の債権者にとってはだれが有限責任社員であるかを知る必要がないためである。オランダには現在1万を超える合資会社が登記されている。

　社員契約では、無限責任社員による業務執行のうち、有限責任社員の事前の承認を必要とする事項を定めることができる。ただし、その同意自体によって有限責任社員に責任が発生することはない。

　すべての無限責任社員が外国の株式会社である合資会社には、オランダの株式会社に適用される計算書類、経営報告書等の規律が適用される（2:360条2項）。

(3)　協同組合

ア　社団性

　株式会社と組合・合名会社の中間的な形態である協同組合（2:53条1項）は、農業分野でよく利用されてきた組織形態である。今日では、大規模に事業を展開している協同組合も存在している。例えば、オランダの主要な金融機関の一つである全国ラボ銀行（Rabobank）は、もともとは農業従事者向けの金融事業を行う協同組合であるが、現在ではエネルギーや健康福祉分野の事業も営んでいる。また、節税目的で協同組合が利用されることもある。非公開会社の株式を協同組合が保有し、会社の配当がこの協同組合を通じて行われるという形態である。オランダには7000を超える協同組合がある。

　民法典には協同組合特有の規定が設けられている（2:53条～63j条）。協同組合は社団として設立される。したがって、民法典第2編の社団に関する規定は協同組合にも適用される。しかし協同組合は、株式会社、社団、財団のいずれとも異なり、また特別な種類の社団ともいえないような法主体として設計されている。社団に関す

る法規定の主要な一つが協同組合には適用されないためである。すなわち、社団は社員に対して利益を分配することができないが（2:26条3項）、協同組合は組合員に利益を分配することができる（2:53a条）。このため協同組合は企業形態として適している。協同組合は組合員の具体的なニーズに対応することを目的としており、民法典第2編でも協同組合は組合員に対する役務提供のために活動すると位置づけられている。その目的のために協同組合は、民法典に基づき協同組合が行う事業に関する契約を作成し、各組合員と締結する（2:53条1項）。

【事例2-1】

じゃがいもを栽培している農業生産者が、自分が組合員となっている協同組合でじゃがいもを加工してもらう。協同組合のじゃがいも加工は組合員への役務提供として行われる。組合員が栽培したじゃがいもを協同組合で加工することにより、協同組合は組合員の具体的なニーズに応えることになる。協同組合が組合員と締結する契約は、農業生産者が一定量のじゃがいもを協同組合に供給することをその内容とする合意を基礎としており、この契約に従って協同組合の運営が行われる。じゃがいもの供給契約は組合員によるある種の出資とみることができ、協同組合の目的達成に向けてその内容が実行される。

一方、この契約によって組合員がリスクを負うこともある。供給されるじゃがいもの価格は、協同組合の1年間の活動成果が判明した後で確定されるのが一般的である。農業生産者がじゃがいもでどれだけ稼げるかは最終的には協同組合が定める価格に依存するためである。

協同組合には理事会を設置しなければならず、また監査役会を設置することができる（2:53a条、37条、57条）。株式会社に適用される構造規制と同様の規律が協同組合にも適用され、一定の場合、監査役会の設置が義務づけられる（2:63c条、63f条）。理事には株式会社と同様の権限が与えられ、義務と責任が課される（2:53a条、44条、45条）。計算書類等に関しても、株式会社と同様に厳格な規律が定められている（2:58条）。

イ　定款の性質

協同組合の定款は、組合員を結びつける契約であり、また第三者との間で取り交わすこともできる（2:53条3項）。その場合、組合員との合意内容が優先的な効力を有する（同条4項）。この要件に適合していない協同組合については、組合員または検察官の申立てにより、裁判所が解散を命じることができる（2:21条3項）。

例えば、前述の全国ラボ銀行は各地にある地方ラボ銀行から成る協同組合であるが、地方ラボ銀行は伝統的にその地域の農業従事者が組合員となってきた。近年地方ラボ銀行は組合員農業従事者以外の者（例えば同じ地域の他の住民）にも役務提

供を拡大している。そのような第三者に対する役務提供が組合員に対するそれを凌駕するようになると協同組合は解散しなければならなくなる。実際に地方ラボ銀行ではそのような事象が見られた。なお地方ラボ銀行の預金口座保有者は、希望すれば組合員になることができる。

ウ 組合員の責任

協同組合の法的責任に関する規律はややマイルドな内容である。2:55条は、協同組合が解散したときは組合員が協同組合の債務について責任を負うと定めているが、その責任の内容について定款に異なる定めを置くことができる（2:56条1項）。そのような定款自治としての責任免除または責任限定は、協同組合がその名称の中に、「責任免除（Uitgesloten Aansprakelijkheid（U.A.））」または「有限責任（Beperkte Aansprakelijkheid（B.A.））」という文字を含めている場合に限り有効である。この場合、協同組合の責任形態は株式会社のそれに類するものとなる。定款に社員の責任に関する定めがない場合は、「法定責任（Wettelijke Aansprakelijkheid（W.A.））」が適用される。

第2節　企業形態と法人格

1　法人格の意義

民法典第2編は私法人についての法規である。私法人には、非公開会社、公開会社、社団、協同組合、相互保険組合、財団が含まれる（2:3条）。組合、合名会社、合資会社（人的会社）は法人ではなく、特別なタイプの契約である。

法人格を有していることの最大の効果は、法人が権利義務の主体となることである。法人が動産や不動産を所有し、訴訟を提起することができる。法人はまた取引行為の主体となり、代表者を通じて契約を締結することができる。かかる点で法人は自然人と等価である（2:5条）。自然人は自分自身が権利義務の主体となるが、法人の場合、原則として社員が法人に帰属する権利義務を自ら有することはない。法人の正味の財産はその貸借対照表上の純資産であり、法人の債権者はこの純資産が債権回収のよりどころとなる。

対照的に人的会社では、組合員・社員が連帯して組合・合名会社の権利義務を有する。このような法主体は組合員・社員のための「共有財産（mede-eigendom）」または「共同体（gemeenschap）」である。

2　法人概念

法人概念は私法の最高の発見の一つといってよいであろう。法人は、営利事業を行う法主体として19世紀に発展をみた。法人格は企業形態の根幹を形成している。

権利義務が自然人以外に帰属するという観念は、それまでの考え方から大きく一

歩踏み出したものである。法人の特徴は、それが物理的に存在せず魂も持っていないということである。18世紀の英国の法律家エドワード・サーロウ大法官（Lord Chancellor Edward Thurlow）は「会社には罰すべき肉体も非難すべき魂もない。だから会社は好きなことができる」と述べたといわれる[4]。

　法人は法律があるゆえに存在している。その行為について法人は、「血と肉を持つ」自然人に依存している。法人とは別の自然人が代表者として行為をすることによってのみ、法人は社会の中で行為をすることができる。法人はいわば代表という「恩恵（gratie）」によって存在し得るのである。そのため、法人にとって代表の概念は極めて重要である。

　一方、法人は不法行為や犯罪行為の主体になり得ると考えられている（☞第8章第8節）。今日、法人はその行為の責任主体として刑罰を受け召喚されることがある。「好きなことができる」というのはもはや過去のことになっている。例えばオランダの銀行法人であれば、オランダ金融監督機構の監督下に置かれているなど、法人形態や行為の種類に応じて法人はさまざまな厳格な規制の対象となる。法人概念は今や、欧州人権条約（Europees Verdrag tot bescherming van de rechten van de mens en de fundamentele vrijheden（EVRM））の基本的人権を享受できるというところまできている。そのような人権は自然人の保護に限定されない権利、例えば公正な裁判を受ける権利（6条）、プライバシーの権利（8条）、表現の自由（10条）、財産権の保障（第1追加議定書1条）などである。

3　民法典の法人規定

　法人格を有する法主体は2:1条〜3条に規定されている。民法典第2編に定められている類型以外の法人を自由に設立することは認められていない。

　法人には、2:1条〜25条の法人法総則が適用され、この中には法人の意思決定の有効性に関する規定が含まれている（2:14条〜16条）。そのほか法人法総則には、結合企業に関する規定（2:24b条）、法定設立手続に従わなかった場合の法人の不成立に関する規定（2:4条）がある。

　また法人は組織変更することで、法人格を変えないままあたかも別の法人になったかのような姿を見せるある種の「法的トリック（juridische truc）」が可能である。例えば、社団は一定の条件を満たせば非公開会社に組織変更することができる（2:18条）。法人は2:18条を使ってその色を変えることができるわけである。法人は合併手続により統合することもできる（2:308条〜334条）（☞第12章第1節、第3節）。対照的に、2つの人的会社を統合する場合は新たな社員契約の締結が必要となる。

---

4)　J. Poynder, *Literary Extracts*（1844）vol. 1, p. 268; J. Speake（ed.）, *Oxford Dictionary of Proverbs*, 6th ed., Oxford Univ. Press, 2015, p. 60.

4　個人企業

　営利事業は、会社形態を用いずに自然人が自ら営業主となって行うこともできる。この場合、事業活動から生じた債務は当該自然人が負う。一人非公開会社において区別されている個人の債務と事業の債務は、個人企業では区別されない。個人企業という言葉はこのような文脈において用いられる。個人企業も商業登記の対象となる（2007年商業登記法5条b号）。オランダで登記されている個人企業は90万を超える。

　個人企業の構成要素には、事業用の機械器具、商品、商号などがある。個人企業は他人に譲渡することもできる。しかし個人企業は3:1条の動産の概念にあてはまらないため、個人企業そのものの引渡しを観念することができない。個人企業の譲渡における引渡しは、個々の財産権の対象を法定の方法で引き渡すことで行われる。これに対して株式会社の事業を他人に譲渡する場合は、株式の引渡しという簡易かつ間接的な方法で行うことができる。

5　社団、財団

(1) 総　説

　社団と財団は、利益を構成員に分配することが法律上予定されていない（2:26条3項、285条3項）。このため、企業形態としてはあまり適しているとはいえない。ただし、社団の一形態である協同組合や相互保険組合は、特定の事業目的を有し、出資者に利益を分配することができる。財団については特別な規定があり、設立者および機関の構成員以外の者に対してのみ、理想的または社会的な意図（ideële of sociale strekking）がある限りにおいて分配をすることができる（2:285条3項）。したがって理事や設立者に利益を分配することは認められず、慈善目的、非営利目的の場合に限り第三者に利益を分配することができる。

　これは社団または財団を用いて事業を行うことが禁じられることを意味するものではない。事業活動から利益を得てそれを社団または財団の定款目的のために用いることは可能である。社団法人のスポーツセンターが、センター内のカフェテリアの営業で得た利益を施設の改善に充てることを想起すればよい。純収入の額が一定の要件を満たす事業を行っている社団および財団には、株式会社と同様に計算書類の規定が適用される（2:360条3項）。

　社団または財団が民法典の定めに反して利益を分配した場合、検察官または利害関係者の申立てにより、裁判所は当該社団または財団の解散を命じることができる（2:21条3項）。法令に違反して分配された利益について、当該社団または財団は受益者に対して返還請求ができる。

　オランダの商業登記所には、約12万の社団と約20万の財団が登記されている。

(2) 財団の非社団性（Ledenverbod）

　財団はさまざまな社会活動に用いられる法人形態である。サッカークラブ、放送事業、福祉介護施設、病院、博物館、学校、研究機関、基金などが財団の形態をとっている。また財団は、株式会社の発行する預託証券や種類株式を用いた取締役会による会社支配に用いられることがある。

　財団の社団に対する優位性は、構成員が存在しないため構成員総会がないことであろう。財団は構成員を持つことを禁じられている（2:285条1項）。これに対し社団には社員総会があるが、社員総会の現実的問題として社員の無関心から来る機能不全がある。社員総会は法律上重要な役割を与えられているため、この点は問題である。

　財団は公正証書によらなければ設立することができない（2:286条1項）。設立者や理事とは別の法人格を有し、登記をしなければならない（2:289条）。財団については法律の規定は多くなく、したがって例えば理事の選解任は設立者の意思に基づくことになる。

第3節　商業登記

1　総　説

　企業の戸籍ともいえる商業登記（handelsregister）は、商業会議所（または商工会議所）（Kamers van Koophandel/Kamers van Koophandel en Fabrieken（KvK））が管理しており、現在はコンピュータによるデータベースとなっている。商業会議所は1997年商業会議所法に基づき全国各地区に設立されている非政府機関である。本書では、商業会議所の商業登記局（kantoor van het Handelsregister）を商業登記所と表記する。

　商業登記に関する主な法令として、2007年商業登記法（Handelsregisterwet 2007）と、2008年商業登記令（Handelsregisterbesluit 2008）がある。商業登記には企業に関するデータが含まれるが、企業の概念は、2007年商業登記法8条b号により命令に委任されており、その委任を受けて2008年商業登記令2条に定めがある。「企業とは、1人以上の自然人から成る十分に自律的な組織で、実質的な利益を得る目的で、第三者のために役務や物品を提供し、または仕事を請け負うものをい」い、その核心は利潤追求である。企業とは自由かつ迅速な存在であり、それゆえ資産の管理や年金の積立てを目的とする基金であっても企業となる。資金のないいわゆるペーパーカンパニーなど活動レベルの低いものも企業であることに変わりはない。

　比較的最近まで、組合や個人企業形態の専門的職業（弁護士、医師など）は登記されていなかった。専門的職業は主として利益を追求するものではないので、企業ではないと考えられていたためである。今日その考え方は時代遅れのものとなって

【図表2-3a：企業形態別登記件数】

企業形態	登記件数	構成比
非公開株式会社	865,483	35.9%
公開株式会社	4,183	0.2%
協同組合	7,166	0.3%
組　合	34,437	1.4%
合名会社	171,812	7.1%
合資会社	11,109	0.5%
社　団	122,842	5.1%
財　団	202,515	8.4%
相互保険組合	338	0.0%
欧州会社	42	0.0%
個人企業	980,635	40.7%
その他	7,848	0.3%
合　計	2,408,410	100.0%

Handelsregister Kamer van Koophandel, aantal inschrijvingen, stand april 2014を基に作成
（教会、公法人等一部の法人を除外して集計）

【図表2-3b：企業形態の分布】

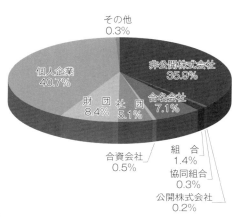

おり、そのことは1982年のNCB事件[5]で最高裁判所により示された。この事件では、会計士および税務コンサルタントが財団によって業務を行っていた。当該財団は商業的手法による経済活動に参加していたが、財団がその設立趣旨の理想として示していたものは、実際に行っていた商業活動と切り離してとらえるにはあまりにあいまいであった。そのため当該業務は商業登記所に登記しなければならないとされた。

2007年商業登記法および2008年商業登記令の施行により、専門的職業と企業の恣意的な区分はできなくなった。専門的職業も、組合形態で業務を行っているか否かにかかわらず、商業登記を行わなければならなくなった。この結果、匿名組合のみが例外的に登記義務の対象外として残っている。

商業登記は企業の登記であると同時に法人の登記でもある。2007年商業登記法6条は、公開会社、非公開会社、協同組合、財団、社団は商業登記所で登記しなければならないと定めている。登記場所は本店または主たる事業所が所在する地区の商業会議所である。図表2-3a/bは企業形態別の登記件数を示したものである。登記義務は当該法人が事業活動を行っていない場合にも適用される。登記される法人が行う事業が登記義務の対象となる場合は、当該事業の登記は法人登記に含まれるものとして扱われる(2007年商業登記法7条)。法人と事業を個別に登記する必要はない。

---

5)　HR 2 april 1982, NJ 1983, 429.

2 手続

　商業登記に際しては、事業を行う者による申請が必要となる。法人登記にあっては、取締役または理事が申請を行う（2007年商業登記法18条）。

　株式会社の主な登記情報には以下のものがある。

(a) 取締役、監査役の個人データ。就任日や共同代表についての情報が含まれる。
(b) 取締役以外で会社を代表（代理）する権限を与えられた者の個人データおよび代表（代理）権の内容
(c) 公開会社の授権資本、発行済資本、払込資本、種類株式
(d) 公開会社の未払込資本についての株式保有者の個人データ。保有株式数、払込金額の情報が含まれる。
(e) 非公開会社の発行済資本、払込資本
(f) 一人株主の個人データ
(g) 構造規制会社について、その定款が規制内容に適合していること。

　商業登記を完了すると、登記番号が付与される。この登記番号は社用便箋、インボイス、注文書などに明示しなければならない。商業登記をした者は所定の年間管理料を商業登記所に納めなければならない。

　商業登記された内容は一般に閲覧可能な状態に置かれる（2007年商業登記法21条、22条）。閲覧をするための特段の要件はない。ただし一部の個人情報は、弁護士、公証人、執行官その他法令で認められた者だけが閲覧できる。会社の登記内容について謄本または抄本の交付を申請することができる。

3 効果

　2007年商業登記法25条により、商業登記の効果について2つのルールが導かれる。

　第1に、事業または法人の商業登記を行った者は、登記された内容が不正確または不完全であることを善意の第三者に対抗することができない。商業登記の内容を信頼した善意の第三者は保護される。

　第2に、商業登記されるべき事実が登記されなかった場合、登記されなかった事実が帰属する営業主または法人は、その事実を知らなかった第三者に対抗することができない。例えばAが非公開会社B社の代表者であるとき、この事実は登記される。Aが解任されたにもかかわらず、退任登記がされなかった場合、このことを知らなかった第三者は、Aを権限ある代表者であると主張することができる。AがB社を代表して第三者と契約を締結していたのであれば、B社はこの契約に拘束される。

　最高裁判所はこれまでにいくつかの判決によって2007年商業登記法25条[6]の解釈を示している。

【ダーメン／ヘホ（Damen/Geho）事件[7]】
　商取引の時点で登記内容が事実と異なることを知らなかった者が後になって事実の方を主張することができるかが問題となった。この事案では非公開会社のヘホ B.V.（G社）が、カフェバー「't Brouwertje」（小さい醸造所の意）を代表してガラス食器を買い集めに来た2名の男に、所有するガラス食器を譲渡した。G社はそのうちの一人のAと支払について話をした。Aは商業登記ではカフェのオーナー（個人企業）と登記されていた。Aはその店をすでに売りに出していたが、商業登記を抹消していなかった。
　その後AはG社に対して支払義務はないと主張した。G社は取引後に商業登記所で登記内容を閲覧したが、取引時点では、事実と異なる登記をそれが事実を反映していると誤認して取引したわけではなかった。
　最高裁判所は商業登記の主眼は登記義務にあり、登記義務者（本件ではA）は第三者（本件ではG社）に対して登記が不正確または不完全であることを主張できず、このことは当該第三者が行為後に商業登記を初めて閲覧してその内容を信頼した場合でも変わりはないとした。最高裁判所は事前に商業登記を閲覧した者だけが保護されるとするのは不当に制限的な解釈であるとしたのである。

　商業登記を閲覧したという証拠はむしろ事を複雑にするかもしれないが、ダーメン／ヘホ事件で明らかにされたことは、企業の代表者として第三者との間で法律行為を行った者は、その代表権が登記されていたのであれば、実際には権限がなく、かつ第三者がその商業登記を見ていなかったとしても、当該第三者に対して代表者としての責任を負うということである。
　一方、1952年の収税吏／クレイベルダ（Ontvanger/Kleiberda）事件[8]では、契約以外の債権（例えば、不法行為債権）を有する者は、商業登記の内容を主張することができないとされた。この判例を踏まえて2007年商業登記法25条は、取引債権を有する第三者のみを保護の対象としている。企業の旧所有者がまだ登記に残っていたとしても、一般に不法行為と登記内容とは何ら関係がないため、不法行為の被害者は旧所有者に対して損害賠償請求はできない。ただし、不法行為が取引から生じた場合はこの限りではない。

---

6)　判決時は旧商業登記法18条および31条。
7)　HR 3 februari 1984, *NJ* 1984, 386.
8)　HR 18 juni 1952, *NJ* 1953, 530.

第4節　経営協議会法（Wet op de ondernemingsraden）と企業概念

　50名以上の従業員を雇用する営業主は経営協議会（ondernemingsraad）を設置しなければならない（経営協議会法2条1項）[9]。経営協議会法では営業主を事業を行う自然人または法人であると定義している（同法1条1項d号）。株式会社のような法人だけではなく、個人企業であっても50人以上を雇い入れている場合は、経営協議会を設置しなければならない。経営協議会法では、企業とは社会の中で独立した主体として組織構造を持ち、その組織において雇用契約または公務員としての任命に基づき業務が履行されているものと定義されている（同法1条1項c号）。

　経営協議会法における企業の特別な概念は包括的なものである。2008年商業登記令2条の企業の概念より広い。経営協議会法の企業概念は、利潤の獲得目的があることを前提とせず、業務が行われているあらゆる組織を包括しており、学校、政府機関、出版事業者、法律事務所、工場などの組織が対象となる。例えば、オランダ鉄道会社（Nederlandse Spoorwegen（NS））は、オランダ全国のさまざまな場所で事業を営んでいる。これらの事業所在地は経営協議会法にいう企業となる。一地域で50名以上を雇用していれば、そこに経営協議会を設置しなければならない。

　経営協議会の構成員はその割当数が従業員の中から選ばれる（経営協議会法6条1項）。経営協議会にとって重要なのは経営に対する発言権である。経営協議会法では25条〜27条に発言権についての定めがある。

第5節　株式会社の分類

1　構造規制会社（Structuurvennootschap）

　株式会社には規模と機関構成の組み合わせによる区分がある。標準型ともいうべき株式会社（本書では以下「通常会社」とする）は、取締役の選解任権を株主総会が有している（2:134/244条）。監査役会の設置は義務づけられていない。

　しかし、会社が一定の要件（①資本金（発行済資本＋準備金）の額1600万ユーロ以上、②経営協議会の設置義務対象、③従業員100名以上（2:153/263条））を満たすと、株式会社の組織構造に関する特別な規制が適用される。構造規制（structuur-regime）とよばれ、監査役会の設置が義務づけられる[10]。通常会社で株主総会に与えられていた取締役の選解任権などの主要な権限は監査役会に移る（2:162/272条）。

　ただし、構造規制の規模要件にあてはまっても規制を免除される会社があること

9）　経営協議会の詳細は、本書第7章参照。
10）　構造規制の詳細は、本書第6章第2節2参照。

にも留意しなければならない。構造規制対象会社の従属会社（afhankelijke maatschappij）については、構造規制が免除される（2:152/262条、153/263条3項a号）。また構造規制が部分的に免除される会社もある（2:155/265条、155a/265a条）。一部免除の会社では、取締役の選解任権は株主総会にある。オランダの立法者は、国際的な大企業が免除または一部免除の対象となるように配慮したとされている。そのため今日では構造規制の実質的な厳格さは弱まりつつある。

構造規制対象の株式会社と同様の要件を満たす協同組合についても、同様の構造規制が適用される（2:63a条〜63j条）。

2　極小会社、小会社、中会社、大会社

株式会社は民法典第2編第9章の計算書類等および開示に関する規律の対象であり、その規模に応じて異なる規律が適用される（2:395a条、396条、397条）。

連続した2会計年度の間継続して以下の3つの基準のうち2つ以上を満たす会社は極小会社とされ（2:395a条1項）、計算書類の附属明細書、経営報告書の作成および計算書類の監査を免除され、開示対象が貸借対照表に限定される（同条5項〜8項）。極小会社の区分は2016年1月1日改正により新たに設けられた。

(a) 貸借対照表上の資産価額が、取得価額および製造原価ベースで35万ユーロ以下である。
(b) 当該会計年度の売上高が70万ユーロ以下である。
(c) 当該会計年度中の平均従業員数が10人未満である。

次に、連続した2会計年度の間継続して以下の3つの基準のうち2つ以上を満たす会社で極小会社でないものは小会社とされ（2:396条1項）、簡易な計算書類が認められ、計算書類の監査が免除されるほか（同条3項〜5項）、開示対象が貸借対照表に限定される。なお、年金運用非公開会社は計算書類の開示を免除される。

(a) 貸借対照表上の資産価額が、取得価額および製造原価ベースで600万ユーロ以下である。
(b) 当該会計年度の売上高が1200万ユーロ以下である。
(c) 当該会計年度中の平均従業員数が50人未満である。

2:397条は中会社に関する規定である。中会社は小会社に比べて広範な開示義務が課されているが、計算書類のうちの一定の項目が緩和され、損益計算書の開示は簡易版とすることができる。中会社とは、連続した2会計年度の間継続して以下の3つの基準のうち2つ以上を満たす会社で小会社、極小会社に該当しないものをいう。

(a) 貸借対照表上の資産価額が、取得価額および製造原価ベースで2000万ユーロ以下である。
(b) 当該会計年度の売上高が4000万ユーロ以下である。

(c) 当該会計年度中の平均従業員数が250人未満である。

　極小会社、小会社、中会社のいずれにも該当しない会社が大会社であり、2:360条以下の計算規定が包括的に適用される（☞第9章第2節1）。また、上場会社、銀行、保険会社その他規模や業態に応じて政令により指定された会社（公益組織（organisatie van openbaar belang）と総称される）については、非大会社であっても2:395a条〜397条の規定は適用されない（2:398条7項）。

3　一人会社

　特別な形態の株式会社として、一人会社（eenpersoons-nv/bv）があげられる。全株式が一人の者によって所有されている（または全株式が一つの夫婦財産（huwelijksgemeenschap）に帰属する）会社である。一人会社では唯一の株主の氏名（または株式が帰属する夫婦財産の参加者氏名）が登記事項に含まれる（2008年商業登記令22条1項）。

　この登記義務には反対も多い。資産を有する自然人の氏名が会社を通じて公開され、誘拐や脅迫といった危害が及ぶおそれがあるというのがその理由である。実際には、信用できる者に株式の一部を形式的に譲渡することによって、一人会社ではないとして株主情報の開示義務を免れることが可能である。

　もう一つの特別な規律は、会社と唯一の株主（または会社の株式が帰属する夫婦財産の参加者）との取引に関するものである（2:137/247条）。この取引は書面で行われなければならない。それにより、会社に不利益な取引が行われることを予防しようとするものであり、書面によらない取引は無効となる。立法者はこの義務は国際取引には適用されないと考えていたようである。また書面要件は、当該取引が会社の通常業務（gewone bedrijfsvoering）に関わるものであるときは適用されない。例えば、食料品店を営む非公開会社の一人株主が、店で1キログラムの砂糖を購入する行為には書面は不要である。ただし、それが店として最後の取引であるときは必ずしも通常業務とはいえないであろう。

4　上場会社

　公開会社の一形態として、ユーロネクスト・アムステルダム証券取引所に上場されている会社がある。上場会社固有の法規制は第5章、第6章で述べる。

5　企業グループ（結合企業）

　公開会社が非公開会社の株式の過半数を保有する企業形態が用いられることがある。この企業形態における公開会社を親会社、非公開会社を子会社とよぶ（2:24a条）。このような企業の結合形態を企業グループ（groep）または結合企業（concern）という（2:24b条）。この企業グループあるいは結合企業自体が一つの企業を形成し

ている。

　オランダの大企業の多くは企業グループを形成している。民法典第2編には連結財務諸表に関する2:405条など、このような結合形態を念頭においた規定がある（☞第13章第6節）。

　オランダ会社法では、株式会社が組合または合名会社の組合員・社員となることを認めている。それによって、株式会社と組合から成る結合企業も可能である。株式会社を通じて組合に参加することで、組合の厳格な責任規範を回避するという目的で用いられることが多い。この企業形態における責任は、組合員であるところの株式会社に帰属し、組合員たる株式会社の株主と取締役は、株式会社に生じた債務の責任を負わないためである。法律事務所にはこの形態をとっているものがあり、弁護士は株式会社の株式保有を通じて法律業務を行っている組合に参加する。この構造は合名会社によっても可能である。すなわち株式会社が合名会社の社員となることで、株式会社の株主の責任緩和が実現できる。このようなハイブリッド企業形態を念頭に置いた規定が、民法典第2編の中にみられる（構造規制に関する2:262条b号、調査請求権に関する2:345条、計算書類に関する2:360条など）。

6　外国会社

　外国の自然人または法人は、非居住者であっても特定の法主体となることなくオランダで事業を行うことができる。外国の自然人または法人もしくはそのオランダでの事業がオランダの法主体となっていない場合、当該オランダでの事業は外国（法）人の資産・負債の一部と扱われる。負債にはオランダ法に基づき生じた事業上の責任や義務が含まれる。

　また、2以上の法人または自然人が共同でオランダの事業を所有し、外国法に基づいて事業を運営することが可能である。このような共同事業は組合または有限責任組合の形態をとることが多い。

　オランダでの事業が完全に非居住者である外国法人により所有されているときは、支店（filiaal of nevenvestiging）として扱われる。また、株式会社形態の外国法人が、その事業の全部または実質的に全部をオランダ国内で行い、当該事業が法人の設立国と全く関係がないような場合、この法主体は形式的外国会社法（Wet op de formeel buitenlandse vennootschappen（Wfbv））に基づく形式的外国会社（formeel buitenlandse vennootschappen）とされる。オランダ法人となるためにはオランダ法を準拠法とし、オランダに本店を置く法人設立が必要である。オランダは本拠地法主義ではなく設立準拠法主義を採用している（10:118条）。

　形式的外国会社に該当すると、オランダの商業登記所に、①設立公正証書および定款の謄本、②設立地での登記内容の詳細、③株式が一人の自然人または法人に保有されている場合は当該一人株主に関する情報、④原籍がある商業登記所における

登記の証明(年1回)を登記しなければならない。

　形式的外国会社は、会計帳簿の作成・保存についてオランダ法人と同じ義務を負い、計算書類、経営報告書の作成に関する強行法規に従わなければならない。取締役会は原則として会計年度終了から5ヵ月以内に計算書類を作成し、会計年度終了から13ヵ月以内にそれを商業登記所に提出しなければならない。

　形式的外国会社法は、2005年の改正によって、EU/EEA域内で設立された法人に対しては取締役の責任に関する1ヵ条のみが適用され、同法全体が適用されるのはそれ以外の国で設立された法人となった。

　形式的外国会社の取締役は、登記義務の不履行や財務情報の不実開示につきオランダの取締役と同様の責任を負う。支店長は取締役と同じ責任を負う。

　外国会社のオランダの支店は、形式的外国会社に該当すると否とを問わず、オランダで商業登記しなければならない。登記事項には会社を代表できる者が含まれる。実務上は支店長が登記されていることが多い。登記された支店長の代表権に制限が付されていなければ、オランダ法上はその支店長は当該外国会社のCEOよりも広範な権限を有することになり得ることに留意しなければならない。

　外国法人は法律上オランダ法人と均等の待遇を受ける。ただし、特に金融機関やエネルギー会社においては、適用される法人形態や手続的規制に例外が設けられている。

第6節　会社法における利害関係の多元性 (Belangenpluralisme)

　オランダの株式会社は、英米のそれと比較したときにいくつかの特徴を有している。オランダの株式会社では、会社のすべてのステークホルダーの利益を考慮することが求められる(2:129/239条5項、140/250条2項)。このことは最高裁判所の判例でも言及されている[11]。主要なステークホルダーとしては、株主、会社の従業員および債権者があげられる。オランダの株式会社は株主の利益を代表しているのみならず、常に利害関係の多元性を考慮しなければならない。例えば、他社から友好的買収を持ちかけられた場合、取締役会は株主の利益に注意を向けるのみならず、従業員その他の会社関係者の利益にも配慮しなければならない。株主総会が配当拡大を決議したとしても、それは会社債権者の利益を考慮したうえで行われなければならない。

　異なる利益を共通の基準で比較考量することは困難な場合が考えられるが、会社の経営者としては、対立する利益を会社の健全な存続という観点から判断することがそのためのアプローチとして適切であろう。第1章の冒頭で会社法は事業活動を

---

11)　HR 13 juli 2007, *JOR* 2007, 143, 178 (ABN AMRO Holding).

【図表2-4：株主と経営者の緊張関係】

株主の経済的目的	経営者の経済的目的
配当と株価に反映される投資に対する回収を最大化する ⇔	次善のパフォーマンスで最善の収益をあげる
緊張関係に対する対応策	
モニタリング	利害関係の整合化
監査役会（または非業務執行取締役）による経営活動のチェック	経営者にも利益に対する財務的利害関係を持たせる → 業績連動型報酬やストックオプションなどの経営パフォーマンスを最適化するインセンティブの導入

促進する要素を有すると表現したが、利害関係の多元性からするとやや規制的な（regulatieve）要素が前面に出てくる。取締役は種々の規律に縛られ、異なる利益を考慮しなければならない。会社法は事業促進と利害関係者の利益保証を同時に実現する「ヤヌスの顔」を持つ存在となる。会社法が企業家にとって魅力的でなければ、その他の者に対する利益の保証も意味がなくなるということは意識しておかなければならないことである。

利害関係の多元性は会社法における緊張場面として現れる。取締役と株主の間で会社の経営方針をめぐる対立があり得るが、これは両者の利益状況が異なるために生じる（図表2-4）。株主同士でも緊張が生じる。特に多数派株主と少数派株主に分かれる会社においては、少数派株主はないがしろにされやすい。また従業員と会社債権者の利益は、株主の利益と対立しがちである。

第7節　EUにおける会社法のハーモナイゼーション

オランダ会社法改正の多くはEUの立法に由来している。EU運営条約は域内市場の適切な機能を促進するために、加盟国の経済政策のハーモナイゼーションを図ることを定めている。これには会社法のハーモナイゼーションも含まれる。EU運営条約はさらに物・人・サービスおよび資本が加盟国間で自由に移動することを妨げるものを廃止することを目的としている。

EU運営条約の重要な原則が、開業（設立）の自由である。この原則により加盟国の国民は他の加盟国においてその国の国民に適用されるのと同じ条件で開業する自由を有する。この自由は個人企業としての営業活動だけでなく、支店の設置や法人の設立という形でも認められる。加盟国は開業の自由に関する既存の規制を取り除き、新たな規制の導入を差し控えることが求められる。

国によって会社法が異なっていれば、企業は自分にとって最も有利な会社法を選ぶようになる。このことはEU運営条約で認識されており、それが会社法のハーモ

ナイゼーションの根拠となっている。ハーモナイゼーションは、指令（Directive）、条約および規則（Regulation）によって加盟国の会社法を接近させ、重大な差異を緩和すべく実行されている。

加盟国は EU 指令を国内法として立法化しなければならない。加盟国が適時に国内法化していない、あるいは誤った国内法を制定している場合は、EU 指令を直接適用することができる。EU 規則は、国内法化の作業を経ずしてどの加盟国に対しても直接効果を有する。その意味で EU 規則は真の EU 統一法である。

会社法第 1 指令は1968年に定められた。その後会社法の分野ではさまざまな指令が出されたが、その多くは公開会社を対象とするものである。

本書では各指令の詳細については取り上げないが、オランダ会社法の立法過程等を説明する必要から、以下にその特徴のみ記しておく[12]。

① 第1指令[13]

会社の内部統治の状態に関する情報を登記または官報により開示することを求める指令である。対象となる情報には、定款、取締役の氏名、資本金の額、公開会社の場合は計算書類などがある。

② 第2指令[14]

会社の機関に関する基本的な情報、資本の維持（最低資本金など）を開示しなければならないとする。

③ 第3指令[15]

加盟国内における公開会社の合併についての指令である。株主、会社債権者、従業員の保護を求めている。

④ 第4指令[16]

貸借対照表、損益計算書、年次報告書の作成について定める。公開会社、非公開会社の双方に適用される。銀行および保険会社については特別な会計規定を設けている。国内法により中小会社に該当する会社は開示要件が緩和されている。

⑤ 第5指令案[17]

公開会社の構造および経営ならびに会社機関の権限と義務に関する定めである。

---

12) EU 会社法指令の全文は http://eur-lex.europa.eu で閲覧できる。EU における会社法のハーモナイゼーションの詳細については、上田廣美「EU 会社法」庄司克宏編『EU 法実務篇』87頁以下（岩波書店、2008）を参照。
13) Directive 2009/101/EC of 16 September 2009, OJ L 258/11, as amended.
14) Directive 2012/30/EU of 25 October 2012, OJ L 315/74.
15) Directive 2011/35/EU of 5 April 2011, OJ L 110/1.
16) Fourth Council Directive 78/660/EEC of 25 July 1978, OJ L 222/11, as amended.
17) Proposal for a Fifth Directive concerning the structure of public limited companies and the powers and obligations of their organs, 9 October 1972, OJ C 131/49, as amended.

1972年に提案されたが、反対が多くオランダでは国内法化されていない。

⑥　第6指令[18]

公開会社の会社分割に関する定めであり、オランダではすべての法人に適用されるよう法改正が行われている。またオランダでは、会社分割の国内法化にあわせて合併の法規定が整備された。

⑦　第7指令[19]

企業グループの連結計算書類を扱う。オランダでは第4指令とともに国内法の整備が図られた。1990年1月1日以降、EU域内のすべての企業グループは連結計算書類を作成しなければならない。

⑧　第8指令[20]

会計監査人の学歴および資格に関する定めであり、あわせて会計監査人の独立性を確保することを求めている。

⑨　第9指令案[21]

第9指令はまだ草案であるが、他の会社に支配されている公開会社の統合的経営のための法的構造を創設することを提案している。このような企業グループは「支配契約」または「支配の一方的宣言」によって形成される。親会社に子会社債務の責任を負わせることで、子会社の債権者を保護することを目的とする。

⑩　第10指令[22]

国境を跨いだいわゆるクロスボーダー合併を実現する妨げとなるものを取り除き、準拠法漁りの発生を防ぐことを求める指令である。

⑪　第11指令[23]

会社の支店の情報開示の範囲を基本的なものに限定する内容である。支店単独の経営情報ではなく、会社全体の計算書類および年次報告書を開示することを認めている。

⑫　第12指令[24]

いわゆる一人会社を認める内容である。第三者の保護と個人企業の法人化促進を意図している。

---

18) Sixth Council Directive 82/891/EEC of 17 December 1982, OJ L 378/47, as amended.
19) Seventh Council Directive 83/349/EEC of 13 June 1983, L 193/1, as amended.
20) Directive 2006/43/EC of 17 May 2006, OJ L 157/87, as amended.
21) Proposal for a Ninth Directive Based on Article 54 (3) (g) of the EEC Treaty on Links Between Undertakings and, in particular, on Groups.
22) Directive 2005/56/EC of 26 October 2005, OJ L 310/1, as amended.
23) Eleventh Council Directive 89/666/EEC of 21 December 1989, OJ L 395/36, as amended.
24) Directive 2009/102/EC of 16 September 2009, OJ L 258/20.

⑬　第13指令[25]

株式公開買付けに関する内容である。EU域内の証券取引所に上場されている会社を対象とする。加盟国は公開買付規制を所管する監督機関を設置しなければならない。

⑭　第14指令案

他の加盟国への本店移転に関する指令草案の作成が検討されているが、指令そのものの要否について議論が収束しておらず停滞している。

⑮　欧州会社に関する規則[26]

欧州会社に関する規則で、EU域内でクロスボーダーな共同経営を行うための新たな会社形態を提供することが目的とされている。設立地を域内の他の国に移動することも自由である。

⑯　欧州協同組合に関する規則[27]

欧州協同組合に関する規則で、目的は欧州会社に関する規則と同様である。

⑰　欧州経済利益団体に関する規則[28]

欧州経済利益団体は、EU域内で設立されている複数の会社によって設立され、ジョイント・ベンチャーに類似した経営形態を想定した新たな法人形態である。欧州経済利益団体は構成員の経済活動に寄与することが目的とされている。

⑱　欧州経営協議会指令[29]

加盟国の会社または企業グループで、1000名以上の従業員を有し、そのうち150名以上が異なる加盟国で雇用されているものを対象とする。本指令はそのような会社または企業グループに対して、情報開示や諮問に関する従業員代表との交渉を促進するものである。

⑲　その他の指令

そのほかに会社法に関わる指令としては、上場会社の情報開示について定めた透明性指令（Transparency Directive）[30]、上場会社の株主総会の招集手続についてのルールを含む上場会社株主の権利に関する指令（Shareholder Rights Directive）[31]がある。

---

25) Directive 2004/25/EC of 21 April 2004, OJ L 142/12.
26) Council Regulation (EC) 2157/2001 of 8 October 2001, OJ L 294/1, as amended.
27) Council Regulation (EC) 1435/2003 of 22 July 2003, OJ L 207/1.
28) Council Regulation (EEC) 2137/85 of 25 July 1985, OJ L 199/1.
29) Directive 2009/38/EC of 6 May 2009, OJ L 122/28.
30) Directive 2004/109/EC of 15 December 2004, OJ L 390/38, as amended.
31) Directive 2007/36/EC of 11 July 2007, OJ L 184/17.

第3章　設　立

　本章では会社の設立を扱う。オランダの法人設立手続は伝統的にかなり厳格で、公証人が認証した公正証書（設立公正証書（akte van oprichting））によらなければならない。認証書面にはその法人の原始定款（eerste statuten）が含まれる。私法人は公証人の認証書面なくしては設立できない。例外は社団で、社団には認証ありの設立と認証なしの設立がある。認証なしの設立の場合、その社団の権利義務は限定される。組合、合名会社、合資会社は公証人の関与なくして設立できる。

　本章では、設立手続につづいて、設立前に行われた法律行為の効果の帰属の問題を取り上げる。また、法人の名で法律行為が行われたが結局法人が設立されなかった場合の発起人の責任について考察する。

第1節　設立手続

1　設立公正証書

　株式会社は公証人の認証によって設立される。発起人は1名でも複数でもよい（2:64/175条2項）。設立にあたっては公証人が主たる役割を果たす。

　2011年7月1日までは、株式会社の設立には司法大臣による無障害証明（verklaring van geen bezwaar）が必要とされており、司法省は無障害証明の発行に際し一定の質問を発しその回答を求めていた。その内容は、会社の経営方針を決定することになる者が会社を不正の目的（テロ活動の資金調達など）に利用する意図もしくはそのような前歴があるか、または会社の活動が会社債権者を害する危険があるかを確認するものであった。しかし、実際には有効な予防的監督にはなっていなかった。ダミーの人物を経営者に仕立てたり、他人が設立した会社の株式を買い取ったり、外国に法人を設立したりすることで容易に回避できたからである。また、無障害証明はある一瞬のチェックにすぎない。そこで2011年7月1日をもって、この予防的監督システムは設立後の法人および経営者を継続的に監督するシステムに代わり、法人管理法にその定めが置かれている。この継続的監督が予防的監督より効果的であるかどうかは明らかでない。オランダ国内の100万を超える法人の継続的監督はその実効性が疑問視されるためである。

　設立公正証書はオランダ語で作成しなければならない（2:65/176条）。証書の原本

は公証人が保管し、発起人と取締役会に謄本が交付される。発起人には自然人、法人のいずれもがなることができる。公証人、発起人のほか、発起人以外で設立に際し株式を引き受けた者も公正証書に署名しなければならない（2:64/175条2項）。

2 定款
(1) 総説
公証人による認証を受けるためには、まず会社の定款を作成することが必要である。絶対的記載事項は、会社の商号と本店所在地（オランダ国内の自治体）、目的、授権資本の額（公開会社の場合）、株式の額面額と種類、取締役が不在または職務執行不能になったときの一時的な業務執行に関する定めである（2:66/177条1項、67/178条1項、134/244条4項）。コモン・ロー国と異なり附属定款はなく、会社内部の権限分配や取締役会、監査役会の決議手続等は内部規則で定めることができる。

認証は申請書に定款を付して行う。認証は会社を設立させるだけでなく、定款に法的効力を与える。また公正証書で株式の割当てと引受け、発起人の報酬等を特定することで、発起人がその効果を設立後の会社に帰属させることができる（直接拘束効）（2:93/203条4項）。

一般に株式会社の定款に記載される項目としては、絶対的記載事項のほかに株主名簿書換代理人、構造規制の適用、株式の申込み・割当て・発行に関すること、取締役の選任・解任、取締役会の権限・決議等、財務会計、利益配当、株主総会の権限・決議等、定款変更、解散・清算に関する事項があげられる。監査役会を設置する会社は、定款に監査役会に関する定めを設ける。

株式会社の定款の多くは、インターネットで検索できる。上場会社では会社のウェブサイトに定款が掲出されている。

(2) 商号
株式会社の商号には、会社形態を示す略表記として、N.V.またはB.V.を付さなければならない（2:66/177条2項）。この略表記に外国語を用いることはできない。他人の商号や商標権を侵害する商号が認められないのはもちろんであるが、そのほか都市名そのままの商号のようなあまりに一般的な名称も認められない。金融会社では、「銀行」「保険」などの事業内容を示す商号としなければならない。会社が用いる社用便箋などの事務用紙には、登記された商号、本店所在地、登記番号を表示することが義務づけられている（2:75/186条1項）。登記商号と異なる名称で事業を行う場合は、その名称も登記しなければならない（2007年商業登記法9条、18条1項）。

(3) 本店所在地
本店所在地はオランダ国内であることを要する（2:66/177条3項）。会社の実質的な本店所在地と必ずしも一致していなくてよい。本店所在地は会社が被告になる場合の管轄裁判所の決定要素となる。

(4) 目　的

　目的とは会社の主要な活動を短く一般的な表現で示したものである。その変更は定款変更手続によらなければならない。定款の目的条項が、いくつかの具体的な事業を列挙した後に「前各号に付帯関連する一切の事業」という形で締めくくられるのは日本の会社と同様である。定款の目的は会社の権利能力の範囲を示すものであるが、むしろ定款に別段の定めがない限り会社は広範な事業活動を行うことができると解されている。

　会社が定款目的外の行為をした場合は、能力外法理（ultra vires-leer）の適用により、取引の相手方が目的外であることを知り、または知り得たのであれば、取引は無効となる（2:7条）（☞第8章第7節）。相手方は、当該取引が会社の目的の範囲内であるかどうかを調べる義務はない。取引の相手方は、会社側が目的外であることを知っていたと証明できたとしても能力外法理を持ち出すことはできない。取引の無効を主張できるのは会社側である。ただし相手方は会社に対して、取引を履行するかどうかを合理的期間内に決定するよう請求することができる（3:55条2項）。目的外行為によって会社に生じた損害については、会社の取締役が賠償責任を負う（2:9条）（☞第9章第3節）。

(5) 存続期間

　定款に会社の存続期間を限定する定めを置くことはできない（2:17条）。会社は存続期間無期限で設立される。

(6) 設立時取締役・監査役

　株式会社の最初の取締役および監査役は公正証書によって選任される（2:132/242条1項、142/252条1項）。

3　直接拘束効

　設立公正証書が会社を直接拘束する義務を創出することを、認証の直接拘束効（directe binding）という。設立後の会社は設立公正証書によって一定の義務を直接負うことになる。

　直接拘束効が生じるのは、①株式の発行、②株式の引受け、③取締役・監査役の選任、④2:94/204条に定められた一定の義務負担契約の4つの事項である（2:93/203条4項）。そして2:94/204条の義務負担行為は、(a)会社に特別な義務を課す株式引受け、(b)一般公衆に適用できる条件以外の条件での株式の取得（公開会社の場合）、(c)発起人または設立に関与した第三者に利益を与える取引、(d)現物出資（inbreng op aandelen anders dan in geld）の4つである（2:94/204条1項）（**図表3-1**）。

　2012年10月1日からは非公開会社に設立費用（公証人の手数料等）について直接拘束効が認められているが（2:203条4項）、これは公開会社には適用されない。こ

【図表3-1：設立中の会社の名による法律行為の効果の会社への帰属】

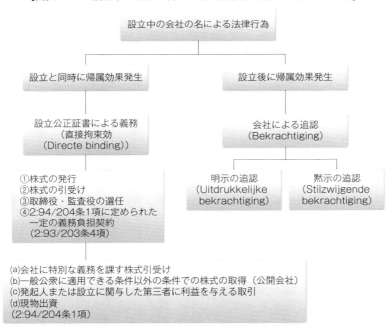

のちがいに合理性があるかどうかはいささか疑問であり、公開会社についても2:93条4項を2:203条4項に合わせて改正することが求められよう。

公正証書には、発起人の氏名、設立行為（oprichtingshandeling）の内容、定款に加えて直接拘束効を有する義務が記載される。

第2節　設立の瑕疵

株式会社の設立に際し、公証人はさまざまなことに注意を払わなければならないが、なかでも定款が法定要件に適合したものとなることを確保する責務がある。公開会社を設立する場合は、最低資本金（minimum kapitaal）要件を満たさなければならない。すなわち、授権資本、引受資本、払込資本の金額はいずれも4万5000ユーロ以上でなければならず（2:67条2項・3項）、かつ設立時の発行資本の額面総額の4分の1以上が払い込まれなければならない（2:80条1項）（図表3-2）。公開会社では、銀行の払込金保管証明（bankverklaring）が必要となる（2:93a条）。設立に際し発行される株式で、金銭による払込みが行われたものについての証明である。銀行は、払込金が設立後に引出可能であること、すなわち4万5000ユーロ以上が引

【図表3-2：公開会社と非公開会社の設立要件】

き出せるか、または設立後に会社の当座預金口座に振り替えられることを宣言しなければならない。公証人は銀行の証明書を公正証書に添付する。この要件を満たしていないと設立の瑕疵（oprichtingsgebrek）となる。設立に瑕疵がある場合、利害関係者または検察官の申立てにより、裁判所が会社の解散を命じる（2:21条1項b号）。

　非公開会社については、2012年10月1日以降、最低資本金要件（1万8000ユーロ）が廃止されている。発起人は、公正証書に記載する設立時資本金の額を自由に定めることができる。理論的には1セントでもよい。最低資本金要件がないため、公開会社と異なり銀行の払込金保管証明は不要である。最低資本金要件および設立のための形式要件を廃止して、企業家にとって使いやすく魅力的な会社形態にすることが法改正の趣旨であった。立ち上げ直後の資金の少ない企業家は、もはや「安価な」外国法人を選択することに頼らずに済むというわけである。これによってオランダ会社法は外国の会社法と競争的な環境を整えることになり、経済的効果が期待されている。とはいえ、非公開会社の発起人も設立手続を進めるためには公証人のサポートが必要であり、一定の費用がかかることは変わらない。

　会社の設立に瑕疵がある場合でも、法的には会社は存在している。瑕疵により設立が無効（nietig）または無効宣言の対象（vernietigbaar）（☞第6章第5節参照）

となるわけではないが、会社は解散せざるを得なくなる。無効や無効宣言と異なり、解散には遡及効がない。解散後、会社は清算手続に必要な限りにおいて存続する（2:19条5項）。清算手続が終了することで、会社は消滅する（同条6項）。この結果として、設立時の過誤がすべからく第三者に直ちに重大な損害を与えることになるわけではない。会社が行った取引の安全を考慮した立法である。また、裁判所の許可を得て設立の瑕疵を後から治癒することも可能である（2:21条2項）。いずれにしても、発起人、株主、取締役（および公証人）にとって、設立時の過誤がすべからく直ちに決定的な事態を引き起こすわけではない。

設立の瑕疵のその他の例としては、オランダ語以外で作成された公正証書（2:65/176条）、会社の商号、本店所在地、目的の要件不適合（2:66/177条1項）、現物出資についての発起人の報告および評価の不備（2:94a/204a条）がある。公開会社の現物出資については、発起人の報告および評価結果のほかに会計士の証明も必要である。発起人の報告・評価および会計士の証明の免除については、2:94a条6項に7項目にわたって細かい要件が定められており、それらの要件に該当する場合は発起人の報告・評価および会計士の証明がなくても設立の瑕疵にはならないが、それ以外の設立手続は民法典第2編の定めに従って行わなければならない。

公開会社では最低資本金4万5000ユーロの払込み、および設立時の発行資本の額面総額の4分の1以上の払込みが完了していなければ、設立の瑕疵となる。その場合取締役は、払込みの完了まで会社の債務について連帯して責任を負う（2:69条2項）。ただし、オランダでは設立手続の詳細にわたって公証人が関与するため、この払込担保責任（stortingsaansprakelijkheid）が実際に生じることはあまりないようである。

設立公正証書に公証人の署名を欠いたままで会社の名で事業が行われたとしても、会社そのものは不存在である（2:4条1項）。この場合、不存在の会社の名による資産とともに取締役、事実上の取締役、またはそれらの者がいない場合は会社の名で債務を負った者が、連帯して債務履行の責任を負う（同条3項・4項）。

第3節　設立中の会社

設立前に発起人が設立中の会社（nv of bv in oprichting（nv of bv i.o.））の名前で法律行為を行うことがある。停止条件付取引（preconstitutief handelen）であるが、実務上その必要性が存在するため、法律はこの点を考慮して2:93/203条に定めを置いた。すなわち、会社の設立前に設立される会社を代表して行った取引は、法的にはまだ存在していない会社を代表したことになるが、設立後に会社がこの代表行為を追認する（bekrachtigen）ことができる。これは、会社の設立前に会社が負債を抱えるのを防ぐためである。会社が生まれながらに負債を抱え、その重みで「ゆり

かご」の中で死んでしまわないようにという趣旨である。したがって、設立前に行われた法律行為については、会社（の取締役会）が設立後に、設立中の会社を代表して行われた法律行為を明示または黙示で追認した場合に（tot uitdrukkelijke of stilzwijgende bekrachtiging）、会社はそれに拘束される（**図表３-１**）。

【事例３-１】（明示の追認と黙示の追認）

　ディロン（Dillon）は給食事業を始めた。最初の月は、設立中のディロン・フード・コンセプツ（Dillon Food Concepts）B.V.（Ｄ社）を代表して仕入れを行った。フェーストスタッフ（Feeststuff）B.V.（Ｆ社）からは高脚テーブル18式とテーブルクロス、大判パラソル６本を2700ユーロで購入し、ネリッセ食器（Nelisse IJzerwaren）合名会社（Ｎ食器）からはテラス・ヒーター８台を2400ユーロで購入した。支払はＤ社の設立後とすることで合意した。

　Ｄ社の設立後、結婚披露宴が企画された。披露宴は古城の屋外庭園で太陽のふりそそぐ日中に行われることになり、高脚テーブル18式とテーブルクロス、大判パラソル６本が設置された。Ｄ社はこれらの器材をその営業活動に利用したので、Ｆ社との購入契約を黙示で追認したことになる。一方、テラス・ヒーター８台はディロンの自宅に置いたままで、これはＮ食器がＤ社の設立前に引き渡したものであった。これについては黙示の追認もないことになる。

　ディロンはＮ食器に対し文書あるいは電子メールを送って、Ｄ社の取締役としてＮ食器との契約を明示で追認することができる。明示の追認の形式は自由であり、口頭であってもよい。ただし口頭の場合、後でＤ社からの支払が滞ったときに今度はＮ食器が追認があったことを否認するおそれがある。またＤ社が追認しなかった場合、Ｎ食器は無権代理行為の催告権規定（3:69条４項、78条、79条）に基づき、相当な期間内に追認するようＤ社に求めることができる。

　設立前の法律行為が有効となるために、会社設立後の追認に加えて当該法律行為が一定の要件を満たしていることが必要となる場合がある。すなわち、追認されるべき法律行為が公正証書に記載されているか、または法律行為が記載された文書が公正証書に添付されていることである。この追加的な要件が適用される法律行為は2:94/204条１項に列挙された４つである。公正証書およびその添付文書（追認されるべき法律行為が記載された文書および公開会社では銀行の払込金保管証明）は、商業登記所で閲覧することができる（2:69/180条１項）。これにより会社と取引する第三者は、2:94/204条１項に列挙された法律行為について会社が追認済みか否かを確認することができる。

　設立中の会社を代表する者による法律行為の相手方は、会社が取引を追認しない限り不安定な地位に置かれる。このような相手方を保護するために法は、会社が追

認するまでの間、原則として設立中の会社を代表した者に連帯責任を負わせる規定を設けている（2:93/203条2項）。相手方は、設立前に債務の履行期が到来した場合、追認前に設立中の会社を代表した個人に対して債務の履行を請求することができる。オランダ私法体系における例外的な規定で、設立中の会社の名前で行為をすることによって他人を拘束する意思表示をした者が、その意思表示に拘束されることを定めている。設立後に会社が追認をすることで、設立中の会社のために法律行為を行った者に対する拘束力は原則として消滅する。

　ヘゥフケンズ（Heufkens）事件[1]で最高裁判所は、設立中の会社の名前で法律行為を行った者の責任は、会社が設立され会社が当該法律行為を追認することで消滅するという一般論を示したうえで、本件では「本件契約の性質と内容に鑑み、個人の責任はその後も存続する」とした。設立中の会社を代表した者の責任は会社の追認によって消滅するがこれは原則にすぎない。最高裁判所は行為者個人の責任が存続する場合があることを明らかにした。設立中の会社を代表した者による法律行為の相手方の保護を拡大したものである。最高裁判所の判断は2:93/203条の定めとは整合している。この規定は「別段の取り決めがある場合を除いて」設立前の法律行為についての責任の消滅を定めているからである。

　会社の追認によって、当該法律行為を行った者は法的拘束から解放される。追認による法的拘束からの解放と同時に、取引相手方には一定の保護が与えられる（2:93/203条3項）。すなわち会社が追認後に当該債務を履行しなかった場合は、当該法律行為を行った者で会社が債務を履行できないであろうことを知っていたか、または知り得た者が、当該債務の不履行により相手方が受けた損害を連帯して賠償する責任を負う。さらに相手方には推定規定による保護が与えられ、会社が設立後1年以内に破産した場合は、会社が債務を履行できないであろうことを知っていたという推定（weerlegbaar vermoeden）が働く。十分な資産もないまま短絡的に追認した会社から相手方を保護する規定である。非公開会社については最低資本金が廃止されたため、この推定規定はこれまで以上に機能する場面が出てこよう。また、取締役会による追認時に、会社が追認後に債務を履行できないことを知っていたか、または知り得た取締役は、不法行為に基づき取引相手方に対して責任を負う可能性もある[2]。資本金が小さい非公開会社の取締役は、設立前の法律行為について十分注意しておかなければならない。

---

1) HR 17 september 1982, *NJ* 1983, 120.
2) HR 28 maart 1997, *NJ* 1997, 582 (Kabeh Jewels).

【事例3-2】
　A 非公開会社は、資本金1000ユーロで設立された。発起人は設立前に会社の名前でフォルクスワーゲンの高級車を8万ユーロで購入した。車のディーラーは「買うのは今、お支払いは来年」というキャッチフレーズでキャンペーンを展開していた。頭金1000ユーロは会社の金庫に保管されていた現金で支払われたが、設立後ほどなく経営者がカジノで金を使い果たしてしまった。会社は車の購入契約を追認した。運の悪いことに車は交通事故で破損したが、保険をかけておらず廃車となった。A社は設立後半年で破産し、車の残代金を支払うことができない。車の購入契約にサインした発起人は、契約締結時に会社が債務を履行できないことを知らなかったか、または知り得なかったことを証明しない限り、ディーラーの受けた損害を賠償する責任を負う。

　責任推定規定は、過去20年間数多くの判例を生み出した。多くは設立中の非公開会社を代表した行為による債務であり、設立手続中の軽率な行動から生じている。最高裁判所は数多くのもつれた糸をほどかなければならなかった。

【フード・プロセシング・マシナリー／クララ・キャンディ（Food Processing Machinery/Clara Candy）事件[3]】

　アイルランド法人のクララ・キャンディ社（CC社）はキャンディの製造機を購入したが、機械に瑕疵が見つかったため契約金額の半分しか支払を行わなかった。売主のフード・プロセシング・マシナリー B.V. は残額の支払を求めた。CC社は、「フード・プロセシング・マシナリー B.V. とは契約はしておらず、『設立中の FPM B.V.（FPM B.V. i.o.）』の名で現れた別の者と契約した」と反論した。

　最高裁判所は、まず一般論として設立中の非公開会社を代表する者と契約した者（本件では CC 社）は、その後に設立された非公開会社が明示または黙示で契約を追認し、かつ契約締結時に当該会社が契約当事者になると想定された場合は、当該会社を通じてのみ契約債務を履行することができると述べた。契約締結時に当該会社が契約当事者になると想定されたかどうかは、最高裁判所が示した基準によれば、設立中の会社の名前と設立された会社の名前の比較、双方の会社の関係者、会社が履行すべき債務の性質、商業登記の登記内容等から判断されることになる。

　最高裁判所はフード・プロセシング・マシナリー B.V. は契約締結時に契約当事者になると想定された会社とはいえないと判断した。判断のポイントとなった

---

[3]　HR 8 juli 1992, *NJ* 1993, 116.

のはフード・プロセシング・マシナリー B.V. と設立中の FPM B.V. が商業登記に異なる番号で同時に登記されていたことであった。

その後ファン・デル・ヘイデン（Van der Heijden）事件[4]で最高裁判所は、フード・プロセシング・マシナリー／クララ・キャンディ事件の判断基準を踏襲した。最高裁判所は、設立中の非公開会社を代表して法律行為を行った者は、契約が設立後の会社に承認され、かつその会社が契約締結時点において債務を履行することになる会社であると当事者が想定していたことが諸事情を踏まえて認定できる場合は、当該個人は2:203条2項の連帯責任を免れると判示した。

【ヘメン（Hemmen）事件[5]】
　設立された非公開会社が、設立中とは異なる新たな商号と定款によって設立された場合に、当該会社が設立中の非公開会社を代表して行われた法律行為を追認することで、当該法律行為に拘束されるかが問題となった。事を複雑にしたのは、発起人が設立しようとした非公開会社が結局設立されなかったことである。発起人は新会社を設立しようとしたがそれができなかった。そこですでに設立されていた非公開会社を、目論んでいた事業を行う会社に衣替えしたのである。しかし取引行為は設立中の非公開会社の名前で行われた。関係者は当初、この既存の会社を設立前に行った取引の当事者にする意図はなかった。
　最高裁判所は、既存の会社が追認によって当該法律行為に拘束されることを否定しなかった。むしろ当該関係の枠組みの中で、法律行為の当事者はその後に活用されることとなった既存の会社そのものであることが想定されていたとする立場を示した。
　この論理構成によれば、本件は2:93/203条を離れて、心裡留保もしくは虚偽表示（3:35条、36条）、または代理権の黙示の授与もしくは無権代理人の行為の追認（3:61条～64条）といった総則規定に基づき判断されるべきことになろう。

直接拘束効を有する行為については、取締役会の追認なくして会社に債務履行責任が生じる。これにより発起人は、設立中の会社を代表して行った法律行為によって後になり責任を追及される事態を回避できる可能性を確保できる。
　設立中の会社を代表して取引を行う場合は、設立中であることを明示するため、「設立中（i.o. (in oprichting))」という表記を（設立後の）会社名の末尾に付すことが実務上行われている。

---

[4]　HR 3 november 1995, *NJ* 1996, 141.
[5]　HR 11 april 1997, *NJ* 1997, 583.

設立行為に合理的に関連する費用の負担は設立後の会社に帰属する。公開会社の取締役会は設立費用の総額またはその見積額を登記して公開しなければならない（2:69条1項）。非公開会社にはこの義務は適用されない。

第4節　登　記

設立手続が完了次第、取締役は商業登記所で会社登記を行わなければならない。登記申請書とともに設立公正証書とその添付書類を商業登記所に提出する。実務では公証人が登記手続を代理している。商業登記所での登記は、会社が存在する前提条件ではないが、会社の業務執行およびその監督が円滑に行われるために迅速な登記が極めて重要である。そのため、登記の懈怠には厳格な責任規定が設けられている。登記前に発生した会社を拘束する法律行為について取締役は連帯責任を負う（2:69/180条2項）。この連帯責任は、租税債務、不法行為債務といった会社自身の法的義務には適用されず、また責任を主張できるのは当該債務の債権者のみである。

【鉄鋼銀行／エルコ・マネジメント（Staalbankiers/Elko Management）事件[6]】
　鉄鋼銀行 N.V.（S社）がEDGマネジメント B.V.（EDG社）に500万ユーロを融資した金銭消費貸借契約に係る事案である。EDG社は2002年7月10日に設立され、設立同日の金銭消費貸借契約締結後に融資が実行された。2002年7月12日に、公証人が会社を代理してEDG社を商業登記所に登記した。EDG社は2004年に破産した。S社は債権を回収するために、EDG社への貸付金について2:180条2項に基づきEDG社の取締役であったエルコ・マネジメント B.V. にその支払を請求した。しかし当該金銭消費貸借契約は、2002年7月12日に商業登記所で設立登記申請が行われる2日前に締結されていたものであった。

　第1審の地方裁判所および控訴審裁判所は、基本的にS社の主張を認めなかった。S社は上告し、2:180条2項の趣旨と目的からすれば、同条を本件に適用できないという結論にはなり得ないはずだと主張した。2:180条2項は登記の懈怠について取締役に民事上のサンクションを与える規定である。最高裁判所はこの点についてはS社の主張を認め、2:180条2項は設立から登記の間に会社と取引をした第三者を保護することを目的とするのみならず、取締役による登記義務の遵守に関する公益を保護することもその目的としており、それは秩序だった法律行為を促進し、政府による抑制的なコントロールに資するためであるとした。後者の理由づけにより、最高裁判所は続けて、2:180条2項は登記が完了していないことを知りつつ会社と取引をした第三者にも適用され得ることを示したが、S社はそ

---

[6]　HR 28 januari 2011, *NJ* 2011, 167.

のような第三者には当たらないとされた。本件の諸事情を考慮したうえで、最高裁判所は次のように控訴審裁判所の判断を維持した。

S社の2:180条2項に関する主張は、合理と公正の原則に照らし認められない。これは6:2条2項に定められた債権者・債務者に対する合理と公正の原則の制限的作用の適用である。このような制限的作用により取締役の業務執行は高度な基準を満たさなければならない。このことは2:180条2項の厳格な民事上の制裁が依然として基本的なルールであることを意味している。本件では、会社の設立から登記までわずか2日間しかなかったことを考えると、取締役に期待されている高度な基準は満たしている。結果として、EDG社の取締役はS社に対して責任を負うとはいい難く、S社は設立に密接に関与した第三者として、まさに契約の相手方がだれであり、その者が存在していること、そしてその債務には担保が提供されたものの、それが明らかに十分でないことを認識しつつ競売を実行した。さらにはEDG社の登記がまだ完了していないことを知っていたにもかかわらず、登記簿抄本を受け取った後に融資を実行するという契約条件を自ら無視して、2002年7月10日にEDG社に500万ユーロを融資したものである。

この最高裁判所の判断は、2:180条2項と同様の規定が設けられている公開会社（2:69条2項）、社団（2:29条2項）、協同組合・相互保険組合（2:53a条）、財団（2:289条2項）に射程範囲が及ぶ。

わが国と異なり、オランダ会社法では登記前に作成される公正証書によって会社が成立することから、設立手続と法律行為の時間軸での対応関係は図表3-3に示すとおりとなる。

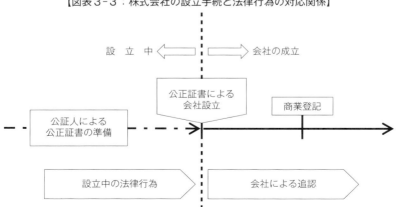

【図表3-3：株式会社の設立手続と法律行為の対応関係】

第5節　協同組合

　協同組合は公正証書に基づく複数当事者による法律行為によって設立される（2:53条1項、54条1項）。複数当事者による法律行為という要件は、協同組合は一人では設立できないことを意味する。少なくとも2名の自然人または法人が必要である。2:53a条に基づき社団に関する多くの規定が協同組合にも準用される。したがって、協同組合の定款には公正証書が必要となる（2:27条の準用）。定款の絶対的記載事項は2:27条4項に定められており、名称、主たる事務所の所在地、目的のほか、組合員が協同組合に対して負う義務、組合員総会の招集方法、理事の選解任に関する定めを設けなければならない。協同組合は登記しなければならず、その懈怠に対しては、設立後登記前に協同組合を代表して行われた法律行為について理事が責任を負うという制裁がある（2:53a条、29条1項・2項）。これについては、株式会社における対応する規定（2:69/180条2項）で説明したところと同じである。

第6節　社団、財団

　財団は公正証書により設立される（2:286条）。財団特有の設立方法として、遺言による設立がある。財団設立のための公正証書はこの場合遺言になる。公正証書は財団の定款を含めて作成しなければならない。定款には、財団の名称、目的、理事の選解任、解散した場合の清算後の残余財産の帰属についての定めを設けなければならない。

　これに対して、社団の設立は必ずしも公正証書による必要はない。社団は形式自由の複数当事者による法律行為によって設立される（2:26条2項）。この要件は、例えば、スポーツクラブにおいて当初は会員が法人格を取得する意思がなかったとしても、定款を定めずして社団法人になれることを意味すると解釈されている。社団は複数の者が法律行為を団体として行うために参加することで成立する。一方、法は社団を公正証書によって設立することも認めている（2:27条）。公正証書によって設立された社団を正式社団（formele vereniging）または完全法人格社団（vereniging met volledige rechtsbevoegdheid）といい、公正証書によらずに設立された社団を略式社団（informele vereniging）または限定法人格社団（vereniging met beperkte rechtsbevoegdheid）という。略式社団の法人格を限定してその活動範囲を制限することで、公正証書による社団設立を促進しようというのが立法意図である。

　略式社団は、登記財産を保有することができず、また遺贈を受けることができない（2:30条1項）。合併・分割は認められていない（2:308条2項）。さらに、略式社団の理事は社団の運営に伴う法律行為によって生じた債務について、社団とともに

連帯責任を負う（2:30条2項）。略式社団も商業登記所に登記することはできる（同条3項）。登記された場合は、社団の法律行為の相手方が、社団がその債務を履行できないことを疎明した場合は、社団が履行できない範囲でその債務について理事が連帯責任を負う（同条4項）。

　国務評議会行政裁判部（Afdeling Bestuursrechtspraak van de Raad van State）は2008年に略式社団が存続するための3つの要件を示した[7]。第1に、社員がいること、第2に、特定の目的のための常設機関として社員総会（algemene ledenvergadering）、理事会（bestuur）を有し、それらが継続的に協働関係を築いていること、第3に、社団の機関が一つの単位として法律行為に参加することである。

【教会聖歌隊事件[8]】
　キリスト教会区と教会の聖歌隊が、聖歌合唱に用いるピアノとドラムの所有権をめぐって争ったいささか風変わりな訴訟である。アーンヘム高等裁判所は、国務評議会行政裁判部による3項目からなる判断基準を示して、教会の聖歌隊は略式社団でありピアノとドラムの所有者と認められるとした。

第7節　法人格なき法人

　何人かから成るグループが自分たちを協同組合とよんだとしても、公正証書により設立されていなければ協同組合とはいえない。そこに協同組合は存在しておらず、存在しているのは協同組合らしきものである。これについて法はどう取り扱っているのか。民法典はそのための定めを置いており、この場合、協同組合という法人は存在しておらず、存在していない協同組合の名で資産が形成されることはない（2:4条1項・3項）。協同組合の名で資産があった場合、清算手続が準用される（同条4項）。法律上そのような協同組合は架空のものとして、解散した協同組合があるかのように清算手続が行われる。法人格なき協同組合の理事として法律行為を行った者は、それにより生じた債務について連帯責任を負う。法人格なき協同組合と取引を行った者が、協同組合の名での財産の有無にかかわらず債権を回収できるようにするという趣旨である。法は、法人格を取得せずに協同組合として経済活動を行うことにできるだけ不利益が生じるようにしているのである。

　2:4条は民法典第2編が定める法人すべてに適用される一般規定である。公証人

---

[7]　Afdeling Bestuursrechtspraak van de Raad van State 12 maart 2008, *AB* 2009/201 (Comité Behoud Havezathe Heeckeren/College B&W Hof van Twente).

[8]　Hof Arnhem 14 april 2009, *LJN*: BJ2178 (Rooms Katholieke parochie Elisa/de vereniging jongvolwassenenkoor 'The Lord's Choir').

が署名した公正証書を欠いていたために株式会社として存在していないにもかかわらず、株式会社の名で行為をした場合も同様の効果が生じる。例えば、ある者が存在しない非公開会社の名前で車を購入したとする。だれが会社を代表して購入契約を結んだとしても、その者は2:4条4項により契約上の債務を履行する連帯責任を負う。また売主は存在しない非公開会社名で形成された財産を対象に債権回収を図ることができ、かかる意味において2:4条4項は特別な規定といえる。すなわち、存在しない法人の名で財産が形成され、①それが一つの単位として扱われ、②債権者が債権回収を図ることができる特別な財産となり、③定められた方法で分配される。この規定なかりせば、まず存在しない法人の名で形成された財産はだれのものかという議論から始めなければならなくなるが、法人が存在しなければその議論は進まず、結局のところ早い者勝ちになってしまうであろう。

法人の構成員が法人設立の瑕疵に気づいていないという場合もあり得る。例えば、公正証書に署名があるがそれが公証人のものでないという場合や、株式会社が一定期間経済活動を行ったがすでに会社は清算したものと思われていてだれも清算手続による残余財産の分配を待っていない場合などである。2:4条5項は、追って正式に法人が設立された場合は、申立てにより、その法人に財産を帰属させることを認めている。

一方、設立手続に瑕疵がある場合は、設立そのものは有効だが設立された法人は解散しなければならない（2:21条1項）。これに対し、2:4条はいわゆる原始的瑕疵（ontstaansgebrek）についての規定であり、設立の瑕疵が当初から明らかである場合（典型的には公証人の署名を欠く公正証書）に適用される。設立手続の瑕疵と原始的瑕疵とは立法上区別されており、前者の瑕疵はそれほど重大ではなく、法人は存在するが解散を命じられ、後者は法人そのものが最初から存在してないとして扱われる。

第8節　設立に関する責任

設立に関する発起人、取締役の責任については、本章のこれまでのところで個別に述べてきたが、以下にそれらをまとめておく。

1　発起人の責任
(1)　設立中の会社の名による行為

設立中の会社を代表して第三者と契約を締結した発起人は、別段の合意がない限り、設立後の会社が追認するまでの間、設立前の取引に拘束される（2:93/203条2項）。追認後に会社が債務不履行となった場合、発起人は行為時に会社が債務不履行に陥ることを知っていたか、または合理的に知り得たのであれば、それによって第

**【図表3-4：設立中の会社の名による行為についての
発起人・取締役の責任（2:93/203条3項）】**

発起人	取締役
対象	
設立中の会社の名で法律行為を行った者（発起人）の連帯責任	追認した取締役の連帯責任
責任を負う場合	
設立後の会社が追認した法律行為に基づく義務を履行できないことを知っていたか、または合理的に知り得た場合	会社が追認した法律行為に基づく義務を履行できないことを知っていたか、または合理的に知り得た場合
悪意の存在時期	
法律行為時	法律行為の追認時
立証責任を負う者	
法律行為の相手方	
立証責任の転換	
設立後1年以内に会社が破産した場合、対象者の悪意推定	

三者に生じた損害を連帯して賠償する責任を負う。会社が設立後1年以内に破産した場合は、悪意が推定される（同条3項）（図表3-4）。

(2) **任務懈怠**

発起人は、設立公正証書に記載された設立時の株式発行、出資払込みの受領、設立時取締役・監査役の選任および2:94/204条1項に定められた法律行為を行わなければならない。それらの履行に際し任務懈怠があった発起人は、会社に対し取締役と同様の責任を負う（2:93/203条4項、9条、138/248条）。

2 取締役の責任

(1) **設立手続**

取締役（または設立手続に関与した公証人）は、設立公正証書その他の設立に関する書類または情報を商業登記所に登記しなければならない（2:69/180条1項）。また、公開会社の取締役は、設立時点において発行済株式の額面の4分の1以上が払い込まれ、払込済株式の額面総額が最低資本金の4万5000ユーロ以上あることを確保しなければならない。これらの要件を満たすまでの間、取締役は会社に効果が帰属する取引債務について会社とともに連帯責任を負う（同条2項）（☞本章第2節）。

(2) **設立中の会社の名による行為**

設立中の会社を代表して発起人が第三者と締結した契約が、会社による追認後に不履行となった場合、取締役は、追認時に会社が債務不履行に陥ることを知っていたか、または合理的に知り得たのであれば、それによって第三者に生じた損害を連

74　第3章　設　立

【図表3-5：設立中の会社の名による行為についての責任の帰属主体】

帯して賠償する責任を負う。会社が設立後1年以内に破産した場合は、悪意が推定される（2:93/203条3項）（**図表3-4**）。

さらに取締役には、会社が破産した場合に債務弁済財源の不足分を填補する連帯責任が課されるほか（2:138/248条）、債権者に対して不法行為責任を負う可能性もある（6:162条）（**図表3-5**）（☞第9章第4節2・3参照）。

(3)　不存在の会社の行為

公証人による設立公正証書を欠くために会社の不存在が裁判所により認定された場合、不存在の会社の名で取引を行った取締役は第三者との契約に基づく債務を履行する責任を負う（2:4条4項）（☞本章第7節）。

第9節　株式会社以外の法人の設立前の行為

協同組合は株式会社に比べれば数が少なく、社団と財団は企業形態としてはあまり一般的ではない。こういった実態から、協同組合、社団、財団では設立前の行為が問題となるケースは多くはない。法もこれらの法人については、会社設立中の行為について発起人の責任を定めた2:93/203条に相当する規定を置いていない。では、協同組合、社団、財団で実際に設立前の行為が問題となった場合にはどのように考えればよいか。

最高裁判所はディファ財団（Stichting Diva）事件[9]で「2:93/203条1項は他の法人にも準用されると解すべきである」としてその答えを出している。同様に、同条

2項・3項についても株式会社以外の法人に準用されると解されるが、同判決では最高裁判所は破棄判決を下すための技術的理由から同条2項・3項については言及していない。2:93/203条の内容は、すべての法人に適用される条文として民法典第2編の総則に置くべきであるという立法論もある[10]。

第10節　組合、合名会社、合資会社

1　双務的債務契約

　組合、合名会社、合資会社（以下、「人的会社」という）は双務的債務契約である（7A:1655条、商法16条、19条2項）。債務契約とは一方当事者が他方当事者に対して一定の義務を負う内容の契約であり（6:213条1項）、双務契約とは、各当事者が他方当事者に対して、当該他方当事者が義務を履行することを前提として、自ら義務を負う契約である（6:261条1項）。人的会社では3名以上の多数当事者契約となることが多い。多数当事者契約にも双務契約の規定が適用される（6:279条）。以上のことから、民法典第3編、第6編は、契約に関しては原則として人的会社にも適用されることになる。これは民法典が重層的な編成を取っていることによる。商法典15条でも合名会社と合資会社は民法により規律されるとして、民法典に明文で言及している。

　契約法の基本原理である契約自由の原則は人的会社にも適用される。単一の口頭契約でも人的会社を設立するのに十分である。もちろん人的会社で多くの場合に行われている契約当事者（組合、合名会社、合資会社の構成員）が書面契約で協力関係を規律することが排除されるわけではない。

　合名会社、合資会社は公正証書により組成されなければ第三者に対抗できないと定めている商法典22条は、公正証書を設立要件としているのではなく、公正証書を証明手段とする規定である。合名会社または合資会社の社員は、公証人の認証または公正証書の証拠によって、他の社員または第三者に対して会社の存在を証明することができる。他の社員や第三者が否認をしなければ、合名会社・合資会社は商法典22条によらずとも存在している。書面がなければ、多くの場合会社の存在は証明の問題となる。組合については商法典22条に対応する規定がなく、組合が存在することの証明はいかなる方法でも可能である。合名会社・合資会社では商法典22条により、公正証書を欠く場合にはその存在を第三者に対抗することができない。商法典22条は商法典が制定された1838年にさかのぼるが、同条による証拠の必要性は今日では大きな問題とはならないであろう。6:2条の合理と公正の原則が適用される

---

9)　HR 24 januari 1997, *NJ* 1997, 399.
10)　Kroeze, Timmerman en Wezeman 2013, p. 43.

場面では、商法典22条は適用されないと解されるからである。例えば、商法典22条により公正証書の不存在を主張する者が、合名会社・合資会社の存在を知っており、かつ当該会社が存在することが明らかである場合は、合理と公正の原則により会社の存在は否定されない。

2　契約自由の原則

　契約自由の原則により、当事者の明確な認識がないまま組合、合名会社が設立されるということが起こり得る。そこで複数者間で継続的に営業活動の協力関係があり、営業用資産（車両、器具等）を共有している場合は、当事者が協力関係を書面化していなかったとしても、対外的にも合名会社に値すると解することができる。また、継続的に商業ベースで活動している音楽バンドは、組合または合名会社と考えられる。この考え方は前述の教会聖歌隊事件でも排除されておらず、聖歌隊はその状況に鑑みて略式社団であるとされた。

　合名会社の社員にとって認識のないうちに会社が設立されることは、設立登記前の会社の行為についての責任を定めた商法典29条との関連で、当該社員にとっては不本意な結果をもたらし得る。合資会社の場合は、会社の組成にあたり社員となる者に協働関係についての認識が生まれるので事情は異なる。出資額を上限とする責任が認められる有限責任社員は、少なくともそれに明示的に同意しているはずだからである。

【獣医師会（Dierenartsenmaatschap）事件[11]】

　　最高裁判所は、獣医師が（その者が有する非公開会社を通じてであるか否かを問わず）一定期間一緒に活動した場合に、黙示の組合が組成されたと認定した。訴訟の当事者はいずれも獣医師であったが、被上告人はこの判決により（組合の）長年の利益に対する持分を得ることとなった。一方、上告人は組合の存在を争い、自分と他の獣医師との間には委任契約があったと主張した。

　　最高裁判所は、組合契約は当事者の合意によって成立する不要式契約であり、契約の成立に書面は必要なく、当事者の行為によって黙示でも成立するとした。組合の要素として裁判所は、「契約（overeenkomst）」「協働関係（samenwerking）」「平等（gelijkheid/gelijkwaardigheid）」「利益の分配（verdeling van voordeel）」「出資（inbreng）」「全構成員のための利益指向（gerichtheid op voordeel voor alle deelnemers）」をキーワードとした。そしてこれらの要素をチェックしたうえで組合が存在したと結論づけた。契約書がないとしても、当事者間に存在した諸事情から契約の締結を推認できるとしたのである。

11）　HR 2 september 2011, *NJ* 2012, 75.

破棄差戻しとなった高等裁判所は、最高裁判所の判断を踏まえて本件の事実関係を精査した。特に当事者の複数回の言動から、関係当事者は他の当事者との関係で自らを組合員であると意識的に位置づけていたと合理的に推認できるとし、遅くとも2000年1月1日には（黙示の）組合が存在していたとした。

　ただし、獣医師会事件により黙示の組合が容易に認められるようになったということにはならない。最高裁判所は委任契約と組合契約の差異を強調しており、当事者の関係が委任契約から組合契約に転化したといえるためには一定の高い要件を満たす必要があるとしている。

第4章
資本の構造

「儲けは金を出してから（De kost gaat voor de baat uit）」というのはオランダ商人の古い言い回しである。本章では、株式会社がその活動のための資金をどのように調達するかを扱う。会社は2つの方法で資金調達を行う。自己資本と他人資本である。以下では自己資本に関する諸原則を説明する。つづいて、会社は利益を株主に対してどのように分配するかという利益配当に関するルールを取り上げ、最後に増減資の手続について述べる。

第1節　株式に対する払込義務（Stortingsplicht）

1　総　説

会社が自らの判断で自己資本を調達する伝統的な方法は、株式の発行（uitgeven van aandelen）である。株式の引受人は、株式と引き換えに会社に事業活動資金をもたらす。株式に対する払込みは原則として金銭出資（storting in geld）として行われるが（2:80a/191a条）、一定の手続を踏むことで現物出資（storting in natura）も認められている（2:94a/204a条、94b/204b条）。

金銭出資では、株式引受人が引き受けた株式の額面の全額（株式の当初価額）を払い込む。会社と株式引受人の合意により、額面を超えた払込みも認められる（2:80条1項）。この超過額はプレミアム（払込剰余金）（agio）とよばれる。法人たる会社は、財産法の適用に関しては自然人と同等であるため（2:5条）、引受人が株式に対して払い込んだ金銭は会社に帰属する。このようにして会社が獲得した事業活動資金は自己資本となる。これに対して、銀行融資など会社が借り入れた資金は他人資本である。

株式には額面が定められる（2:67/178条1項）。額面は株式の種類ごとに決められ、その値は定款で定めることができるが、無額面株式は認められていない。授権資本の額および各株式の額面はユーロで表示しなければならない。ただし、非公開会社の株式の額面は外国通貨で表示することが許されている。

株式に対する払込金は、会社に対する貸付けとは異なり、株主から会社に払戻し（terugbetaling）を請求することができない。会社が活動を終了して解散する場合にのみ、会社の資産は会社債権者への弁済後に株主に分配される（2:23b条）。ただ

し、減資手続により、一定の条件下で会社の資本を株主に償還することができる。これについては公開会社と非公開会社で規律が異なる。また株主は出資に対する利息の支払を会社に請求することはできず、会社が利益を得た場合に限りその分配を受けることができる。この分配は、利益の中からの配当または株式の額面引上げという形で行われる。

　株主は金銭が必要な場合には、保有株式を譲渡することができる。株式の譲受人は株式の対価を支払って、その会社の株主の地位を取得する。ただし非公開会社の株式の売買には、譲渡制限規制（2:195条）が適用される場合があることに注意しなければならない（☞第5章第2節）。譲渡制限規制は非公開会社の閉鎖性を維持するための規律であり、会社に新たな株主が入ってくることを認めるかどうかに関わるものである。2012年10月1日をもって非公開会社は定款で譲渡規制を適用しないと定めることもできるようになったが、このオプションの利用はそれほど増えないと思われる。また公開会社も定款で譲渡規制の内容を定めることができる（2:87条）。非上場の公開会社の多くは、事実上の閉鎖性を維持するためにそのような定款規定を設けている（☞第5章第3節2）。

2　一部払込株式

　会社と株式引受人の間で、額面相当の金銭を払い込まないことを合意することが許されている。公開会社については、引受時に払い込まなくてよい金額の限度は額面の75%とされており、残額は会社からの請求があったときに払い込む。プレミアムは、直ちにその全額を払い込まなければならない（2:80条1項）。非公開会社ではより柔軟なルールとなっており、払込金額の全部または一部について、引受けから一定期間経過後または会社が請求したときに払い込むとすることができる（2:191条1項）。プレミアムについても、非公開会社では引受時にプレミアム分の全部または一部を払い込まずに後日払い込むとすることができる。これらはいずれもいわゆる一部払込株式（niet-volgestorte aandelen）を可能にするものである。公開会社では最低資本金とされている4万5000ユーロの払込みが少なくとも必要であるが、非公開会社では2012年10月1日をもって最低資本金制度が廃止されている。一部払込株式は、会社にさしあたっての資金需要がないが、例えば将来会社の業績が悪化したり、他社の買収など大きな投資が必要になったりした場合に備えて利用することができる。

　全額支払の請求決定をどの会社機関が行うかは、法律には明文の規定がない。一般に一部払込株式を発行した会社は、株主総会が残額払込請求を決定する権限を有する旨の定款規定を設けている。なお法律には、会社が破産した場合に備えて破産管財人が一部払込株式の残額払込みを請求して回収する権限を有する旨の規定が設けられている（2:84/193条）。

債権の消滅時効に関する3:307条により、会社が残額の払込みを請求してから5年を経過すると株主の払込義務は消滅する。株式の残額払込義務の消滅時効は、たとえ当初の段階で会社が株主は払込義務を完全に履行したと誤認していたとしても、原則として適用される。

全額払込みがなされていない株式を譲渡した場合、株式の前所有者は未払込額について連帯責任を負う。前所有者の一人が、取締役会（および監査役会）による公正証書または登録私証書によって免責された場合は、他の前所有者も債務を免れるが、免責の証書作成から1年間は請求済の部分については依然として払込責任を負う（2:90条）。株主名簿は原則として一般に公開されないが、未払込部分がある株式については、商業登記所に登記しなければならない（2:85条4項/194条5項）。

3　相　殺

株主（株式引受人）は、原則として会社から払込義務の全部または一部を免除されることはない（2:80条3項/191条2項）。しかし会社が株主と合意のうえ、株主が会社に対して有する債権と株主の払込義務を相殺することは許される。相殺（verrekening）は、会社と株主の具体的な合意に基づくものでなければならない。株主は（会社の意思に反して）払込義務を会社に対する債権と相殺することはできないが（2:80条4項/191条3項）、相殺契約を締結することは認められる。株式の全額払込義務は、会社の全債権者のためのものであって、株式の払込義務を負いそれとの相殺を欲する特定の会社債権者に向けられたものではない。

ただし、実務上行われている相殺契約については問題もある。会社が財務上の危機に陥った場合、会社に対する債権の価値は本来の債権額より下がる。経営危機に瀕し債務を完済できる見通しが低くなった会社は、一部の債権者に対して新株を発行することがある。

この場合に、会社と株式引受人である債権者は、債権者の株式に対する払込義務を会社に対する債権と名目額で相殺する合意をすることができるか。実務ではそれが行われており、相殺される債権の公正価値は考慮されていない。これに対して、現物出資を行う場合は、現物の価額と価額の算定方法を記載した出資事項書面を作成しなければならない（2:94a/204a条1項、94b/204b条1項）。公開会社ではさらに、出資金額が確定していること、一般に妥当と認められた算定方法によっていること、払込義務の価値が金額によって表示されていることについての会計士の証明が必要であり、この場合できるだけ多くの算定方法を検討していることが望ましいとされる。このような現物出資に関する規制に対し、相殺は明らかに異なる扱いを受けているが、それ自体は許されると解されている。株式に対する払込みにおいては、資本が現実に会社に蓄積されることが重要である。相殺は法的にそれとは異なる現象を発生させ、会社の負債を第三者との間で消すことになるが、これは資産の

処分とは区別され得る。法は払込義務を会社に対する債権と相殺することをいかなる場合でも禁止しているわけではなく、したがっていわゆるデット・エクイティ・スワップは違法とはいえない。

4　出資の履行

　出資は原則として株式発行時に履行される。出資の履行方法には、金銭出資（2:80a/191a 条 1 項）と現物出資（2:80b/191b 条 1 項）がある。

　金銭出資の払込みはユーロ（または外国通貨）によって行う。公開会社の設立に際しては、公証人がオランダの銀行から払込金保管証明を取得する。それにより払い込まれた出資金を設立直後から会社が銀行から引き出して事業に利用できる状態が確保される。払込金保管証明書は設立日の 5 ヵ月前以内に発行されたものでなければならない。そして設立公正証書には出資金額が受領されたことを記載しなければならない（2:93a 条 1 項）。外国通貨で払い込まれた場合は、払込金保管証明書に、外国通貨での払込金が無制約でユーロに換金できることおよびその金額と設立前 1 ヵ月以内の日付が示されていなければならない。それより前の日付となっている場合は、再発行することになる（2:93a 条 2 項、80a 条 3 項）。払込金保管証明書は商業登記所に提出され、開示される。設立後に公開会社が株式を発行する場合は、払込金保管証明は外国通貨による払込みについてのみ必要となる（2:93a 条 6 項）。

　額面割れの株式発行は、公開会社が引受業者に発行する場合に額面の 6 ％以内の範囲で許される。引受業者については現物出資が認められず、必ず金銭で出資しなければならない（2:80 条 2 項）。この株式は、引受業者による払込後は額面で発行された株式として取り扱われる。

　株主は株式の未払込部分について払込義務を負うが、それを超えて払込みを行う義務はない（2:81 条）。

5　現物出資

　現物出資には、出資対象財産の過大評価を防ぐための手続的規制が設けられている（2:94a/204a 条、94b/204b 条）。公開会社と非公開会社では手続が異なっており、さらに公開会社では現物出資規制の潜脱を防ぐため、ドイツ法の事後設立（Nachgründung）に相当する規律が適用され（2:94c 条）、ドイツ語の Nachgründung はそのままオランダの法律用語となっている。

　現物出資の対象は、客観的にその価値が評価でき、実際に譲渡できる資産でなければならない。役務提供の合意は出資の対象とはできない（2:80b/191b 条 1 項）。現物出資を行う者は、出資財産を会社に引き渡してそれを会社の処分に委ねる目的を有していることが必要である。そうでない場合は、株式の払込みが完了していないとされ、未払込分についての株主の払込義務だけでなく、公開会社では取締役の責

任が生じる可能性がある（2:69条2項）。

　設立時においては、出資される現物について発起人が書面でその内容と評価額を示さなければならない。設立後の新株発行においては、取締役会がその書面を準備する。公開会社ではさらに、出資財産の価額と発行株式の払込額が等価であることを示す会計士の評価書が必要となる（2:94a条2項、94b条2項）。この書面は商業登記所に提出され、開示される（2:94a条1項・2項、94b条2項）。非公開会社では、本店に備置され株主その他の株主総会出席権者の閲覧に供される（2:204a条1項、204b条1項）。株式発行会社と同じ企業グループに属する他の会社が一定の手続に従って現物出資を履行する場合には、会計士の評価書が免除される（2:94a条3項・6項、94b条3項・6項）。

　設立時の現物出資は、設立公正証書にその旨を記載したうえで、定款によって取締役会に現物出資承認権限が与えられている場合を除き、株主総会がそれを承認しなければならない（2:94/204条2項）。現物の給付は株式が引き受けられた後速やかに行わなければならない。

　会社が一定の債務を引き受ける義務と引き換えに、株主になる者が現物を出資するという形態が用いられることがある。この場合、発行される株式に対する出資が完全に履行されるように、出資財産の価額から引き受けられる債務を控除した値は、ユーロ建ての株式払込価額と等価でなければならない。

　公開会社設立の登記後2年以内に、発起人が会社設立前1年以内の期間に所有していた財産を会社が当該発起人から取得する取引（擬似現物出資（quasi-inbreng））を行う場合は、現物出資と同様の一定の手続を履践しなければならない（2:94c条1項）。すなわち当該財産の取得には事後設立の手続規制が適用される。例外的に規制の適用対象外とされるのは、①競売または証券市場での取得、②会社の通常の取引過程で取得が完了したもの、③会計士の評価書がすでに発行されているもの、④合併、会社分割により生じたものである（同条7項）。

　事後設立手続に従わなかった場合は、取引から3年以内に会社がそれを取り消すことができる（3:52条1項d号）。また手続に従わない取引を見過ごした取締役の会社に対する任務懈怠責任が問題となる。事後設立手続は、①会社が取得する財産について取締役会が作成した取得価額に関する書面、②取得価額が財産の価値と均等であることを確認した会計士の評価書、③株主総会決議による取得の承認から成る。

　非公開会社については、事後設立規制は効果が薄いとして非公開会社法の現代化の流れを受け、2012年10月1日をもって廃止されている。

第2節　留保利益

　株式会社にとって自己資本の源泉は株式の払込金だけではない。もう一つの源泉

として留保利益（ingehouden winst）がある。継続企業としての会社は、株主の出資による自己資本を活用して得た利益を留保して、それを再投資することができる。会社が得た利益の額は計算書類（jaarrekening）に示される。計算書類は取締役会が作成し（2:101/210条）、その作成にあたっては適用されるすべての会社法の会計規定に従わなければならない（強行規定）（2:360条〜446条）。会社の利益の規模を恣意的に決めることは許されない。そのため法は、一定のリスクに備える引当金に関する規定を設けている（2:374条）。引当金を増やすとそれだけ利益の額が圧迫されることになるからである。

取締役会が作成した計算書類は、会計士から適正意見（verklaring van getrouwheid）を得なければならない。会計士は計算書類を監査し、法令に適合しているかどうかについて監査報告を作成する（2:393条3項・5項）。計算書類は最終的に株主による承認を受けて確定する（2:101/210条3項）（☞第9章第2節1）。承認を受けた計算書類には、1会計年度の間に会社がどれだけの利益をあげたかが示されている。

公開会社が得た利益は、定款に別段の定めがなければ、株主の利益となる（2:105条1項）。これは、定款に別段の定めを置かなければ、特段の決議なくして会社の利益はすべて株主に支払われることを意味している。一般に会社の定款にはこの別段の定めが設けられており、利益を留保するか分配するかを株主総会が決定することができる旨が定められることが多い。一方、非公開会社では会社の利益が自動的に株主の利益になるのではなく、株主総会においてその処分を決定するという実務に即して、当年度の利益に割り当てられる額と分配額を株主総会が計算書類の承認を通じて決定する（2:216条1項）。この権限は定款で他の機関に移すこともできる。

留保利益は貸借対照表の貸方に準備金（reserves）（または利益剰余金（onverdeelde winst））として表示される。留保利益は事業活動に利用することができ、会社のファイナンスに寄与する。一方、法令により準備金の積立てが強制されることがあり、これを法定準備金（強制準備金）（wettelijke reserves）という。法定準備金の例としては、建物などの会社の資産を再評価して増価分を積み立てる再評価積立金（herwaarderingsreserve）がある。会社の定款で準備金の積立ておよび維持を規定することもできる。これを定款準備金（statutaire reserves）という（2:373条1項b号〜e号）。

第3節　貸借対照表と資本概念

1　貸借対照表

　株式会社の計算書類を構成する一つに貸借対照表（balans）がある（2:361条1項、364条以下）。貸借対照表は会社の会計年度最終日（一般に12月31日）における会社

の財務状態を示す計算書類である。貸借対照表により各年度の会社の資産の状況を比較することができる。一言で言えば、貸借対照表は会社の資産（積極資産と消極資産）の概要およびそれらの資産の源泉を表す。借方に示されている会社の資産に必要な資金がどのように調達されたかが、貸方の負債または純資産の部に表示される。したがって、貸借対照表の借方と貸方は常にバランスする。貸借対照表は利益または損失を表示することによって閉められ、損益は貸借対照表をバランスさせる項目となる。

貸借対照表の作成は、まず資産からである。資産の部には会社の資金がどのような資産に用いられたかが示される（2:365条～372条）。不動産、機械工具、投資等の固定資産（vaste activa）と棚卸資産、売掛金、現預金等の流動資産（vlottende activa）を区分して表示しなければならない。資産の部の合計額は、貸方では「責任（verantwoord）」を意味することになる。会社を代理する弁護士にとって悩みの種は貸方であるが、それはすなわち、取締役会や会計士が会社の資産を適切に評価したかという問題である。

2 資本概念

2:373条～376条は貸方に関する規定である。貸方の中核は資本金である。資本概念にはいくつかの区分が存在する（図表4-1）。

授権資本（maatschappelijk kapitaal）は会社が定款規定に基づき株式を発行して得られる資本金の額の最高限度を表す（2:67条1項、178条1項）。授権資本は、ユーロで表示された額面を有する一定数の株式に分割される。非公開会社ではユーロ以外の通貨を用いて表示することも認められている。

公開会社では定款に授権資本の定めを置かなければならない。非公開会社では2012年10月1日からこの規制は適用されていない。非公開会社では定款に授権資本の定めを置く必要がないため、発行できる株式数に上限がない。このため実務上授権資本の概念はあまり重要な意味がなくなっている。定款変更によって授権資本の変更はいつでも可能である。授権資本の範囲内であれば、会社は定款変更をすることなく新たに株式を発行することができる。

実際上重要な概念は、発行済資本（geplaatst kapitaal）である。発行済資本とは実際に株式が発行された部分に対応する資本を指す。実際に発行された株式の数に、各種類の株式の各額面をそれぞれ乗じて得られた合計が発行済資本の額となる。公開会社では授権資本の額の5分の1以上でなければならない。

払込資本（gestort kapitaal）は、発行済資本のうち実際に株式の払込みがなされた部分を指す。記名株式については、定款で額面を下回る払込みを認める定めを置き、会社と株式引受人との間で合意することにより一部払込みをすることができる。ただし、公開会社では払込資本の額は発行済資本の額の4分の1以上でなければな

第3節 貸借対照表と資本概念　85

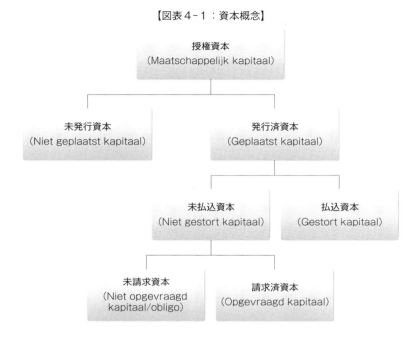

【図表4-1：資本概念】

らない。無記名株式は発行と同時に全額払込みとなる（2:82条3項）。非公開会社の株式については、会社と株主との合意により、額面の全部または一部の払込みを延期することが認められる。額面と払込価額の差額（obligo）は、定款の定めに基づいて権限を有する会社の機関が払込みを請求した場合に、株主に払込義務が生じる。

　払込未了の部分は、会社からの払込請求の有無に応じて、さらに請求済資本（opgevraagd kapitaal）、未請求資本（niet-opgevraagd kapitaal）とよばれるが、いずれも株式発行と同時には払込みが求められない資本である。貸借対照表の貸方には、発行済資本の額のみが発行された株式に対する払込みがなされた限度で表示される。未払込部分があるときは、実際に払い込まれた部分のみが表示されることになる。払込請求がされると同時に、貸借対照表には請求済資本の額が表示され、あわせて資産の部に未払込株式が表示されてバランスする。未払込部分はいわば資本のクッションの役割を果たす。ただし、会社が実際に請求を行うまでは株主には払込義務は生じず、未請求部分は貸借対照表には反映されない。

　資本金の額はあくまで計算上のものであることに留意しなければならない。例えば、株式の払込金が銀行口座から無権限で引き出されたとしても、貸借対照表の発行済資本の額は変わらない。また会社が払込金を使って無価値な資産を購入したとしても資本金の額が変わることはない。

非公開会社については授権資本が廃止されたため、配当限度額や自己株式の取得の決定において資本概念は重要な役割を果たさなくなった。しかし、実際の非公開会社の定款はまだ旧法の資本概念を反映しており、最低資本金、配当限度額および自己株式の取得に関する旧法に基づく定めが残っている。中には、最低資本金の額をギルダーで表示している定款もある。非公開会社のこれらの定款規定は現行法の下では削除することができるが、定款にそのような規定を設けること自体は禁じられていない。公開会社では強行法規が多いのに対し、非公開会社では定款自治が拡大されている。公開会社には最低資本金制度が存在し、配当限度額や自己株式の取得に関するかなり厳格な規律があって、資本概念は依然として重要である。

【事例4-1】

ストルゼ（Stolze）N.V.（S社）の定款には、会社の授権資本の額を100万ユーロ、発行可能株式総数は1000株、額面は1000ユーロとする定めがあった。授権資本の額は、S社が発行することができる最大の株式数に株式の額面を乗じて得られる。S社は200株を発行した。S社の発行済資本の額は実際に発行された株式数に株式の額面を乗じた結果である20万ユーロとなる。株式は全額が払い込まれるとは限らない。S社の設立時に額面1000ユーロのうち250ユーロが払い込まれたとする。払込資本の額は、発行された株式数に実際に払い込まれた1株当たりの金額を乗じた結果である5万ユーロとなる。

では、払込資本の額は4万5000ユーロあれば足りるといえるか。2:67条が引受資本のうち払い込まれる部分が少なくとも4万5000ユーロであると定めていることから、誤解されがちであるが、2:80条1項により、公開会社では額面の少なくとも4分の1が払い込まれなければならない。すなわちS社では、払込資本の額は5万ユーロを下回ることはできない。公開会社では授権資本の額の少なくとも5分の1が発行されなければならないことにも留意が必要である（2:67条4項）（**図表4-2a/b**参照）。S社が定款に定めた授権資本の額を引き上げる場合、発行済資本の額も引き上げなければならない（発行済株式総数を増やす）ことになる。

これに対し、非公開会社では授権資本、払込資本のいずれも最低金額は定められていない。授権資本（これを設定するかどうかは任意）と払込資本の金額比の要件もない。もしS社が非公開会社である場合は、授権資本の額を20万ユーロ、発行済資本の額を1万ユーロ、払込資本の額を1セントとすることもできる。

【図表4-2a:公開会社の資本規制と資本の相互関係】

	記名株式 発行公開会社	無記名株式 発行公開会社
最低払込資本に対する 授権資本の上限額(A)	€ 900,000	€ 225,000
最低払込資本に対する 発行済資本の上限額(B)	€ 180,000	€ 45,000
設立時最低払込資本の額(C)	€ 45,000	€ 45,000
相互関係	B ≧ A × 1/5 C ≧ B × 1/4 C ≧ €45,000	B ≧ A × 1/5 B = C C ≧ €45,000

【図表4-2b:公開会社の資本規制と資本の相互関係】

3 自己資本と他人資本

貸借対照表の純資産の部には、発行済資本の額のほか、プレミアム、法定準備金、定款準備金、任意準備金（vrije reserves）、未処分利益（損失）（niet verdeelde winsten of verlies）が記載される（2:373条）。これらをまとめて会社の自己資本（eigen vermogen）とよぶ。この言葉は会社法では公開会社に関する2:98条2項、105条2項と非公開会社に関する2:207条2項で用いられている。

自己資本の額は必ずしも発行済資本または払込資本の額とは一致しない。純利益（saldo winst）が発生すれば自己資本は発行済資本または払込資本より大きくなる。逆に会社が累積損失を抱えれば、自己資本は発行済資本または払込資本の額より小さくなり、貸借対照表には損失として計上される。この場合に会社は、配当を差し控えて新株を発行し、または、必要な資金を他人資本（vreemd vermogen）（借入金）で賄う対策をとる。借入金は貸借対照表の負債の部に計上される（2:375条）。借入金が膨らんで負債の部が資産合計を超えると純資産がマイナスになり会社は破産に近づくことになる。金額または発生時期が未確定の負債については区分して表示しなければならない（2:374条）。

利益剰余金は貸借対照表を最後にバランスさせる項目である。実務上貸借対照表には、利益準備金、その他準備金などの項目で記されることもある。累積損失がある場合は、この最後のバランス項目はマイナス表示となる。

第4節　株主の追加払込義務（Extra verplichtingen）

　株主は原則として引き受けた株式の払込価額を超える支払義務を負わない。2:64/175条は「株主は……会社の損失に対して、払い込んだ株式の価額を超えて出資する義務を負わない」と定めている。また株主は、会社の名前で負った債務について責任を負わない。2:81条は公開会社について、2:192条は非公開会社について、それぞれ異なる表現でこの原則を示しているが、どちらも株主がその意思に反して株式の額面を超えて追加的な払込義務を負わないことを明らかにしている。

　反対に、株主の同意があれば追加的な出資義務を課すことができる。すなわち2:64/175条のルールは絶対的なものではない。非公開会社法の改正に伴い2:175条1項第3文では、株主が株式の価額を超えて払い込む義務を負わないという基本ルールは「192条を害することなく」適用されると表現している。その立法趣旨について議会第二院での審議過程では、「192条は定款に追加出資義務を定めることを妨げない。これは（改正前の）現行法でもそうであるが、192条の改正法案はその内容が拡張しているため、そのことを明らかにするための文言である」と説明されている[1]。不明確でないことを明確にすることに意味があるのかという疑問もあるが、それは措くとしても、この「明確化」のための文言がない公開会社の規定（2:64条）については反対解釈をせざるを得ない可能性が出てくる。

　2:192条1項は、非公開会社においては、会社もしくは第三者に対して、または株主間で、債務法的性質（verbintenisrechtelijke aard）の義務が株式に付随することを定款に定めることができるとしている。そしてそれに続く文で、たとえ停止条件または解除条件付きであっても、株主の意思に反してこれらの義務を定款で定めることはできないとする。公開会社では、2:64条1項および81条が異なる表現をしていることから、非公開会社の2:192条1項と同じ内容の規律が適用されることにはならないと解される。

　2:192条1項の債務法的性質の義務は、定款にその根拠を置くことになる。そのような義務の例としては、会社に損失が生じたときに追加の出資払込みをする義務、会社に貸付けを行う義務、新株を引き受ける義務、一定の条件で他の株主の株式を買い取る義務、当該会社または他の会社が製造した一定の商品を買い取る義務などがあげられる。

---

1)　*Kamerstukken II* 2008/09, nr. 7.

また2:192条は、追加義務に加えて株式保有に関する条件を設定することができる旨を定めている。株主は特定の資格（例えば弁護士、医師など）を有する者でなければならないといった株主の属性に関する要件であってもよい。株主は競合会社の株主であってはならないという排他条件でもよい。また株主は10％を超える持株比率を維持しなければならないとすることも許される。さらに2:192条は、株主が保有する株式の全部または一部を提供または譲渡する義務を定款に定めることができるとしている。いずれの場合も、義務または条件は株主の意思に反して課すことはできない。公開会社では、2:87a条、87b条に定款による株主の義務についての定めがあるが、追加的な義務の設定については公開会社と非公開会社では異なる問題状況が生じる。

第5節　資本および資産の保護（Kapitaal- en vermogensbescherming）

1　総説

株式会社の資本および資産の毀損を直接または間接に防止する会社法の規定は、多種多様にわたる（**図表4-3**）。さしあたってそれらを以下箇条書きで示しておくが、このうち①については本章のこれまでのところで述べた。

① 最低資本金、事後設立、プレミアムの払込みなど資本の維持に関する規定
② 利益配当規制
③ 自己株式の取得制限
④ 財務援助の禁止など会社以外の者のために会社の資産を利用することの規制（これには会社の目的に反する取引を会社が無効とできることも含まれる。）
⑤ 減資手続
⑥ 計算書類の作成・承認、会計専門家による監査に関する規定（☞第9章第2節1）
⑦ 財務状態の公告、開示に関する規定（☞第9章第2節1）
⑧ 取締役会、監査役会構成員の会社に対する損害賠償責任（☞第9章第3節）

資本および資産の保護に関する規律の主たる目的は、発行済資本の希釈化により株主と会社債権者が害されるのを防ぐことにあった。潜在的会社債権者は登記をチェックして発行済資本や払込資本の額を確認し、公告された計算書類を参照することができるが、多くの場合発行済資本の額は、会社の債務総額の一部をカバーするにすぎない。とはいえ資本保護の規律は厳格に守らなければならない。規律違反は取引の無効、取締役個人の責任の問題を引き起こす。

最近まで公開会社と非公開会社の資本および資産の保護に関する規律はほぼ同じ内容であったが、2012年10月1日の法改正により、非公開会社については、資本お

【図表4-3：株式会社の資本保護のための規律】

よび資産の保護に関する法規定がほとんど削除された。そこでまず、公開会社における資本および資産の保護制度について考察したうえで、改正非公開会社法による変更箇所をみてゆく。ただし、すでに述べたとおり既存の非公開会社では、定款で旧法の内容に相当する定めを残している会社が多く、そのような定款の定めも許されているため、定款規定が適用される場合が多いことに注意しなければならない。改正非公開会社法は、発起人や株主の自由度を高めているが、この自由は、旧法の厳格な規律を選択することも認めるものである。

　民法典第2編は専ら公開会社について資本および資産の保護に関する規定を設けており、これらと同様の規定が1976年 EU 会社法第2指令[2]にも定められている。EU 会社法指令の目的は、法人の構成員および第三者を保護するために、必要に応じて加盟国の法人要件を調和させること、すなわち統一化を保証することにあった。最低資本金、株式払込義務、株主への配当、自己株式の取得、増減資について定めた第2指令の結果として、加盟国の公開型の会社（ドイツの Aktiengesellschaft、フランスの société anonyme など）は、資本および資産の保護について似たような規

---

2)　Second Council Directive 77/91/EEC of 13 December 1976.

律を採用するに至った。第2指令は1976年以降何度か改正されており、その主要なものは2006年の改正である[3]。それを受けてオランダ民法典は公開会社について自己株式の取得規制の調整を図った。なお、当初の第2指令とその後の改正は別々の指令に含まれており混乱を招いたため、2012年に一つの指令に統合された[4]。

　第2指令（およびその後継指令）は、公開型の会社にのみ適用される。非公開会社法に関しては、加盟国立法者は第2指令の規律内容に縛られない。そのため、オランダでは非公開会社の資本および資産の保護規定の大部分を廃止した。したがって、本節の以下の記述は主として公開会社にあてはまる。

　資本および資産の保護に関するルールは、株主が、①十分な資本と資産を蓄積し、②その資本と資産を維持することを確保するのがねらいである。公開会社が一定の実体資産を有する状態を確保することで債権者保護を図るものであるが、このルールがどれほどその目的に応えているかは議論のあるところである。

　ところで、資本の保護と資産の保護の区別は実務上あまり意味がなく、一つの言葉として用いられることが多い。資本の保護とは、会社の発行済資本の調達と維持を確保するための規律を意味し、資産の保護とは、資本の保護を含み、さらに純資産の部に含まれる法令または定款の規定に基づき積み立てる準備金などその他の項目の調達・保全を図ることも意味する。発行済資本は法令または定款に基づく準備金とあわせて、拘束資産（gebonden vermogen）とよばれる。以下では、資本の保護をより広い資産の保護の意味でも用いる。

2　利益配当
(1)　総　説

　会社に蓄積された資産を野放図に株主に分配することを許してしまうと、会社資産の確保に関する規律は無意味となる。そのため会社法では会社内部に一定水準の純資産を蓄積することを確保するための利益配当（winstuitkering）に関する規律を設けている。会社債権者はこの点に利害関係を有している。会社債権者の債権回収は、結局のところ会社の資産に頼ることになるからである。したがって、会社の資産がたやすく株主に移転し、それによって債権者の回収額が少なくなってしまう事態は許されない。そこで会社法では、会社が株主に利益を分配したり会社が株主から株式を買い取ったりして株主に会社の資産を移転する場面についての特別な規律を設けた。このような場面に適用される規律は公開会社と非公開会社とで異なっている。以下では、公開会社を前提に規律の意義等を述べた後、非公開会社独自のルールに触れる。

---

3)　Directive 2006/68/EC of 6 September 2006.
4)　Directive 2012/30/EU of 25 October 2012.

(2) 黄金律（Gouden regel）

　公開会社の配当規制（2:105条2項）と自己株式の取得規制（2:98条2項）は、オランダの大学法学部でも会社法の初学者にとってはいささか複雑に感じられる規律であるが、これらの規律が資本の保護をねらいとしていることは明らかである。資本保護の黄金律は、利益が貸借対照表の拘束されていない準備金勘定に積み立てられている場合に限り、公開会社は株主に配当を行うことができるというものである。言い換えれば、配当は拘束されている資本を犠牲にして行ってはならない。拘束されている資本とは、発行済資本（払込みが完了していないときは、払込資本および請求済資本）、法定準備金および定款準備金である。

　2:105条2項と98条2項は、資本金と法定準備金・定款準備金が一定程度を超えて株主に流れないようにして会社債権者のために確保することがその立法趣旨である。この意味で、「資本のクリップ（kapitaalklem）」と表現されることもある。株主に利益を分配してよいかどうかを決定するためには、このように貸借対照表貸方の自己資本（発行済資本（または払込資本＋請求済資本）、法定準備金、定款準備金、任意準備金）を確認する必要がある。

　自己資本と債務の比率、いわゆるデット・エクイティ・レシオについては、銀行と保険会社を除き、そして一部の税法規定を例外として、法令による特段の規制はない。しかし公開会社では、自己資本が発行済資本・請求済資本の額の2分の1を下回ったときは、取締役会はそのことが明らかになってから3ヵ月以内に、対応策を話し合うための株主総会を招集しなければならない（2:108a条）。非公開会社にはこの規定は適用されない。

　貸借対照表の貸方は、会社の株主に対する配当能力を示している。実際に会社が配当を行う場合は金銭でこれを行うため、資産の部の現預金が減少し、それに伴い貸方純資産の部で同額が減少する。

(3) 利益配当規制

　2:105条2項は公開会社における株主への配当金（dividend）についての定めである。2:105条2項は、公開会社では、純資産の額が、払込資本および請求済資本に法令および定款により維持しなければならないとされている準備金を加えた額を超える場合にのみ利益を分配することができると定めている（「資本維持テスト」）。これは前述の黄金律よりやや複雑な計算式となる。

　2:105条2項が意味するのは、株主への配当は貸借対照表の任意に積み立てることができる準備金勘定を取り崩して行える場合にのみ許されるということである。配当能力を決定づけるのは、直近の会計年度の損益結果を反映させた後の貸借対照表に、プラスの任意準備金勘定が残るかどうかである。この準備金には直近の会計年度に得られた利益だけではなく、過去からの未配当の累積利益やプレミアムも含まれる。株式のプレミアムは任意準備金であり、法定準備金の積立てを義務づける

第5節　資本および資産の保護（Kapitaal- en vermogensbescherming）　　93

2:373条4項は適用されない。ちなみに2:373条4項には法定準備金の条文番号が引用列挙されているので条文探しに役立つ。

【事例4-2】

　ヨッシー（Jossie）N.V.（J社）は純資産10万ユーロの公開会社である。発行済資本は9万ユーロで、全額払込済みである。貸借対照表には再評価準備金として5000ユーロが計上されている。保有する資産である小さな石造り倉庫の価値が上昇し、2:390条に基づき再評価勘定を設ける必要があったためである。未配当利益（損失）はなかった。定款による準備金勘定もない。株主は最大いくらの配当を受けられるのかを知りたがっている。

　J社では全額払込済みであるので、払込資本と発行済資本の額が同一である。また再評価準備金は法定準備金である。このことは2:390条、373条4項から導かれる。純資産は10万ユーロで、発行済資本と再評価準備金勘定の合計額は9万5000ユーロであるから、J社はこの差額5000ユーロを超える配当を株主に行ってはならない。この差額が任意準備金である。

---

(4)　配当手続
ア　総説

　株主総会は計算書類の承認権限を有しているが、計算書類の承認権限は必ずしも配当権限を意味するものではない。公開会社における基本原則は、定款で別段の定めがない限り、利益は株主に配当されるということである。ただし多くの公開会社では、定款で利益処分の権限を株主総会に与えている。非公開会社においては2012年10月1日の法改正によりこのことは会社法上のルールとなっている。この場合株主総会は、準備金を設け、利益を確定し、その後に分配される剰余金を決定する権限を有することになる（2:105/216条1項）。利益の中から準備金を設ける権限を、定款で取締役会、監査役会、種類株主総会といった他の会社機関に与えることもできる。公開会社における配当請求権は、株主総会（または定款で定めた別の機関）の決議によって生まれるが、その前提として計算書類の承認がある（2:105条3項）。非公開会社では配当決議に対する取締役会の承認が必要である（2:216条2項）。

　公開会社の純資産に対する株主の持分割合は、定款に別段の定めがない限り、株式の額面の法定払込部分（2:80条1項）に比例する。配当請求権を完全に排除される株式はない。非公開会社はより柔軟であり、定款または総株主の同意により純資産に対する株主の持分に差異を設けることができる（2:216条6項）。非公開会社では無配当株式も認められている（☞第5章第5節5）。

　定款に別段の定めがない限り、公開会社では自己株式への配当が認められる（2:105条5項）。一方、非公開会社では、定款に別段の定めがない限り自己株式への

配当は認められない（2:216条5項）。

　定款で累積的配当優先株式が設けられている場合、この株式についてはまず過去の未払配当分について優先して配当を受け、次に他の優先株式とあわせて優先配当を受け、その後に普通株式への配当が行われる（☞第5章第5節3）。会社は特定の種類株主への配当に充てるための準備金を設けることもできる（2:105/216条10項）。配当は現金または現物で行うことができる。株主の配当金支払請求権は、定款でより長い期間の定めがなければ5年の消滅時効にかかる（2:105条7項/216条9項）。

　剰余金の配当には、①計算書類の承認に引き続いて行われる通常配当（期末配当）と、②会計年度中に行われるいわゆる中間配当がある。

イ　公開会社の配当手続

　公開会社では、期末配当、中間配当ともに、資本維持テストを満たしている場合にのみ認められる。したがって、当該年度に利益があったとしても累積損失が解消されなければ配当はできない。

　ソルベンシーまたはキャッシュフローは公開会社が配当を行うための法定要件とはされていない。しかし資本維持テストの要件を満たしていても、配当の結果会社の継続性が危機に陥った場合は、取締役の責任が問われる可能性がある。

　期末配当では、配当金額を含めた計算書類が承認された後に配当の支払が行われる。中間配当は定款に定めを置くことにより行うことができ、資本維持テストを満たしている限り、計算書類が承認される前でも配当金の支払を行うことができる（2:105条4項）。資本維持テストは、中間配当が公表される月の3ヵ月前の月の1日以降の時点で満たしていなければならない。また取締役会はテスト日の資産と負債の状況を示す書面を準備して、各取締役が署名のうえ、商業登記所に提出しなければならない。

　中間配当は、任意準備金からの配当または利益からの配当もしくはその組合せで行うことができる。利益から配当を行う場合は、当該会計年度の利益から配当しなければならない。

　承認された計算書類が資本維持テストを満たしていなかった場合、違法配当であることを知っていたか、または知り得た株主に対して、会社は配当金の返還請求を行うことができる（2:105条8項）。

ウ　非公開会社の配当手続

　2012年10月1日の法改正までは、非公開会社の配当規制は公開会社と同様に資本維持テストに基づいていた。このテストは非公開会社については廃止され、それに代わって2つのテストが適用されている。「簡易貸借対照表テスト（eenvoudige balanstest）」と「配当テスト（uitkeringstest）」とよばれ（2:216条1項に関する議会審議経過の記録では両者を「配当テスト」と総称していた）、非公開会社はこの両方の基準を満たさなければならない。

第1の基準として、純資産が法定準備金、定款準備金の合計額を超えている限りにおいて、株主総会は配当を行うことができる（2:216条1項）。これが簡易貸借対照表テストである。簡易貸借対照表テストは、法令または定款により準備金勘定を設ける必要がある場合にのみ適用される。法令または定款により準備金を維持する必要がない場合は（そのようなケースが多いが）、この基準は適用されず純資産がマイナスであっても配当することができるため、この基準の保証には限定的な意味しかないという批判もある。法定準備金には発行済資本に組み入れることができるものがあり、そうすることによって事実上配当が可能となる（例えば、再評価準備金に関する2:390条2項）。また、定款準備金は定款変更で廃止できる。法定準備金、定款準備金を有する非公開会社とそうでない非公開会社のちがいは多分に人為的なものである。

立法者は配当に関する第2の基準である配当テスト（2:216条2項）で足りると考えていた。配当の決定は取締役会が承認するまでは発効しない。そして取締役会は、配当後の会社が継続的にその債務を支払えなくなるということを知っているか、またはそれが合理的に見通せる場合には承認を拒絶しなければならない。このことから配当テストは、取締役会が承認時点において会社の流動性（支払可能性）を調査し、会社に支払能力があるかどうか（債務の支払を継続することが可能かどうか）を検討しなければならないことを明らかにしている。

取締役会が配当を承認し、その後会社が債務弁済能力を欠いた場合、取締役は連帯して塡補責任を負う（2:216条3項）（☞第9章第3節）。配当を受領した株主も、配当によって会社が債務を支払うことができなくなることを知っていたか、または知り得た場合は、受領した配当金を返還しなければならない。

中間配当については特段の規定はなく、上記の2つのテストを満たしていればよい。

エ　株式配当、ボーナス配当

配当は株式によって行うこともできる。株式配当は一般に株主が当期利益の中から新株の発行を受けることを意味する。配当された株式の市場価格が配当金額となる。発行済資本勘定は、配当された株式の額面総額の分だけ増加することになる。ボーナス配当は株式配当に類するものであるが、一般的には資本剰余金勘定から拠出される。

3　自己株式

資本保護の規律の第2は、自己株式（eigen aandelen）の取得である。自己株式の取得には以下の規律が適用される。

(a) 設立時または設立後に発行する株式を会社が自ら引き受けることはできない（2:95条1項／205条）。

(b) 自己株式は額面全額が払い込まれなければならない（2:98/207条1項）。
(c) 上場公開会社は、直接または子会社を通じて間接的に、自己株式を50％以上取得してはならない。非公開会社および非上場公開会社では、議決権のある株式1株を除いてその残りを自己株式とすることができる（2:98条2項、175条1項）。
(d) 公開会社は純資産から自己株式取得額を控除した値が、払込資本・請求済資本および法定準備金、定款準備金の合計額以上である場合にのみ、自己株式の取得ができる（2:98条2項）。非公開会社では純資産から自己株式取得額を控除した値が、法定準備金、定款準備金の合計額以上でなければ、自己株式を取得することはできない（2:207条2項）。
(e) 公開会社による自己株式の取得は、取得実行の前に株主総会の承認を受けなければならない。包括授権を行う場合、その期間は上場公開会社では18ヵ月、非上場公開会社では5年を超えることができない（2:98条4項）。取締役会は有効な授権がなければ自己株式の取得を承認することはできない。非公開会社では、定款に別段の定めがなければこれらの規制は適用されない。
(f) 公開会社においては、前会計年度の計算書類が承認されないまま当該年度を6ヵ月間経過した場合は、当該年度の後半6ヵ月間に自己株式を取得することができない（2:98条3項）。
(g) 非公開会社の計算において自己の名で株式を取得した者は、自己の計算で株式を取得したとみなされる（2:207b条）。公開会社においては、取得した株式を会社に引き渡す義務を負う（2:98b条）。
(h) 株式会社の子会社は、外国会社であると否とを問わず、親会社の発行した株式を引き受けてはならない。ただし、公開会社の子会社は、親会社である公開会社が自己株式を取得できる限りにおいて、親会社の株式を取得することができ、また親会社が有していた当該子会社の株式を取得することができる。非公開会社の子会社は、親会社の取締役会の同意により同様に取得することができる（2:98d/207d条1項）。
(i) 自己株式については議決権を行使することができない（2:118条7項、228条6項）。定款に別段の定めがなければ、公開会社の自己株式は配当請求権を有し、非公開会社では逆に、定款に別段の定めがなければ自己株式には配当請求権が認められない。

　公開会社が設立後2年以内に取得する自己株式には事後設立規制が適用される。この場合、取得する株式の価値について会計士の評価書を作成し、株主総会の承認を事前に得なければならない。また、定款で株式の譲渡が制限されている場合は、会社が自己株式を譲渡するに際しても定款の株式譲渡制限に服する。
　上記のうち(d)が、自己株式の取得に関する黄金律である。すなわち純資産から取

第5節 資本および資産の保護（Kapitaal- en vermogensbescherming）

得価額を控除した値が、払込資本および請求済資本の額に法定準備金、定款準備金の額を加えた値を下回らない場合にのみ、自己株式の取得が許される。要は自己株式取得の元手は貸借対照表の任意準備金から拠出しなければならないということである。自己株式の取得は、株主に対する会社資産の払戻しの偽装に使われるおそれがある。会社が株式の引受額を株主に支払って株式を買い取ると、会社の資産が株主に流出する結果となり、その分だけ会社債権者の回収可能性が下がることになる。自己株式の取得対価が任意準備金から拠出されることについてはその点では問題がない。この場合そもそも2:105条2項により株主に対する利益の分配が可能だからである。しかし、任意準備金がなければ自己株式の取得も配当もできない。

　会社による自己株式の取得はなぜ規制されるのか。会社が自己株式を取得すると自分自身のステークホルダーとなる。会社が自分自身の株式を所有しているとはどういうことかをオランダの会社法教科書では、『ほらふき男爵の冒険』で知られるミュンヒハウゼン男爵が馬もろとも底なし沼にはまったときに、自分の髪を引っ張りあげることで脱出したという「ミュンヒハウゼンのトリレンマ」のエピソードを引き合いに出して説明している[5]。取得された自己株式は混同消滅するのではないかという疑問が生じるが、法は自己株式が存続することを前提としている。自己株式の取得によって貸借対照表の発行済資本または払込資本の額は変化しない（2:373条3項）。

　会社が所有する自己株式は貸借対照表上の資産には計上されない（2:385条5項）。会社の資産は取得対価の分だけ減少し、それに応じて純資産から控除する。また、子会社への投下資本の額は、子会社が取得した親会社の株式の価額分を控除する。自己株式については、このルールが前述の会社の配当能力についての黄金律（および後述の非公開会社に適用される規律）とともに適用されることになる。会社は自己株式については議決権を行使することができないため（2:118条7項、228条6項）、自己株式はその意味では、再び第三者に譲渡されるまでの間冬眠している。自己株式は定められた手続に従って消却する（ingetrokken）こともできる（2:99/208条2項）。消却されるまでは発行済資本の一部のままであり、消却によって自己株式の額面相当額が発行済資本の額から減少する。

　オランダでは上場公開会社のフィリップス（Philips）、KPN、ビンク銀行（Binck Bank）が、数百万ユーロ規模の自己株式を取得したことがある。自己株式取得の理由はさまざまある。まず第1に、上場会社では、一般的に自己株式に対しては配当できないと定款で定めているため、自己株式への配当相当部分は、1株当たりの配当率の上昇という形で、少数株主も含めた株主に対して分配されることになる。それにより株価が上昇するので、自己株式の取得は株価の買い支え策となる。第2

---

[5] Kroeze, Timmerman en Wezeman 2013, p. 63.

に、株主にとっては会社が手元に現金を大量に保有していることは魅力的な状態とはいえない。配当性向が低いということになるからである。一方、手元現金は会社の経営成果でもあり、したがって株主への配当となるべきものである。低配当を続けていると、株主はその会社の株式に投資するよりは安全確実な銀行に預けた方がいいということになり、手元現金が豊富な会社は株主からの批判を招く可能性がある。現金があるなら再投資か株主への配当に回せという批判である。第3に、余剰資金の活用方法についてもっとよい提案をする者に会社が買収されるというリスクが発生する。上場会社による自己株式取得は、投下資本の効率性の最適化のために、会社の財務状態を最適な状態に保つことを目的としている。そのようにして株主の批判や第三者による買収可能性を下げることができる。

　自己株式の取得により、会社の資産は会社から株主に移転する。自己株式の取得は法理論的にも特異な事象であり、このため法は自己株式の取得をいくつかの保証で囲んでいる（2:98/207条）。したがって、会社が定款で自己株式の取得を排除または制限することは許される。

　公開会社では株主総会が自己株式の取得を取締役会に授権する。株主総会は取得する株式の数と価額を決定しなければならない。上場会社にあっては、会社が取得する株式の額面総額が発行済資本の額の2分の1を超えてはならない。その他の株式会社は、公開会社については2:98条2項の黄金律、非公開会社については後述の2:207条2項に従っている限り、1株を残して残りの全株式を会社が取得することができる。2:64/175条1項が、少なくとも1株は、会社およびその子会社以外の者による計算で、会社およびその子会社以外の者によって保有されなければならないと定めているため、会社は最後の1株を買うことはできない。この規定に違反して最後の1株を取得した場合、その取得は無効である（2:98a/207a条1項）。

　2:98/207条2項に違反して記名株式を自己株式として取得した会社の取締役は、自己株式の取得が無効であることにより損害を受けた善意の株式譲渡人に対して、連帯して損害賠償責任を負う（2:98a/207a条1項）。証券市場で取引されている預託証券および無記名株式については、取得時の全取締役に権利が移転する（2:98a条2項）。証券市場での売買時には売主がだれであるかは分からないためである。この規定にはある種のパラドックスがあり、公開会社が取得した自己株式・預託証券は取得時点で取締役に移転するため、実は当該公開会社はその株式・預託証券を取得することがない。

　自己株式の取得は、有償取得のみならず無償取得（verkrijging om niet）や包括承継（verkrijging onder algemene titel）によっても生じる。これらの取得形態は2:98/207条の特別な制限に服さない。これらの場合に会社は株式を取得するが、株主に対する分配や資産の流出は生じないためである。2:98a条3項は、公開会社が組織変更または包括承継により取得した自己株式を3年を超えて発行済資本の10分

の１以上保有することを規制しているが、公開会社が１株を残して残りすべてを自己株式として取得できること（2:64条）、上場公開会社では最大50％まで自己株式を取得できること（2:98条２項）を考慮した規定ぶりとなっていない。これは2:98a条３項とEU第２指令との整合性を維持するための苦肉の策であり、合理的に立法するならば、上場公開会社の場合、「発行済資本の10分の１」は「発行済資本の半分」とすべきところである。

4　財務援助（Financiële steun）

自己株式取得規制の迂回を防止するため、公開会社が発行する株式を第三者に引き受けさせ、または取得させるために、当該第三者に財務上の援助を与えることは禁止されている（2:98c条）。公開会社がその株式を取得しようとする者に対して貸付けを行うことは、一定の条件を満たした場合に限られる。その条件の重要なものとして、貸付限度額が任意準備金の額とされている。ここに黄金律が再び登場する。この規制はEU第２指令[6]の内容を国内法化したものであり、会社の資本および会社債権者を保護することが目的である。資金供与についてこのような制限を設けなければ、会社は藁人形を通じて会社の計算とリスクで自己株式を取得できることになるからである。非公開会社では2012年10月１日をもって財務援助規制は廃止されている。

公開会社で禁止されているのは、第三者の株式取得に対して、担保を提供したり、支払保証をしたりすることである。かつては第三者に融資することも禁止されていた。2008年以降、一定の条件の下に融資については規制が緩和されている。その条件とは、①利子や担保に関して公正な市場条件で融資が行われること、②純資産から融資額を控除した値が、払込資本・請求済資本の額に法定準備金、定款準備金の額を加えた値を下回らないこと、③第三者の信用状況を慎重に審査したこと、④株式の発行価額または譲渡価額が公正なものであることである（2:98c条２項）。したがって会社は融資額と同額の配当不可の準備金を維持しなければならない。取締役会による融資の決定には株主総会の承認が必要となる。株主総会の出席者が発行済資本の２分の１未満の場合は、承認決議は行使された議決権の３分の２以上の多数によらなければならない。上場公開会社ではいかなる場合も行使された議決権の95％以上の賛成が必要となる（同条５項）。財務援助規制は、会社の従業員または企業グループ会社による株式取得には適用されない（同条８項）。

会社法の条文が必ずしも精密に記述されていないため、他の国では一般的とされているレバレッジ効果のある自己株式取得形態がオランダで有効とされるかどうかについては、判例も乏しく実務上も不確定要因となっている。

---

6)　Directive 2012/30/EU of 25 October 2012.

財務援助の実施の判断は取締役会の権限である。非公開会社では財務援助規制は廃止されているが、非公開会社の取締役が財務援助を判断するに際しては、取締役の責任の一般規定の適用があることには留意しておかなければならない。

5　非公開会社の資本保護

すでに述べたように非公開会社の資本保護の規律は2012年10月1日をもって大幅に改正された。この改正には2つの相互に関連する立法理由がある。第1に、それまでの資本保護の規律に対していくつもの疑問が提起されていたことである。規律が複雑かつ技術的であるのに対し、会社債権者の保護として効果的でないという疑問である。第2に、会社の事業内容、事業のリスク、事業資金の調達方法にかかわらずすべての非公開会社に一律に適用される点も、果たしてそれを裏づける合理性があるかが疑問視された。一律の規制は、企業家の非公開会社へのアクセス、すなわち非公開会社が提供する有限責任を通じた事業リスクの限定を利用することを妨げるのではないかということである。さらに欧州司法裁判所が、オランダ国籍を有する者はオランダ国内において他のEU加盟国の法人形態を使った活動を妨げられないとする判断を示した。これによってオランダでは、かつては非公開会社を選択していた者が、資本保護に関する規律がわずかしかない英国の私会社を選択するようになったといわれた。以上の議論の中には公開会社にあてはまるものもあるが、すでに述べたように公開会社の資本保護はEU第2指令に基づいている。

2012年10月1日で、非公開会社の最低資本金要件は廃止された。それまでは授権資本、発行済資本、払込資本の額が1万8000ユーロ以上なければならないとされていた。現在では発行済資本の額が0ユーロを超えていればよい（すなわち1セントで可）とされており、株式の払込みも後回しにできる。定款に授権資本の定めを置くかどうかは任意である。この改正は非公開会社法に少なからずインパクトを与えた。

最低資本金が必要なければ、必然的に銀行の払込金保管証明や現物出資に対する会計士の検査報告は不要となる。これらの関連条文は削除された。現物出資規制を迂回する事後設立に関する規定や、非公開会社による自己株式の取得および株式取得者への担保提供、貸付けを禁止する規定も削除された。最低資本金の規定削除により、非公開会社には配当に関する黄金律も適用されないこととなった。非公開会社法の改正に先立ち司法大臣は、配当に関する新たな規律は、もはや時代遅れの数値にすぎない最低資本金とは結びついておらず、配当の時点における経済的実体と結びついていると述べた[7]。新たな基準として定められたのが簡易貸借対照表テストと配当テストであった（2:216条1項・2項）。

---

7)　*Kamerstukken I* 2011/12, 31058, E, p. 9.

第5節　資本および資産の保護（Kapitaal- en vermogensbescherming）　　101

【図表4-4：非公開会社の自己株式取得】

無　償 許容される場合	有　償 許容されない場合	規制違反の制裁
議決権を有する株式が最低1株、当該会社またはその子会社以外の者に保有されている （2:175条1項）	・簡易貸借対照表テスト→自己株式取得後の純資産が法定・定款準備金を下回る ・配当テスト→自己株式取得後に、会社が継続してその債務を支払うことができないことを、取締役会が知っていたか、または知り得た （2:207条2項）	・自己株式取得の無効＝簡易貸借対照表テスト・配当テスト違反、定款による自己株式取得禁止または制限違反 （2:207a条1項） ・取締役の弁済不足塡補責任＝自己株式取得後に会社が継続的に債務を履行できなくなった場合、取得時にそれを知っていたか、または合理的に知り得た取締役
払込済みである（2:207条1項）	・子会社は親会社が発行する株式を引き受けてはならない。 ・親会社取締役会の承認決議による場合は例外。ただし、簡易貸借対照表テスト、配当テスト適用。 （2:207d条1項）	・取締役の塡補責任免除＝自己株式の取得が自己の責に帰するものではなく、結果発生を防止することにおいて過失がなかったことを証明した取締役 ・悪意譲渡株主の会社債務弁済財源不足の塡補責任 （以上、2:207条3項） ・取締役の善意譲渡株主に対する損害賠償責任（2:207a条1項）

　旧法下の資本保護規律による債権者保護は、改正非公開会社法においては、取締役会での会社の財務状態に関する検討義務と会社の支払可能性の見通しを誤った場合の取締役の責任にシフトしたことになる（☞第9章第3節3）。
　非公開会社の自己株式の取得について定めた2:207条2項・3項は、2:216条が扱う利益配当とその責任に関する規律に対応した内容を有している。非公開会社は、純資産から自己株式の対価を控除したものが法定準備金、定款準備金を下回る場合、または取締役会が自己株式取得後の会社が継続的に債務を支払うことができなくなることを知っていたか、もしくはそれを合理的に見通せた場合には、自己株式を取得することができない。ここでも取締役は会社に対して連帯責任を負い、この連帯責任は、自己株式を取得後会社が継続して債務を支払うことができなくなった場合に適用される（図表4-4）。
　非公開会社の配当テストは、最高裁判所判例を採用したものである（ニモックス／ファン・デン・エンド（Nimox/Van den End）事件、レインデルス／ディダム（Reinders/Didam）事件）[8]。最高裁判所は、会社債権者を犠牲にして株主に配当を行うことは違法となる可能性があるということを基本的なスタンスとしてきた。こ

---

[8]　HR 8 november 1991, *NJ* 1992, 174（Nimox/Van den End q.q.）; HR 6 februari 2004, *JOR* 2004, 67（Reinders/Didam）.

の場合、株主は配当決議に参加することによって、取締役は取締役会で配当決定に参加することによって、それぞれ会社債権者を害することになる。

【ニモックス／ファン・デン・エンド（Nimox/Van den End q.q.）事件[9]】

アウディ・トレード（Audi Trade）B.V.（AT社）の唯一の株主であったニモックスB.V.（N社）はAT社の株主総会で100万ギルダーを超える配当を行うことを決議した。この配当額はそのままAT社に対する貸付けに転換された。8ヵ月後AT社は破産した。N社は配当を貸付けに転換することによって、他の債権者に劣後する権利ではなく破産財団に対する無担保債権を手にすることとなった。

破産管財人は配当決議の無効宣言を求めた。また株主であるN社が配当決議に賛成したことによって他の債権者の利益を不当に害したとして、不法行為を主張した。

地方裁判所、高等裁判所はともに管財人の不法行為の主張を認めたため、N社が上告。無効でない株主総会の配当決議が不法行為となるかどうかが争点となった。

最高裁判所は次のように述べて上告を斥けた。たとえ裁判所による無効宣言がなく、決議の有効性が影響を受けないとしても、決議内容の執行が会社債権者のような第三者に対して違法でないとはいえないし、第三者に対して決議内容の実現をもたらした議決権の行使が違法でないともいえない。地方裁判所は、決議が「内部的な会社法上の法律行為」であるのみならず、N社がAT社から資金回収を行うことを認める「対外的な法律行為」でもあり、かつ対外的な法律行為として不法行為を構成し得ると考えられるとしている。さらに地方裁判所は検討を続け、対外的法律行為としての配当決議が不法行為になると判断した。したがって当該配当決議は対内的には有効であるが、同時に対外的な効果として、外部の債権者に対する不法行為を構成し得る。

第6節　減資　（Kapitaalvermindering）

1　総　説

発行済資本の額は、発行済株式数に1株当たりの額面を乗じることで計算される。このことから、発行済資本の額を減少するには2つの方法があることが導かれる。第1は、発行済株式数を減少させることである。株式の消却（intrekking van aandelen）とよばれる。株主総会は払込額を返還するか、未払込分の払込義務を免除して株式を消却する決議を行うことができる。第2は、株式の額面引下げ（afstempe-

---

[9]　HR 8 november 1991, *NJ* 1992, 174.

ling）である。2:99/208条1項は、いずれの方法も株主総会の決議を要すると定めている。株式の消却、額面の引下げはどちらもメリットがある一方で限界もある。

　2012年10月1日の法改正により、公開会社と非公開会社の減資手続には差異が設けられた。公開会社では、法定最低資本金（4万5000ユーロ（2:67条3項））を下回る減資を行うことはできない。授権資本の額の5分の1を下回る結果となる減資を行う場合は、定款変更が必要となる。定款変更は額面を引き下げる場合にも必要である。減資に関する紛争は地方裁判所の管轄に服する。

2　株式の消却

　株式の消却により、既存の株式は存在しなくなる。株式の消却が認められるのは、①自己株式、②発行に先立ち定款に有償消却が可能な種類・組の株式であることが定められていたすべての株式、③非公開会社において関係する株主の同意がある場合である（2:99/208条2項）。「関係する株主（betrokken aandeelhouders）」について、立法過程では特定の種類・組の株主全員一致の決議が必要であるという意味であると説明されている。これは同じ権利を有する株主のうち一部の者のみが有利な扱いを受けないようにし、また株主の意思に反して消却が実施されないようにするための保護規定である。結局のところ、株主は突然持株が消却されるということがない仕組みになっている。

　消却された株式の保有者は、払込みがなされている限りにおいて額面額を受け取る。特定の種類・組の株式を消却する場合は、その種類・組のすべての株式について行わなければならないが、株式発行前に定款で消却対象を抽選で選ばれた株式（uitgelote aandelen）に限ると定めていた場合は、当選した株式のみが消却される（2:99/208条2項）。

　会社が自己株式を取得した場合、株式は依然として存在しており発行済資本も変わらない。自己株式は消却によって初めて消滅し、発行済資本の額が減少する。

3　株式の額面引下げ

　減資は株式の額面引下げによっても行うことができるが、定款の変更が必要となる。株式の額面は定款に規定されているためである（2:67/178条1項）。額面の引下げは、会社の余剰資金を株主に税金面で有利に配分する方法として、また新株発行を予定しているが累積損失により株式価値が額面を下回っている場合に用いられることが多い（2:99/208条3項）。したがって額面の引下げは一般に資本再構成計画の一部となる。額面の引下げは、株主への償還や株主の払込義務の免除を伴う場合とそうでない場合のいずれも可能である（同条3項・4項）。

　償還を行わない額面の引下げは、会社の財務状態が悪化している場合に有効である。発行済資本の額に対して会社の純資産が極端に少ない場合に実施される。これ

は単に紙の上の数字の移動にすぎないが、額面の引下げは新たな出資を呼び込むための前提とされることがある。累積損失により株式の額面が株式の内在的価値より大きくなった場合、投資家は額面で株式を引き受けることはせず、また少なくとも価値の減少分が穴埋めされるまでは、その減少分については払込みに応じないと想定される。発行済資本を純資産額まで引き下げることで、公開会社は再び利益をあげれば配当ができるようになる（2:105条2項）。累積損失解消のために減資を行う場合に、債権者に何らかの保証をする義務はない（2:100条6項）。公開会社と異なり、非公開会社は株式の額面を引き下げなくても配当ができる。非公開会社では簡易貸借対照表テストと配当テストを満たしていればよいためである（2:216条1項・2項）。

　株式の額面引下げは株主への償還を伴う方法で行うこともできる。会社が事業の見直しを行い、その結果、手元資金が余剰となった場合にそれを株主に還元する方法として使われる（2:99/208条）。上場会社の実務では余剰資金解消のため株式消却による減資が用いられている。会社が証券市場で自己株式を取得してそれを消却することで、準備金または利益剰余金が減少し、純資産の部が減少する。

　償還を伴う額面引下げには、定款変更の公正証書が必要であり（2:99/208条1項、124/234条1項）、公開会社においては株主総会決議を記載した議事録を商業登記所に提出するとともに債権者異議の手続を行わなければならない（2:100条）。会社から株主に対する償還義務は公正証書の作成日に履行期が到来する。累積損失解消のために無償還の消却を行う場合は、これらの要件は適用されない。

4　債権者保護

　減資は会社債権者の利益に影響を与えることがある。非公開会社では2:208条6項により分配規制を準用して債権者の利益を保護している。すなわち、簡易貸借対照表テストが適用され、減資は純資産の額が法定準備金・定款準備金の額を超える限りにおいて行うことができ、また2:216条2項〜4項の分配規制の内容が準用される。すなわち、配当テストおよび取締役の責任も減資に適用されることになる。

　公開会社では会社債権者の保護は2:99条に定められている。公開会社の減資は、資本のクッションを薄くするもので、それは発行済資本を配当に回せないこととは異なる。保護装置は最低資本金のみであり、法定最低資本金を下回る減資は許されない（2:67条）。法定最低資本金を下回る減資を意図した株主総会決議は2:14条により無効となる。

　また利益配当に関する2:105条2項の黄金律は、減資にも適用される。減資では、消却または額面変更される株式の対価として株主に利益が移転するが、そのような利益の移転は任意準備金の範囲内でのみ許される。減資手続を定めた2:99条は2:105条2項を引用していないが、公開会社における資本の保護制度からすれば減

資にも適用されると解すべきである[10]。

　公開会社は、会社債権者のための公告、通知に関する厳格な規律に従わなければならない（2:100条）。会社は商業登記所に決議結果を提出して公告をしなければならず、また商業登記所に減資決議を提出した旨を全国版日刊新聞紙（landelijk verspreid dagblad）で通知しなければならない。債権者は2ヵ月以内に会社の本店所在地の地方裁判所に減資に対する異議を申し立てることができる。異議申立期間は延長されることがある。不服の場合は商事裁判所に抗告ができる（民事訴訟法997条）。会社が当該債権の支払のために相当の担保を提供するか、または財務状態が当該債権者への支払をするのに十分であることが確保されている場合は、裁判所は申立てを斥ける。異議申立ての係属中は減資を実行してはならない。

　公開会社の減資の決議は、累積損失による額面引下げの場合を除き、2ヵ月間の異議申述期間経過後に効力が発生する。定款変更が必要な場合は、期間の経過に加えて定款変更の公正証書が作成されていることが効力発生要件となる。

　公開会社の取締役は、減資により債務の支払が不可能となることを知っているか、または合理的に知り得た場合は、それを行ってはならない。公開会社ではこの規範を直接定めた条文はないが、非公開会社の配当テストを確立したニモックス／ファン・デン・エンド事件[11]、レインデルス／ディダム事件[12]で最高裁判所により示されたルールである。

　非公開会社では手続は簡素化されており、公告・通知は不要である。債権者異議手続も廃止された。代わって非公開会社では減資決議は株主総会で行わなければならず、かつ取締役会の承認が必要となる。取締役会は会社が将来債務の支払ができなくなることが合理的に見込まれる場合は、承認を拒絶しなければならない（2:208条1項・6項）。これは、利益配当規制と同趣旨である。

第7節　増資（Kapitaalvermeerdering）

1　総説

　会社の発行済資本は新株発行（aandelenemissie）により増加する。会社が新たに株式を発行し、その株式を引き受けた引受人が金銭を払い込む。会社が増資を行う動機はさまざまであり、例えば事業目的の達成のために追加の資本が必要な場合に、増資はそのための新たな株主の参加を容易に実現する。また上場公開会社では敵対的買収防衛策として新株を発行することがある。

---

10)　Kroeze, Timmerman en Wezeman 2013, p. 68.
11)　HR 8 november 1991, *NJ* 1992, 174.
12)　HR 6 februari 2004, *JOR* 2004, 67.

公開会社における新株発行は常に授権資本の範囲内でなければならない（2:79条1項）。非公開会社で定款に授権資本を定めている会社についても同様である（2:178条1項）。

公開会社では、発行される株式に対する払込義務の内容は、①（額面の75％を上限とする請求後払込みの合意があらかじめなされていなければ）額面の全額、②会社と株主になる者との間でいわゆるプレミアムについての合意がある場合は、その額面超過額から成る（2:80条1項）。非公開会社では、払込義務は株式の額面額である（2:191条1項）。

公開会社では、新株を引き受けた者は引受けとともに払込義務を履行しなければならず、それに伴う銀行の払込金保管証明や会計士の評価書などの手続を踏まなければならない。合意されたプレミアムを後払いとすることはできず、新株発行とともに払い込まなければならない。

非公開会社では合意されたプレミアムは必ずしも払込義務の内容とはならない。会社と株主は、金銭で支払うことを条件に、プレミアム分を後日払い込むとすることができる。ただし現物出資の給付は先送りすることができない。

新株発行条件の決定で重要なことは発行価額である。発行価額が公正市場価格を下回った場合、既存株主の持分が希釈化（verwatert）されることになり、合理と公正の原則（2:8条）違反の主張の根拠となり得る。また新株の発行は敵対的買収防衛策に用いられることからも、その決定権限は重みを持っている。買収を防ぐために一夜にして優先株式が発行されるなどということもある。

2　公開会社

公開会社では、株主総会が新株の発行と発行価額の決定権限を有する。株主総会は、5年を超えない一定の期間内で、取締役会、監査役会またはその他の会社機関に、発行できる株式数を特定したうえで、決定権限を授権することができる（2:96条1項）。この授権が行われた場合、その期間中株主総会は新株発行権限を有しない。また期間中は、授権決議で別段の定めをしていない限り授権を撤回することができないが、更新することは可能である。上場会社では1回の授権期間を1年として、この授権を毎年更新する実務が一般的である。授権決議が行われた場合は、8日以内に商業登記所に登記しなければならない。種類株式を発行している会社では、種類株式の新たな発行を決議する株主総会の権限とそれを取締役会に授権する権限は、当該種類株式の発行により権利を害される種類株主の事前の同意を要する（同条2項）。

新株発行後8日以内に、会社は発行した株式の種類と数を登記しなければならない（同条3項）。また公開会社が新株引受権付の株式を発行する場合は、官報（Staatscourant）および全国版日刊新聞紙で公告しなければならない（2:96a条4

項)。公開会社では預託証券が発行されている場合が多く、株主を会社がすべて把握しているわけではないためである。

さらに、①無記名株式については、発行決議に引き続いて引受契約を締結し、株式証書を交付しなければならず、②非上場会社の記名株式については、発行決議に引き続いて会社と引受人による公正証書を作成し、それによって実際に株式を発行しなければならないが、③上場会社の記名株式については引受人が発行された株式を受領していれば足り、特段の要件はない。

公開会社の株主は新株発行に際して新株引受権（voorkeursrecht）を有している（2:96a条1項）。新株引受権とは会社が新株を発行するに際し、既存株主に持株比率に応じて与えられる新株を引き受けることができる権利である。しかし多くの場合、株主総会の決議によって新株引受権は排除または制限されている。新株引受権の排除または制限の決定権限は他の会社機関に授権することもできる。授権決議に別段の定めがなければ、授権期間は5年を超えてはならず、また撤回することができない（同条6項）。新株引受権の排除・制限およびその決定権限の授権決議は、出席株主が発行済資本の2分の1未満の場合には、行使された議決権の3分の2以上の多数決によらなければならない。株主総会の決議後、会社は8日以内に決議内容を登記しなければならない（同条7項）。

新株に対する出捐が金銭以外の場合は、新株引受権は与えられない。ただし、定款に別段の定めがあるか、または従業員もしくは企業グループ会社に対して新株を発行する場合はこの限りでない。定款に別段の定めがない限り、配当優先株主には普通株式の新株引受権がなく、普通株主には配当優先株式の新株引受権がない（同条2項・3項）。

3 非公開会社

非公開会社は株主総会の決議により発行済資本を増加することができる。株主総会はこの権限を他の会社機関に授権でき、またいつでもそれを撤回することができる（2:206条1項）。定款で新株発行権限を他の会社機関に移すことも可能である。株主総会はその権限を移転し、また移転した権限を取り戻すことができる。

非公開会社の発行済資本を増加するためには、会社と引受人との間で公正証書を作成する必要がある。

定款に別段の定めがない限り、非公開会社の株主には新株引受権がある。既存株主はそれによって持分が希釈化されるのを防止できる。ただし、従業員または企業グループの会社に新株が発行される場合、既存株主には新株引受権はない（2:206a条1項）。

> 【事例4-3】
> 　2002年に行われたフェルサテル（Versatel）社の新株発行では、社債権者に社債の一部のみを現金で償還して、残りについては新株を割り当てた。既存株主は持分比率が100％から20％に下落し、元社債権者が残りの80％を保有することとなった。

　新株引受権は防御的な性格を有しており、少数派株主を多数派株主から保護する。定款で新株発行権限が取締役会に委任されている場合、既存株主の新株引受権は新株をアウトサイダーに割り当てるのを防止することになる。

> 【事例4-4】
> 　A非公開会社では、取締役でもある多数派株主が株主総会で行使できる議決権が50％をわずかに超える程度だとする。多数派株主は定款を変更したい。しかし定款には、定款変更は、行使された議決権の3分の2以上の特別決議を要すると定められている。新株引受権は多数派株主が少数派株主を無視して3分の2以上の議決権を行使して定款を変更するのを防止している。新株発行権限を取締役会に委任する場合も同様である。

　株主総会では多数派と少数派の緊張関係が発生する。これは株式会社における議決権が株主の保有する株式数に応じて与えられていることから生じる。社団では多数派・少数派の問題はそこまで顕在化しない。通常は1人1票だからである。株式会社では大株主が登場して少数派を締め出すこともしばしば起こる。最高裁判所は、合理と公正の原則に基づいて、抑圧された少数派株主の保護を図っている。

　アウトサイダーが新株を引き受ける場合、既存株主の議決権が希釈化するだけでなく、会社が新株を低い価額で発行するというリスクもある。その場合、新株主の1株当たりの持分は、既存株主の1株当たりの持分より大きくなる。新株主は会社の資本全体から利得を手にすることになり、それは既存株主の権利を犠牲にして実現される。新株の1株当たりの払込額が既存株式の1株当たりの価値と同等であればそのような問題は生じない。

　公開会社と異なり、非公開会社では定款で既存株主の新株引受権を完全に排除することもできる。そのような定款規定がない場合であっても、新株発行の都度株主総会決議で新株引受権を排除・制限することができる。定款で新株引受権を排除する権限を他の会社機関に授権することもできる。定款で株主総会が新株引受権を制限または排除することができないと定めることもできる。2:206a条は規制法的要素も持っているが、定款で定めるスキームについて、法は会社のニーズに最も適合す

るように設計することを認めている。定款に別段の定めがない限り、無配当株主、無議決権株主、配当優先株主には、普通株式の新株引受権がなく、また普通株主には無配当株式、無議決権株式、配当優先株式の新株引受権がない（2:206a条2項・3項）。新株引受権付の株式を発行する場合、会社は株主に対して通知を行う。この通知は電子メールで行ってもよい（同条4項）。

【連合ボートリーデン（Verenigde Bootlieden）事件[13]】

　連合ボートリーデン B.V.（VB社）は180万ユーロを超える内部留保を14人の株主に分配しようとした。出資者はVB社の従業員（前従業員を含む）であった。法人税法のメリットを生かすため、各従業員はVB社株式を管理会社に預けていた。持株比率5％未満の株主にとっては、この配当は他の株主より税金面で不利であったが、持株比率が5％になればそのような不利は発生しなかった。

　そこで株主総会は、議決権の60％の賛成により、取締役会に新株引受権のない新株を1度だけ発行する権限を与えることを決定した。このようにして取締役会が新株を選択的に割り当てることで持株比率5％未満の株主が5％以上となるようにすることが確保された。これによりそれ以外の株主は若干希釈化することとなった。株主の一人が、同じ状況にある株主は同じように扱われなければならないとする株主平等原則（2:201条2項）を根拠としてこれに反対した。

　最高裁判所は、新株引受権を排除する場合、会社は株主平等原則を考慮しなければならないとした。新株引受権を排除できるということは、会社が同じ状況にある株主を不平等に扱うことができることを意味するわけではなく、株式をランダムに割り当てることはできない。最高裁判所は、不平等な取扱いを合理的かつ客観的に正当化できるものが示されなければ株主平等原則違反となるとした原審の考え方を基本的に支持したうえで、VB社では合理的かつ客観的な正当化事由があるとした。VB社は税金の不平等を解消するために、一部の株主に若干の希釈化を及ぼすものの、会社の内部留保を税金面でも平等に分配することに向けて、共同して努力していたことが重視された。

第8節　ストック・オプション

　会社は自己株式または新株を用いてストック・オプション（optie op aandelen）を設定することができる。自己株式については、定款で制限されていない限り、取締役会が適切と判断した条件で行使条件を設定することができる。新株を取得することができるオプションの場合は、既存株主の新株引受権をはじめとした新株発行

---

[13] HR 31 december 1993, *NJ* 1994, 436.

第9節　社団、協同組合、財団

1　社団

　社団の活動費用は社員からの資金の拠出によって賄われるが、社員は社団の持分を得るわけではない。社員からの拠出の根拠は社員の義務を定めた2:34a条であり、社団は定款に基づき（すなわち定款を決定する社員総会の決議により）、社員に支払義務を課すことができる。社員に課される義務の内容は定款で特定しなければならない。義務の内容が加重された場合、それに異議ある社員は直ちに退社することができる（2:36条3項）。

　議論があるのは2:46条である。同条は、定款に明文の定めがある限りにおいて、社員に追加的な義務を課すことができる旨を定めている。これにより社員に経済的な負担を強いることができる。ただし、義務の性質を定款に明文で定めておかなければならない。例えば、サッカークラブが国際試合の入場券を一括購入して社員に配り代金を請求することができ、社員は入場券代をクラブに支払わなければならない。ただしあくまで定款に根拠規定が設けられている場合である。2:46条は、社団が自己の名で契約を締結して社員の義務を創設するという点で、法理論的に特別な規定である。

2　協同組合

　協同組合は、組合員および第三者との取引から事業活動資金と利潤を獲得する（2:53条）。協同組合は得た利益を組合員に分配するか、または内部留保とすることができる。定款にはそれについての定めを置かなければならない。また定款には、利益の分配を決定する協同組合の内部機関についての定めを置かなければならない。定款に定めがない場合は、組合員総会がその権限を有する（2:53a条による2:40条の準用）。

3　財団

　財団は定款に定められた拠出財産によってその目的を達成することを追求する（2:285条）。ただし財産の拠出は、財団設立のための要件ではない。財団の目的達成のために設立後に財産を拠出することが意図されていればよい。寄付や補助金も財源となり得る。活動に必要十分な財産の拠出を受ける見込みがない財団は、利害関係者または検察官の申立てによる裁判所命令で解散する（2:301条）。

第10節　組合、合名会社、合資会社

1　出資義務

　組合、合名会社、合資会社（以下、「人的会社」という）の組合員・社員（以下、単に「社員」という）は、利潤の獲得を目指して共同して事業を営む。そのためいずれの人的会社形態でもある種の初期資本が必要となる。人的会社では社員が共同して出資をすることを約束する（7A:1655条）。法は、社員がどのような出資をするかについて大きな自由度を与えている。人的会社の社員がいつ出資をしなければならないかについて法に定めはない。社員自身が合意によって決めることができる。自由度は出資の内容についても存在する。法は、金銭、財産、財産の使用権、労務を出資の対象とできると定めている（7A:1662条）。実際には所有権の客体が出資されることが多い。

　社員は、所有権ではなく使用権を出資することを他の社員と合意することができる。この場合社員は人的会社に使用権のみを出資する。使用権の出資に関しては法の定めが特段ないことから、賃貸借に関する7:201条～231条の規定を準用できるかどうかが問題となる。最近廃案となった人的会社法案ではこの考え方が採用されていたが、人的会社に関しては、1838年商法典以来今日まで賃貸借の条項を参照している定めはない。

　使用権の出資は所有権の出資と異なり期間が関わってくる。出資者がそれを明示した場合は明らかである。所有権の出資の場合、社員は退社に際して出資した物の所有権の取戻しを合意することはできないが、金銭的に解決される。使用権の場合は物の占有を戻さなければならないことに問題はない。使用権を出資していた所有者たる社員が所有権を失うことはない。出資者の退社とともに人的会社の使用権は消滅し、退社した社員は使用権の対象物を他の目的に利用することができる。なお人的会社の損益計算において、使用権の出資の価値の増減は考慮されない。

> 【事例4-5】
> 　Aは2万4000ユーロの価値のあるピックアップ・トラックの使用権を合名会社の他の社員と合意して出資した。その後Aは職を変えることとし、合名会社を退社した。退社時点でのトラックの価値は1万4000ユーロであった。1万ユーロの価値減少分はAの負担となる。

　出資対象の価値の減少分を出資者が共同して負担すると合意することも可能である。その場合、実際には物の経済的所有権（economische eigendom）の出資ということになる。当該社員は、出資対象財産の所有権を有し、会社はその財産を利用し

て減価償却費を負担する。経済的所有権の出資とは、所有権と使用権の混合形態の出資といえる。民法典3:1条が定める財産権もさまざまな形で出資の対象となり得るわけである。

> 【事例4-6】
> 　事例4-5において、Aが他の社員とトラックの経済的所有権を出資することを合意していた場合、トラックの価値の変化は合名会社の勘定での負担となる。退社に際しAはトラックの引渡しを受けるほか、1万ユーロを受け取ることができる。

【ロウマ／レフェルト（Rouma/Levelt）事件[14]】
　最高裁判所が、法的所有権（juridische eigendom）の出資の意味について重要な判断を示した事案である。ロウマ（R）とレフェルト（L）は組合契約を締結し、Lが8000ギルダーを出資し、Rは労務を出資することとなった。組合は専ら雑誌の広告を扱う事業を行った。RとLは、Rが利益の75％、Lが25％をそれぞれ取ることで合意していた。数年後組合が解散するに際し、財産の清算が行われた。組合債権者は弁済を受け、残余財産は8000ギルダーを超えていた。Rは、この残余財産のうちLが利益配分スキームにより25％を受け取ることができると主張した。これに対してLは、利益配分スキームは出資した8000ギルダーには適用されず、利益配分スキームによる分配の前に出資分の払戻しを受け取る権利があると反論した。
　学説は分かれていたが、最高裁判所は、別段の合意がない限り金銭または動産を出資した者は、解散に際し費消されていない持分について払戻しを認められるとした。結果として、Lは8000ギルダーをまず受け取り、さらに残りの25％の分配を受けることが認められた。経済的所有権にも同じルールが適用される。

　社員は他の社員が同意すれば、出資の全部または一部の払戻しを受けることができる。すでに説明したように、株式会社では一定の条件下でしか払戻しは認められない（2:99/208条）。定款に別段の規定がなければ、人的会社の存続中に出資を追加することを社員で合意することもできる。株式会社でも類似の取決めは可能である（2:81/192条）。追加出資についての合意がなく、社員が追加出資に反対している場合も、社員にとって出資のリスクが限定されることにはならない。7A:1680条は、組合員は組合の債務について均等負担割合の連帯責任を負うとし、商法典18条は合名

---

14) HR 24 januari 1947, *NJ* 1947, 71.

会社の債務は社員の連帯債務とすると定めているためである。

　清算に際し、組合または合名会社の損失について社員はこれを負担しなければならない。この義務は合資会社の無限責任社員にも適用されるが、有限責任社員はその対象外であり、別段の合意がない限り有限責任社員の責任限度は出資額までである。

　ある社員が出資の履行を怠った場合に、人的会社で法的に出資の履行を請求できるのはだれかという問題がある。一つの困難は、人的会社は株式会社と異なり法人格がないことである。法人格のない人的会社それ自身が出資を請求することができるかという問題である。社員契約を結んでいる社員は、当該契約に基づいて出資を怠った他の社員に対して請求することができる。そうでない場合であっても、他の社員は、出資を怠っている社員を訴えて出資を請求することができる。合名会社、合資会社では会社の名で出資の履行請求をすることができると考えられている。これは民事訴訟法51条の合名会社、合資会社に対する召喚状送達規定からも導かれる。共通の名称で対外的な活動を行う公開組合についても、民事訴訟法51条が公開組合への召喚状送達に類推適用でき、また公開組合は組合員から分離された資産を有すると解されるため、同様に考えてよいと解されるが、反対説もある。

2　共同体と分離資産法理（Leerstuk van het afgescheiden vermogen）

　人的会社に出資された財産および人的会社が事業活動で得た財産は、民法典第3編第7章に定める「共同体（gemeenschap）」を構成する。その結果、民法典第3編の共同体規定（3:166条〜188条）は人的会社にも適用される。これらの共同体の構成員は社員である。人的会社の社員に帰属する共同体は、3:189条が定義する「特別共同体（bijzondere gemeenschap）」である。というのも、この条文は、文言上は人的会社が解散した場合についての規定であるが、人的会社が解散したか否かで共同体の性格が変化するという解釈はこの文脈では意味を成さないためである。特別共同体に関する規定が適用される結果、人的会社の共有には特別な性格が与えられることになる。すなわち共同体に帰属する債務は共同体財産（gemeenschappelijke goederen）から弁済することができる（3:192条）。共同体財産とは、言い換えれば、人的会社の債務（事業上の債務（zaaksschulden））の弁済に充てることが可能な特別な財産である。匿名組合も分離された資産を形成する。民法典第3編第7章は匿名組合と公開組合を区別していない。

　事業上の債務の例として、社員が人的会社を代表して購入した事務機器の代金支払債務を考えてみる。人的会社の債権者（事業債権者であるところの代金未払いの事務機器の売主）は、人的会社の共同体財産から債権を回収することができる。この点では分離資産法理が働いている。合名会社については1992年改正で民法典第3

編に共同体に関する章が設けられたときに分離資産の考え方が採用されている。しかし法は明確な基準を提示していない。最高裁判所は1897年のボウスホーテン／ベシエル（Boeschoten/Besier）事件[15]ですでに合名会社について分離資産概念を受け入れていた。最高裁判所によれば、商法典17条、18条などの法の定めは、社員が自己の財産とは区分して事業活動に用いる資産を、明確な目的を有する分離資産であるとし、それは会社が存続する限り継続する。社員は会社の債務が支払われる前にその分離資産から持分を回収することはできない。このことは商法典32条～34条に表れている。会社が解散すると事業の清算が行われるが、その際これらの規定により分離資産とされているものを会社債務の弁済および残余財産の分配以外の用途に用いてはならない。ファン・デン・ブルッケ／ファン・デル・リンデン（Van den Broeke/Van der Linden）事件[16]でも最高裁判所は合名会社について分離資産の存在を確認した。ロハム（Roham）事件[17]では、3:192条を引用して組合に分離資産を認めた。

　分離資産の考え方の核心は、事業債権者は共同体財産（人的会社の財産）からのみ回収することができる点である。事業債権者はその意味で排他的請求権（exclusief verhaalsrecht）を有している。例えば、社員個人に対して債権（社員と離婚した配偶者の慰謝料請求権など）を有する者は、人的会社の持分以外に社員にめぼしい資産がないとしても、人的会社の分離資産から回収することができない。共同体財産の持分から回収することも認められない。社員は原則として共同体の持分を処分することができないためである（3:191条）。これは人的会社の共同事業性に由来しており、処分拘束性（beschikkingsgebondenheid）とよばれる。ファン・デン・ブルッケ／ファン・デル・リンデン事件で最高裁判所は、出資された合名会社の資産は拘束された共同体を形成するとした。この拘束性により社員個人の債権者は持分から回収することができない。

　社員個人の債権者は債務者本人にのみ弁済請求ができ、それ以上の権利はないとすると、債権者はどうすればよいか。債権者は社員の破産申立てができ、その結果人的会社は解散して清算手続に入る（7A:1683条4号）。3:191条1項により、個人の債権者は清算手続の過程で人的会社の社員の持分から回収することが可能である。人的会社の清算手続過程では、社員の法的関係は対抗関係となり、事業上の債権者に対する支払後の残余財産は社員間で分配される。財産は個人財産の部に戻り、個人の債権者の債権回収の途が開かれる。人的会社の社員は、人的会社の債権者が満足を得た後に初めて財産を受け取ることができる劣後的地位にある。これは株式会

---

15) HR 26 november 1897, *W* 7047.
16) HR 17 december 1993, *NJ* 1994, 301.
17) HR 15 maart 2013, *JOR* 2013, 133.

社における債権者の優越的地位に対応している（2:23b条1項）。そして、破産した社員が人的会社の財産分配から受ける利益は、結局のところ当該破産者の破産財団に組み込まれる。このようにして破産した社員の個人資産は、当該社員個人の債権者への弁済に充てられる。

　社員の出資額はいわゆる資本勘定（kapitaalrekening）に記録される。人的会社では、資本勘定のほかに、社員と人的会社の間の当座勘定（rekening-courant）が設けられる。資本勘定について社員は他の社員の同意なくしてこれを処分することはできない。これに対して当座勘定は一般に自由に処分することができる。人的会社契約では一般に、人的会社の事業運営における一定の計算によって得られた当該年度利益は、各社員の当座勘定に記帳されるとしている。これは人的会社によって維持される勘定上の分配利益である。通常は、人的会社の債務として認識される。合資会社では日常業務執行から離れた位置にいる有限責任社員の利益の保全的規律として登場する。

　最近提案された人的会社法改正案（最終的に取り下げられた）は、人的会社に法人格を認める内容であった。法人格を取得すれば、組合や合名会社の分離資産の考え方は不要となる。財産は法人格を有する組合、合名会社（法案では「法人格を有する公開会社（openbare vennootschap met rechtspersoonlijkheid）」とよばれていた）または合資会社の財産となる。

　合資会社はファイナンスの観点からは独特な法主体といえる。合資会社は1名以上の無限責任社員と1名以上の有限責任社員からなる。無限責任社員が会社の債務全体について責任を負うのに対し、有限責任社員は会社の債務については直接責任を負わず会社の損失について出資額を限度として負担する。有限責任社員の出資は合資会社の信用度を高め、合資会社の債権者にとっては保証となる。有限責任社員は労務のみの出資ができず、それゆえその出資は金銭または動産によるためである。有限責任社員が出資することによる保証のもう一つは、有限責任社員が劣後的地位にあることである。すなわちすべての債権者が満足を得た後でなければ、出資額の返戻ができない。有限責任社員が財産権を出資すると、当該財産権は無限責任社員と有限責任社員の間で共同体財産の一部を構成する。すでに説明したように、この共同財産は分離資産である。合資会社の債権者はこの分離資産から回収を図ることができる。この債権回収ルールの特徴は、会社債権者が共同体の持分権者である有限責任社員に対して直接的な請求権を有していないことである。会社債権者にとって無限責任社員は常に責任を負う存在であるが、有限責任社員はそうではない。商法典20条、21条はその例外を定めている。

　ホフマ／スプレーウエンベルフ（Hovuma/Spreeuwenberg）事件[18]で最高裁判

---

18) HR 14 maart 2003, *NJ* 2003, 327.

所は、無限責任社員が1名の合資会社にも分離資産効果を認めた。その結果、合資会社の売掛債権は無限責任社員の資産ではなく、無限責任社員と有限責任社員の共同体財産に帰属する。無限責任社員が1名の合資会社に分離資産効果を否定した1956年の判例を変更したものである。

第5章
株式と株主権

　本章では、株式会社の株主権および社団、協同組合、人的会社の社員権を扱う。株主権・社員権の核心は、株主・社員がそれぞれ株主総会・社員総会において議決権を有していることである（2:118/228条1項、38条1項）。組合、合名会社、合資会社の組合員・社員についてもある種の社員権の概念が適用され、各社員は人的会社の重要な意思決定に参加する。

　株式会社の株式には剰余金配当請求権（2:105/216条）、残余財産分配請求権（2:23b条1項）が与えられており、株式には財産権的要素も認められる。また、株式の特徴として譲渡可能であることがあげられ、株式は投資家にとっては投資の対象である。株式会社は定款の定めにより異なる種類の株式（uiteenlopende soorten aandelen）を発行することができる。本章では株式のこれらの特徴を取り上げる。

　社団、協同組合の社員権は一般に属人的なもので、譲渡の対象とならないため、3:1条が定める財産権の対象ではない。また、組合、合名会社、合資会社の組合員・社員は、会社資産の一部を独自に処分することができない。社員権を他の社員の同意なしに第三者に譲渡することもできない。人的会社の社員権のすぐれて属人的な性質である。

第1節　株式総説

1　記名株式と無記名株式

　公開会社は記名株式（aandeel op naam）と無記名株式（aandeel aan toonder）を発行することができる（2:82条1項）。これに対して非公開会社は無記名株式を発行することができない（2:175条1項）。どちらの株式も株式証書を発行することができる。記名株式では株式証書の有無によるちがいは小さく、発行会社に対する立証負担で差異がある程度である。権利移転行為の瑕疵や譲渡手続については、上場公開会社を除きちがいはない。

2　株式証書（Aandeelbewijs）

　株式証書（株券）は株主としての地位を表章する。無記名株式証書（aandeelbewijs aan toonder）の占有者は株主と推定される（3:119条）。株式証書のない株主が権利

者であることを証明するためには、①発起人またはその承継人については、設立公正証書と権利の完全な連鎖を構成する文書、②設立後に発行された株式を保有する者については、適切な会社機関の決議および権利の完全な連鎖を構成する文書によらなければならない。しかし記名株式は、上場公開会社を除き公証人による公正証書によらなければ譲渡できず、その際公証人がチェックを行うため、実際には権利移転行為の瑕疵のリスクは小さい。

公開会社では、記名株式、無記名株式に応じて記名株式証書（aandeelbewijs op naam）、無記名株式証書がある。無記名株式証書は額面全額が払い込まれるまでは発行することができない（2:82条3項）。証券振替法により、現在では口座取引が可能となっており、株式証書の必要性は低くなっている。

3　株主名簿

記名株式を発行した場合（非公開会社は常にそうであるが）、取締役会は株主名簿（aandeelhoudersregister）を作成しなければならない（2:85/194条1項）。株主名簿の記載事項は、①株主の氏名（名称）および住所、②株式の種類、組、③各株式の額面に対する払込額、④株式の発行日および譲渡日、⑤株式に対する質権・用益権の設定日、質権者・用益権者の氏名（名称）、住所および株主総会出席権、議決権の有無、⑥非公開会社の定款に定められた持株要件などの適用を受けない株主の氏名（名称）、⑦非公開会社株式に付与された総会出席権を有する預託証券所持人の氏名（名称）、住所である。

取締役は株主名簿の書換えがある度に、署名をしなければならない。株主には株主名簿閲覧権が与えられているが、一般の閲覧に供されるものではない。ただし、全額払込みがなされていない株式については、一般の閲覧・複写が認められる（2:85条4項、194条5項）。

株主、質権者、用益権者、非公開会社株式の預託証券所持人で総会出席権を有する者は、無償で株主名簿記載事項証明書を請求することができる（2:85条3項、194条4項）。ただしこの証明書は、株主名簿に記載された者が正当な権利者（株主、質権者、用益権者、預託証券所持人）であること、または株式に対する払込みが完了していることを法的に確定的に証明するものではない。

株主名簿はオランダ国内の本店に備え置かなければならない。ただし、外国法または外国の証券取引所規則に基づく株主名簿は、当該外国に備え置かなければならない（2:85条4項、194条5項）。株主が認証された複写を請求できる権利を有すること、および株主名簿の副本をオランダの公証人または弁護士に寄託しなければならないことを定款で定めることができる。

4 一人会社の株主登記

一人会社は特別な登記規制に服する。一人株主は自然人のみならず会社であることもあり、この場合株主は親会社となる。株主数を数える際は、自己株式および子会社が保有している株式は無視する（2:91a条4項、137/247条1項）。

公開会社の一人株主となったとき、または一人株主でなくなったとき、当該株主は8日以内に会社に通知しなければならない（2:91a条1項・2項）。公開会社の記名株主および非公開会社の株主は会社に知られているため、この通知義務は適用されない。会社は通知から1週間以内に商業登記所に一人株主の氏名（名称）および住所を登記しなければならない。

第2節　非公開会社の株式と株主権

1 総説

株式会社の株主になるためには、その会社の株式を取得しなければならない。株式を取得するには、第1に、株式を引き受ける（nemen）方法がある（☞第4章第7節3）。これは会社が新株発行を行い、それを引き受けて株式を取得することで株主となるものである。ただし法は、非公開会社が自ら株式を引き受けることを禁じている（2:205条）。

第2に、既発行の株式を保有者から承継する（verkrijgen）方法がある。相続により包括承継することもできるが、多くの場合は、譲受人が株主から株式を譲り受けることによって新たに株主となる。非公開会社の株式を取得したい者にとっては、特に注意すべき点が2つある。譲渡制限規制と株式の引渡しである。

2 譲渡制限規制（Blokkeringsregeling）

非公開会社では、法令または定款の定めにより株式の譲渡が制限される（図表5-1）。法令の定めとしては、2:195条1項が非公開会社の株主が株式を譲渡したい場合は、原則として当該会社の他の株主に当該株式を提供しなければならないとしている（提供規制（aanbiedingsregeling））。他の株主が提供された株式すべてを現金で買い取ることを望まないときは、譲渡を申し出た株主は、3ヵ月の期間、他の者に自由に譲渡することができる。一方、提供申出の対象となった株式について、提供を申し出た株主は、独立した専門家（例えば、会計士）により決定された価格で買い取ることを請求できる。定款でそれとは異なる定めをしてもよく、独立した専門家を排除してもよい。専門家による算定の基準を定款で設けることもできる。ただし、明らかに不合理な算定となるものであってはならない。定款で別段の定めをしない限り、譲渡制限規制は譲渡の理由（売買、贈与、担保権実行等）を問わずすべての者（会社を含む）に適用される（2:195条1項）。譲渡制限規制は新株発行

【図表 5-1：非公開会社の株式譲渡制限（2:195条）の構造】

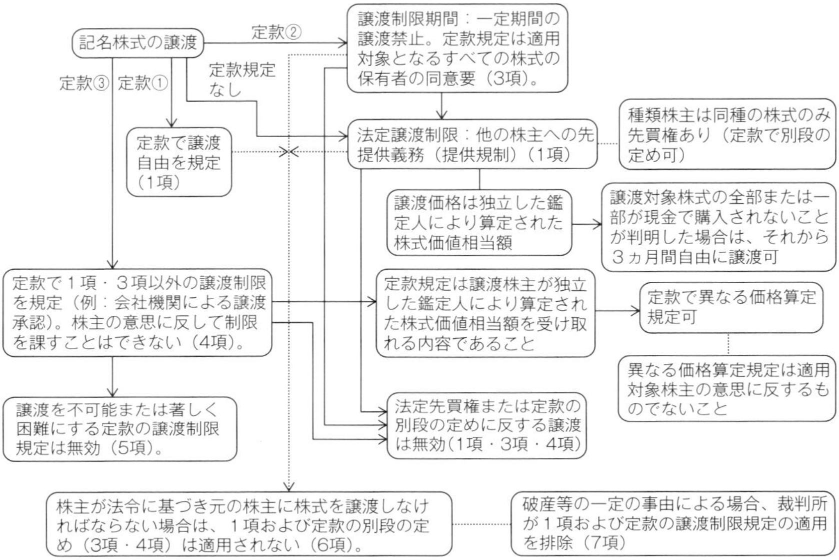

```
記名株式の譲渡 ──定款②──→ 譲渡制限期間：一定期間の
   │                          譲渡禁止。定款規定は適用
定款③│定款①  定款規定              対象となるすべての株式の
   │ │     なし                保有者の同意要（3項）。
   │ │      │
   │ ↓      ↓
   │ 定款で譲渡   → 法定譲渡制限：他の株主への先  ──→ 種類株主は同種の株式のみ
   │ 自由を規定     提供義務（提供規制）（1項）      先買権あり（定款で別段の
   │ （1項）      │                              定め可）
   │           │
   │           ↓
   │         譲渡価格は独立した鑑     ──→ 譲渡対象株式の全部または一
   │         定人により算定された        部が現金で購入されないこと
   │         株式価値相当額            が判明した場合は、それから
   │           │                  3ヵ月間自由に譲渡可
   ↓           ↓
定款で1項・3項以外の譲渡制限   定款規定は譲渡株主が独立  ──→ 定款で異なる価格算定
を規定（例：会社機関による譲渡   した鑑定人により算定され      規定可
承認）。株主の意思に反して制限   た株式価値相当額を受け取
を課すことはできない（4項）。  れる内容であること        異なる価格算定規定は適用
   │           │                     対象株主の意思に反するも
   │           ↓                     のでないこと
   ↓         法定先買権または定款の
譲渡を不可能または著しく      別段の定めに反する譲渡
困難にする定款の譲渡制限     は無効（1項・3項・4項）
規定は無効（5項）。
             ↓
      株主が法令に基づき元の株主に株式を譲渡しなけ      破産等の一定の事由による場合、裁判所
      ればならない場合は、1項および定款の別段の定      が1項および定款の譲渡制限規定の適用
      め（3項・4項）は適用されない（6項）           を排除（7項）
```

には適用されない。

　非公開会社の株式譲渡制限の態様は極めて柔軟であり、株式譲渡を完全に自由にすることもできる。この場合非公開会社は公開性を帯びることになる。このほか、一定の合理的な期間（例えば、数年間）譲渡を禁止することもできる（ロックアップ条項）（2:195条3項）。その中間的な形態も可能であり、法は非公開会社に定款によるアレンジの自由度をかなり大きく認めている（同条4項・5項）。他の株主や株主の配偶者、子、孫に株式を譲渡する場合は、2:195条1項の規制を適用しないという定めや、一定の基準を満たす者のみに譲渡することができるという定めを定款に置くことができる。譲渡承認手続（goedkeuringsregeling）を定める定款規定も認められる。これは定款で指定された会社機関（例えば、株主総会や取締役会）または第三者が、株式譲渡を承認するというものである。この場合定款には、承認が拒否された場合の措置についても定めておくことが望ましい。以上のように譲渡制限は柔軟に設定できるが、株式譲渡を不可能または著しく困難にするような譲渡制限規定は許されず、そのような定款規定は無効である（同条5項）。

　株主が法令または定款の譲渡制限規定に反して株式を処分した場合、株主権移転の効力は発生しない。これは2:195条1項・3項にそれぞれ「有効（geldig）」「無効（ongeldig）」という言葉が用いられていることにも示されている。しかし、譲渡制限規制と財産法との関係は必ずしも明らかではない。譲渡制限規制に従っていない

ため譲渡株主には処分権がない（beschikkingsonbevoegd）と説明されることがある。しかしこれに対して、財産権の自由譲渡性は法令または権利の性質により制限されることを定めた3:83条3項に着目して、非公開会社の株式の本質からして（uit de aard）、譲渡制限規制に従わずして株式を譲渡することは単に不可能（eenvoudig-weg niet mogelijk）であるとする解釈もある。いずれも株式譲渡は有効でないという結論は変わらない。

　2つの見解の相違は、その後の株式譲渡で現れる。例えば、非公開会社の株主Aが譲渡制限規制に従わずにBに株式を譲渡したとする。AからBへの株式譲渡は有効ではないためBは株主にはなれない。AとBはともにこのことを認識していなかったとする。Bはその後譲渡制限規制に従って株式をCに譲渡した。CはA・B間の譲渡が無効であることについて善意であった。Aに処分権がないとする第1の見解では、善意取得を定めた3:88条によって善意の譲受人Cが保護されることはない。この場合、A・B間の譲渡がAに処分権がないために無効となり、その結果としてBにも処分権がないことになる。3:88条による保護は、A・B間の譲渡の無効がAの処分権欠缺に起因するものではない理由による場合にのみ適用される。これに対して、譲渡制限規制に従わない非公開会社株式の譲渡はその性質上不可能という第2の見解をとった場合、Cは善意の譲受人として3:88条により保護されるが、Bは3:88条を主張することはできない。Aが株式を譲渡することができないのは、3:88条が要件とするそれに先行した譲渡に起因しているのではなく、A自身が譲渡制限規制を遵守していないためである。

3　株式の引渡し

　非公開会社の株式の引渡し（levering）には、公証人の介在が必要である。非公開会社の株式は公正証書によって引き渡さなければならない（2:196条1項）。株主名簿の書換え（2:194条2項）は株式譲渡の有効要件とはされていない。しかし、新株主が株主権（議決権、配当請求権、新株引受権（2:206a条1項）、調査請求権など）を行使するのは、株主名簿の書換え等により会社が引渡しを認識した後でなければならない。

　会社が引渡しを認識していない場合、新株主は株式譲渡の公正証書（またはその謄本もしくは抄本）を執行吏により会社に送達することで、株式に付帯する諸権利を行使できる状態を自ら作り出すことができる（2:196a条、196b条）。この手続は、新株主ができるだけ早く自らの存在を会社に知らしめて、取締役会による株主名簿書換えを促すことをねらいとしている。

4　包括承継

　包括承継（overgang onder algemene titel）による株主権の移転は、譲渡制限規

制および引渡要件の適用を受けない。これは株式の承継（overgang）であって譲渡（overdracht）ではないためである。非公開会社の株式を相続した者は、2:195条1項が定める譲渡制限規制および定款による譲渡制限のいずれの適用も受けない。このため、他の株主の意思に反して外部者が非公開会社に入ってくる可能性がある。そこで包括承継により株式を取得した者は、株式を他の株主に譲渡しなければならないと定款に定めることで対応することが可能である。また、定款に定められた義務を履行するまでは株主権の行使ができないと定めることもできる（2:192条1項c号・4項）。

第3節　公開会社の株式と株主権

1　総　説

公開会社は、無記名株式または（非公開会社と同様に）記名株式を発行することを定款で定めなければならない（2:82条1項）。無記名株式に対しては、公開会社は株式証書を発行する。株主としての権利・義務はその所持人書類（toonderstuk）に化体している。所持人書類の保有者は株主としての権利を行使し、また義務を（それが存在する場合は）履行しなければならない。そのような無記名株式の権利は、権利者が所持人書類を相手方に交付し、かつその他の動産譲渡要件を満たすことで移転する（3:84条、93条）。無記名株式はその性質上常に自由に譲渡できる。また譲渡が容易であることから、上場株式に用いられることが多い。

公開会社の記名株式には、指名債権譲渡に適用される3:94条の一般規定に代わって、非公開会社株式と同様の規律が適用される（2:86条、86a条、86b条）。ただし上場公開会社の記名株式については、2:86c条がその例外を定めている。なお、記名株式については、取締役会が株主名簿を作成・保存しなければならない（2:85条）。

公開会社の記名株式は、非公開会社と異なり原則として譲渡自由である（2:87条1項）。ただし、定款で譲渡制限規定を設けることができるが、その内容は2:87条2項・3項の要件を満たすものでなければならない。2:87条2項は株式の譲渡に会社機関または第三者が承認を必要とする定款規定について、同条3項は非公開会社の提供規制と同様の定款規定についての定めである。

2　譲渡制限

(1)　譲渡制限の態様

公開会社の株式譲渡を制限するためには、定款に譲渡制限規定を設けなければならない（2:87条1項）。譲渡制限が適用されるのは記名株式のみである。無記名株式は常に自由に譲渡することができる。制限の態様として、記名株主を一定の要件を満たす個人または団体に限定することができる。例えば、オランダに居住または所

在していること、特定の家族と関係があること、直接的な競合会社の株式を保有していないこと、といった要件が考えられる。しかし、譲渡を不可能または著しく困難にするような制限は許されない（同条1項）。また、譲渡人が正当な対価を受け取れないような制限は不公正なものとなろう。実務上定款に設けられる譲渡制限規定には、以下に述べる譲渡承認手続または先買権もしくはその組合せによるものが見られる（図表5-2）。

(2) 譲渡承認手続

定款で株式譲渡に取締役会、監査役会、株主総会または一定の種類株主の承認を必要とするという定めを置くことができる。承認権限を第三者に与えることも可能である（2:87条2項）。

3ヵ月以内に諾否が示されなかった場合、譲渡は承認されたものとみなされる。また、定款で承認権限を与えられている会社機関または第三者が、不承認と同時に当該株式を合理的な価格で一括して買い取る者を指定しなければ、譲渡は承認されたものとみなされる。

不承認と同時に買取人が指定された場合、株式譲渡人は譲渡の申出を撤回することができる。指定買取人への売却を強制されることはない。実務では、課税上の理

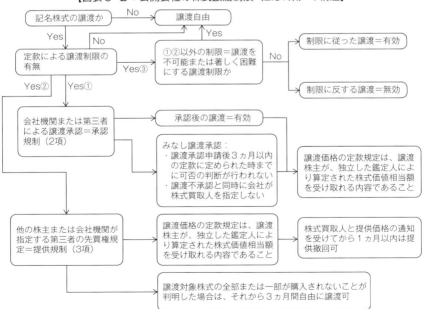

【図表5-2：公開会社の株式譲渡制限（2:87条）の構造】

由で、売主が同意した場合に限り会社が指定買取人となる。

当事者で譲渡価格の合意に至らない場合、株式の価格は独立の専門家によって決定される（同条2項）。専門家が譲渡価格を決定した後に、株主は譲渡承認請求を撤回することが許される。

(3) 先買権

定款には先買権の定めを置くことができる。その場合、株主は所定の会社機関が指定した株主または第三者に株式を提供しなければならない（2:87条3項）。

当事者間で譲渡価格の合意に至らない場合は独立の専門家によって決定される。買主となる者が特定され買取希望価格が伝えられてから1ヵ月以内であれば、売主となる者は売却の申出を撤回することができる。提供された株式すべてを指定買主が一括して買い取らなければ、株主は独立した専門家の価格決定を踏まえて、3ヵ月以内に自分の選んだ相手方に自由に譲渡することができる。

(4) 支配権の変動

法人株主の場合は、譲渡制限の規定を迂回することが可能となる。例えば、定款に譲渡制限規制があるA社では株主がB社とCであり、B社の唯一の株主がB′であったとする。譲渡制限を効果的なものとするためには、B′とCの合意が実質的に必要となる。さもなければB′は保有するB社の株式を自由に売却することができ、それによって譲渡制限により保護されているCの権利を実質的に損なうことになるからである。このため、定款で株主を個人に限定する定めを設けることができる。

B′とCの合意の代替手段として、定款に支配権変動規定を設けることが考えられる。この定款規定は、当該株式会社の最終法人株主が発行する株式の全部または一部が、法令の適用、包括承継その他の理由によって第三者に譲渡される場合、すなわち法人株主の支配権が変動する場合は、当該法人が保有する当該株式会社の株式を他の株主に譲渡しなければならないとする内容となる。

第4節　株式の譲渡手続

1　非公開会社

非公開会社の株式は、記名株式であり、記名株式は公証人が作成した譲渡公正証書によって譲渡される（2:196条1項）。会社が譲渡の当事者でない場合、譲受株主による株主権の行使は、会社による譲渡の確認（erkenning）または公正証書の会社への送達（betekening）の後となる（2:196a条1項）。会社による確認は、譲渡公正証書の記載、認証文書もしくは公正証書の抄本、または株主名簿への譲渡の記載によって行う（2:196a条1項、196b条）。会社が現に譲渡を確認したのであれば、請求を受けなくても株主名簿への登録によって自ら譲渡を確認することができる（2:196a条2項）。

株式証書が発行されている株式の譲渡については、定款で株式証書の移転について追加の要件を定めることができる。

2 公開会社

公開会社の無記名株式の譲渡は、電子取引のために中央保管機構（Euroclear Nederland）に預託されているものを除いて、株式証書を引き渡すことにより行う。

記名株式は公証人の面前で譲渡公正証書により譲渡する（2:86条1項）。譲渡公正証書には、譲渡当事者、株式発行会社、譲渡される株式に関する事項が記載される。定款には、記名株式に対して発行された株式証書を会社に提出することを求める定めを置くことができる。その場合、証書の裏書または新保有者名義の証書との交換によって譲渡は完結する（2:86c条3項）。上場公開会社では記名株式の譲渡に公証人の関与は必要とされない。

会社が譲渡公正証書の当事者である場合を除き、非上場公開会社では、記名株式の譲受人が株主権を行使できるのは会社による株式譲渡の確認または公正証書の会社への送達の後である。それまでの間、法的には株主でなくなった譲渡人も当該株式に関する権利を行使することはできない。会社による確認は、譲渡公正証書の記載、認証文書または公正証書の抄本による（2:86b条）。いずれの譲渡当事者からも確認請求がない場合は、会社は新株主を株主名簿に記載することで譲渡を確認してもよい（2:86a条2項）。

上場会社の記名株式については、会社が譲渡を確認して（またはそれに代わる譲渡公正証書送達によって）初めて譲渡は効力を生じ（2:86c条2項）、譲受人は株主となる。記名株式の株式証書が発行されている場合は、譲渡の確認は既存の証書に裏書するか、既存の証書を会社に提出して会社が新証書を発行することによって行う。額面額の払込みが完了していない場合は、確認は認証書面または確認公正証書を税務当局に提出する方法により行わなければならない。会社の公開性に応じた記名株式、無記名株式の権利移転・行使要件を図表5-3に示す。

上場公開会社の資本に対して直接または間接に持分（株式または議決権もしくは

【図表5-3：株式の権利移転と権利行使要件】

	記名株式 （非公開会社）	記名株式 （非上場公開会社）	記名株式 （上場公開会社）	無記名株式 （非上場公開会社）	無記名株式 （上場公開会社）
権利移転要件	株式譲渡公正証書 （Notariële akte） （2:196条）	株式譲渡公正証書 （2:86条）	譲渡証書および確認（Erkenning）または送達（Betekening）(2:86c条2項)	無記名株式証書 （Aandeelbewijs aan toonder）の引渡し	電子取引による口座記録
権利行使要件	公正証書の確認または送達 （2:196a条）	公正証書の確認または送達 （2:86a条）	譲渡証書の確認または送達	株式証書の受領 （3:90条〜93条）	口座記録

その両方）を有する者は、法定の各基準値（3％、5％、10％、15％、20％、25％、30％、40％、50％、60％、75％、95％）に達した場合に金融監督機構に報告しなければならない（金融監督法5:35条、39条）。金融監督機構はそれを発行会社に通知する（同法5:49条）。

3　証券振替法

　現在では無記名株式を自宅で保管している（オランダの場合は「タンス株」ならぬ「クロゼット株」あるいは「ベッド株」であろうか）という株主はほとんどいないであろう。証券市場での株券の取引は廃止され、完全電子化されている。株式はそのために特別に設けられた口座に記録されており、口座の借方・貸方の記録によって譲渡される。公証人の認証や株式証書および会社への通知は不要である。

　株式を購入する者は取引銀行に銘柄と株数を特定して注文を出す。数日後、申込者の名前で株式が登録された旨の通知が届く。注文代金は銀行口座から引き落とされる。保有株式の一部の売却を依頼した場合は、売却分が差し引かれた持株残高通知が来て、依頼者の証券口座からは売却した株式が払い出される。このような電子化されたキャッシュレス取引は証券振替法（Wet giraal effectenverkeer）に基づいて行われている。上場会社の無記名株式は、すべての上場会社の株式管理を一手に扱う中央保管機構が保管している。取引はすべて帳簿上の記録により行われているため、現物が出入りするわけではない。

　いずれ所持人書類も廃止されて、上場会社の株式は完全に無体化することが想定される。そのさきがけとして、記名株式も近いうちに証券振替法に基づき株式証書なしで譲渡できるようになるであろう。

4　株式の上場

(1) 証券取引所

　金融監督法（Wet op het financieel toezicht（Wft））とオランダの証券取引所（effectenbeurs）であるユーロネクスト・アムステルダム（Euronext Amsterdam）は、株式上場を希望する公開会社に対して高いレベルの上場基準を設けている。取引における十分な流動性を確保するため、上場には大量の譲渡可能証券を発行する必要がある。アムステルダム証券取引所（**写真2**）は、ブリュッセル、リスボン、パリの各証券取引所とともにオランダに本店を置くユーロネクスト（Euronext）N.V. を形成し、ロンドンにも新たな証券取引所を開設している。かつて証券取引所は国ごとにそれぞれ存在していたが、近年のクロスボーダー M&A の結果、アムステルダム証券取引所はヨーロッパを跨ぐ証券取引所グループの一員となっている[1]。アムステルダム証券取引所には投資会社を含めて約150の銘柄が上場されている。

　証券取引での株式取引については、金融監督機構（Autoriteit Financiële Markten

【写真2：アムステルダム証券取引所旧館（筆者撮影（2015年））】

(AFM))の役割が特に大きい。金融監督法5:26条は、証券取引所（法は金融商品市場（markt in financiële instrumenten）という言葉を用いている）を設置するには、財務大臣の認可（erkenning）が必要であると定めて、証券取引所の監督は、金融監督機構が金融監督法に基づきこれを行う。ユーロネクスト・アムステルダムは証券取引所規則を改正する場合、事前に金融監督機構に通知しなければならない。また、金融監督機構は証券発行会社の目論見書を承認する（goedkeuren）。

上場会社にはさまざまなルールが適用されるため、小規模な会社にとっては上場が経営の負担となることがある。そのため、ユーロネクストは中小規模の会社向けの市場として、アルテルネクスト（Alternext）、エンターネクスト（EnterNext）を開設している。

(2) 目論見書

公開会社が証券取引所に上場するためには、目論見書（prospectus）を交付しなければならない。目論見書は一般投資家（個人投資家および機関投資家）に株式の

---

1) ユーロネクストは2007年にニューヨーク証券取引所と統合されNYSEユーロネクストとなったが、2013年にインターコンチネンタル証券取引所に買収された。2014年にユーロネクストは株式公開によって分離され再び独立会社となった。上場に際しては、ユーロネクスト証券取引所の所在国の主要銀行等がコンソーシアムを組んで筆頭株主となった。

購入を勧誘するための書類である（金融監督法5:2条）。会社の目論見書作成と上場（beursgang（IPO））の準備に際しては、銀行が重要な役割を果たす。目論見書の必要項目は金融監督法に定められている（同法5:13条、14条）。目論見書には正確で公正な経営見通しを示さなければならず、発行体（uitgevende instelling）の財務状態や業績見通しを十分な情報を得て評価するための重要情報を含めなければならない。目論見書には発行体の株式に投資することに伴うリスクについても広範な記載が求められる。このようにして投資家はその会社の株式の価値について自らの見解を構築することができる。

目論見書は社債の発行（uitgeven van obligaties）にも適用される。社債（または商業証券（schuldbrief））は譲渡可能な債務証書である。原則として社債は期間および利率が固定されており、社債権者（obligatiehouder）は会社の債権者である。期間の満了とともに社債権者は会社から債権を回収する。債権者の地位は社債とともに譲渡することができ、社債を売却することで債権者の地位を失う。この場合は、社債の購入者から投資額が回収され、社債の購入者が新たな債権者となる。株式に転換できる転換社債（converteerbare obligaties）もある。

(3) **目論見書に関する責任**

目論見書が会社の姿や将来のリスクについて投資家に誤解を与えた場合に、発行会社および銀行シンジケートが責任を問われるケースがある。投資家の主張の根拠は6:193a条～196条の不正商取引に関する規定である。これらは6:162条の一般不法行為の特別規定であり、目論見書にも適用される。このうち6:194条と195条は機関投資家に適用される。

この規定のポイントは、誤解を与える情報を公衆に流した者の不法行為責任の判断にあたり、当該情報が正確であったことの立証責任を、その内容または発表に責任を有する者に転換することにある。目論見書が誤解を与えた、すなわち不正確または不完全なものであったかどうかは、「指標投資家（maatman-belegger）」を基準に判断される[2]。誤解を生じさせる意図があったことは要件ではない。個人投資家についても、2008年10月15日施行の法改正で、6:193a条～193j条の包括ルールで同様に保護されている。これはEU不公正商取引指令（2005年5月11日指令）[3]に基づき制定されたものである。法改正前は個人投資家も6:194条、195条の適用を受けていた。個人投資家に適用される6:193j条は、誤解を招く目論見書に基づいて株式を購入した「平均的消費者（gemiddelde consument）」（6:193a条2項）を基準とし、購入によって生じた損害の賠償を認める。

---

[2] Zie HR 27 november 2009, *JOR* 2010, 43.
[3] Directive 2005/29/EC of 11 May 2005.

【ワールド・オンライン（World Online）事件[4]】

　目論見書に関する代表的な判例であり、判決文が170頁を超え、手続法、実体法上の複雑な争点を含んでいる。事実関係をごく簡略化すると、2000年3月17日、インターネット・プロバイダのワールド・オンライン・インターナショナルN.V. が上場した。IPO は当初上々の滑り出しであった。IPO に際し株式の公募価格は1株43ユーロとされ、上場初日に株価は50ユーロを超えた。しかしその後急速に下降し、2000年12月末には10ユーロを割り込んだ。上場直後に株式を購入した投資家は失望した。社団法人投資家協会（Vereniging van Effectenbezitters (VEB)）は、ワールド・オンラインと上場をサポートした2銀行（ABN アムロ、ゴールドマン・サックス（Goldman Sachs））の法的責任について調査を開始した。VEB は目論見書が誤解を招くものであったとした。

　裁判では以下の事実関係がポイントとなった。1999年12月、IPO の3ヵ月前に、ワールド・オンラインのブリンク（Brink）取締役会議長は、間接的に6.35% を保有していた会社の株式を1株当たりわずか6.04ドルで第三者に売却していた。英語版の目論見書の役員持株比率の欄には、譲渡価格についての記載がなく単に「譲渡済み」と記されていた。上場直前の記者会見でブリンク議長は記者からの持株を「現金化」したかという質問に対して、「現時点までに私は株式を売却していない」と答えた。この時点まで新聞はブリンク議長の（変更前の）持株比率を報じており、またブリンク議長の「現金化についてはノーコメント」という発言を引用していた。

　最高裁判所は VEB の見解を支持し、ブリンク議長は6.04ドルという売却価格に触れなかったことで、IPO 直前の持株状況について重要な情報を投資家に開示しなかったと認定した。最高裁判所はまず一般論として、不正確または不完全な情報が投資家の経済的行動に影響を与える場合にのみ、誤解を招くという要件を満たすと述べた。そして「合理的な情報を得た注意深く思慮深い投資家」を「指標投資家」として、そのような者の期待を前提とすべきだとした。最高裁判所は次に、誤解を招く表現と投資家の損失の因果関係についての一般論を示した。効果的な救済を与えるという観点から、原則として誤解を招く表現と投資判断の間には「なかりせば関係」があると推定され、それは誤解を招く表現がなければ、投資家は株式を買おうとは思わなかったはずだということが推定される意味であるとした。

　最高裁判所は結論として、ブリンク議長が株式を手放そうと思った価格は、公募価格が実体を反映しているかを潜在的投資家が評価するための客観的で関連性のある指標の一つであり、指標投資家の投資決定にとって重要な事実であって、

---

4) HR 27 november 2009, *JOR* 2010, 43.

それゆえ価格情報は目論見書に含まれなければならないとした。ブリンク議長が最終的に持株を手放したことは、経営者自身がワールド・オンラインの将来を信頼していなかったことを示すものとなる。最高裁判所はまた、旧6:195条（現行法では誤解を招く表現を含む目論見書に関する責任規定となっている）により、銀行にも法的責任があるとした。結論として、ブリンク議長が上場直前にマスコミに対して述べた内容がその持株状況に関して正しくないものであり、誤った印象を与えたことで、ワールド・オンラインと銀行は法令違反による不法行為責任を免れないとした。

【コープAG（Coop AG）事件[5]】

コーパグ・ファイナンス（Coopag Finance）B.V.（CF社）は1987年と88年に社債を発行した。CF社の社債発行目的は、ドイツ法人コープAG（CAG）の資金調達であった。CAGは無条件かつ取消不能の支払保証をした。1987年と88年の目論見書にはCAGの最新の財務諸表が含まれていた。しかしCAGは1988年末に財務上の問題を抱えていた。214社もの関連会社が財務諸表に含まれていなかったのである。これにより貸借対照表にない約10億ユーロの隠れ債務が発生していた。CAGが支払保証をしていたため、この情報は投資家にとっては重要なものとなるはずであった。

社債権者利益促進協議会（Vereniging tot Behartiging van de belangen van houders van obligaties）は、CF社の債務についてABNアムロ銀行が目論見書の開示にあたり不完全かつ不正確な見通しを示すという法令違反を行っていたと主張した。協議会の主張の根拠は6:194条および195条（不公正商取引）であった。

最高裁判所は結論として目論見書が誤解を招くものであったとした。214社を連結決算せずそれについて一般投資家への説明を行わなかったことで、それらの会社がCAGと企業グループを形成していることの説明責任が果たされていなかった可能性があり、その結果として支払可能性と流動性に悪影響が発生し得るとした。最高裁判所はまた、IPOを主導し目論見書作成に関わった銀行（リード・マネージャー）は、発行会社の財務諸表が、たとえ会計士の監査を受け適正意見を得ていたとしても、盲目的にそれに依拠することは許されないとした。法令に従って作成されたはずの財務諸表が、発行会社および企業グループとしてのその関連会社の財務状態を、投資家が情報を得たうえで評価するのに十分な情報を含んでいなかったためである。

---

5) HR 2 december 1994, *NJ* 1996, 246.

(4) 上場会社のコーポレート・ガバナンス

　上場会社については民法典第2編にも特別な規制が存在する。例えば、2:86c条（株式譲渡）、114a条2項（株主提案権）、118a条（預託証券所持人に対する委任状勧誘）、359a条～359d条（上場会社株式の公開買付け）などである。上場会社に対する特別な規律はそのほかに金融監督法にみられる。

　上場会社に対する特別な規律が数多く制定されている理由の一つとして、適切な資本市場機能と一般投資家の保護のために、例えば役員報酬について非上場会社より透明性と説明責任が求められるということがある。透明性と説明責任はオランダ国内だけでなく国際的に重要な課題となっており、この問題に関する議論はコーポレート・ガバナンスとして知られるようになった。オランダでは、2004年に上場会社を対象としたオランダ・コーポレート・ガバナンス・コードが導入された（☞第6章第9節）。

5　株式の強制譲渡

　株主は定款に定められた一定の状況が発生した場合に、株式の譲渡を強制されることがある（2:87a条1項、192条1項）。競争会社株式の取得、競業の開始、死亡、破産、清算、支配権の変動（☞本章第3節2(4)）などである。非公開会社では株主の義務を定款に定めることができ、株主がこの義務を履行しない場合は、保有する株式を譲渡しなければならない（2:192条1項・3項）。強制譲渡であっても、譲渡株主は独立した専門家が算定した株式の価値に等しい対価を受け取ることができる。ただし、非公開会社は定款で独立した専門家による算定の原則とは異なる定めを置くこともできる（2:87a条3項、192条3項）。株式の譲渡が行われるまでの間、当該株式の株主権の行使を停止することを定款で定めることができる（2:87a条1項、192条4項）。

　この他に、一定の状況下で株主が他の株主を強制的に退出させ、または反対に株主が他の株主や会社に保有株式の買取りを請求できる紛争処理手続と少数株主締出手続がある（☞第10章第3節）。

第5節　種類株式、株式預託証券

1　総説

　株式には種類を設けることができる（図表5-4、5-5）。種類株式（bijzondere aandelen; soorten aandelen）は、会社の定款に定めを置くことで設けられる。定款に特別な定めがない株式は普通株式（gewone aandelen）である。

　株式預託証券（certificaten van aandelen）は株式とほぼ同じ機能を有する。もともと株式から派生したものである。預託証券の定義は必ずしも固定したものがない

【図表5-4：種類株式（Bijzondere aandelen）】

議決権優先株式 (Prioriteitsaandelen)	・株主に特別な議決権を与える株式 ・例：取締役選任の拘束的指名権を与えるもの 　　（寡頭条項（oligarchische regeling（2:133/243条）））
非累積的配当優先株式 (Niet cumulatief preferente aandelen)	・額面に対して一定の率で示された優先的な配当を受ける権利を有する株式 ・例：額面€10で7％の配当優先株式は€0.70の優先配当を受けられる。優先部分は他の株主への配当に先立って支払われる。 ・ある年度に配当可能利益がない場合は、優先配当を受けられる権利は消滅
累積的配当優先株式 (Cumulatief preferente aandelen)	・ある年度に配当が不可能な場合は、優先配当を受けられる権利が翌年度以降に繰り越される。
参加型配当優先株式 (Winstdelende preferente aandelen)	・優先配当を受けた後に、さらに普通株式と同じく配当に参加できる権利を有する株式 ・累積的、非累積的のいずれも可能
無議決権株式 (Stemrechtloze aandelen)	・非公開会社に認められる。 ・配当または残余財産に対する参加権は与えられる。 ・一部の決議事項については議決権を与えるというバリエーションは認められない。総会出席権は有している。
無配当（配当制限）株式 (Aandelen zonder (volledig) winstrecht)	・非公開会社に認められる。 ・議決権のみを与え、配当請求権・残余財産分配請求権を与えないか、または制限
組分け（クラス）株式 (Letteraandelen)	・同じ種類の株式の中に設けられた異なる組の株式 ・例：配当請求権や譲渡制限などのちがいによる組分け

が、一般に株主が他人すなわち預託証券所持人の勘定で株式を保有していることを指す。株式に与えられている諸権利は株主に帰属するが、経済的な意味では預託証券所持人が資本の提供者である。

2　議決権優先株式

議決権優先株式（prioriteitsaandelen）は、会社の支配に関し特別な権利を与えられた種類株式である（2:92/201条3項）。この種類株式は、実務上は常に記名株式である。議決権優先株主による種類株主総会には、定款の定めにより特別な支配権（いわゆる寡頭的支配権）が与えられている。発起人、取締役、監査役である株主がこの種類株式を保有することが多い。議決権優先株式は少数派株主が会社を支配するための手段になる。

優先権の内容としては以下のものがあり、議決権優先株主は、これらの優先権に係る議案を種類株主総会において決議する。

第5節　種類株式、株式預託証券

【図表5-5：公開会社と非公開会社の株式発行態様と発行可能な種類株式】

(a) 取締役会構成員の選任に関し、株主総会に対して拘束的指名を行う権利（寡頭条項（oligarchische regeling））。もっとも構造規制会社の場合はこの指名権を設定するのは事実上困難である。株主総会は指名された者以外の者を選任することはできないが、発行済株式の過半数を有する株主が出席した株主総会で3分の2以上の多数で決議された場合は、拘束的指名を拒否することができる（2:133/243条2項、134/244条2項）。議決権優先株主の同意または動議がなければ取締役を選任することができないという定款規定は、2:133/243条2項の趣旨を損なうため許されない。
(b) 株主総会に対する提案権。この目的で議決権優先株式を利用する場合は、定款で株主総会での関連する決議を定足数なしの普通決議とすることを定めることができる。実務上は、議決権優先株主以外の者による提案の株主総会決議には、発行済資本の過半数を有する株主が出席し、その3分の2以上の賛成を要するという定款規定を併せて設けることが多い。
(c) 新株発行の拒否権
(d) 当該年度の利益から準備金を設ける権利
(e) 定款変更の拒否権
(f) 記名株式の譲渡制限に関して株主からの請求を承認または拒絶する権利

議決権優先株式は、議決権の行使という特別な目的のために設立された財団（議決権優先財団（stichting prioriteit））に信託されていることが多い。この財団の理事の選任にあたっては、議決権優先株式を発行した株式会社の取締役が関与する。これにより、議決権優先財団を通じて株式会社の取締役による経営者支配が形成される。

3 配当優先株式

配当優先株式（preferente aandelen）は、配当について普通株式に対し特別な権利が認められた株式である。例えば、定款で年度末利益の中から、配当優先株式の額面の一定割合を優先してこの株式の保有者に分配するという規定を設けることができる。ある年度に利益が少なくなった場合、普通株主には配当がないということが起こり得るが、配当優先株主は、利益額が定款の定めによる配当可能基準を満たしていれば配当を受けることができる。累積的配当優先株式（cumulatief preferente aandelen）では、配当可能利益がなく優先配当部分の支払もなかった場合に、それが翌年に繰り越され普通株主への配当に先立って繰越分の支払を受けることができる。参加型配当優先株式（winstdelende preferente aandelen）では、優先配当を受けたうえでさらに普通株式と同じく配当を受け取ることができる。

優先内容としては、このような額面に対して一定の割合で優先するもののほかに、額面とプレミアムの合計額に対して一定の割合で優先するもの、固定利率で配当金

が計算されるものがある。また、残余財産に対する優先権を定めることもできる。

　ただし、会社法の条文はそのような定義の仕方をしていない。2:96a/206a条2項a号・b号は、利益または残余財産に対して一定額または一定割合を超えて分配に与れない株式という表現を用いている。残余財産は、会社が解散した場合に、会社が債権者に対して債務を弁済した後に残った財産である。株主は原則としてこの残余部分に対する権利を有しており、株式は会社に対する劣後無担保債権（postconcurrent vorderingsrecht）であるという言い方がされることがある。すなわち会社債権者は株主に対しては優先権を有しており、株主は最後尾の車両に乗っている。

　普通株式には残余財産を受け取る権利が与えられている（2:23b条1項）。配当優先株式については、残余財産から普通株式と同額の支払を受けるのみでそれ以上に受け取ることはできない、または限られた金額しか受け取ることができないという定款規定が設けられることが多い。また清算後の残余財産分配に参加できない配当優先株式については、発行の際にプレミアムが付かないと定款で定めることが多い。そのほかにも、残余財産については普通株式への分配後に分配を受けられるという定款規定も見られる。これらの特徴を有する株式も配当優先株式である。

　配当優先株式の議決権は、同じ額面の普通株式と同じである。配当を優先したうえで議決権を制限することもでき、また非公開会社では無議決権とすることもできる。

　配当優先株式は普通株式に十分な配当が行えない場合に増資をする手段として用いられる。また、敵対的買収防衛策として用いられることもある（☞第6章第4節3）。その場合普通株式の議決権が希釈化する。さらに、払込額を抑えるために額面の4分の1だけを払い込むという防衛シナリオが組まれることがある。配当優先株式の発行決定権限は、公開会社では5年間、非公開会社では無期限に取締役会に授権することができる。

　配当優先株式は、優先配当以外にも普通株式と異なる特徴を有する。会社が新株を発行する際、既存株主には原則として新株引受権が与えられ、株主は持株比率に応じて新株の割当てを会社に請求できる（2:96a/206a条1項）。会社に対する支配権割合の希釈化を防ぐためである。しかし、配当優先株式には原則として新株引受権は適用されない（同条3項）。したがって、普通株主は新たに発行される配当優先株式に対する新株引受権が与えられないことになる。配当優先株主も普通株式に対する引受権はない（同条2項）。ただし、いずれの場合も定款で異なる定めを置くことはできる。

4　無議決権株式

　非公開会社は2012年10月1日以降、無議決権株式（stemrechtloze aandelen）を発行できるようになった。諸外国では無議決権株式は以前から利用されてきたが、

オランダ会社法では非公開会社にのみ認められる新しい種類株式である。非公開会社では、従業員に対する報酬といった形で無議決権株式のニーズが実際にあるという理由で導入された。配当または残余財産に対する参加権は与えるが、株主総会での議決権がないことを定款に定めることで設けることができる（2:228条5項）。

議決権のある株式との混同が生じないように、定款では特定の種類または組の株式についてのみ議決権を与えないことが規定される。議決権の排除は、該当する種類株式または組分け株式のすべての株式に対して適用しなければならない。定款変更により無議決権株式を設定する場合は、それにより影響を受けるすべての株主がそれを承認しなければならない。無議決権株主はいかなる株主総会でも議決権を持たない。一定の決議については議決権を与えるというバリエーションは認められない。

無議決権株主も総会出席権は有しており、総会招集通知は送付しなければならない。無議決権株主は総会に出席して発言することもでき（2:227条）、総会出席権自体を剝奪することはできない。また総会外で決議を行うためにはそれについて無議決権株主の同意も必要となる。総会の定足数・決議要件には無議決権株式を算入しない（2:24d条）。

無議決権株主は株主総会での議決権はないが、無議決権株主が集まって無議決権種類株主総会で多数決による決議を行うことは妨げられない。例えば、定款で非公開会社の取締役のうち1名を無議決権株主のみで選任する権利を与え（2:242条1項）、あるいは定款変更や特定の取締役会決議事項について無議決権種類株主総会の承認決議を要するとすることができる。

5　無配当株式・配当制限株式

非公開会社法の柔軟化はさらなる新機軸を打ち出した。非公開会社は定款で議決権のみを与え配当請求権・残余財産分配請求権を与えないか、またはそれを制限した無配当株式（winstrechtloze aandelen; aandelen zonder winstrecht）、配当制限株式（aandelen zonder volledig winstrecht）を設けることができる。（2:216条7項）。無配当株式、配当制限株式（以下、単に「無配当株式」とする）の権利は、特定の種類または組の株式に利益配当に対する権利を与えないか、または制限する内容となる。無配当株式は特定の株主に議決権だけを与えたい場合に用いられる。定款変更により無配当株式を設定する場合は、それにより影響を受けるすべての株主がそれを承認しなければならない（同条8項）。

無配当株式の導入は、長い歴史のブレイクスルーを表している。ローマ法ではすでにソキエタス（*societas*）の構成員は利益から排除されることはないというルールが確立していた。人的会社ではこのルールは7A:1672条1項に生きている。この原則は今日非公開会社法からはなくなったことになる。

特に家族経営の非公開会社では無配当株式のニーズが存在しているという認識が前提となっている。例えば、会社の経営権は子どもに譲るが発言権は持ちたいという創業者に無配当株式を割り当てるといったことが考えられる。一方、議決権と配当請求権・残余財産分配請求権のいずれかを有していることは株式の本質であると考えられており、そのいずれも持たない株式は許されない（2:190条、228条5項）。

6　組分け（クラス）株式

同じ種類の株式の中で、異なる組（クラス）を定款の定めにより設けることができる（組分け（クラス）株式（letteraandelen））。実務上は記名株式に限られる。一般に、A組株式、B組株式など文字によって組を特定する。組分けに応じて株式の権利内容を変えることができ、例えば、特定の組の株式に先買権を付与する、特定の組の株式の譲渡に株主総会の承認を要するとする、組によって配当に差異を設ける、特定の組の株主に取締役・監査役選任の拘束的指名権を認める、非公開会社では特定の組の株主に取締役・監査役の直接選任権を与えるといった内容が考えられる。

7　株式預託証券
(1)　意　義

株式預託証券は会社法における特別な法概念であり、「陰の株式（schaduwaandelen）」あるいは「第2の株式（tweedegraadsaandelen）」ともいわれる。預託証券は、信託財団等の団体（信託機関（administratiekantoor））が発行する証書で、信託機関が保有する会社の株式を表章する。

実務上、預託証券は次のように用いられている。ある株式会社が、株式保有目的のために設立された信託機関としての財団に信託として株式を移転する。信託機関への移転には、「友人との信託（ten titel van beheer（*fiducia cum amico*））」の法概念が適用される。信託機関が払い込む株式払込金は、最終投資家に対する預託証券の発行対価として投資家から回収する。会社の株主は法的には信託機関であり、議決権の行使や配当の受領も信託機関が行う。しかし信託機関は実質的な株主である預託証券所持人のために株式の管理を行う。信託機関と預託証券所持人の間では株式管理規約に基づき株式の管理が行われる。株式管理規約は契約と定款の性質を併せ持つものということができる。預託証券は信託機関と預託証券所持人との業務委託関係の証明書のようなものである。株式管理規約には信託会社が配当金を分配することが定められる。信託機関は、株式発行会社または信託機関に信託として株式を譲渡した株主によって設立された財団であることが多い。

信託機関に譲渡された非公開会社の株式については、預託証券所持人が株主総会出席権を有するか否かが、定款に規定されるか、あるいは定款に従って合意される。

預託証券は株式の種類に対応して発行されるが、株式と同一の存在ではない。預託証券所持人に認められる権利は発行された預託証券の文言に従って決まる。その文言を信託条件（administratievoorwaarden）という。公開会社の協力を得て発行された預託証券および非公開会社の株主総会出席権が付いた預託証券の所持人の財務的な地位は、株式に対する法定担保権で確保されている（3:259条）。

預託証券の創設により株式の法律上の所有権は信託機関に移転し、信託機関は株主として当該株式に関する議決権を行使するが、信託条件には株主総会決議事項のうち一定のものについて信託機関があらかじめ預託証券所持人総会の承認を得なければならないと定めることができる。多くの信託条件では、会社から株主たる信託機関への配当は、最終的に預託証券所持人に渡ることが定められている。

(2) 信託機関の独立性

オランダ・コーポレート・ガバナンス・コードでは、預託証券と信託機関について特別なルールを定めている。信託機関は保有株式の発行会社から独立していなければならない（principe IV.2）。株主の経営介入や敵対的買収の防衛策として会社主導で信託機関が設立され理事が選任された場合には、特にこのルールが重要になってくる。

(3) 発　行

信託機関に譲渡された公開会社の株式については、預託証券の発行が会社の協力を得て行われる場合とそうでない場合がある。定款で会社が協力することを定めており、会社がそれに従って行動する方式の譲渡では、預託証券所持人は預託証券に関する一定の権利を有することになる。株式発行会社は、信託会社が自分の勘定で管理費用を負担することを前提に、信託関係に対して協力する。

(4) 種　類

預託証券は、記名預託証券と無記名預託証券に分けられる。非公開会社では無記名預託証券を発行することができない（2:202条）。また、管理規約の定めで所持人からの請求および手数料の支払により株式に転換できるものを転換預託証券（royeerbare certificaten）といい、一定の信託条件を満たすことで転換が可能なものを部分転換預託証券（gedeeltelijk royeerbare certificaten）という。転換預託証券は管理規約に基づき原則として自由に転換できるが、株式発行会社の定款で転換を制約する定めを置くことがある。例えば、信託会社以外の株主は1％以上の株式を保有してはならないという制限である。これは預託証券が制限的ながらも転換可能であることを確保する趣旨である。管理規約で株式に転換できないとされた不換預託証券（niet-royeerbare certificaten）は、信託機関が解散した場合にのみ転換される。

(5) 効　果

預託証券の最も重要な効果は、信託機関を通じて出資した者が会社の株主総会で議決権を直接行使できない点にある。そのため多くの上場会社では株式ではなく預

託証券が取引されている。また、預託証券は敵対的買収防衛策に用いられることが多い。

一方、非公開会社の預託証券の利用形態は、家族の諍いによって会社経営が麻痺するのを防ぐことにある。株式の主要部分を保有している家族の一員が経営に参加するのを制限するために用いられる。この家族は議決権がなく転換権もない預託証券を保有し、中立な第三者によって運営される信託機関が株式の議決権を行使する。これにより家族の喧嘩が会社に持ち込まれる可能性が低くなる。

【事例5-1】
　証券市場ではユニリーバ（Unilever）N.V.の預託証券が取引されている。各証券所持人は、自ら請求することにより、株主総会に出席するか、または信託機関から議決権行使委任状の発行を受けることができる（2:118a条）。ユニリーバの預託証券は制限のない転換預託証券とされている。信託機関は、預託証券所持人のうち自ら議決権を行使することを請求せず、総会に出席せず、証券を株式に転換しない者の議決権を行使する。ユニリーバの目的は、持株比率の低い株主グループが大きな議決権を有するのを防ぐことにある。上場会社の多くの株主は物言わぬ株主であり、過半数の議決権を有する信託会社は株主総会を左右することになる。

信託機関の存在感はコーポレート・ガバナンスの議論が盛んになるにつれて薄れている。会社に資本を提供した者が会社に対する発言権を有するべきであるという考え方から、これまでの慣例的な実務を廃止した上場会社も現れている。

(6) 株式預託証券所持人の権利

株式預託証券所持人は、議決権行使委任状の発行を受けた場合を除き、その基になっている株式の議決権を有しない。しかし、会社の利益に対する権利は有している。そのため預託証券所持人が有する権利は会社に対する直接的な権利ではなく、信託機関に対する契約上の権利である。

公開会社の協力により発行された預託証券の所持人および非公開会社の株主総会出席権を有する預託証券所持人は、株主総会に出席して発言することができる（図表5-6）。議決権はないが、株主が受け取る権利を有する各種書面を受け取ることができる（2:117条2項、227条2項）。さらに、裁判所命令による株主総会の招集手続に参加することもでき、合理と公正の原則が適用される対象と考えられている。また預託証券所持人は、公開会社の発行協力や非公開会社の総会出席権の有無にかかわらず、調査請求権を有している（2:346条1項b号・c号）（☞第10章第2節3）。

上場公開会社の預託証券所持人には重要な例外がある。コーポレート・ガバナンスの議論の過程で上場公開会社の預託証券所持人の地位を強化する立法が行われた。

【図表5-6：公開会社の株式預託証券の発行形態と権利内容】

会社の協力により発行された預託証券 （同意預託証券） （Bewilligde certificaten）	会社の協力なく発行された預託証券 （非同意預託証券） （Onbewilligde certificaten）
・議決権を除くすべての株主権 ・上場会社では株主である信託会社の代理人として議決権を行使できる。	・清算会社の帳簿閲覧権（2:24条4項） ・調査請求権（2:344条〜346条） ・会社が利益を計上しない場合の簡易貸借対照表および附属明細書請求権（2:396条8項・9項）

2:118a条により上場公開会社の預託証券所持人は、信託会社に代理権授与を請求して、株主総会で議決権を行使することができる。信託会社は原則としてこの請求に応じなければならず、①敵対的買収の場合、②預託証券所持人が発行済株式の4分の1以上を有する場合、または、③議決権委任状の発行が会社の利益に反する場合（2:118a条2項）にのみ、委任状の発行を制限または拒否し、もしくは発行した委任状を撤回することができる。一方、オランダ・コーポレート・ガバナンス・コードでは、信託機関はいかなる場合も制限なく委任状を発行しなければならないと定められている（principe IV.2.8）。信託会社の代理人として株主総会に出席した預託証券所持人は、自らの判断で議決権を行使することができる。

2012年10月1日から適用されている非公開会社法では、非公開会社の預託証券は会社の協力により発行されたか否かということと関係がなくなった。これに代わるより明快な制度が採用されたためである。その中心となるのが総会出席権（vergaderrecht）（2:227条）である。非公開会社では、定款の定めにより預託証券に総会出席権、すなわち株主総会に出席して発言する権利を結合させることができる（図表5-7）。

株主名簿には預託証券所持人が総会出席権を有しているか否かが記載される（2:194条1項）。株主名簿の情報の正確を期すため、株式譲渡の確認および送達に関する2:196a条および196b条が、総会出席権付預託証券の譲渡について準用される（2:196c条）。

無議決権株式（2:228条5項）の導入に伴い、非公開会社での預託証券の利用は減

【図表5-7：非公開会社の株式預託証券発行形態と権利内容】

株主総会出席権あり	株主総会出席権なし
・議決権を除くすべての株主権	・清算会社の帳簿閲覧権（2:24条4項） ・調査請求権（2:344条〜346条） ・会社が利益を計上しない場合の簡易貸借対照表および附属明細書請求権（2:396条8項・9項）

少することが予想される。ただし、両者の間には相違がある。株主の総会出席権は（議決権の有無は別として）強行法的なものであるが、預託証券所持人にはそれがない。定款で預託証券所持人の総会出席権を与えない定めを置くことができるのみならず、定款で授権された会社機関の決議により、預託証券に総会出席権を結合したり剝奪したりすることができる（2:227条2項）。これが株主と比べて預託証券所持人の地位を弱めるものであることは明らかである。

(7) **株式預託証券所持人総会**

信託条件で預託証券所持人総会の定めを置くことができる。多くの信託会社は一定の割合の預託証券所持人の請求があった場合にのみ総会を開催するとしている。信託機関が預託証券所持人の指示に従って株主総会で議決権を行使しなければならないという信託条件規定が適用されることはまれである。

(8) **譲　渡**

預託証券の性質は信託会社に対する債権である。無記名預託証券は証券の引渡しにより譲渡することができる（3:93条、90条1項）。記名預託証券の譲渡は、証券の引渡しと信託会社への通知による（3:94条）。ただし、証券振替法による電子取引の場合を除く。株式の譲渡と異なり、預託証券の引渡しには公正証書は必要ない。

(9) **法定担保権**

公開会社の協力により発行された預託証券の所持人および非公開会社の総会出席権を有する預託証券の所持人のために、預託証券が発行された信託機関の保有株式には、別段の定めがない限り法定担保権（預託証券所持人担保権（pandrecht van certificaathouders））が認められる（3:259条）。法定担保権は預託証券所持人が預託証券の発行関係に基づき信託機関に対して有するすべての請求権に対して存する。

8　株主以外の者に与えられる権利

定款に定めを置くことで、株主以外の者に配当参加権（winstrecht）を与えることができる。この権利は配当参加証書（winstbewijs）とよばれる譲渡証券として発行でき、さらに上場要件を満たすことで証券取引所において取引することができる。配当参加権は契約的性質を有するため、その創設は定款の明文規定によらなければならない（2:105/216条1項）。配当参加権の受益者（配当参加証書の所持人）は、合意された条件に基づき、会社の利益の分配に参加することができる。しかし総会で議決権を行使することは一切できない。配当参加権以外の権利を受益者に対して付与することもできる。ただし、法により株主固有の権利とされているものは対象とできない。受益者の権利を受益者の同意なく定款変更によって変更したり廃止したりすることはできない。ただし、当該権利設定前から定款に別段の定めがある場合を除く。会社は受益者に対して誠実義務を負う。

配当参加証書は会社の発起人に与えられることが多く、そのため発起人証書（oprichtersbewijzen）とよばれることがある。株主以外の者に配当参加権を与えるのは例外的であり、同じ目的を達成するために非公開会社では無議決権株式を用いることができる。

第6節　株式質、株式用益権

1　株式質
(1)　株式質の設定
　質権（pandrecht）の成立には被担保債権の存在が必要であり、質権は被担保債権の消滅にとともに消滅する（3:7条）。
　無記名株式（公開会社のみが発行）の質権は次のいずれかの方法で設定される。
　(a)　質権者と質権設定者の合意および株式証書の占有を質権設定者から移転するための手続の履行（占有質権（vuistpandrecht））（3:236条1項）
　(b)　公証人による質権設定公正証書の作成、または質権設定者が署名した証書のオランダ税務当局への提出。この場合株式証書の占有を質権設定者から移転する必要はない（無占有質権（bezitloos pandrecht））（3:237条1項・2項）。
　質権設定者は、株式に質権を設定する権原を有していること、および株式に付与されている権利に一定の制限がある場合にはその旨を証書上で申述しなければならない。不実の申述は質権設定者に対する権利行使を惹起することになるが、それは質権の瑕疵から質権者を保護するものではない。
　記名株式に質権を設定するためには、株式譲渡と同様の手続に従わなければならない（3:236条2項、2:86/196条、86c条）。取締役会は株主名簿に質権の登録をする。定款に定めを置くことで記名株式の質権を排除または制限することができる（2:89条1項、198条1項）。これに対し無記名株式の質権設定は定款で排除または制限することができない。なお、証券振替法が適用される株式にも質権を設定することができる（証券振替法20条、21条、42条）。
　定款で質権者に議決権を与えないという定めを置くことができる。このような定款規定がない場合は、質権者と質権設定者が合意のうえ、どちらが議決権を行使するかを決めることができる。ただし、質権が設定された株式に定款の譲渡制限規定が適用される場合、質権者が議決権を行使できるようにするためには、定款の株式譲渡制限規定に従って譲渡を承認する株主総会その他の会社機関の承認が必要となる（図表5−8参照）。株主総会に承認権限がある場合に、質権設定を承認するかどうかは株主総会の裁量による。

(2)　株式質の実行
　株式質権者は執行証書や裁判所命令なくして株式質を実行する（executeren）ことができる（3:248条）。株式質の実行には株式譲渡制限の内容が適用される（2:89

【図表5-8：株式の質権・用益権と議決権・総会出席権の帰属】

		公開会社	非公開会社	
議決権	原則	株主（2:88条2項、89条2項）	株主（2:197条2項、198条2項）	
	例外 2:88条3項、89条3項	**被担保株式の取得を制限されていない質権者・用益権者**		2:197条3項、198条3項
		・質権・用益権設定証書に議決権を行使できる旨の規定	・質権・用益権設定証書に議決権を行使できる旨の規定、または設定後に株主と質権者・用益権者が書面で合意	会社が質権・用益権設定契約の当事者である場合を除き、会社の確認後または合意書面の送達後もしくは株主名簿の書換え後に議決権行使可（2:196a条、196b条）。
		被担保株式の取得を制限されている質権者・用益権者		
		・質権・用益権設定証書に議決権を行使できる旨の規定 ・定款に定められた株式譲渡承認会社機関が質権・用益権設定証書の規定を承認、または定款に承認機関の定めがない場合は、株主総会が承認	・質権・用益権設定証書に議決権を行使できる旨の規定、または設定後に株主と質権者・用益権者が書面で合意 ・上記の質権・用益権設定証書もしくは合意書面の規定について、または質権・用益権の譲渡が行われた場合は当該譲受人への議決権の移転について、定款で指定された会社機関が承認、または定款に承認機関の定めがない場合は、株主総会が承認	
		定款により議決権を付与された質権者・用益権者		
総会出席権		・質権・用益権設定証書の規定により議決権のない株主 ・議決権がある質権者・用益権者 ・議決権がない質権者・用益権者。ただし、質権・用益権の設定もしくは譲渡に際し、または会社の定款で、この権利が留保されている場合を除く。（2:88条4項、89条4項）	・質権・用益権設定証書または合意書面の規定により議決権のない株主 ・議決権を有する質権者・用益権者 ・議決権がない質権者・用益権者。ただし、定款にその旨の定めがあり、かつ質権・用益権の設定または譲渡に際し、別段の定めがない場合に限る。（2:197条4項、198条4項）	

条5項・6項、198条6項）。原則として株式は競売に付される。証券取引所で取引されている無記名株式は、証券会社が市場で売却してもよい（3:250条2項）。質権者または質権設定者は、相対売買を許可する裁判所命令を申し立てることもできる。被担保債権の履行期が到来するまでは、質権者と質権設定者は相対売買による質流れを合意してはならない（3:251条1項・2項）。

無記名株式の無占有質権の場合、質権を実行するためにはまず株式証書の占有を取得することが必要である。株式証書が公正証書により作成されていないときは、執行官による差押えを行うためには裁判所命令が必要となる（民事訴訟法496条1項・2項）。

2 株式用益権

用益権（vruchtgebruik）とは財産の所有権者が他の者に認める私法上の受益権である。株式用益権には議決権（2:88/197条）や配当請求権[6]を含めることができるが、株式を譲渡し、または株式に担保権を設定する権利は通常含まれない（3:201条、

---

6) HR 23 mei 1958, *NJ* 1958, 458（Pierlot-Kreemer）.

212条、216条)。株主が株式用益権を設定するのを定款で禁止し、または制限することはできない(2:88/197条1項)。また、用益権者による議決権行使を妨げたり制限したりする定款規定も許されない。

第7節　社団、協同組合の社員権

1　入　社

社団および協同組合の特徴は、社員・組合員を有することである。社員権の内容は法令、定款、社団・協同組合の有効な決議および合理と公正の原則により確定される。

社団、協同組合の新社員の加入は原則として理事会で決定される。理事会が社員の加入を否決した場合には、社員総会が加入を承認することができる(2:33条、53a条)。社団、協同組合はその目的に鑑み、定款で新社員の加入の拒否または加入条件についての定めを自由に置くことができる。個人だけでなく法人も社団、協同組合の社員になることができる。

【事例5-2】
　社団の入社要件はさまざまである。医師であること、芸術家であることといった資格要件を定めることがある。特定の姓や家柄が求められることもある。入社プログラムを受けることが要件となっているものもある。ゴルフクラブやクリケットクラブなど社団内部で審査委員会を設けることもある。放送協会(omroepvereniging)やオランダ・ツーリスト協会(ANWB)のように申し込めばだれでも社員になれる社団もある。これらの社団ではテレビや自転車を所有していることは加入要件ではない。

協同組合の組合員は、協同性を有する契約を締結しなければならない(2:53条1項)。協同組合では組合と組合員の間に二重の関係が存在する。すなわち組合員としての関係と契約としての関係である。契約は、協同組合の組合員法定資格要件を満たすことで締結される。社団に関する2:33条(入社)、34条(一身専属性)は協同組合にも準用される。

2　社員権の承継

社員の地位は、定款に別段の定めがない限り属人的なものである(2:34条)。これは、原則として社員の地位を譲渡することができないことを意味する。それと関連して2:35条では社団、協同組合の社員の地位は社員の死亡とともに終了すると定められている。ただし、定款で社員の地位を相続することができる旨を定めることが

できる。相続による社員権の承継は実際にはあまりない。社員のために不動産を管理する社団で用いられるくらいである。そのほかには、マリーナ管理社団の定款で、ヨット停泊権が付随した社員権を理事会の承認により相続することができると定めている例がある。

社団との対比で、株式会社では株主が死亡しても株式は存続する。通常は株主の相続人が承継する。これは株主の地位は財産であるという性質に由来する。社団の社員の地位はそうではなく一身専属的要素が強い。社員権には、マリーナの停泊権の例を除けば財産の価値はない。そのため、社員権が社員の死亡とともに終了するのは明らかであり、それによって問題が生じることもない。

3　退　社

社団、協同組合の社員は脱退（任意退社（opzegging））することもできる。通常は一定期間前に通知するだけでよい（2:36条1項）。協同組合では、脱退の場合は組合員が脱退一時金を支払わなければならないと定款で定めていることがある（2:60条）。協同組合の事業がある規模の組合員数がいることで成り立っている場合には、このような脱退一時金も認められる。

> 【事例5－3】
> 　協同組合が乳製品工場を営んでいたとする。組合員が脱退して生乳の供給がなくなると、工場の生産能力が過剰となってしまう。これは協同組合にとっては製造コストを押し上げ、他の組合員に負担を課すことにつながる。このため、組合員が脱退する場合に、一定の金銭を協同組合に支払わなければならないとすることは合理的とされる。

法は、社団、協同組合の社員権は、解除または除名により終了すると定めている（2:35条1項b号・d号）。恣意的な権利行使を防ぐために、2:35条には要件と手続が定められており、一定のセーフガードが設けられている。

第8節　組合、合名会社、合資会社の社員権

1　社員権の意義

組合、合名会社、合資会社（以下、「人的会社」という）の組合員・社員（以下、単に「社員」という）は二重の地位を有している。第1に、人的会社の業務執行の決定に携わり、利益に対する持分を有している。第2に、社員は人的会社という共同体の一員である。社員の会社法的地位と財産法的地位は、他の社員の同意なくして他人に譲渡することができない。その他の点では社員の属人的性質は失われてい

るが、社員が有する共同体財産に対する持分は、他の社員の同意がなければ譲渡できない。共同体に対する社員の持分を、当該社員の債権者が差し押さえることもできない。これに対して株式会社では株式の差押えが可能であり（民事訴訟法474c条～474i条）、このことは株式会社の人的性格が薄れていることを示している。

2　入社、社員権の承継

人的会社はその存続中に新たな社員を受け入れることができる。承継による社員の交代も可能である。社員の入社または承継には、原則として他のすべての社員の協力が必要となる。社員契約をいったん終了して、新たな社員を含めて再度社員契約を締結することも認められる。社員契約で、社員の入社または承継を他の社員の過半数の賛成によるとすることも考えられる。承継の場合、前社員の会社財産に対する持分はその価額の支払と引き換えに新社員に移転する。承継人は持分を買うことになるわけである。承継とともに社員が入社してくることになるが、それに対しては財産法の規定が適用される（7A:1662条）。下級審の裁判例では、新社員は原則として入社または承継の後に会社の債務について責任を負うことになるとされている。

3　退　社

社員が協働関係を終了することを通知すると、人的会社はその存続が危ぶまれる。社員契約に別段の定めがなければ、各社員は他の社員との関係を終了することができる（7A:1686条）。ただし、例えば他の社員に不利益なタイミングでの解除など、合理と公正の原則に反する場合は無効宣言の対象となる。社員の退社は人的会社の解散事由であるが（7A:1683条3号）（☞第11章第5節3）、一人の社員が抜けたことをもって解散することは、人的会社にとって望ましいことではない。

そこで実務上は、社員契約に継続条項（voortzettingsbeding）を設けて、残る2名以上の社員が同一の人的会社で協力関係を継続することができるとしている。退社した社員は、原則として出資した金額または物品の返還に加えて、持分の未配当部分の支払を求めることができる。持分の価値がマイナスとなる場合は、退社に際して金銭を支払うことになる。退社する社員の持分価値の支払については、株式会社（2:100条、208条、216条）のような特別な保護規定はない。社員の債権者は社員の個人財産にかかってゆくことができるからである（7A:1680条、商法18条）。さらに退社した社員は退社時点での人的会社の債務について弁済責任を負いつづける。

退社の場合の財産権の扱いについては、民法典第3編第7章（共同体）の適用可能性を定めている3:189条2項との関係が問題となる。社員契約それ自体には内部関係に関する合意が含まれており、退社した社員が会社の共同財産（積極財産と消極財産）の分配を請求するところからスタートする。しかし、この分配は処理が面

倒なうえに、実行すると会社の存続が危ぶまれる事態が懸念される。そこで通常は社員契約の中に、退社した社員の持分は会社に残る社員に移転すると定め、退社した社員に対しては金銭による精算を行う存続条項（verblijvensbeding）が設けられる。退社社員は金銭精算により会社財産に対する権利を放棄しなければならない。これは共同体財産に対する持分を他の社員に譲渡することを要求するものである。存続条項に基づく持分の移転には民法典第3編第7章の共同体の規定が適用され（3:189条2項）、退社する社員から他の社員への引渡しが必要となる（3:186条1項）。実際に移転が確実に行われるようにするため、存続条項には権利移転の代理権を社員が互いに授与する内容を含めておくことが不可欠である。また営業譲渡と同様に各財産について権利移転に必要な行為が求められるため、手続的にはやや面倒である。ここに人的会社に法人格がないことが効いてくる。法人であれば財産権は法人たる会社に帰属し、社員の退社によって財産法が適用される場面が生じることはない。

　社員が当人の意思に反して退社することもあり得る。7A:1683条にその事由が列挙されている。また社員契約には、社員の一人に対して他の社員が契約を解除することができる旨の規定を設けることができる。これらを強制退社（uitstoting）という。任意退社と同様に強制退社の場合も社員契約に存続規定がなければ会社は解散する。

　社員契約に特定の日が到来したら社員が退社する旨の条件（例えば、70歳になった年の最終日に退社する）を定めることもできる。退社は不確定な出来事の発生（例えば、長期間の事業実施不能）と結びつけることもできる。

第6章
機　関

　本章では、会社の機関について検討する。ただし、会社法が規律しているのは企業組織のある一面にすぎない。実際の企業組織は法的側面から見たそれ以上に複雑である。

第1節　序　説

1　機関概観

　オランダ会社法には会社機関の概念を直接定義した規定はないが、会社機関とは会社の内部において法令または定款に従って意思決定および運営を行う一定の権限を与えられた組織である。

　株式会社は、公開会社・非公開会社を問わず株主総会（aandeelhoudersvergadering）および取締役会（bestuur）を設けなければならない。構造規制が適用される株式会社は、監査役会（raad van commissarissen）を設置するか、または一層型取締役会を設置しなければならない。構造規制の対象とならない会社では監査役会の設置は任意である。

　オランダ会社法は、同じ大陸法国のドイツ会社法とは異なる特徴を有しているものの、歴史的に二層型の経営機関構成を取ってきた点は同じである。経営を担う取締役会と、取締役会を監督し助言を与える監査役会から成る機関構成は、公開会社と非公開会社の双方に適用される。取締役会、監査役会はそれぞれの責任、権限および義務を有し、かつそれぞれが株主から独立している。2013年1月1日の法改正により、オランダでも一層型の機関構成を公開会社、非公開会社ともに採用できるようになった。

　公開会社と非公開会社の株主総会の権限はほぼ同じであり、取締役会および監査役会の権限も、公開会社と非公開会社で大きなちがいはない。機関間の権限分配は、構造規制の適用の有無によって変わってくる。

2　会社機関決議の効力による分類

　会社機関は構成員による決議によって意思決定を行う。会社機関の決議はその効力の及ぶ範囲により3つに分類される（図表6－1）。

【図表6-1：会社機関決議の効力による分類】

内部的決議	・会社内部においてのみ効力あり。 　例：定款で株主総会の承認を要するとされている取締役会決議を承認する株主総会決議
準内部的決議	・決議が一連の行為の最初のステップとなる。決議自体は外部に作用しないが、有効な決議なくして対外的な行為の効力不発生。 　例：定款変更の総会決議。変更の効力は決議後に公証人が作成する公正証書により発生。
対外的決議	・第三者に対して直接的な効力あり。決議により会社と第三者との間に一定の関係発生。 　例：株主総会の取締役選任決議、上場会社における第三者割当記名株式発行決議

(1) 内部的決議

決議の多くは会社内部においてのみ効力を有するものとして行われる。取締役会の決議のうち定款により株主総会の承認が必要とされている場合における総会承認決議がその例である。この総会承認決議は内部的な決議にすぎず、対外的な効力を有しない。

(2) 準内部的決議

決議が一連の行為の最初のステップであるというものである。決議自体は外部に作用しないが、有効な決議なくしては対外的な行為は効力を有しない。ただし、善意の第三者の保護を考える必要が出てくる。例えば、定款変更には株主総会決議が必要だが、決議それ自体で定款が変更されるわけではなく、現実に定款が変更されるためには公証人による公正証書が必要となる。株主総会決議が無効の場合は定款変更も無効となる。その意味で定款変更の株主総会決議は一定の対外的効力を有する。

(3) 対外的決議

第三者に対して直接的な効力を有する決議である。決議により会社と第三者の間に一定の関係が生じる。例えば、株主総会による取締役の選任、上場会社における特定株主への記名株式の発行決議があげられる。

第2節　機関の権限分配

1　総説

すべての株式会社は、株主総会と取締役会の2つの機関の設置が義務づけられる。法の定める一定の要件に該当した場合には、監査役会と経営協議会も設置しなければならない。経営協議会は厳密には会社の機関ではないが（2：78a/189a条参照）、50名以上の従業員を有する会社は経営協議会法に基づき経営協議会を設置しなければ

ならない（☞第7章第1節）。監査役会の設置は、3年間継続して構造規制基準にあてはまった場合に必要となる。構造規制会社の監査役会はかなり大きな法定権限を有している（2:153/263条2項、154/264条1項、158/268条、162/272条、164/274条）。通常会社でも、経営の監督と助言を担う機関として監査役会を設置することができる（2:140/250条1項）。

　監査役会は取締役会から独立しており、両者の構成員を兼任することはできない。監査役会は主として監督および助言の機能を有する（同条2項）。定款でさらに具体的にその権限を定めることができるが、原則として監査役会は業務執行機能を担うことはできない。このため監査役会は、取締役会に対して経営についての具体的な指示を与える権限や会社の経営方針を決定する権限を有しない。また構造規制会社を除いて、取締役の選解任権も有していない。ただし、実際の監査役会の権限や義務は、定款の定めにより会社ごとに異なり得るため、株主からの授権の程度によって変わってくることになる。

　会社を経営するための主要な権限を有する機関は株主総会と取締役会である。この2つの機関はそれぞれ2:107/217条、129/239条の定めにより、異なる機能と権限を有している。2:129/239条1項は、定款の規律に従って会社を経営する権限を取締役会に与えている。取締役会は業務執行機関であり、会社の業務執行および会社代表すなわち会社の第三者に対する行為について責任を負う（2:129/239条、130/240条1項）。株主総会には法令および定款に定められた制限の範囲内で、取締役会その他の機関に与えられていない権限が与えられる（2:107/217条1項）。この意味で、株主総会は残余権限（restbevoegdheid）を有する機関である。構造規制会社では株主総会の権限はさらに縮減されている。このように株主総会は会社の最高権限を有しているというわけではないが、定款で会社の経営方針を決定する権限を拡大することは可能である。

　会社機関は法令の定めに従って権限を分配されており、一つの機関が会社内部の支配権限を独占することはない。とはいえ会社機関が有する支配力のレベルは定款の定めおよび実際の会社の状況によりさまざまであり、その両極にいるのが一人非公開会社と株主が分散した上場公開会社である。

　法令が定める機関のほかに、会社は定款によりそれ以外の機関を設けることもできる。ただしその権限は、法令で定められた機関に強行法的に割り当てられている権限とは異なるものでなければならない。

　以下、本節および第3節では、公開会社と非公開会社に共通するルールを中心に叙述し、公開会社特有のルールは第4節で取り上げる。

【図表6-2：構造規制適用の主な効果】

2:158/268条1項 監査役会の設置強制
・一部免除会社も監査役会は設置要。

2:158/268条4項以下 監査役は監査役会の指名に基づき株主総会が選任
・発行済株式の3分の1以上を有する株主が出席した株主総会の普通決議によって、指名の拒否可。

2:162/272条 取締役の選任、職務停止、解任は監査役会の権限
・監査役会の選解任権は候補者の拘束名簿により制約されない。

2:164/274条 重要な取締役会決議事項は監査役会の承認が必要
・監査役会の承認が得られない場合でも、取締役会および取締役の代表権自体は影響を受けない。

2:164a/274a条 一層型機関構成の採用も可
・非業務執行取締役が業務執行取締役を選任。監査役会の承認を要する取締役会決議には、過半数の非業務執行取締役の承認要。

2 構造規制

(1) 意　義

3年連続して構造規制会社（structuurvennootschap）の定義に該当する会社は、完全免除が適用されない限り、監査役会または非業務執行取締役（以下、特に一層型の説明を除き単に「監査役会」とする）を設置しなければならない（2:154/264条1項、158/268条1項）。構造規制会社の監査役会は3つの基本的機能を有している。第1に監査役（非業務執行取締役）の指名、第2に取締役（業務執行取締役）の選任、第3に取締役会による重要な経営意思決定の承認である。この強行法的なシステムは、株主総会の権限を縮小し、経営協議会の権限を拡大することがねらいである（図表6-2）。

構造規制は自発的に適用することもできる（2:157/267条1項）。任意適用は、合併等の状況が発生した場合に労働組合（vakbond）または経営協議会との協議に基づき実施されるが、当該会社またはその従属会社が経営協議会を設置している場合にのみ認められる。

(2) 定　義

構造規制は、次の3つの基準を満たす会社に適用される（2:153/263条2項）。
(a) 会社の発行済資本の額と留保利益を含む準備金の額の合計が1600万ユーロ以上である。
(b) 当該会社またはその従属会社が法令の定めにより経営協議会を設置している。
(c) 当該会社とその従属会社があわせてオランダ国内で常時100名以上の従業員

を雇用している。

また、従属会社（afhankelijke maatschappij）は次のように定義されている（2:152/262条）。

(a) 会社またはその従属会社が、単独または共同で、自己の計算により、発行済資本の少なくとも半分を出資しているところの法人
(b) 営む事業を商業登記している人的会社で、会社またはその従属会社が第三者に対して完全無限責任社員となっているもの

(b)号は、合資会社の無限責任社員となることを通じた支配従属関係に対して構造規制を適用するための規定である。

(3) 登 記

構造規制会社に該当し、かつ後述の完全免除の対象ではない会社は、会社が法定基準を満たした会計年度の計算書類を承認してから2ヵ月以内に商業登記所に通知しなければならない（2:153/263条1項）。3年連続して通知がされれば、自動的に構造規制が適用され（2:154/264条1項）、会社は3年目の年度終了前に、構造規制に適合するよう定款を変更しなければならない（同条3項）。期限までに定款が変更されない場合は、強行規定が法の作用として適用される。

構造規制会社の基準に適合しなくなった場合、会社はその旨を商業登記所に通知しなければならない。若干の例外を除き、3年間連続して構造規制対象基準を満たさなくなって初めて構造規制の適用対象外となる（同条2項）。ただし、当該会社またはその従属会社が経営協議会を設置している場合は、その後も任意で適用することができる。

(4) 適用免除

ア 完全免除

構造規制は商業登記所への3年連続の通知により適用されるが、以下の場合はその適用が完全免除（vrijgesteld）される（2:153/263条3項）。

(a) 当該会社が構造規制の適用を受ける法人の従属会社である場合。構造規制の適用は一部であってもよく、また法定適用、任意適用のいずれでもよい。
(b) 当該会社がその活動を専ら企業グループに属する会社の経営およびファイナンスならびに他の法人への出資に限定している場合。ただし、当該会社および当該企業グループ会社の従業員の過半数が国外で雇用されていること。
(c) 当該会社が専ら上記(b)に示された会社および企業グループ会社に対する経営およびファイナンスを担っている場合。
(d) 当該会社の発行済資本の半分以上が、2以上の構造規制会社または構造規制会社の従属会社の共同出資による場合。

実際には、(b)(c)の免除が適用されるのはオランダに持株会社の本拠を置く国際的な企業グループに限られる。免除の適用を受けるためには、持株会社は企業グルー

プ会社の株式保有およびファイナンス以外の活動を行うことを避けなければならない。

　免除対象会社は 3 年間の待機期間を経ることなく直ちに定款変更により通常の会社に移行できる。しかし、それと引き換えにオランダの子会社が構造規制の適用対象となることを避けるために、実務では任意で構造規制の適用を受け続けることもある。

　イ　一部免除

　オランダ国外から経営支配されている会社およびオランダに持株会社の本拠を置く国際的な企業グループは、一部免除（verzwakt regime）の対象となる（2:155/265 条 1 項）。完全免除会社と異なり、一部免除会社は 3 要件の適用を受ける会社としての登記が求められる。3 年の判定期間を経て構造規制会社となるが、すべての構造規制が適用されるわけではない。取締役候補者の指名や計算書類の承認において監査役会（および非業務執行取締役）の特別な権限にちがいが生じる。すなわち一部免除会社ではこれらの権限が株主総会にとどまる。

　会社の発行済資本の半分以上が以下の(a)～(c)に示された者により保有されている場合、当該会社はオランダ国外から経営支配されているか、またはオランダに持株会社の本拠を置く国際的な企業グループであるとみなされる。

(a)　従業員（または企業グループ会社の従業員）の過半数がオランダ国外で雇用されている会社その他の法人またはその従属会社
(b)　上記(a)に該当する会社その他の法人またはその従属会社によるジョイント・ベンチャー
(c)　上記(a)に該当する法人および完全免除または一部免除の構造規制会社によるジョイント・ベンチャー

　ただし、構造規制会社が属する企業グループが、上記(a)(b)(c)に該当する会社その他の法人と併せてその従業員の過半数をオランダ国内で雇用している場合は、一部免除は適用されない（2:155/265 条 2 項）。

3　一層型と二層型

　2013 年 1 月 1 日に施行された経営・監督法（Wet bestuur en toezicht）[1] は、公開会社、非公開会社の両方に適用され（2:129a/239a 条）、経営監督の役割を監査役会ではなく特別に任命された取締役に行わせる定款規定を認める。法律ではこの監督の役割を担う取締役を非業務執行取締役（niet-uitvoerende bestuurder）とよんでいる（同条 1 項）。非業務執行取締役は、（通常の）業務執行取締役（uitvoerende bestuurder）と同じく取締役会の構成員であるが、その役割は異なっている。非業

---

1)　Wet van 6 juni 2011, *Stb.* 2012, 275.

務執行取締役の役割は、業務執行取締役の監督と助言である。その点で非業務執行取締役の立場は監査役のそれと類似している。しかし非業務執行取締役は監査役とは異なり、原則として取締役会に出席し、日常の業務執行に影響を与える問題についての意思決定に参加する。業務執行取締役、非業務執行取締役はいずれも取締役会の構成員であるため、適切な経営について連帯責任を負うことになる。一般に一層型の非業務執行取締役は、二層型の監査役に比べ業務執行全般により積極的に関わることになろう。

業務執行取締役と非業務執行取締役の義務は、定款または会社の内部規則で区分して定められる。非業務執行取締役の義務と責任は、厳密には定款および内部規則ならびにそれらによって割り当てられた権限により、会社ごとに異なり得る。ただし、2:129a/239a条は会社に必要な自由度を与えたうえで、一定の強行法的な制約を課している。すなわち、取締役会の議長（voorzitterschap）、取締役候補者の指名、業務執行取締役の報酬決定権を業務執行取締役が担うことは許されない。

業務執行取締役と非業務執行取締役から成る一層型のコーポレート・ガバナンス・モデルは、特に英米法圏で用いられている。一層型は経営方針の統合とそれによる事業の成功に結びつきやすいといわれているが、二層型は監督機関（監査役会）の独立性が維持できる。もちろん実際には各会社の姿勢に左右される面が大きい。立法者は、一層型は国際的に事業を展開している大企業に向くと期待していた。構造規制会社でも一層型を選択することができる（2:164a/274a条）。現時点では一層型を採用する会社はあまり多くない。本書では二層型の会社を軸に説明してゆく。

4　株主総会の権限
(1)　総　説

オランダ会社法では、株主総会は会社の最高機関ではなく、また取締役会は株主総会の下部機関ではない（2:107/217条1項、129/239条1項）。株主は会社の経営者として振る舞うことはできない。それは取締役会の役割である。また構造規制会社では、その決議が会社の利益に反する場合を除き、監査役会が法令または定款により与えられた権限に従って行った決議を株主総会が覆すことはできない。

しかし2:107/217条1項および2:129/239条1項は、株主と取締役会の権限分配を常に明確にしているとは限らない。2:129/239条の「会社の業務執行（het besturen van de vennootschap）」という用語にはあいまいさが残っている。業務執行には、会社の日常の業務執行に関わる事項と、会社の将来の経営計画の策定があると理解されているが、この権限がどのようなものから成り立っているかは必ずしも明確ではない。ただし会社法の実務では、株主と取締役会の権限分配に関する問題が生じることはさほど多くない。法が重要な権限を明文で株主総会に与えているためである（**図表6-3**）。以下にその主要なものを列挙する。

【図表6-3：株主総会の主な権限】

条文	権限
2:107/217条	・法令または定款により他の機関の権限とされていない権限
2:96/206条	・株式の発行
2:99/208条	・減資
2:101/210条3項	・計算書類の承認
2:121/231条1項	・定款変更
2:132/242条1項 2:134/244条1項	・取締役の選任、職務停止、解任
2:142/252条1項 2:144/254条1項	・監査役の選任、職務停止、解任
2:317条1項 2:334m条1項	・合併、会社分割
2:18条2項	・組織変更
2:19条1項a号	・解散
2:107a条1項	・会社またはその事業の同一性または性格についての重要な変更を伴う取締役会決議の承認（公開会社） (a)(実質的な)事業全部の第三者への譲渡 (b)他の法人との重要な長期協力関係の開始または終了 (c)会社資産の3分の1以上に相当する他社への資本参加または撤退

(a) 株式発行に関する事項。株主総会は株式発行権限を他の機関（通常は取締役会）に委譲することができる。しかしいつでもそれを撤回することができる（2:96/206条）。
(b) 減資の決議（2:99/208条）
(c) 計算書類の承認（2:101/210条3項）。承認権限には、計算書類変更権限も含まれると解される。取締役会は会計年度終了後5ヵ月以内に計算書類を作成して株主に提示しなければならない。特例として株主総会は5ヵ月間の延長を認めることができる（2:101/210条1項）。
(d) 定款変更（2:121/231条1項）
(e) 取締役の選任・解任（2:132/242条1項、134/244条1項）。構造規制会社では異なる規律が適用され、完全構造規制適用会社ではこの権限は監査役会にある（2:162/272条）。取締役・監査役の選任に際し、株主総会は取締役会、特定の種類株主または定款に定められたその他の者による指名を受け入れることが求め

られる。この指名は行使された議決権の3分の2以上の多数による特別決議で覆すことができる（2:133/243条2項、142/252条2項）。取締役の選任を第三者の承認に服せしめることは許されない。ただし、通常会社では定款で監査役の3分の1までを株主総会以外の者が選任できると定めることができる（2:143/253条）。通常非公開会社では、定款で特定の種類株主総会で取締役・監査役を選任することを定めることができる。

(f)　監査役の選任・解任（2:142/252条1項、144/254条1項）。構造規制会社でも監査役は株主総会が選任するが、株主総会の権限が無制約であるわけではない。選任は監査役会の指名に基づいてなされなければならず、さらに監査役の3分の1は経営協議会の推薦が必要となる。株主総会が選任を否決すると、新たな選任手続に入る（2:158/268条4項・6項・9項）。構造規制会社では監査役の解任においても、株主総会の権限に制約があり、株主総会は監査役会全体の不信任を決議する権限のみが与えられている（2:161a/271a条）。この不信任決議により監査役会全員が直ちに退任することとなる。

(g)　合併、会社分割の承認（2:317条1項、334m条1項）

(h)　組織変更の承認（2:18条2項）

(i)　解散決議（2:19条1項a号）

　これら株主総会の基本的な権限に関する規定は強行法規である。しかし、株主総会の権限については定款で別段の定めを置くことができる。例えば、すでに述べたように定款のある規定の変更に、特定の種類株主総会の決議を要するという定めを定款に置くことができる。また取締役の選任に際し、特定の種類株主に指名権を与える旨の定款規定も認められる。そのような選任方法の定めがある場合、株主総会は、発行済株式の過半数が出席する株主総会で出席株主の議決権の3分の2以上の決議によってのみ、種類株主による指名の拘束力を排除して、別の者を取締役に選任することができる（2:133/243条2項）。

　2012年10月1日以降、構造規制が適用されない非公開会社では、取締役の全部または一部を特定の種類株主によって直接選任する定款規定を設けることができるようになった（2:242条1項）。監査役の選任についても同様である（2:252条1項）。この権限移譲は、例えば一族経営の非公開会社で、株式を保有する家族ごとに身内から取締役を出したいときに利用できる。取締役の報酬決定権は株主総会以外の機関に移すことができる（2:245条）。特定の株主グループによって選任された取締役も、会社およびその関連企業の利益のために任務を遂行しなければならない（2:239条5項）。

　法人法の一般法理である合理と公正の原則（2:8条）は株主にも適用される。株主は他の株主、取締役会、監査役会、経営協議会および会社自身を含む会社の関係者に対して合理と公正の原則に基づいて行動しなければならない。これは株主が会社

の利益を支える義務を負うことを意味するものではなく、株主が他の株主に特定の義務を負うことを意味するものでもない。しかし合理と公正の原則違反は株主総会決議無効の原因となる（2:15条1項b号）。

(2) 拘束的指示

オランダでは取締役会の職務遂行に際し、株主総会が取締役会に対して拘束的指示（bindende aanwijzing）を行うことができるかが議論されてきた。フォーラム銀行事件[2]で最高裁判所は、株主総会は法令および定款に定められた権限分配を遵守しなければならないとした。すなわち、法令または定款に特定の根拠がなければ、株主総会は取締役会に対して拘束的指示を行うことはできない。

【フォーラム銀行（Forumbank）事件】

フォーラム銀行N.V.（F銀行）の株主総会は、297株をJ.A.ファン・トールン（J.A. v. Toorn）とM.ファン・トールン（M. v. Toorn）（ファン・トールン両名）から1株1000ギルダーで買い取ることを決議した。買取代金は主としてファン・トールン両名の融資債務の弁済に充当するとされていた。ファン・トールン両名は当時銀行からかなりの融資を受けていた。297株はその融資の担保としてF銀行に提供され、F銀行が自己株式として保有することとなっていた。株主総会ではこの議案について激しい議論が行われた。監査役会はこの提案が銀行、株主の利益に反するとして議案に反対した。大量の株式購入は銀行の流動性を危うくするというのが理由であった。また取締役会と監査役会は、本件株式取得は株主総会の決議事項でないという立場を示した。株主2名が、決議は法令、定款、公序良俗、合理と公正の原則に反するとして決議の無効を主張した。

本件では、自己株式の取得が株主総会決議事項か取締役会決議事項かが問題となった。最高裁判所はまず、株主総会は取締役会その他の機関に与えられていないすべての権限を有するとした。また、会社の定款6条で、F銀行取締役会は制限なく経営に専念すべきことが定められていた。しかし、定款4条には新株の発行に関する特別な規定があり、同条3項では「会社は発行済資本の額の半分を超えない対価で自己の計算にて自己株式を保有することができる」と定めていた。

以上を踏まえ最高裁判所は次のように述べて株主の上告を棄却した。定款4条3項の「会社」という文言の範囲には株主総会も含まれ、株主総会は自己株式の取得条件を決定する権限を有し得る機関である。しかし当該会社の定款規定は権限の所在についての定めではなく、法律の規定を踏まえて一定の範囲内で自己株式を取得できるとするにすぎない。本定款では特定の機関が指定されておらず、したがってこの場合取締役会のみが権限を有することは明らかである。このため、

---

[2] HR 21 januari 1955, NJ 1959, 43.

自己株式の取得について株主総会が取締役会に具体的に指示できるとするのは正しい解釈ではない。それは株主総会の権限踰越である。

フォーラム銀行判決は2007年にABNアムロ・ホールディング（ABN AMRO Holding）判決[3]で確認された。最高裁判所は、原審の商事裁判所を全面的に支持して、①会社およびその関連企業の経営戦略の決定権限は、原則として会社の取締役会にある、②監査役会はそれについての監督を行う、③株主総会は法令または定款により与えられた権限を行使することでその見解を示すことが許される、と判示した。

最高裁判所は、2010年のASMI事件判決[4]でも取締役会の自律性の原則を再確認した。この原則は、経営の判断権限は取締役会にあり、取締役会は適切な範囲内で現在および将来の経営方針について株主に諮問するというものである。取締役会が経営方針について事前に株主総会の決定を仰ぐということはない。

2012年10月1日の法改正により非公開会社では、取締役会は定款で指定された会社機関（多くの場合は株主総会）の指示に従って行動しなければならないと定款で定めることが認められている（2:239条4項）。この定款規定は、一般的な経営方針の変更を求めるのみならず、個別的な作為・不作為の拘束的指示であることもある。ただし取締役会は、会社および関連企業の利益に反して指示内容を実施してはならない（☞第13章第5節参照）。このため、上に述べた一連の最高裁判所の判例の射程は、現行法では専ら公開会社となった。

(3) **取締役の選解任**

株主は会社法上の指示権とは別に、会社の業務執行を自らの意思である程度動かすための重要な手段を持っている。すなわち、経営陣と意見が異なる場合は、取締役を解任して交代させることができる。解任権の行使はいつでも行うことができる（2:134/244条1項）。また、構造規制が適用されない会社では、すでに述べたように株主総会に取締役の選任権がある。

選任された取締役は会社の機関の地位に就き、会社法に基づく会社構造の一部を構成する。このような取締役と会社の間の会社法上の関係は、権利義務として両者の間を行き交う。取締役は適切にその義務を履行することが求められ（2:9条）、会社の出資者は、合理と公正の原則（2:8条）に従い取締役に対して（そして取締役も会社の出資者に対して）振る舞い、また取締役は株主総会において勧告的議決権を行使する（2:117条4項、227条7項）。このように彩られた会社法上の関係に加えて、会社と取締役の間では契約法上の関係が適用される。取締役が自然人の場合、この

---

[3] HR 13 juli 2007, *JOR* 2007, 178.
[4] HR 9 juli 2010, *NJ* 2010, 544.

契約関係は原則として雇用契約となる。

　取締役の解任規定（2:134/244条）に関して、取締役が解任された場合に会社法上の地位が終了するにすぎないのか、それとも（解雇予告期間を満たさないとしても）雇用契約をも終了させるものなのかが長らく不明確であった。

　2005年のユニデック・ボリュームボウ（Unidek Volumebouw）事件[5]で最高裁判所はこの問題に答えを出した。本件の取締役は、取締役としては解任されもはや会社の役員ではないとしても、それによって会社との間の雇用契約が終了することにはならないと主張した。最高裁判所はこの主張を認めず、「2:134条、244条（旧規定）の立法経緯から明らかなように、……これらの条文は、解任決議によって雇用関係も終了することを明らかにする趣旨である」と述べた。ただし株主総会の解任決議に際し、解任によって会社と取締役間の雇用契約は終了しないと明言しておくことは差し支えない。

　株主総会の解任決議によって7:670条の解雇規制の適用がなくなるわけではない。株主総会は、2:134/244条1項に「いつでも（te allen tijde）」という文言があるため、病気の取締役を解任することができ、解任は会社法上は有効であるが、労働法理により瑕疵ある（onregelmatig）ものとなる。病気の被用者を解雇することは明白に不合理（kennelijk onredelijk）であり、これを理由として解雇された取締役は損害賠償を請求することができる（7:681条）。

　取締役の解雇が7:681条により明白に不合理なものとされるかどうかは、例えば当該取締役が株主総会の望んだ経営方針の採用を拒否するといった事実があったかどうかを考慮することになる。取締役が株主総会の望んだ経営方針を採用しなかったことがあったとすれば、それは解雇の合理的な根拠となる。拘束的指示に従わなかった場合も同様である。このように解雇の合理的な根拠がある場合は、当該解雇は明白に不合理とはいえず、したがって解雇された取締役からの損害賠償請求も認められない。取締役の解雇が明白に不合理であるかどうかは、株主総会が支持した経営方針が全体として会社の利益を促進するものかどうかにもよる。そうでない場合は、解雇が明白に不合理であった可能性が高まる。明らかに不合理となれば、会社は解雇された取締役の損害を賠償しなければならない。

【メイエルズ／マスト・ホールディング（Meijers/Mast Holding）事件[6]】

　メイエルズは1986年1月1日からマスト・ホールディングB.V.の取締役であった。取締役就任前は1984年1月1日以降秘書役の地位にあった。1986年1月1日をもって肩書は変わったが業務内容は前と同じであった。メイエルズの妹の

---

5)　HR 15 april 2005, *JOR* 2005, 145.
6)　HR 4 december 1992, *NJ* 1993, 271.

マストは会社の唯一の株主であった。1987年6月12日、メイエルズは株主総会決議により解任された。解任の理由はこれまでの業務執行状況に加えて、株主が支持した経営方針の実施をメイエルズが拒否したことであった。

解任が不当なものかが争点となったが、最高裁判所は、取締役が株主の望む経営を行うことを拒否することは解任の合理的な理由になり、この場合株主の望む経営方針の性質その他の条件が考慮されなければならないとして、「本件では、会社の財務状況が悪化するなか、経営コンサルタントの報告書で示された提言に従うことが関係していた。したがって、本件の事実関係および株主が望む経営の性質からして、不当な解雇を疑う理由はない」と述べた。

取締役は、会社の利益にならない株主総会の指示を実行することを拒否したとして不合理に解任されそうな場合、株主総会の解任決議差止めの仮処分を裁判所に申し立てることができる。また会社または労働組合の申立てによる調査請求手続において商事裁判所は、株主総会による誤った経営のおそれがあるとして、株主総会決議停止の暫定的救済措置を講じることができる[7]（☞第10章第2節9）。

第3節　株主総会の運営

1　総　説

株主は総会外でも決議をすることができるが、法は株主総会において決議することを優先している。株主総会決議についてはかなり詳細な手続規定が設けられている（2:107/217条～120/230条）（図表6－4）。

(1) 開催時期

株主総会は少なくとも年に1回、定時株主総会を開催しなければならない（2:108条1項、218条）。それ以外の総会は臨時株主総会である。公開会社では定時株主総会は会計年度終了後6ヵ月以内（定款でより短い期間を定めている場合はその期間内）に開催しなければならない（2:108条2項）。

(2) 招集権者

株主総会の招集権限は取締役会と監査役会に与えられている（2:109/219条）。少数株主による総会招集についても規定がある（2:110/220条～112/222条）。

株主は取締役会および監査役会に対して臨時総会の招集を請求することができる。請求が拒絶された場合、公開会社では発行済株式の10%以上、非公開会社では1%以上を保有する単独または複数の株主が、裁判所の許可を得て株主総会を招集することができる（2:110/220条）。総会招集権は、公開会社の協力により発行された預

---

[7]　HR 16 april 2010, *JOR* 2010, 223 (Sint Antonius).

【図表6-4：株主総会の招集】

	公開会社		非公開会社	
出席者	・株主 ・同意預託証券所持人		・株主 ・株主名簿に登載されたその他の総会出席権者（2:194条）	
招集地	定款で定められたオランダ国内または会社の主たる事務所が所在する自治体		定款で定められた場所（オランダ国外でもよい）または会社の主たる事務所が所在する自治体	
	発行済全株式を有する株主の同意により、その他の場所で開催可。		全株主・総会出席権者が同意し、決議前に取締役会・監査役会が意見を述べる機会を与えられていれば、その他の場所で開催可。	
招集方法	預託証券発行会社：全国版日刊新聞紙で公告 定款で電子的手段による通信で招集できる定め可。 上場公開会社はホームページに招集通知を掲出要。	記名株式のみの発行会社： 定款で書面による招集通知などの別段の定め可。 定款に別段の定めがなければ、株主およびその他の出席権者の同意により、電子メールで招集可。	株主およびその他の出席権者に招集通知を発送	定款に別段の定めがなければ、株主およびその他の出席権者の同意により、電子メールで招集可。
招集通知発送	総会の15日以上前 上場公開会社は42日以上前	規定違反は発行済全株式を有する株主の同意により有効として扱われる（2:114条2項、115条1項）。	総会の8日以上前	規定違反は総株主・総会出席権者が議案の決議に賛成し、決議前に取締役会と監査役会が意見を述べる機会を与えられていれば、有効として扱われる（2:224条2項、225条）。
議題	招集通知に記載 or 本店で閲覧提供		招集通知に記載	

託証券の所持人、非公開会社の総会出席権を有する預託証券所持人、および一定の場合には質権者・用益権者にも認められる。

公開会社では、自己資本が払込資本および請求済資本の半分以下になる見込みとなった場合に、取締役会には3ヵ月以内に株主総会を招集する義務が生じる（2:108a条）。招集された臨時総会において対応策が議論されることになる。

法令または定款の定めにより株主総会が招集されなければならないにもかかわらず、招集通知が発せられない場合、株主は裁判所に招集を申し立てることができる（2:112/222条）。

(3) 招集地

公開会社の株主総会はオランダ国内で開催しなければならない（2:116条）。これに対して非公開会社では国外で開催することもできる（2:226条）。

開催地は本店所在地または定款に定められた地である。公開会社では、発行済全株式を有する株主（委任状によるものも含む）が出席する場合はそれ以外の場所で開催することができる（2:116条）。非公開会社では全株主およびその他の総会出席権者が同意し、取締役会・監査役会が決議前に助言をする機会を与えられている場合に、他の場所で株主総会を開催することができる（2:226条）。

(4) **招集通知**

招集手続については、2:113/223条〜117b/227b条にその定めがある。招集通知は、公開会社では総会会日の15日前までに、非公開会社では8日前（定款でより長い日数を定めている場合はその期限）までに、取締役会（または監査役会）が発する（2:115条1項、225条）。上場公開会社では42日前とされている（2:115条2項）。

非公開会社の株主に対する株主総会の招集通知は、書面で株主名簿に記載された住所宛てに発送しなければならない（2:223条1項）。公開会社の招集通知は、株主に対する個別の通知のほか（2:113条1項）、全国版日刊新聞紙に掲載しなければならない（同条2項）。預託証券を発行している公開会社は株主を把握できないためである。記名株式および公開会社の協力により発行された預託証券の保有者に対しては、定款で別段の通知方法（電子メール等）を定めることができる（同条3項）。上場公開会社は会社のウェブサイトに招集通知を掲出しなければならない（同条6項）。公開会社、非公開会社ともに株主の同意を得たうえで電子的な手段（電子メール）で行ってもよい（2:113条4項、223条2項）。

招集通知発送の瑕疵は、総会無効宣言の原因となる（2:15条1項a号）。ただし、発行済株式を有する全株主が招集通知不要に同意した場合はこの限りでない（2:115条1項、225条）。

招集通知には総会の議題が記される。原則として、あらかじめ議題が示されていないことを決議することはできない（2:114条1項・2項、224条1項・2項）。2:114a/224a条1項は、一定数の株式を単独または共同で保有する株主から所定の時期までになされた議題提案を、招集通知に記載しなければならないとしている。この議題に関する規律は定款でさらに詳細に定めることができる。

(5) **議　題**

株主総会の議題は招集権者が決定する。株主ならびに公開会社の協力により発行された預託証券および非公開会社の総会出席権を有する預託証券の所持人は、議題提案権を有する。非公開会社では発行済資本の1％以上、非上場公開会社では3％以上、上場公開会社では額面5000万ユーロ以上である。ただし、非公開会社では、株主総会で議題とすることが会社の重要な利益に反する場合は、議題提案権の行使が認められない。議題提案は、公開会社では総会の60日以上前に、非公開会社では30日以上前に、それぞれ取締役会に対して行わなければならない（2:114a/224a条）。

非公開会社は招集通知に議題を記載しなければならない（2:224条1項）。公開会

社では招集通知に議題を記載するか、または会社の本店で閲覧に供してもよい（2:114条1項・3項）。ただし、定款変更案は招集通知に記載しなければならない（2:123/233条1項）。計算書類または定款変更が議題となっている場合は、議案の内容を事前に会社本店で株主の閲覧に供することが求められる。株主は無料で複写を請求することもできる（2:102条1項、212条、123/233条3項）。

全株主（委任状によるものも含む）が出席した株主総会で満場一致の決議による場合は、招集通知に記載されていない議題について決議することができる（2:114/224条2項）。

(6) 定足数、決議要件

株主総会の決議は原則として絶対多数（volstrekte meerderheid）によって行われる（2:120/230条1項）。原則として議決権の過半数による。定款変更（2:18条2項a号）、合併（2:330条1項）など一定の事項については、決議要件が強化される特別決議（gekwalificeerde meerderheid）事項である。また定款で、特定の決議事項（定款変更、解散など）について定足数や決議要件を定めることができる。例えば総議決権数の一定割合の議決権を有する株主が出席した総会において決議をしなければならないという定款規定は定足数要件（quorumvereiste）の問題である（2:120/230条2項）。法により定足数要件が設けられている決議事項もある。取締役候補者と異なる者を取締役に選任する決議は、総議決権の過半数の議決権を有する株主が出席することが要件とされている（2:133/243条2項）。株主総会の定款変更権限を排除する決議についても、発行済株式を有する株主全員が出席していることという定足数要件がある（2:121/231条3項）。無議決権株主（2:228条5項）を定足数にカウントすることを明らかにしている規定である。実務上は、定款で特定の決議事項（定款変更、解散など）について定足数や決議要件を定めることが一般的である。

定款で株主総会の定足数を定めていて、最初の招集通知による株主総会が定足数不足になった場合、2度目の株主総会は、定款に別段の定めがなければ、定足数要件を無視して有効に決議を行うことができる。ただし、2度目の株主総会の招集通知にその理由を明示しなければならない（2:120/230条3項）。

(7) 総会出席権

非公開会社法の柔軟化にあわせて、非公開会社に総会出席権（vergaderrecht）の概念が導入された。総会出席権は、株主総会に直接または委任状によって出席し発言する権利と定義されている（2:227条1項）。また、定款で電子通信手段（インターネット）による総会出席について規定することができる。いずれの場合も総会出席権は、株主のほか預託証券所持人および株式の担保権者にも与えられる。総会出席権者は、議題提案権を有する（2:224a条2項）。

(8) 議長および議事録

株主総会の議長については定款に定めが置かれることが一般的であり、監査役会議長または取締役社長としていることが多い。議長は議事録（notulen）の作成および出席株主の確認を行う秘書役を任命することができる。一定の重要な決議の議事録の作成には、公証人の関与が必要となる（2:124/234条2項、330条3項）。取締役会は株主総会決議の全記録を株主および預託証券所持人の閲覧に供しなければならない。株主および預託証券所持人は、複写または抄本を請求することができる（2:120/230条4項）。

(9) 総会外決議

定款で株主総会を開催せずに決議を行うことを定めることができる（2:128/238条）。総会外決議（besluitvorming buiten vergadering）とよばれる。実質的には株主が少数の会社において意味がある。公開会社では会社の協力により発行された預託証券がなく、かつ全株主が議案に賛成することが必要である（2:128条1項）。これに対し非公開会社では、全総会出席権者が総会外での決議方法を採用することに同意した場合に総会外で決議をすることができる（2:238条1項）。したがって非公開会社の預託証券所持人は、実際に会議を開催する必要があると考えるときは、総会外で決議を行うことに反対できる。

もう一つの要件は、議決権行使は書面（または電子的手段）によることであるが、非公開会社ではそれに代えて各株主の議決権行使結果を書面または電子的に記録する方法でもよく（2:238条2項）、これによって法的な確実性が保たれている。

総会外で株主が決議を行う前に、取締役および監査役は勧告的議決権行使によって各自の見解を明らかにしなければならない（2:117条4項、227条7項）。この議決権行使がなかった場合、決議は無効原因を帯びる。総会外決議は国外で行ってもよい。取締役会は総会外決議のすべての記録を保管しなければならない。

2 議決権

(1) 一株一議決権原則とその例外

額面が均一であれば株主は原則として1株につき1議決権を有する（2:118/228条1項・2項）。ただし、非公開会社の無議決権株式には議決権はない（2:228条5項）。また、議決権は株式と一体のものであり、株式から分離することはできない。額面の異なる株式が発行されている場合は、株主は保有する総額面額内で、最小額面株式を基準にその整数倍の数の議決権を有する（2:118/228条3項）。この場合端数は切り捨てとなる。

質権者、用益権者も議決権を持つことができる（2:89/198条3項、88/197条3項）。この議決権は質権者、用益権者の持分に内在するものであって、株主自身の総会出席、株式の譲渡や株主の死亡、無能力によって撤回されるものではない。

各株主が少なくとも1議決権を有することという条件を除いて、非公開会社の定款では法令とは異なるバリエーションを作ることができる。例えば定款で株式にA種株式、B種株式の種類を設けて、A種株式の保有者には持株数に応じてB種株式の保有者より多くの議決権を与えることができる。また額面10ユーロのA種株式には1株につき25議決権を与え、額面10ユーロのB種株式は1株につき1議決権とすることが可能である。このような柔軟な仕組みは家族経営の会社などにニーズがある。法は複数議決権（meervoudig stemrecht）については特に規定していない。一株一議決権の例外は、総資本が代表された株主総会において、出席株主の全員一致による定款変更決議によって採用（または変更）しなければならない（2:228条4項）。また、非公開会社の無議決権株式に関する定款の定めは、株主全員の賛成によってある特定の種類株式すべてを無議決権株式とすることができる、または会社は株主総会で議決権を有しない株式を発行することができるという内容でなければならない（同条5項）。

(2) **基準日**

　公開会社では、株主総会決議によって基準日を設けることができるが、定款でその権限を取締役会に与えることもできる（2:119条1項）。株主総会の招集、開催を円滑に行うためである。基準日は、特定の日（株主総会の28日前）に株主名簿に記載されている株主を、株主総会当日に株主であるか否かにかかわらず、総会で議決権を行使できる株主として扱う制度である。上場会社の場合は、委任状勧誘を容易にするという目的もある。

　無記名株式を発行している公開会社は、定款で総会前に株式証書を会社の本店または指定場所（多くは商業銀行）に提示しなければならないと定めることができる。招集通知にはその旨を記載しなければならない。提示の義務は総会の7日前以降に生じる（2:117条3項）。非公開会社の定款では株主に総会出席の意思を会社に通知する義務を課すことができる。ただしその期限は総会の3日前以内でなければならない（2:227条6項）。

(3) **議決権行使における合理と公正の原則**

　法人と法人内部の組織を構成する者は、法令および定款に基づいて互いに合理と公正の原則に基づいて行動しなければならない（2:8条1項）。会社法のこの重要な基本原理は、非公開会社の株主総会においては、株主が必要に応じて互いに話し合いをしなければならないということを意味している。最高裁判所の古い判例はこの原則を、複数の者で構成される機関を有する法人では、決議は参加する者すべての相互の合意の成果として成立するものであるという表現を用いて示している[8]。

---

8) HR 15 juli 1968, *NJ* 1969, 101 (Wijsmuller).

(4) 勧告的議決権

取締役と監査役は株主総会で勧告的議決権（raadgevende stem）を行使する（2:117条4項、227条7項）。この勧告権は、取締役と監査役に、決議事項についてどのような立場であるかを株主に対して表明させるためのものである。取締役会は、株主総会での決議結果を記録しなければならない（2:120/230条4項）。この規定は議事録以上のものを求めていると解され、会社は一種の株主決議記録（besluitenlijst）を実際に作成することが求められる。決議記録は株主および総会出席権を有する者に開示されるが、社外の者には閲覧請求権はない。

(5) 議決権の代理行使

株主は委任状により議決権を行使することができる。委任状は書面で作成しなければならない。定款で一定の者は代理人になれないという定めを置くことができる。ただし、公開会社では弁護士（advocaat）、公証人（補）（(kandidaat-)notaris）、登録会計士（registeraccountant）は常に株主の代理人となることができる（2:117条1項）。

原則として委任状は議決権が行使される前であればいつでも撤回することができる。株主自らが株主総会に出席することは委任状の撤回とみなされる。株主の死亡、後見開始は委任状撤回の法定事由である。また委任状は株式の譲渡により効力を失う。公開会社が基準日を設定することによって委任状の効力が終了することはないが、これは記名株式に関してである。

株主は株主名簿にアクセスすることができる。委任状争奪戦はオランダではあまりないこともあり、これに関する特段の規定は設けられていない。

3 議決権行使契約

株主には株主総会に出席して議決権を行使する義務はない。議決権を行使するかどうかは株主の自由である。さかのぼること1944年のヴェネックス（Wennex）事件[9]で最高裁判所は、株主に付与されている議決権は、「他人の利益のために託されているのではなく、会社における自己の利益に仕えるために与えられている自分自身の権利である」と述べている。しかし、権利の自由な行使にはそれ自体に限界がある。株主は議決権行使行動においてあらゆる場面で自らの利益に従って行動してよいわけではなく、常に会社の利益および会社のほかのステークホルダーの利益を考慮しなければならない。

この重要なルールは2:8条の合理と公正の原則と3:13条の権利濫用（misbruik van bevoegdheid）に基づくものである。ここで問題となるのは、株主があらかじめ他の株主または第三者と合意して、株主総会においてその合意に基づいて議決権を行

---

[9] HR 30 juni 1944, *NJ* 1944, 465.

使することが許されるか、許されるとしてどこまで許されるかである。言い換えるならば、株主は議決権の行使に関する契約を締結できるか。この疑問については一般論で答えは出せない。議決権行使契約は、民法上は一定程度まで許され、そのことはヴェネックス事件をはじめとして最高裁判所により何度も確認されている。

　株主2名の非公開会社で、持株比率（議決権比率）がどちらも50％の合弁会社においてデッドロックに陥った場合、議決権契約によって解決が可能となる。法も議決権行使契約の存在を前提とした規定を設けており、親子会社の定義条項である2:24a条1項は、ある会社の議決権の過半数を、単独で、または議決権を有する他の会社との契約に基づき共同で行使できる会社を親会社としている（傍点筆者）。この種の議決権行使契約としては、例えば、何名かの株主が株主総会において共同して議決権を行使して過半数による決議を成立させることをあらかじめ合意するというものがある。

　判例ではその他のタイプの議決権契約の効力も認められてきている。例えば、決議事項について第三者の意見を求め、株主はその意見に従って議決権を行使するという約定である。この場合第三者は誠実に意見を形成しなければならない。決議結果が賛否同数の場合に第三者が判定を下すという合意も実質的に同じ結果をもたらすことになる（2:120/230条1項）。一定範囲の株主の議決権をプールしてブロックでそれを行使するとし、どのように行使するかはそれらの株主が事前に投票で決めるという議決権行使契約もある。また、事業の一部の譲渡など第三者と会社の行為について、株主が当該第三者と合意したうえで、当該第三者の合意を適切に履行するために必要な場合は新しい取締役を選任することを株主間で合意するというものもある。それ以外に、例えば一定の状況下で議決権を行使しない、または議決権行使を放棄するという合意も認められる。

　最高裁判所の判例では、議決権行使契約に反する議決権の行使は、一般に有効であるとされている。前述のヴェネックス事件では、会社の株主総会における議決権の行使に関する株主の契約的な結合は、会社法上は議決権に何の影響も与えないとされた。議決権行使契約で株主を黙らせることはできない。このため、議決権行使契約には、契約に違反した株主は相手方に対して違約金を支払わなければならないという規定がしばしば置かれる。議決権行使契約に反する議決権行使は会社法上有効として取り扱われるが、そのために契約関係における不履行責任が消え去るわけではない。

　しかし、民法上の有効性を疑問視せざるを得ない議決権行使契約も存在する。株主が金銭の受領と引き換えに、他人の指示に従って議決権を行使することを約束するという、議決権を「売る（verkoopt）」契約は公序良俗（goede zeden）違反で無効となる。また、株主が、無限定で、したがって決議のメリットがあらかじめ想定できない状態で、株主総会において第三者の指示に従って議決権を行使するという

合意も無効である。

2つの議決権行使契約のちがいは、前者ではあらかじめ議決権の行使内容が分かるのに対し、後者はいわば盲目的な議決権行使が強制される点にある。決議が行われる株主総会において、またはその前に、株主が他の株主および取締役会を考慮することが無限定にできないことに問題がある。株式譲渡制限（2:195条）が適用される非公開会社では、株主が第三者（非株主）の指示により議決権を行使する契約は、たとえそのメリットが事前に判定できる具体的な決議に関するものであるとしても、その有効性は疑問である。株主がそれによって、非公開会社の株主総会の支配権を株主でない外部者に渡してしまう結果になるからである。これは株式の譲渡が制限される非公開会社の閉鎖性と相容れない。議決権行使契約が無効の場合、契約当事者の株主は、何らの制裁も受けることなく約束した内容と異なる議決権行使ができる。

オランダでは議決権信託は認められていない。しかし同様の効果は議決権行使契約により一定の義務を負った株式保有財団を設立することで可能である。

4　株主間契約

株主が議決権の行使を含めて株主権全般に関して契約を締結することがある。株主間契約は原則として有効であるが、契約当事者のみを拘束する。ただし全株主と会社自身が契約当事者となっている場合は、株主間契約による合意内容は会社に対しても効力を有すると解される。例えば、株主の一人がそのような株主間契約の取決めに反して議決権を行使した場合、決議は合理と公正の原則に反するものとして無効宣言の対象となる（2:15条1項b号）。

株主間契約に定められた権利義務は株式に付随するものではないため、将来の株主を拘束しない。株主間契約の効果は、違約条項、撤回不能委任状および承継人に対する拘束条項（kettingbeding）によって保つことができる。

複数の会社が共同事業を行うに際し取り交わすジョイント・ベンチャー契約では、共同事業のファイナンス、一方当事者が持分を譲渡して撤退する場合の他方当事者の先買権、議決権の行使等に関する規定を設ける。しかしこの場合も、法令および定款により取締役会、監査役会に与えられた権限をないがしろにする規定を設けることはできない。

株主が取締役会または監査役会の指示に従って議決権を行使するという合意をすることは許されない。また株主間契約が公序良俗や個別の法規制に反するものであってはならないことは、一般的な契約と同様である[10]。

---

10) 議決権行使契約、株主間契約の効力に関する詳細な比較法分析として、M. Meinema, *Dwingend recht voor de besloten vennootschap*, Kluwer, 2003, p. 183 以下参照。

5　会計帳簿の閲覧

　会社は会計帳簿またはこれに関する資料を作成し、7年以上保存しなければならない（2:10条）。株主名簿を除き、株主には原則として会計帳簿またはこれに関する資料の閲覧権がない。法定の保有要件を満たす株主または預託証券所持人は、一定の場合、商事裁判所に会社の業務執行状況を検査する専門家である検査役を選任するよう申し立てることができる（2:345条1項）。裁判所が選任した検査役は、会社の会計帳簿またはそれに関する資料すべてにアクセスすることができる（2:351条）（☞第10章第2節7）。

6　情報請求権、質問権

　取締役会および監査役会は、会社の利益に反しない限り、株主総会が請求する情報をすべて提供しなければならない（2:107/217条2項）（☞第9章第2節2）。

　株主総会ではすべての出席株主に質問権があり、会社は、会社の利益を重大に害するものでない限りその質問に答えなければならない。株主総会外ではそのような権利は原則として認められない[11]。

7　預託証券所持人の権利

　公開会社の協力により発行された預託証券および非公開会社の総会出席権を有する預託証券の所持人は、株主と同様に以下の権利を有する。
(a)　株主総会招集通知を受け取る権利（2:113/223条1項、114/224条1項）
(b)　一定の条件下で株主総会の議題を提案する権利（2:114a条4項/224a条2項）
(c)　総会に出席して議事に参加する権利（2:117/227条2項）。ただし議決権はない。
(d)　計算書類、経営報告書および会計士の意見書を受け取る権利（2:102条1項、212条）

　同様の権利は、定款に反しない範囲で、議決権を有する質権者・用益権者に認められるほか、議決権を有しない質権設定者・質権者・用益権者にも設定契約に基づき認められる。

第4節　公開会社の権限分配と株主総会の運営

　本章前節までで述べたように、権限分配と株主総会に関する非公開会社と公開会社の規律の多くは共通している一方、手続の期限や権利行使のための持株要件などでは差異が設けられている。本節ではさらに公開会社の特徴を際立たせるちがいを

---

11) HR 9 juli 2010, *NJ* 2010, 544 (ASMI).

抽出して、公開会社特有の規律を説明してゆく。それらは、非公開会社の閉鎖性、公開会社の公開性を反映している。

1 株主総会と株主権

2012年10月1日施行の非公開会社法の柔軟化に伴い、公開会社と非公開会社の差異はひろがっている。権限分配に関する最も重要なものとして、非公開会社と異なり公開会社では、取締役および監査役を種類株主総会決議によって選任または解任することができない（2:132/142条～134/144条）。

株主総会決議に関する規律も異なる。公開会社には総会出席権の概念がない。株主総会には株主のほか会社の協力によって発行された預託証券所持人が招集される（2:113条1項）。また公開会社では無議決権株式を発行することはできないが、定款で株主ごとの議決権数を持株数に応じて比例的に縮減することができる（2:118条4項）。さらに、持株数にかかわらず一人の株主が有する議決権数が一定数を超えない条件で出資額と議決権数の比例関係を崩すことができる。この一定数は、授権資本が100株以上に分割されている会社では6、その他の会社では3と定められている（同条5項）。公開会社も総会外で決議を行うことが認められるが、あらかじめ定款に定めを置かなければならず、かつ決議成立要件が議決権を有する総株主の賛成となっており、非公開会社と比べ要件が厳しい（2:128条）。

2 経営の裁量

公開会社と非公開会社の会社法上の規律の大きなちがいは、経営の裁量の範囲にある。公開会社においては、以下に該当する事項についての取締役会決議は、株主総会の承認を得なければならない（2:107a条1項）。

(a) 事業の全部または実質的に全部の第三者への譲渡
(b) 他の会社または他の法人もしくは人的会社の子会社との事業提携の開始または終了で、会社の利益に重大な影響を与えるもの
(c) 会社の貸借対照表上の資産の3分の1以上に相当する他社への資本参加または撤退（子会社によるものも含む）

株主総会はこれらの事項について、それに伴う定款変更や合併、会社分割、解散を含め承認権限を有する。ただし、株主総会の承認を欠いても当該事項に関する会社の代表権に影響はない（2:107a条2項）。

【ABNアムロ・ホールディング（ABN AMRO Holding）事件[12]】

2004年に2:107a条が制定されてから初めてその適用範囲についての判断を最

---

12) HR 13 juli 2007, *JOR* 2007, 178.

高裁判所が示した事件である。争点は米国での銀行事業を売却するとした ABN アムロ・ホールディングの取締役会決議に株主総会の承認を要するかであった。ABN アムロの取締役会は、バークレーズ（Barclays）社との間での株式交換によって子会社を売却することとしたが、株主総会はそれを承認していなかった。ABN アムロの経営陣に対抗して、主要株主が公開買付けによる ABN アムロの株式取得の意向を示した。当該事業売却が ABN アムロまたはその事業の同一性または性格の重要な変更にあたるかが問題となった。

　最高裁判所の結論は、重要な変更には該当しないというものであった。裁判所は立法過程の記録を踏まえて、2:107a条の適用は株主があたかも実質的に別の事業に資本を提供したり持分を保有したりするかのような、持分の性質の劇的な変更を伴う場合に限られるとした。そして最高裁判所は ABN アムロの株主はそのような状況にはないとした。

　ABN アムロ事件により、2:107a条は法的安定性の保護のために制限的に解釈されることになり、公開会社の取締役会の経営裁量の範囲は大きく広がった。
　株主総会の承認を要しないその他の事例としては、2:107a条2項に定められた株主総会の承認権限を尊重する機会がないような状況が考えられる。例えば会社の破産を回避するために速やかに行動しなければならない場合である。この場合2:8条の合理と公正の原則により、総会の承認権限は脇に置かれることになる[13]。
　非公開会社には2:107a条に対応する規定がない。非公開会社では会社と株主の間により密な関係があるため、2:107a条のような規制は必要ないと考えられたためである。しかしだからといって非公開会社の取締役会が無制限に自由に会社や事業の性格を変えることが許されるわけではない。一般に事業を実質的にすべて譲渡するような場合は、取締役会は株主総会の承認を要すると解されている。その根拠となるのは非公開会社の権限分配に関する2:217条である。
　公開会社と非公開会社の取締役会の経営裁量に関しては、もう一つちがいがある。非公開会社では取締役会は定款で指定された機関の指示に従って行動しなければならないとする拘束的指示の定款規定を設けることができるが（2:239条4項）、本章第2節4(2)で述べたように、公開会社では、取締役会に対する他の機関からの指示は、定款で特定された分野において一般的な経営方針を策定するということに関してのそれに限られる（2:129条4項）。

---

13)　Vgl. Rb. Amsterdam 18 mei 2011, *JOR* 2011, 320 (Fortis).

3　上場公開会社における経営者支配とその規制

(1) 預託証券

非公開会社および一般の公開会社と異なり、上場公開会社の預託証券所持人は、預託証券が会社の協力により発行された場合には株主総会で議決権を行使することができる（2:118a条）。預託証券は、すでに述べたように実質株主が株主総会で議決権を行使することができないようにするための手段であるが、2:118a条はそれに穴をあける規定である。

(2) 種類株式

預託証券のほかにも、上場公開会社には証券市場を通じて株式を購入した者に株主総会で議決権を実質的に行使させない手段がある。その例として、議決権優先株式（取締役の選任についての拘束的指名権を伴うもの）や配当優先株式があげられる。これらはいわば経営陣の防御テクニックであり、外部者が株主総会で支配権を行使することから会社（経営者自身）を守ることを意図したものである。

会社の取締役会は、定款の授権または事前の株主総会決議により（2:96条1項）、大量の普通株式を保有する者に対抗して配当優先株式を発行する。その際、会社（取締役会）の掌中にある財団にその配当優先株式を割り当て、既存株主の新株引受権が配当優先株式には適用されないというルールを利用する（2:96a条3項）。これにより、普通株式の大量保有者は株主総会決議を左右する力を失うことになり、代わって配当優先株式の割当てを受けた財団が総会を支配する力を持つ。このようにして会社（の経営陣）は、経営陣にとって好ましくない者による支配権の行使を防ぐ。

防衛策としての配当優先株式の利用は、会社の財務状態が危機的になっているときは注意を要する。防衛策の問題点は、資本提供者が通常なら有するはずの支配権を行使できなくなることである。この場合資本提供者は、リターンに影響を与えることができないまま財務上のリスクを背負うことになる。近年オランダの上場会社が外国企業により買収されるようになりこの批判が強くなった。オランダ企業の「特売（uitverkoop）」などとマスコミで取り上げられた。防衛策の導入がこの特売の法的状態をさらに複雑にしている。証券市場を通じて株式を購入した者の支配権を配当優先株式が制限することになるためである。

(3) EU買収指令

2004年4月、欧州議会と欧州理事会は会社法第13指令（買収指令）[14]を採択した。この指令の趣旨は、上場会社の支配権を獲得した者は、株式売却を希望する残りの株主に対する公開買付け（openbaar bod）を行わなければならないとするものである。少数派株主の保護が目的である。少数派株主は公開買付けに応じることで、多

---

14) Directive 2004/25/EC of 21 April 2004 on takeover bids.

数派株主に支配された会社にとどまることを余儀なくされることがなくなる。公開買付けは買収防衛策と相容れない面がある。しかし、欧州指令は加盟国に対して防衛策を禁止はしていない。買収指令はオランダでは民法典2:359a条～359d条、金融監督法、公開買付規則として国内法化された（☞第13章第3節4）。オランダ法でも買収防衛策は禁止されていない。2:359b条により買収防衛策の定款規定を設けることができるが、会社（の取締役会）が買収局面において恣意的に新たな防衛策を講じるようなものであってはならない。

(4) 買収防衛策の許容基準

買収防衛策導入の許容基準を定めた一般規定は、会社法や金融監督法にはない。2003年RNA事件[15]で最高裁判所は、買収防衛策の評価についての大まかなルールを示した。このルールに照らして、買収防衛策は会社の（経営方針の）継続性、そして会社の利害関係者の利益の観点からそれが必要である場合には、その利用が正当化される。

防衛策は適切かつ比例的でなければならない。このことから防衛策は無期限であってはならない。防衛策の目的は買収者を永久に排除するものであってはならない。その目的は一時的に買収者が登場する前の状態を維持して、これからのことは当事者およびその他のステークホルダーとさらに調整することである。すなわち、現経営陣と買収者のどちらが会社および会社の利害関係者の利益になり得るかである。ただしこの考え方には副作用として、取締役会が株主の受け取る買取価格および会社の従業員にとっての買収の影響を交渉するのに有利な立場にあるということがある。

【ストーク（Stork）事件[16]】

2007年に商事裁判所がストークN.V.（S社）に対して買収防衛策を撤回するよう命じた事件である。S社は、2人の大株主によって、監査役会の不信任（2:161a条）が可決されるのを防ぐため、ストーク財団に優先株式を発行した（不信任が可決された場合は、2:161a条3項により監査役は全員退任となる）。商事裁判所は、この買収防衛策が2:8条の合理と公正の原則に反するとして撤回を命じた。その理由の一つとして、S社内で協議の余地が十分あり、（結果はさておき）それが利用できたことがあった。したがって優先株式の発行は、協議の余地を作る必要性があるため正当化できないとされた。

配当優先株主（上記ストーク事件では財団）は、株式の払込みをしなければなら

---

15) HR 18 april 2003, *NJ* 2003, 286.
16) OK 17 januari 2007, *JOR* 2007, 42.

ない。ここにまた問題が発生する。証券市場で普通株式を買う者は、一般に額面価額よりはるかに高い金額を支払う。それは上場会社が年月をかけて利益を蓄積して相当な額の準備金を保有しているためである。公開会社が解散すると、株主は残余財産に対する権利を有するが（2:23b条1項）、残余財産に対する権利は会社の存続中にすでに株価に反映している。また将来の利益に対する投資家の期待も反映されている。会社の将来見通しもまた株価を決定する要因となる。それに対して配当優先株式は、定款の定めによって額面に基づき計算された一定の配当率（例えば国債の利率と同じ配当率）が普通株式に対する優先的権利として与えられるが、残余財産に対しては優先されないとされる（2:96a/206a条2項）。このような配当優先株式の発行価額は定款の定めを通じて一般に普通株式と同じ価額とされる。さらに防衛策で用いられる上場会社の配当優先株式の特徴として、直ちに全額払込みが求められない場合がある（2:80条1項）。これらによる効果として、配当優先株主は普通株主に比べ相当に少ない財務的負担で会社の支配権を取得するにもかかわらず、配当についてはあらかじめ決められた優先レートによって支払われることになる。

(5) **株主平等原則**

配当優先株式を使った防衛策は、会社が株主をいかに平等に取り扱うべきかという問題を提起する。株主平等原則は、公開会社、非公開会社ともにあてはまる問題である。2:92/201条1項は、株式には原則としてその株式数に応じた権利と義務が伴うとしている。しかし、これには法自身が、「定款に別段の定めがない限り」という重要な例外を設けている。公開会社の配当優先株式の優先権は、当該会社の定款にその根拠があるため許容されることになる。2:92/201条2項は、会社は同じ状況にある株主を等しく取り扱わなければならないとする。しかし、配当優先株主には優先して配当を支払うことができる。これは定款に配当優先株式の根拠が定められており、普通株主は配当優先株主とは同じ状況にはないということになるためである。最高裁判所は1993年の連合ボートリーデン事件[17]で、不平等な取扱いが合理的かつ客観的な正当化根拠を有しない場合には、株主平等原則違反になるとした。

【ロイヤルDSM（Koninklijke DSM）事件[18]】

株主平等原則が問題となった2007年の最高裁判所判例である。上場会社のロイヤル DSM N.V.（DSM社）は長期間株式を保有している株主に上乗せ配当をすることを計画した。これはいわゆる忠実配当（loyaliteitsdividend）で、株主の長期のコミットメントを促進する狙いがある。長期間株主で居続けるほどより多くの配当を受け取ることができる。忠実配当の対象株主は株主名簿の記載により判定

---

17) HR 31 december 1993, *NJ* 1994, 436. 本書第4章第7節3参照。
18) HR 14 december 2007, *JOR* 2008, 11.

される。DSM 社は忠実配当を導入するため、2007年3月28日に株主総会で必要な定款変更決議を行った。株主の一人が商事裁判所に、DSM 社の経営方針と業務執行の調査請求を申し立てた。商事裁判所は2:92条の株主平等原則の違反のおそれありとして暫定的救済を認めた。

最高裁判所はこれに対し、次のように述べて忠実配当は許容されるとした。2:92条1項の文言は同種の株式が配当に対して常に同じ大きさの平等な権利を有していなければならないことを要求するものではない。したがって、定款で同じ種類（クラス）の株主に、株式保有期間などの状況に応じて異なる権利を与えることができる。ただし、2:92条2項は強行法規として、同じ状況にある株主は同じように取り扱われなければならないことを要求している。

第5節　決議の無効（Nietigheid）と無効宣言（Vernietiging）

1　総　説

株主総会、取締役会その他の会社機関の決議は法律行為であり、一定の法律効果をもたらす。例えば、株主総会による新株発行決議は、会社に出資をしたい者に株式を発行する効果を有する決議であるが、法律行為としてそれが無効または無効宣言の対象となる場合がある[19]（図表6-5、6-6）。法人法は、決議の無効または無効宣言の対象について固有の規定を設けており、民法典第3編の財産法とは異なる内容を定めている。そのちがいは2:14条、15条、16条に表れているが、決議の無効および無効宣言については、依然として民法典第3編の規定も重要である。実際に3:59条は、第3編の無効および無効宣言の規定が、財産法以外でも法律行為または法的関係の性質上排除されない限り準用されることを定めている。したがって、例えば3:53条1項が無効宣言の効果は行為がなされたときにさかのぼると定めていることは、会社の決議にもあてはまる。2:14条〜16条は経営協議会の決議には適用されない。経営協議会は会社機関ではないためである。以下本書では、無効な決議と無効宣言の対象となる決議を総称する場合には無効な決議と表記する。

---

[19] わが国においても明治32年商法には「決議無効の宣告を求める訴え」の規定があった（明治32年商法163条）。酒巻俊之「会社法下における株主総会等の決議の取消しの訴え」日法80巻3号401頁（2015）参照。また、ドイツ法では「取消可能（Anfechtbarkeit）」のほかに「否定可能（Vernichtbarkeit）」の概念があり、オランダ法のvernietigbaarheidはドイツ法のVernichtbarkeitに対応すると考えられる。椿久美子「裁判上の取消から意思表示による取消への変遷(1)——《法律行為の取消》研究序説」中央学院14巻1＝2号168頁（2001）参照。決議の無効宣言は、わが国の決議の取消しにおおむね対応するが、本書では原語のニュアンスを生かすために「無効宣言」の訳語を使用する。

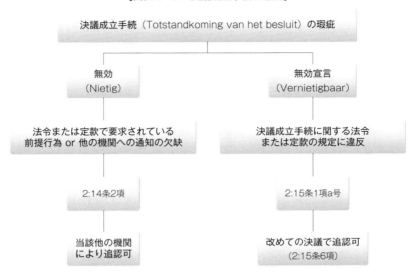

【図表6-5：決議成立手続の瑕疵】

2　無　効

2:14条は、法令または定款に違反する法人の機関の決議は無効である（nietig）とする。無効は法の作用によるものである。決議無効とは、その決議が最初からだれとの関係でもなかったことになり、決議から生じる法律効果も最初から存在しないことになる。利害関係者は無効な決議を無視することができる。裁判所も決議が無効であればそれを前提に手続を進める。決議が法令または定款が定めた権限分配（verdeling van bevoegdheden）に反して行われ、またはその成立に根本的な瑕疵（fundamenteel totstandkomingsgebrek）がある場合に、その決議は無効となる。決議の内容（inhoud）または目的（strekking）が法令または定款に違反する場合も無効である。

例えば、公開会社の株主総会が新株発行権限を取締役会に与えていない場合に、取締役会が新株発行を決議しても無効である。取締役会の行為は定款の権限分配に反するためである。すなわち新株発行決議は2:96条1項に違反し、結果として権限分配規定である2:14条1項により無効となる。

また次の場合も決議は無効である。株主総会で出席株主の有する議決権の過半数で決議が行われたが、当該会社の定款には決議成立に議決権の3分の2以上の加重要件が適用されると定められていた。総会議長は決議要件を誤解しており、総会出席者にも誤った決議要件を伝えてしまった。この場合、当該決議は定款違反で無効なのではなく、決議の成立過程に根本的な瑕疵があることになる（2:14条1項）。

第5節　決議の無効（Nietigheid）と無効宣言（Vernietiging）

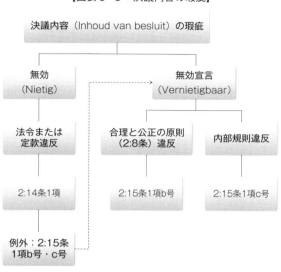

【図表６-６：決議内容の瑕疵】

　もう一つ例をあげておく。非公開会社の定款に、株主総会は議決権優先株主による種類株主総会からの定款変更提案に基づいてのみ、定款変更の決議をすることができると定められていた。株主総会で議決権優先株主による種類株主総会の定款変更提案がないまま定款変更決議が行われた。この決議は無効である。定款違反は決議成立の根本的な瑕疵である。

　最後に示した例では、議決権優先株主が無効な定款変更を遡及的に承認すること（追認）が2:14条2項により許される。これは法令または定款で必要とされている前提行為（voorafgaande handeling）の瑕疵によって当初無効であった決議が、追認の結果有効となることを定めた規定である。この例において、定款で議決権優先株主の提案が必要であるとされていることは、2:14条2項にいう前提行為である。追認が行われれば、定款変更決議は最初から有効となる。追認は、決議の瑕疵が2:14条2項に定めるところの法令または定款で必要とされている決議の前提行為の瑕疵、または当該決議を行った機関以外の機関または自然人に対する通知の瑕疵に該当する場合にのみ可能である。無効な決議をすべて有効にできるわけではない。

3　無効宣言対象（Vernietigbaarheid）

　2:15条は無効宣言対象となる決議についての規定である。無効と異なり、無効宣言は法それ自体の作用ではない。決議の無効宣言は裁判所によってなされる。法律上の利益の保護のために2:15条は裁判外での無効宣言を認めていない。3:49条では

法律行為の無効宣言が一般に裁判外で行えるとされているのと異なる。裁判所も自動的に無効を宣言するわけではない。決議を無効とすることに合理的な利益を有する者の申立て、または取締役会決議に従い会社自身の申立てにより行われる（2:15条3項）。無効宣言の対象となる行為は、裁判所が無効を宣言するまでは有効である。裁判所が無効を宣言すると無効な決議とのちがいはなく、無効な決議も無効宣言された決議も最初からその効力が否定される。無効宣言の申立権は、決議結果が公表された日または利害関係者が決議を知った日もしくは通知を受けた日から1年の経過をもって消滅する（同条5項）。

無効宣言の対象となるのは次の場合である。

(a) 決議が法令または定款が定める決議方法に反して行われた場合（2:15条1項a号）。例えば公開会社の定款で株主総会の招集通知は総会の17日以上前に発しなければならないと定められていたが、実際には15日前に発せられた場合である。総会が開催され決議が行われたとしても、その決議は無効宣言の対象となる（2:115条）。

(b) 決議が合理と公正の原則に反して行われた場合（2:15条1項b号、8条）。法人および法人組織に関わるすべての者は法令または定款に従い、互いにこの原則に基づいて行動しなければならない。会社機関だけではなく、法人組織に関わる個人にも適用される。多数派株主が株主総会における議決権の行使によって少数派株主の利益を著しく損なった場合はこの原則に反し無効宣言の対象となる。この原則は取締役会の決議にも影響を与える。取締役会は決議を行うに際し、決議が他の会社利害関係者に与える効果を考慮しなければならず、それらの者の利益に不合理な影響を与え結果として合理と公正の原則に反する場合には、決議を再考しなければならない。

(c) 会社の内部規則（reglement）に反する決議（2:15条1項c号）。内部規則とは会社の内部秩序を定めた一連の規則である。例えば、監査役会の開催頻度や議長の輪番制などの定めである。

決議無効宣言対象の重要な原因となる合理と公正の原則（2:8条）違反について補足しておく。例えば、配当を行わないという株主総会決議はこれに該当する場合がある。会社が大きな利益をあげ、その利益がさしあたり会社の健全な存続に必要なく、多数派株主は配当を受けなくても構わないが、少数派株主は配当が必要であるような場合である。多数派株主は合理と公正の原則により少数派株主の利益を考慮しなければならない。

無効宣言のもう一つの重要な原因として、決議に関する法令または定款の規定に抵触することがある。これについては、根本的な瑕疵を理由とする無効との区別が問題となる。2:15条1項a号は、無効宣言の理由として根本的ではない決議成立の瑕疵（niet-fundamentele totstandkomingsgebrek）を念頭に置いた規定であるが、

何が根本的で何がそうでないかについては法文上明らかでない。この点は判例および学説により補充されてゆくことになる。

　概して言えば、例外はあるものの決議の内容が法令または定款に違反する場合（例えば、取締役会が取締役を選任する）は無効であり、決議の方法が法令または定款に違反する場合（例えば、株主総会出席権を有する者全員に招集通知が発せられなかった）は、無効宣言の対象である。この基本ルールの例外は、株主総会の定数不足、決議成立要件不足であり、その場合決議は無効となる。これらは決議成立過程での瑕疵であるが、2:14条2項の無効事由に該当する。このことは、2:15条2項が、同条1項a号には2:14条2項の要件は含まれないと定めていることにも示されている。例えば、2:114/224条は株主総会の招集通知には議題が示されなければならないとしており（同条1項）、議題が招集通知に示されていない場合はそれについての決議はできない（同条2項）。同条1項の招集通知の議題記載は根本的な要件ではないと考えられている。したがって、招集通知にない議題についての決議は2:15条1項a号の無効宣言の対象となり、当該議案に反対した株主は無効宣言の申立てができる。

　株主総会における取締役、監査役の勧告的議決権（2:117条4項、227条7項）の行使手続違反も2:15条1項a号により無効宣言の対象となる。取締役、監査役の勧告的議決権行使は、株主総会の決議とともに実施しなければならない。この決議の瑕疵はあくまで根本的でない瑕疵である。取締役、監査役の勧告権は総会外での決議にも適用される[20]。非公開会社については2012年10月1日の法改正で、2:238条2項に明文規定が設けられた。

【ヤンセン・ペルス（Janssen Pers）事件[21]】
　総会外の決議で勧告的議決権行使を欠くことが、決議の無効宣言の理由となるかが争点となった。事実関係はやや複雑であるが、ポイントは一人会社の株主が、取締役の意見を聞かないまま、総会外で取締役を解任し、以前に決議された定款変更と増資を撤回する決議を行ったというものである。当該取締役が勧告的議決権を行使できなかったことにより、解任決議と定款変更、増資の撤回決議については無効と宣言された。ただし本事件は中間手続であったため、無効または無効宣言については終局判決が下されておらず、確定的な司法判断が示されたわけではない。

---

20) HR 22 december 2009, *JAR* 2010, 20 (Hay Groep).
21) HR 10 maart 1995, *NJ* 1995, 595.

4　第三者の保護

無効な決議は最初から無効である（*void ab initio*）。無効宣言の対象となる決議は、裁判所が無効を宣言するまでは有効であるが、無効が宣言されると同時に決議は存在しなかったものとされる。

無効な決議には法的効力がない。決議無効が確定すると、会社が当事者となっていた手続に関わるすべての者がそれに拘束される。しかし、無効な決議に基づいて取締役会が次の段階の法律行為を行うことがある。原則として、その法律行為の有効性は決議が無効であることによって影響を受けることはない。そのことから2:130/240条の代表権に関する規定は、第三者が会社内部の意思決定について調査する義務がないことを意味することになる。

しかし必ずしも後続の法律行為が有効となるわけではなく、有効な決議がなければ法律行為が有効とされない場合がある。2:96条は、公開会社は新株発行決議がなければ有効に新株を発行することができないとしているように読める。会社が無効な新株発行決議に基づき第三者に新株を割り当てた場合に法律問題としてどうなるか。やや複雑な条文である2:16条2項がそれを解決する。第三者は決議が無効であることについて善意であり、またそれを知ることも要求されない。その場合会社は決議無効を善意の第三者に対して主張することができない。すなわち当該第三者が決議の無効を知らず、かつ知り得なかった場合は、当該第三者が保護される。無効な決議はかくして、本来意図されていた法律効果の例外として第三者保護ルールによる法律効果が与えられることになる（図表6-7）。

2:16条2項による善意の第三者保護については、バリエーションがある。取締役、監査役の選任が無効である場合に、会社が当人に対して無効を主張できないとする必然性はない。選任決議が無効であったことについて善意の被選任者は損害賠償の請求ができるにすぎない（2:16条2項最終文）。

第6節　取締役会

1　権　限

(1)　通常会社

取締役会の構成員である取締役は集団的な権限と責任を有し、取締役会の意思決定と行為および各取締役の行為について責任を分担する。取締役会は社内管理目的のために、各取締役の職務、責任、権限および取締役会に適用される手続等を取りまとめた内部規則を設けることができる。また定款で、取締役会の監督を実行するための内部規則を定める権限を監査役会に与えることができ、それによって取締役会の権限に制約が設けられる。これらの内部規則は対外的な効力は有しないが、実務では広範に利用されており、誤った経営が行われた場合の取締役の会社に対する

【図表6-7：瑕疵ある決議の対第三者効】

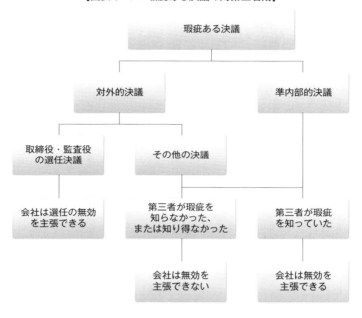

責任の認定に重要な影響を与える。

　法文には業務執行における取締役会の権限の内容についての具体的な定めがない（2:129/239条参照）。会社の経営方針は、会社の目的および「会社の利益」の枠内で取締役会が決定する。取締役会は経営方針の実行および取締役の日常の業務執行を監督するほか、株主総会（および監査役会）の意思決定の内容を実行する。

　取締役会は計算書類および経営報告書を作成する。計算書類には取締役全員が署名する。署名をしない場合は、その理由を述べなければならない（2:101/210条2項）。また、定款に定めを設けることで、準備金の積立てを決議し、株主への配当に充てる利益額を確定する権限を取締役会に与えることができる。

　取締役会は基本的に独立してその職務を遂行し、株主総会や監査役会に従属するわけではない。ただし、定款に定められた事項または監査役会もしくは株主総会が決定した事項については、事前に監査役会または株主総会の承認を得ることを取締役会に義務づける定款規定を設けることができる（2:129/239条3項）。また定款で取締役会は株主総会の指示に従わなければならないと定めることができる（同条4項）（☞本章第2節4(2)）。これは会社が企業グループの一部である場合に特に関係してくる（☞第13章第5節）。非公開会社では当該指示が会社の利益に反しないことが条件として明文化されている。ただし、これらの承認・指示規定は内部管理目的

にすぎない。取締役会が事前承認なく、または指示に反して行った第三者との取引は会社を拘束する。承認を得ていない、または指示に反するという事実の存在を第三者に対抗することはできない（☞第8章第1節2(2)）。取締役会は他の会社機関の個別具体的な指示を受け入れる法的義務はなく、とりわけその指示が会社の利益に反する場合はそうであるといえるが、指示を拒否することはすなわち株主または監査役会との対立であり、解任または職務執行停止に至る可能性が生じる。

経営協議会法では、取締役会は一定の重大な決議に際して経営協議会の事前の承認または助言を求めなければならないとされている（☞第7章第4節3・4）。経営協議会法に反する会社の行為は、裁判所による差止めの対象となる。

取締役会には、自ら空席の取締役を補充し、あるいは定款を変更する権限はない。

(2) 構造規制会社

構造規制会社では、取締役会の権限についての特別規定がある。以下に示す事項を構造規制会社の取締役会が決議する場合は、監査役会または非業務執行取締役の同意を得なければならない（2:164/274条1項）。

(a) 株式および債務証書の発行または発行した株式および債務証書の取得、もしくは会社が無限責任社員となっている合名会社、合資会社が発行した債務証書の取得
(b) 預託証券発行の協力
(c) 株式、債務証書、預託証券の上場または上場廃止
(d) 会社もしくはその従属会社と他の法人もしくは人的会社との長期協力関係、または合名会社もしくは合資会社への無限責任社員としての入社で、当該協力関係もしくはその終了が会社にとって重要である場合
(e) 会社またはその従属会社による他の会社の持分取得で、当該取得会社の貸借対照表に表示された発行済資本および準備金の額の4分の1以上のもの、および当該持分の重要な増減
(f) 会社の貸借対照表に表示された発行済資本および準備金の額の4分の1以上の投資
(g) 定款変更の提案
(h) 解散の提案
(i) 破産手続開始または支払停止（surséance van betaling）の申立て
(j) 会社または従属会社の相当数の従業員の同時期または短期間での解雇
(k) 会社または従属会社の相当数の従業員の雇用条件の重要な変更
(l) 減資の提案

定款でこれらの要件にさらに補充をすることができる。取締役会が必要な承認を得ずに法律行為を行った場合であっても会社はそれに拘束される。この法令違反は、取締役解任の根拠となるほか、取締役に対する訴訟等の原因ともなる。一方、監査

役会は、取締役会に対して上記の経営事項を実施するように強制することはできない。その経営判断は取締役会の裁量による。

2 構成

　取締役会は自然人または法人により構成される。国籍および住所は問わない。取締役会の法定最低員数は1名である。定員は定款で定められ、実際の員数は選任・解任手続の結果として決まってくる。取締役会の員数を取締役会自身で決定することはできない。取締役会の構成員が1名の場合、当該取締役は統括取締役（algemeen directeur）とよばれることがある。

　定款で各取締役の分掌（財務担当など）を定めることができる（2:9条1項）。特定の取締役に割り当てられていない職務は取締役会全構成員の責任となる（同条2項）。配分された職務も取締役会全体の権限下にあり、業務執行責任の一部となる。したがって、社長やCEOの肩書を有する取締役が他の取締役の上位にあるというわけではない。

　定款で取締役の資格を定めることができる（2:132/242条2項）。取締役の氏名（名称）、住所（法人取締役の場合は本店所在地）等は登記事項である。

3 取締役の選任、報酬、職務執行停止、解任

(1) 選任：通常会社

　設立時取締役は発起人が選任し設立公正証書にその氏名が記載され、設立後は株主総会決議により選任される（2:132/242条1項）。非公開会社では定款に定めを置くことにより種類株主総会により選任することができる。ただし、議決権を有する株主全員が少なくとも1名の取締役選任決議に参加することができなければならない（2:242条1項）。一層型の会社では、取締役は業務執行取締役または非業務執行取締役のいずれかとして選任される。定款の規定では、A種取締役、B種取締役といった区分が用いられることがある。これは、取締役の権限を区別するために用いられる表示である。さらに言えば、取締役のA種、B種は、取締役選任権を有する種類株主の区分と対応させて表示されている場合が多い。非公開会社ではこれとは異なる選任権を定款で定めることが可能である。

　取締役の拘束的指名権が、定款で特定の種類株主または監査役会（もしくはそれ以外の者や組織）に与えられている場合、株主総会は原則として拘束的指名を受けた者の中から選任しなければならない（2:133/243条1項）。ただし、発行済資本の過半数にあたる株式を有する株主が出席し、その議決権の3分の2以上の多数をもって決議された場合、拘束的指名とは異なる選任決議を行うことができる（同条2項）（図表6-8）。そのため、特定の種類株主のみによって、非公開会社の全取締役を選任すること、または公開会社の一部の取締役を選任することは許されないと

【図表6-8:取締役の選任権限】

解されている。ただし、株主間契約により特定の種類株主の提案に賛成することを合意することは有効である。

　経営協議会を設置している会社では、取締役会は取締役候補者を事前に経営協議会に通知しなければならない。取締役選任に関する非拘束的助言を行う機会を経営協議会に与えるためである（経営協議会法30条1項）。公開会社の経営協議会は、取締役の選任（職務執行停止、解任）について見解決議（standpuntbepaling）の権利を有している。経営協議会の見解決議は、選任（職務執行停止、解任）議案とともに株主総会に提示される（2:134a条1項）。

　取締役には特段の法定任期がない。毎年の選任や再任の決議は一般的でなく、また取締役が会社と雇用契約を結んでいることから、再任決議を行うことで労働法理との不整合が生じる。このため上場会社の取締役には労働法の適用が排除され、一般に4年間の任期で選任されている。

(2) 選任：構造規制会社

　構造規制会社では取締役は監査役会が選任し（2:162/272条）、一層型の会社では非業務執行取締役が選任する（2:164a/274a条2項）。この権限は株主による指名権に服さない（図表6-8）。株主は、拒否権はないものの選任前に監査役会から通知を受ける。経営協議会も事前に通知を受け、選任についての助言を行うことができ

る（経営協議会法30条1項）。

構造規制の一部免除会社では、取締役の選任は通常会社と同じである。

(3) 兼任制限

3法人以上の監査役または非業務執行取締役を兼任している者、または監査役会もしくは一層型会社の取締役会議長に就いている者は、新たに取締役または業務執行取締役に就任することはできない。定款で定められた監督機関の構成員はその名称にかかわらず監査役とみなされ、また企業グループの複数会社の監査役の地位は1個とみなされる（2:132a/242a条）。

兼任が制限されるのは、株式会社の取締役会または財団の理事会の構成員で、当該株式会社または財団の貸借対照表が2期連続で以下の3つのうち2つ以上に該当する場合である。

(a) 貸借対照表上の資産額が取得価額、製造費用ベースで1750万ユーロを超える。
(b) 当該会計年度の売上高が3500万ユーロを超える。
(c) 当該会計年度の平均従業員数が250名以上である。

(4) 報酬：雇用契約

取締役会の構成員は多くの場合会社と雇用契約を結んでいる。定款に別段の定めがなければ、雇用条件は株主が決定する（2:135条1項、245条）。雇用者の立場にある会社は取締役会によって経営されているが、取締役会は雇用契約によるだけでは個々の取締役に指示を与えることはできない。取締役が他の会社（親会社等）に雇用されている場合は、当該取締役の地位はいささかあいまいなものとなる。しかし取締役としての責任は、いずれの会社の雇用関係にも劣後するものではない。

取締役が法人である場合、法人たる当該取締役と会社の関係は委任契約となる（7:400条）。また2013年の法改正により、上場公開会社の取締役に新たに就任する自然人については、会社との関係は雇用契約ではなく委任契約と扱われる（2:132条3項）。

取締役の報酬は物価水準などにリンクするか、それを踏まえて毎年見直しがされることが多い。公開会社は計算書類の脚注に、個々の取締役・監査役の報酬、賞与、退職慰労金およびストック・オプションに関する事項を開示しなければならない（2:383b条～383e条）。

公開会社は取締役の報酬方針を策定し、株主総会で承認を受けなければならない。経営協議会が設置されている会社では、経営協議会に見解を示す機会を与えなければならない。

(5) 職務執行停止

株主総会は、取締役の選任権が与えられている場合においては、その職務執行を停止する決議をすることができる（2:134/244条1項）（図表6-9）。職務執行停止は、取締役がその地位に就いたまま権限は行使することができないという効果をも

【図表 6-9：取締役の職務執行停止、解任権限】

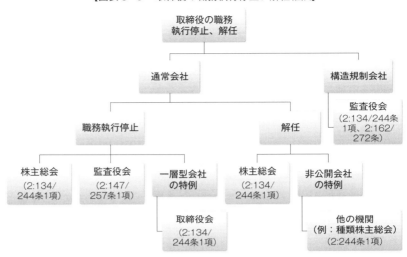

たらす。定款に別段の定めがない限り、監査役会は常に取締役の職務執行を停止する権限を有している（2:147/257条1項）。一層型の会社では取締役会が業務執行取締役の職務執行を停止することができる（2:134/244条1項）。構造規制一部免除会社でも職務執行停止権限は監査役会にある。

職務執行停止は株主総会によりいつでも解除することができる。ただし、当該取締役が就任時に監査役会によって選任されている場合（構造規制会社（一部免除を含む）がこれに該当する）は、職務執行の停止の解除も監査役会が行うこととなる。非公開会社では一部の取締役の選任権を種類株主に与えることができ、その場合、職務執行の停止・解除を行うのも種類株主である。職務執行停止によって取締役と会社の間の雇用契約が解除されるわけではない。

不合理な職務執行停止は取締役が調査請求手続（☞第10章第2節）でこれを争うことができる。職務執行停止は商業登記所に登記しなければならない。

(6) 解任：雇用契約の解除

取締役の解任には、選任権を有する会社機関の決議が必要である。構造規制会社でない非公開会社では、それ以外の機関によって解任することができる旨を定款で定めることができる（2:134/244条1項）（図表6-9）。構造規制会社では監査役会が解任前に株主総会と相談しなければならない（2:162/272条）。誤った経営（wanbeleid）が問題となっている事案では、商事裁判所が取締役を解任することができる（☞第10章第2節8）。

経営協議会が設置されている会社では、取締役会は事前に経営協議会に対し解任

の意向を通知し、解任前に経営協議会に助言を行う機会を与えなければならない（経営協議会法30条1項）。公開会社では経営協議会代表が株主総会で見解を述べることができる。

取締役解任の株主総会決議は特別決議（定足数、決議要件）によることを定款で定めることができ、また種類株主総会または監査役会が解任を提案した場合は、株主総会で特別決議要件を適用しないことを定めることができる。ただし、特別決議の定足数と決議要件には法定の制限がある。すなわち、発行済資本の過半数にあたる株式を有する株主の出席と、行使された議決権数の3分の2がそれぞれの上限である（2:134/244条2項）。

解任決議前に株主総会で意見陳述の機会を与えられなかった取締役は、その解任決議を裁判所で争うことができる。取締役と監査役は解任決議を行う株主総会で勧告的議決権を行使することができる。取締役の解任は商業登記所で登記しなければならない。

【スヤルディン（Sjardin）事件[22]】
スヤルテック（Sjartec）B.V. のスヤルディン取締役は兄妹とともに株主でもあった。スヤルディンは会社の資産を勝手に売却したとして取締役を解任された。スヤルディンは会社を訴え、第1に解任は誠実なものでなく無効であると主張し、第2に解任により失った報酬相当額または損害賠償の支払を求めた。地方裁判所、高等裁判所はいずれも請求を斥けた。

本件では、解任決議を信義則（goede trouw）（3:11条）に反するとして争うことができるかが争点となった。最高裁判所は、会社と雇用契約を結んでいる取締役は、解任された場合に信義則違反を理由として解任決議の無効を争うことができるとした。最高裁判所によれば、解任決議自体を雇用契約法理に照らして検討することに加えて、当該解任決議が定款に従ったものであるかが検討されるが、そこで信義則違反に基づく解任決議無効が認められるか否かも評価されることになる。しかしながら本件では、原判決を破棄する理由は見当たらないとされた。解任が誠実なものでないとして決議無効が認められるのは、解任そのもの根拠の有効性に瑕疵がある場合に限られる。

取締役としての解任決議により、原則として取締役と会社との間の雇用契約は自動的に解除される。取締役の雇用契約の解除に係る法理は、一般従業員の雇用契約の場合と同じである（☞本章第2節4(3)）。ただし、一般従業員と異なり被用者保険機構（Uitvoeringsinstituut Werknemersverzekeringen）の承諾は必要ない。解任

---

22) HR 26 oktober 1984, *NJ* 1985, 375.

された取締役と会社との紛争は、ほとんどの場合地方裁判所が管轄権を有するが、地方裁判所は解任された取締役の復職を命じることはできない（2:134/244条3項）。解任された取締役は解雇補償を受け取ることができるだけである。実務上は和解で解決することが多い。

4　取締役会決議
(1) 手　続

取締役会の開催頻度は法定されていない。開催にあたり特段の招集通知は不要である。開催場所は本店であることが多いが、国外を含めてそれ以外の場所で開催することも差し支えない。開催頻度や場所等については実務上会社の内部規則で定めていることが多い。取締役全員が同意した場合は、取締役会を開催せずに決議を行うことができる。

取締役会に代理出席できるのは他の取締役に限られる。補欠取締役の制度はオランダ会社法には規定がなく許されないと解されている。いわゆる白紙委任状による議決権行使は認められない。取締役は取締役会を欠席する場合は、授権内容を特定した委任状を他の取締役に対して交付する。しかし委任状による議決権行使は、特定の回の取締役会に限られており、継続的にこれを行うことは許されない。

取締役はそれぞれ同じ権限と議決権を有しているが、定款で特定の取締役または一定の役割（取締役会議長等）を付与されている取締役に、他の取締役より多くの議決権や決定議決権を与えることができる。しかし、他の取締役の賛成により成立した決議を覆す権利を認めることはできない（2:129/239条2項）。

取締役会で可否同数の場合に、監査役会または他の会社機関に決定議決権を与える旨を定款で定めることもできる。

(2) 特別利害関係人

取締役会の決議事項に直接または間接に個人的な利害関係を有し、それが会社および関連企業の利益と衝突する場合、取締役は決議に参加してはならない（2:129/239条6項）。取締役会決議はそれ以外の取締役によって行われる。すべての取締役に特別利害関係がある場合は、決議は監査役会によって行われる。監査役会が設置されていない会社では株主総会となるが、定款で株主総会ではなく、例えば特別利害関係があるにもかかわらず取締役会で決議すると定めることもできる。決議内容そのものは必ずしも会社の利益に反するわけではないためである。

2:129/239条6項に違反して行われた決議は無効宣言の対象となるが、代表権に関する規定（2:130/240条）により、決議に基づいて第三者と行われた取引の有効性は影響を受けない。会社は、特別利害関係規制に違反した取締役に対して、それによって生じた損害の賠償を請求することができる。すべての取締役は、他の取締役と会社の間の特別利害関係の問題には注意を払わなければならない。

2:129/239条6項は、判例に即して立法化されたものである。最高裁判所は2002年のブランダオ／ヨーラル（Brandao/Joral）事件[23]で、1984年に商事裁判所が特別利害関係のある決議について初めて判断した裁判例[24]を確認し、「利益衝突事案では、利益を注意深く判別することが非常に重要である。可能な限りオープンにそれを行うことが担保となる。適格な第三者が関与することが望ましいし、一定の場合には必要である」と述べた。2007年のフェルサテル（Versatel）事件[25]で最高裁判所は、調査請求手続を扱った中で、合理と公正の原則に基づき、会社は全株主の利益に関するデュー・ディリジェンスを行い、許されない利益衝突が生じないようにしなければならないとした。最高裁判所は、利益相反取締役の代表行為に適用されていた旧2:146/256条の利益相反基準を、会社内部の意思決定プロセスにおいて援用したのである。

特別利害関係の規律は監査役会にも適用される（2:140/250条5項）。取締役の代表権と利益相反の問題については第8章で述べる。

第7節　監査役会

1　権　限

(1)　通常会社

監査役会の構成員である監査役は集団的な権限を有し義務を負う。各監査役は監査役会の意思決定と行為のすべておよび各監査役の行為について責任を分担する（2:140/250条2項）。監査役会は法的には株主総会に従属するものではなく、その指示に従う必要もない。監査役会の最大の関心事は「会社の利益」である。

監査役会の主要な職務は、取締役会の経営方針および業務執行を監督することである（同条2項）。監督とは、常に法令および定款の枠内において、必要な場合は経営に介入し、会社の利益のために必要な是正措置を取ることを含む。定款に定められたものを含む重要事項について、取締役会は監査役会と相談しなければならない。監査役会は自ら取締役会に助言を与え、必要な情報を要求することができる。定款には会社の帳簿を検査し、会社の施設に制限なくアクセスできる旨が定められることが多い。取締役会は、監査役会がその責任を果たし義務を遂行するために必要な情報を適時に提供する法律上の義務を負っている（2:141/251条）。取締役会は少なくとも年に1回監査役会に対し会社の経営戦略、財務上のリスクおよび内部統制システムに関する一般的な情報を書面で提供しなければならない。監査役会は提供さ

---

[23]　HR 3 mei 2002, *NJ* 2002, 393.
[24]　OK 26 mei 1983, *NJ* 1984, 481 (Linders/Hofstee).
[25]　HR 14 september 2007, *NJ* 2007, 612.

れた情報が問題のない状態に見えているときは原則としてそれを信頼してよい。ただし、これは監査役会が適当と考える追加の情報を請求することができないという意味ではない。

　定款または監査役会決議で定められた一定の事項に関する行為について、取締役会は事前に監査役会の承認を得なければならないとする定めを定款に置くことができる。公開会社では、定款で特定された会社の一般的な経営方針の策定について、取締役会が監査役会の指示に従わなければならないとすることができる。非公開会社では、取締役会は会社の業務執行全般について監査役会の指示に従わなければならないという定款の定めを置くことができる（2:129/239条4項）。

　取締役の選任に関して、監査役会またはその他の者もしくは組織に拘束的指名権を与え、その指名は株主総会の特別決議によらなければ覆すことができないという定款規定を設けることができる。拘束的指名を覆すことができるのは、発行済資本の過半数にあたる株式を有する株主が出席した株主総会における行使議決権の3分の2以上の特別決議である。定款でさらに追加して監査役会に権限を与えることができる。ただし、経営にわたる権限を与えることはできず、また株主総会の法令上の権限に影響を与えるものであってはならない。

　各監査役は計算書類に署名する。署名をしない場合はその理由を示さなければならない（2:101/210条2項）。計算書類は公告されるため、監査役が署名を拒否できることは監査役の権限を際立たせるものとなる。

　各監査役は、株主総会に出席して議題に関する助言を行い、取締役会の多数派の立場に賛成するか否かを明らかにすることができる（2:117条4項、227条7項）。

　経営協議会は年に2回以上諮問会議とよばれる業務執行に関する協議を取締役会と行うが、通常1名以上の監査役がこの会議に出席する（経営協議会法24条）。

　取締役に利益相反があり取締役会決議が行えない場合は、監査役会が取締役会に代わって決議を行う（2:129/239条6項）。監査役会のない会社では、定款に別段の定めがなければ株主総会が決議を行う。定款には全取締役が不在または職務を行えない場合に備えた規定を設けなければならないが、この場合一時的に監査役会に経営権限を与えると定めることも許される（2:134/244条4項）。監査役会は、法令または定款により会計監査が必要な場合で、株主総会が必要な対応を取らなかったときは、会計士を確保する責任がある（2:393条2項）。

(2) **構造規制会社**

　構造規制会社では、監査役会（一層型では非業務執行取締役）の権限について特別規定がある。構造規制会社の取締役会が2:164/274条1項に示された事項について決議を行う場合は、監査役会または非業務執行取締役の同意を得なければならない。構造規制会社要件に該当した会社は商業登記所に通知後3年以内にこの規律の内容を定款に反映させなければならない。

監査役会（または非業務執行取締役）の特別な権限は、会社が構造規制を免除されているかどうかによって異なる。構造規制が免除されない会社では、監査役会は、①取締役の選任、職務執行停止、解任、②取締役会の一定の決議事項に対する承認または拒否の権限を有する。一部免除会社では、監査役会（または非業務執行取締役）の特別な権限は、②の取締役会決議事項に対する承認または拒否のみとなる。構造規制の任意適用会社では、一部免除会社と同じく取締役の選任は株主総会の権限である（2:157/267条1項）。

構造規制会社の監査役会の権限は拡大されているが、取締役の利益相反、取締役の不在または行為不能（ontstentenis of belet）の場合を除いて（2:134/244条4項）、監査役会が契約の交渉や締結といった業務執行に携わることはない。

2 構 成

監査役会の構成員は自然人に限られる（2:140/250条1項）。国籍、住所地は問わない。監査役の員数は定款または株主総会決議で決定する。構造規制会社でなければ監査役は1名でもよい。構造規制会社では3名以上とされている（2:158/268条2項）。

すべての監査役は同じ権限と義務を有するが、定款で代表監査役（gedelegeerd commissaris）を設けることができる。代表監査役は監査役会開催時以外において監査役会を代表し、日常の業務執行責任を担う取締役会を支援する。

監査役会議長は取締役会議長となることが多いが、定款でそれ以外の者を取締役会議長とすることは差し支えない。監査役には兼任規制がある（2:160/270条）。会社の使用人、会社の従属会社の使用人および会社と労使協定を締結している労働組合の役員・使用人との兼務は認められない。監査役の氏名、住所等は登記事項である。

3 監査役の選任、報酬、職務執行停止、解任

(1) 選任：通常会社

設立時の監査役は発起人が選任し、監査役の氏名は設立公正証書に記載される（2:142/252条1項）。設立後は、監査役の選任は株主総会で行う。非公開会社は定款で監査役を種類株主総会で選任できる旨を定めることができる。ただし、議決権を有する株主全員が少なくとも1名の監査役選任決議に参加することができなければならない（2:252条1項）。定款に定めを置くことで、最大3分の1の監査役を株主総会以外の機関が選任することができる（2:143/253条）。非公開会社では定款で最大3分の1の監査役を第三者が選任すると定めることができる。ただし、議決権を有する株主全員が少なくとも1名の監査役選任決議に参加することができなければならない（2:253条）。

監査役の指名手続および資格は取締役とほぼ同じである。定款で一定の種類株主その他の者が、監査役の全部または一部を指名することができると定めることができる。ただし、株主総会で、発行済資本の過半数にあたる株式を有する株主が出席し、その議決権の3分の2以上の多数をもって決議された場合は、その指名を拒否することができる（2:142/252条2項、133/243条）。

監査役候補者の提案または指名に際しては、候補者の氏名、年齢、職業、保有株式数、他社監査役の就任状況、現在および過去のその他の職位を示さなければならない。指名の理由も付す必要がある（2:142/252条3項）。

監査役の任期は3年ないし6年とされることが多い。定款に別段の定めを置いていなければ、任期満了後に重任も認められる。重任指名をする際は、在任中の職務遂行状況を考慮しなければならない（同条3項）。会社の内部規則で期差任期制を設けている場合もある。

公開会社の経営協議会は、監査役の選任（職務執行停止、解任）について見解決議を行う権利を有している。経営協議会の見解は、選任（職務執行停止、解任）の提案とともに株主総会に提示される（2:144a条1項）。

(2) 選任：構造規制会社

構造規制会社の監査役は監査役会の指名に基づき株主総会によって4年の任期で選任される（2:158/268条4項、161/271条1項）。このルールは、発起人が監査役を選任する設立時と、会社が構造規制会社の要件を満たしてから構造規制の適用を受けるまでの最長3年間は適用されない（2:154/264条1項）。重任も可能である。

構造規制会社の監査役会は監査役候補者の指名結果を株主総会と経営協議会に通知しなければならない。株主総会、経営協議会の側から候補者を推薦することもできる。

監査役の3分の1の選任について、経営協議会は強化された推薦権を有する（2:158/268条6項）。この場合、監査役会は原則として経営協議会が推薦した者を指名しなければならない。ただし、推薦された者が監査役としての任務を遂行できないことが見込まれる場合、または推薦に従って選任すると監査役会の構成が適切でなくなる場合は例外的に推薦に従わなくてもよい。

監査役会は経営協議会の推薦に対する異議があるときは、経営協議会にその旨を通知し、監査役の選任について合意を得られるように協議をしなければならない。合意に至らない場合は、協議開始から4週間以内に商事裁判所に申立てを行わなければならない。商事裁判所が監査役会の異議を斥けた場合、監査役会は推薦された者を指名リストに載せなければならない。商事裁判所が異議を受け入れた場合は、経営協議会が新たな推薦を行うことができる。

株主総会は、発行済資本の3分の1を下回らない議決権を有する株主が出席した総会において、行使された議決権の過半数により監査役会の指名を拒否することが

できる。この場合、監査役会は新たな指名を行わなければならない（同条9項）。株主総会が指名された者を選任せず、また指名の拒否決議も行わない場合は、監査役会が自ら指名した者を監査役に選任することができる。

株主総会は、監査役会および経営協議会の同意を得たうえで、構造規制会社の法定の監査役選任手続とは異なる手続を定款で定めることができる（同条12項）。

(3) 兼任制限

一人の者が複数の会社、財団の監査役を兼任するのは5法人までに限られる。取締役と兼任する場合は2法人までとなる。兼任数を数えるにあたり、監査役会議長に就いている場合はそれをもって2個として数える。兼任規制は監査役のほか、非業務執行取締役および定款で定められた監督機関の構成員にも適用される（2:142a/252a条）。企業グループ内の複数の会社の監査役の兼任は1社として数える。

(4) 報　酬

監査役は被用者ではなく、会社との関係は委任である。常勤の身分である代表監査役も同様である。

監査役の報酬は株主総会が決定する（2:145/255条）。監査役は職務の遂行に必要な費用を会社に請求することができる。監査役の報酬総額は計算書類の脚注に表示しなければならない（2:383条1項、383b条、383c条3項）。

(5) 職務執行停止、解任

通常会社の監査役の選任権者はいつでも補償なしに監査役の職務執行停止または解任ができる（2:144/254条）。選任権者は株主総会であることがほとんどである。非公開会社では定款で解任権限を株主総会に限定する定めを置くことができる。商事裁判所は、会社の監査役会による誤った経営を認定した場合、監査役を解任することができる。職務執行停止、解任は登記事項である。

構造規制会社の監査役の職務執行停止は監査役会のみが行える。構造規制会社の監査役の任期途中での解任は商事裁判所の専権事項であり、監査役会、株主総会または経営協議会の申立てに基づき、商事裁判所が解任する（2:161/271条2項）。解任が認められるのは、任務懈怠その他の重大な事由、または重大な事情変更により会社に当該監査役の在任を続けさせることが合理的でなくなった場合である。

構造規制会社の株主総会は、監査役会全体（一層型の場合は非業務執行取締役全員）の不信任決議をすることができる（2:161a/271a条）。この決議は、まず取締役会が経営協議会に不信任決議提案をその理由とともに行い、株主総会はその提案から30日以上経過した後に行われる。この間、経営協議会は株主総会に対して見解を表明することができる。不信任決議は、発行済資本の3分の1以上にあたる議決権を有する株主が出席して、その議決権の過半数によって成立する。決議成立とともに監査役（非業務執行取締役）全員が退任となる。取締役会は直ちに商事裁判所に対して、一時監査役（一時非業務執行取締役）の選任を申し立てなければならない。

一時監査役は新たな監査役会を構成する。

4　監査役会決議

監査役会の決議には、取締役会決議と同様の規律が適用される。ただし、個々の監査役は特定の授権なくして監査役会を代表することはできない。

監査役会の決議事項に利害関係を有する監査役は決議への参加を差し控えなければならない。それにより監査役会の決議が成立しない場合は、定款に別段の定めがなければ、株主総会が決定する（2:140/250条5項）。

5　一層型会社の非業務執行取締役

オランダでは、一層型の導入に際し一層型会社特有の規定が設けられず、構造規制会社の監査役の選任・解任の規定が非業務執行取締役にも適用される旨のみが定められた（2:164a/274a条）。構造規制会社の監査役の選任、職務執行停止、解任における監査役会の任務および権限は、一層型会社の非業務執行取締役の選任、職務執行停止、解任との関係では、業務執行取締役集団にある。

その他の点では、取締役会に関する規律は基本的に一層型取締役会にも適用される。ただし、一層型取締役会では業務執行取締役と非業務執行取締役の役割が区分されていることに留意しなければならない。

第8節　ジェンダー・ダイバーシティ

2013年1月1日の法改正により、一定要件を満たす大規模な会社を対象に、取締役会・監査役会の男女比について、2016年1月1日までの時限ルールが設けられた（2:166/276条）[26]。このルールが適用されるのは、取締役・監査役の兼任規制が適用される要件に該当する会社である。該当する会社の取締役会・監査役会は、少なくとも男性が30％以上、女性が30％以上でなければならない。改正法施行後の新任および重任取締役・監査役から適用された。

法定の割合は目標値とされており、完全均等を達成するために定員を増やしたり、在任者を解任したりすることまでは要求されない。取締役会・監査役会の男女構成比をどのように変えるかは、最終的には株主の手に委ねられている。

法定目標値を達成できなかった会社は経営報告書の中で、目標値を達成できなかった理由、目標値を達成するためにとってきた対策、目標値を達成するためにこ

---

[26] 立法過程と立法後の変化については、田邉真敏「オランダ会社法の女性役員クオータ規定――ユトレヒト大学・ランブーイ博士の調査研究を踏まえて」修道37巻2号1頁（2015）参照。

れからとる対策を説明しなければならない。

　2015年11月に公表された政府報告では、大企業200社の取締役会・監査役会の男女構成比は改善が見られるものの、十分な水準には達していないとして、この時限ルールの4年間延長が提言された。また教育文化科学大臣は、コーポレート・ガバナンス・コードにダイバーシティ規定を設けることを要請している[27]。

第9節　コーポレート・ガバナンス・コード

　オランダでは2004年1月にコーポレート・ガバナンス・コード（Nederlandse corporate governance code）が制定された。コーポレート・ガバナンス・コードは、オランダに本店を有し証券取引所に上場している会社、およびオランダに本店を有しその株式が多国間取引施設で取引されている総資産5億ユーロ以上の会社に適用される。

　コーポレート・ガバナンス・コードは、形式的にも実質的にも法律ではないが、基本原則（principes）と最良執行条項（best practice bepalingen）から成り、上場会社が原則として従わなければならない規範を示している。この規範は、取締役会および監査役会の構成、機能、権限、株主・預託証券所持人の位置づけ、株主総会の権限と機能についての情報を上場会社が提供することに関するものである。取締役会および監査役会の役割、構成、報酬に関する定めがあり、さらに利益衝突、監査役会内部での職務分担、株主や外部監査人との関係について規定されている。

　コーポレート・ガバナンス・コードは"pas toe of leg uit"（従え、さもなければ説明せよ）の原則に基づいている。上場会社はその経営報告書にコーポレート・ガバナンス・コードにどこまで準拠しているかを示さなければならず（2:391条5項）、コーポレート・ガバナンス・コードからの逸脱については説明をしなければならない。

　2004年にコーポレート・ガバナンス・コード・モニタリング委員会が設置され、コーポレート・ガバナンス・コードの改定と執行に携わっている。モニタリング委員会は毎年コーポレート・ガバナンス・コードの改定意見付報告書を作成している[28]。

　2008年には、フレインス（Frijns）委員会によって改定が実施された。改定の対象となったのは、リスク・マネジメント、経営者の報酬、株主の責任、監査役会構成におけるダイバーシティ、CSR（企業の社会的責任）である。公開買付けの場面などでの監査役会の役割が強化された。また株主から異なる経営戦略提案があった場合に、取締役会にあらゆる利益を十分に考慮する機会を与えるため、回答期限に

---

27)　*Emancipatiebeleid*, TK, vergaderjaar 2015-2016, 30 420, nr. 227.
28)　http://www.commissiecorporategovernance.nl

関する定めが導入された。

コーポレート・ガバナンス・コードは上場会社に適用される規律であるが、それ以外の会社でも最良執行や会社機関の関係などに影響を与えることが考えられる。

第10節　社団、協同組合、財団

社団と協同組合は株式会社と同様の二層型である。必置機関として社員総会と理事会がある。財団は社員がいないため、理事会のみが必置機関である。50名以上を雇用し経営協議会法の適用を受ける社団、協同組合、財団は、同法に基づき経営協議会を設置することが義務づけられる。社団、協同組合、財団は、定款に定めを置くことにより、監督委員会または監査役会を設置することができる。協同組合については2:57条に明文規定がある。これらの法人の内部構造に関する民法典第2編の規定は簡潔である。必置機関を設けることのほかは、内部構造に関して必要に応じて自由にカスタマイズできる。ただし、協同組合が株式会社の構造規制と同様の基準に該当する場合は、監査役会を設置しなければならない（2:63a条〜63j条）。構造規制により設置が義務づけられた監査役会は、協同組合の理事会の重要な決議について承認権限を有している（2:63j条）。

社団および協同組合の理事会と社員の間の権限分配は、株式会社の取締役会と株主の間のそれに対応する。理事会は社団、協同組合の運営責任を担う（2:44条1項、53a条）。株式会社では会社の日常業務執行は取締役が行うが、協同組合では異なる。協同組合では伝統的に理事会で互選された理事が協同組合の運営を指揮する。この理事は協同組合の被用者であり、協同組合という法人の内部構造において正式な機関とされているわけではない。協同組合の理事会はこの理事を監督する監査役のような役割を担っている。

法令または定款によって他の機関に割り当てられていない権限は、社団または協同組合の社員総会に帰属する（2:40条1項、53a条）。さらに社員総会には、理事の選任権限が与えられている（2:37条2項、53a条）。定款では、理事の半数未満を社員以外の者から選任すると定めることができる（2:37条3項、53a条）。定款にはさらに、例えば社団の理事の選任権について別段の定めを置くことができる。

定款変更権限は社員総会にある。定款変更の社員総会決議は出席社員の議決権の3分の2以上をもって成立する（2:43条1項、53a条）。社団および協同組合の社員は原則として一人一議決権であり（2:38条1項、53a条）、株主が保有する株式の数に応じた議決権を有する株式会社とは異なる。このちがいは、社団と協同組合が人的社団であるのに対し、株式会社が物的社団であることによる。

2:38条は一部の社員に複数議決権を定款によって与えることができる余地を残している。したがって、異なる種類の社員（例えば、議決権が1個の普通社員と議決

権が2個の上級社員など）を置くことが可能である。

2:14条（決議無効）、15条（決議無効宣言）、16条（第三者の保護）は、社団、協同組合、財団の決議にも適用される。

第11節　組合、合名会社、合資会社

　組合、合名会社、合資会社の人的会社では原則として、社員と業務執行者の区別がない。社員は原則として人的会社の経営について責任を負う（7A:1676条1号、商法17条1項）。法文では経営（besturen）ではなく管理（beheren）という言葉遣いになっている。各社員が原則として管理権限を有し、それは各社員が会社の目的を達成するために行う日常業務について共同の勘定で責任を負っていることを意味する。新規人員採用など日常の業務を超える業務については、全社員の同意によって行わなければならない。通常は社員契約に社員が共同で決定し執行する事項と、各社員が単独で執行することができる事項についての詳細な定めが置かれる。日常業務を超える行為については、社員の過半数の賛成で行うことができるとすることも可能である。

　社員は、会社の管理権限を1名または複数の社員に委ねることを合意することができる（7A:1673条）。管理権限を持ち回りとすることもできる。管理権限は無制約ではなく、一定の条件に服することがある。事前に社員の過半数の同意を得ることを義務づけたり、一定金額までの取引に限定したりすることができる。会社の管理から社員を排して外部の者が会社の管理を行うとすることもできる。そのような「プロ」の管理者は、管理社員と同じ権利義務を有する。これらの会社統治に関するアレンジは、社員の第三者に対する個人的な債務等には影響しない。

　法には2つの例外規定がある。第1に、各社員は拒否権（vetorecht）を有している（7A:1676条1号）。この拒否権が会社の人的性格を特徴づけている。社員は拒否権を行使して、他の社員が会社を代表して第三者と取引をするのを差し止めることができる。拒否権は社員間の関係に影響を与えるのみで、取引を行った社員の代表権に影響を与えるものではない。第2の例外は、合資会社の有限責任社員である。合資会社の第三者に対する債務について責任を負わない有限責任社員は、管理行為を行ってはならない（商法20条2項）。これに違反した場合、有限責任社員は合資会社の債権者に対して連帯責任を負う（商法21条）。この禁止規定は、有限責任社員が対外的に無限責任社員として行ったすべてのケースを対象とする。合資会社の内部業務をすべて有限責任社員に委ねることも禁止されると解される（商法20条2項）。

　人的会社の決議には、2:14条（決議無効）、15条（決議無効宣言）は適用されない。人的会社には法人格がないためであり、民法典第3編の法律行為の無効についての規定が適用される。

第7章
経営協議会（Ondernemingsraad）

　オランダにはドイツの共同決定（Mitbestimmung）のような従業員が直接経営に参加する制度はない。また、従業員は利益の配分にも関与しない。しかし従業員は、経営協議会法（Wet op de ondernemingsraden）に基づき設置される経営協議会（ondernemingsraad）[1]を通じて経営に参加することができる。健全な企業活動を目的とする経営協議会は、コーポレート・ガバナンスの重要な一部を構成し、経営協議会が意思決定に関わることが強制されていることは、オランダ会社法の特徴の一つとなっている。法定の要件に該当する企業は、企業形態や設立準拠法（国籍）にかかわらず、経営協議会を設置することが義務づけられる。

　なお、オランダは欧州経営協議会指令を実施しているが、欧州経営協議会の権限はオランダ経営協議会法に基づく経営協議会の権限に比べると限定されている。また、共同体規模の会社は欧州経営協議会に代えて、いわゆる特別交渉機関と会社が交渉を行う手続を導入することもできる。本書では欧州経営協議会については扱わない。

第1節　総　説

　経営協議会法では、経営者（ondernemer）を一定の事業を行う企業を維持する自然人または法人と定義し（経営協議会法（以下、本章では「法」という）1条1項d号）、50人以上の従業員を雇用する経営者に対して経営協議会を設置することを義務づけている（法2条1項）。法人化された企業においては、経営協議会法の目的に

---

[1]　"Ondernemingsraad"は、「従業員協議会」と訳した方がその役割をイメージしやすいかもしれない。英語でも"Works Council"と表記されていることが多い。しかし、オランダ法が"onderneming"（経営）という言葉を用いているのは、従業員が一定範囲で会社経営の意思決定に関与するということを明らかにする意図があるのではないかと推察される。また、「従業員協議会」はわが国の「従業員代表」と混同されるおそれもある。そこで本書では原語に忠実に「経営協議会」の訳を用いることとする。なお、わが国では個別企業の労使の定期的な団体交渉会議を「経営協議会」（あるいは「経営審議会」）とよぶことがあるが、その法的性質はオランダの経営協議会とは異なることに留意しなければならない。

おける経営者は取締役会によって代表される会社である。本章でも経営者をこの意味において用いる。

また、経営協議会法における企業 (onderneming) とは、雇用契約または公務員 (政府機関によって契約に基づき雇用されている者) としての任用に基づき業務が行われる独立した組織として運営されるすべての組織と定義されている (法1条1項c号)。その結果として、政府機関やNPOにも経営協議会法が適用される。

経営協議会は経営協議会法の定めにより企業の中に設置され、その企業の従業員を代表する。経営協議会によって代表されている従業員に関する紛争が企業において生じた場合、経営協議会法上の当該企業の範囲が、その紛争をどのように処理するかに関わってくる。企業は独立して運営されている従業員を有する組織でなければならないが、それは企業グループの一部門が経営協議会法上の企業でないことを意味するものではない。自らが社会の中で一定の機能を果たし、一定の商号の下に自ら第三者と関わる存在である限りは、ここでいう企業である。これに対し、例えば製造のみを行い、製品を外に向けて販売することに関与しない工場は、一般にそれ単独では経営協議会法が定義する企業に該当しない。

経営協議会法はオランダ国内に所在する企業にのみ適用される。オランダ国外で事業活動を行っているオランダ企業は、オランダ国内の組織によって直接管理され、その活動がオランダの労働組織と本質的に結びついている場合に限り、経営協議会法の適用が判断されることになる。国外での事業活動は、外国で設立された別法人と結びついていることが一般的であり、その場合当該外国法人の活動は経営協議会法の対象外となる。ただし、外国企業に対する支配権の確立、買収もしくは放出、または外国企業との長期協働関係の構築、重要な変更もしくは終了については、それがオランダ企業に重要な影響を及ぼすとみられる場合は、経営協議会による助言権行使の対象となる。

第2節　共同経営協議会、中央経営協議会、企業グループ経営協議会

会社または企業グループが、50人以上の従業員を有する企業を2つ以上有する場合は、それらの企業のために共同経営協議会 (gemeenschappelijke ondernemings-raad) を設置しなければならない (法3条)。ただし、それが経営協議会法の適切な執行を促進することが前提となる。個別の経営協議会が共同経営協議会の設置に異議を申し立てた場合は、地方裁判所支部 (kantonrechter) がその申立てについて判断する。個別に経営協議会を設置したほうが法の適切な執行が促進されると考えられる場合は、企業の経営者は共同経営協議会に代えて個別の経営協議会を設置しなければならない。

複数の経営協議会を設置した会社または企業グループは、法の適切な執行が促進されると考えられる場合は、中央経営協議会（centrale ondernemingsraad）を設置しなければならない（法33条1項）。個別経営協議会の過半数が中央経営協議会の設置に異議を述べた場合は、地方裁判所支部が判断する。個別経営協議会の過半数が中央経営協議会の設置を求めた場合は、企業グループはその設置に協力しなければならない。

企業グループの同じ事業部門に3つ以上の経営協議会がある場合は、企業グループ経営協議会（groepsondernemingsraad）を設置しなければならない（法33条2項）。ただし、この場合も経営協議会法の適切な執行を促進することが前提となる。

中央経営協議会および企業グループ経営協議会は、個別の経営協議会の権限にかかわらず、それらの共通の利益となる事項のみを扱う（法35条1項）。すなわち、個別経営協議会の共通の利益になる事項についての権限は、法の定めにより中央経営協議会または企業グループ経営協議会に移され、この点について個別経営協議会は中央経営協議会または企業グループ経営協議会の下につくことになる（同条2項）。過去には、例えばM&Aをめぐって企業グループ全体としては利益になるとして中央経営協議会は賛成したが、M&Aの当事者となる企業グループ内の会社にとっては利益にならないとして当該会社の経営協議会が反対し混乱が生じたことを踏まえて、経営協議会間の上下関係を法律によって整理した。

第3節　組　織

1　構　成

経営協議会は従業員から選ばれた者によって構成される。従業員50人未満の場合は最低3名、従業員6000人以上の場合は最大で25名とされている（法6条1項）。

経営協議会は一部の従業員に関わる事項または経営協議会が指定する特定の事項を扱う委員会（commissie）、離れた事業所のための委員会および特定の事項の検討を準備するための委員会を設置することができる（法15条）。また経営協議会は、専門委員（deskundige）に出席を求めることができる（法16条）。

2　選　任

経営協議会の構成員は、企業に1年以上雇用されている従業員から選任される（法6条1項・3項）。選任は、候補者名簿に登載された者の中から、6ヵ月以上雇用されている従業員の投票により行われる。候補者名簿の作成主体は、以下の(a)または(b)に該当するものである（法6条2項、9条2項）。

(a) 当該企業または当該企業が属する業界で活動している労働組合で、組合員の中に当該企業の投票権を有する従業員が含まれている。

(b) 候補者名簿を提出した労働組合に所属しない従業員で、その合計人数が30名未満または投票権を有する従業員数の3分の1以下である。

3　雇用保護

緊急の理由がある場合を除き、経営協議会の構成員である従業員または経営協議会と特別な関係を有する従業員（例えば、経営協議会の候補者となった者）を、地方裁判所支部の関与なくして解雇することはできない。裁判所は解雇理由が経営協議会の構成員であることに関係していないことを確認しなければならない（7:670条4項、670a条、678条、685条1項）。

4　守秘義務

経営協議会の構成員、委員会の構成員および委託を受けた専門委員は、守秘義務（geheimhoudingsplicht）を負う（法20条1項）。守秘義務は構成員でなくなった後も継続する。

5　費用負担

経営協議会の運営費用は、合理的に必要な範囲で会社がこれを負担する（法22条1項）。会社が負担する費用には、経営協議会から委任された専門委員や訴訟の費用も含まれる（同条2項）。会社は費用負担につき地方裁判所支部に異議を申し立てることができる。

第4節　権　限

1　情報請求権

経営協議会および委員会は、その義務の履行に合理的に必要なすべての情報を取締役会に請求することができる。この情報には、財務、事業活動、福利厚生に関する情報が含まれる。経営協議会は書面での情報提供を求めることができる（法31条1項）。

会社は、経営協議会の構成員の任期の最初の時点、および変更があった場合はその後速やかに、会社形態、定款、取締役・監査役の氏名・住所および長期的な事業提携関係にある相手方企業に関する情報を経営協議会に提供しなければならない。企業グループでは、企業グループを構成する会社名、指揮命令権の分配およびそれに基づき当該会社に直接指揮命令を行う者の名称（氏名）・所在地（住所）を経営協議会に知らせなければならない（同条2項・3項）。

また、会社は少なくとも年に2回、会社の業績に関する情報を経営協議会に提供しなければならない（法31a条1項）。これは次項で述べる諮問手続を効果的に行う

ためでもある。株式会社、協同組合、相互保険組合では、法令により作成が義務づけられている経営報告書その他のデータおよび業績の見通しを、計算書類とあわせて提供しなければならない（同条2項・6項）。企業グループに属する会社の経営協議会に対しては、連結計算書類等に加えて、当該会社が企業グループ全体の経営成果にどの程度貢献しているかを判断できるだけの情報を書面で提供しなければならない（同条3項）。

このほか、当該企業の過去1年間の雇用の状況および福利厚生施策について、会社は書面で経営協議会に報告しなければならない。あわせて、向こう1年間の従業員数および福利厚生施策の見通しについても報告することが求められる（法31b条）。これらについては、諮問手続において協議される。

従業員100名以上の企業は、年に1回以上、職位等でグループ化された従業員の給与水準、雇用条件の情報を書面で提供しなければならない。グループ化は、従業員のプライバシー保護のため5名以上で1グループを構成するものとされている。取締役会、監査役会の構成員についても同様の情報を提供する（法31d条）。中小企業についてはこの義務は免除されている。

2　諮問手続

取締役会と経営協議会は、いずれかから要請があった場合、2週間以内に諮問会議（overlegvergadering）を開催する（法23条1項）。また少なくとも1年に2回、企業の事業全般について協議をしなければならない。取締役会は経営協議会に対して前回会議後の経営状況を報告し、経営協議会の事前の諮問または承認が必要な事業活動の予定についての協議を行う。それらの事項について経営協議会がどの時点でどのようにして意思決定プロセスに関わるかについて、両者は合意形成に向けて努めなければならない（法24条1項）。

監査役会が設置されている株式会社では、その構成員が会議に出席することが求められる。当該会社が他の会社の子会社である場合は、監査役に代わり親会社取締役会の構成員が出席する。親会社の取締役会はこの目的のための代表者を指定することができる（法24条2項）。

3　事前諮問

取締役会は以下の事項について、経営協議会に対して事前に助言をする機会を与えなければならない（助言権（adviesrecht））（法25条1項）。

(a)　企業の全部または一部の支配権の移転
(b)　他の企業の支配権の確立、買収もしくは放出、または他の企業との長期協働関係の構築、重要な変更もしくは終了。これには当該他企業による、または当該他企業のための、重要な財務的参加の構築、重要な変更もしくは終了を含む。

(c)　企業活動の全部または重要な一部の終了
(d)　企業活動の重要な変更
(e)　企業の組織または企業内部の責任配分の重要な変更
(f)　企業の所在地の変更
(g)　集団での従業員の採用または雇用
(h)　企業による重要な資本投下
(i)　企業による重要な受信
(j)　他の企業に対する重要な与信および重要な負債に対する担保提供。ただし、企業の日常の業務執行の範囲内のものは除く。
(k)　主要な技術施設の導入または改変
(l)　環境への配慮に関する企業の主要な施策の実施または決定。これには環境に関する方針および環境に関する組織的・管理的手段の新規導入または更新を含む。
(m)　社会保障財政法40条に定められた労災補償に関する自家保険の採用
(n)　(a)～(m)の事項について助言を行う専門委員の委任または照会条件の設定

　取締役会と経営協議会は合意のうえ、上記の事前諮問の対象事項を拡大することができる（法32条2項）。

　事前諮問の対象となるかどうかは、企業の規模と性質による。上記(b)については（さらに(b)に関連する範囲において(n)も同様であるが）、相手方企業が外国で設立されたか、または設立される企業であって、オランダの企業に関して(c)～(f)の変更に該当する経営活動の提案であることが合理的に見込まれない場合は適用されない（法25条1項）。

　諮問の要請は書面で行わなければならず、また提案された活動に諮問が重要な影響を与えることができるタイミングで行わなければならない（法25条2項、30条2項）。諮問を要請する書面には、提案された活動の理由の詳細な要約、企業の従業員に対する予想される影響およびそれに関して実施する対策の提案を示さなければならない（法25条3項）。

　諮問の対象となる事項は、監査役会の承認事項（2:274条1項）と重複するものが多い。したがって同じ決議事項について、経営協議会の助言と監査役会の承認が必要になる場合がある。

　経営協議会に諮問を求めなければならないかどうかの判断は、実際には困難なことがある。M&Aや合弁事業を計画する場合は、拘束力のある意向書の署名前に諮問をしなければならない。しかし、実現可能性がまだ明らかでなく、経営協議会が十分な評価をすることができない時期尚早のタイミングで諮問することも避けなければならない。意思決定プロセスに影響を与える機会を提供することと、特定の提案の理由と効果をすべて提供する必要性との間にはトレード・オフの関係がある。

経営協議会は、当該提案について少なくとも1回の諮問会議を行った後でなければ助言をすることはできない（法25条4項）。経営協議会は、事案の複雑さ、緊急度合、会社が情報を提供したスピードに応じて、合理的な期間内に助言をしなければならない。合理的期間内に経営協議会が助言をしなかったときは、当該案件に関する助言権を失う。

取締役会は経営協議会の助言を得た後に、提案した活動を実行することができる。経営協議会にはその旨を速やかに書面で通知しなければならない。経営協議会の助言の全部または一部に従わない場合は、その理由を書面で経営協議会に通知しなければならず、その通知後1ヵ月を経過するまでは活動を実行してはならない（法25条5項・6項）。この1ヵ月の期間中に経営協議会は異議を述べることができる。

取締役会はまた、取締役の選解任議案について、経営協議会の助言を求めなければならない（法30条1項）。ただし経営協議会の助言に反する選解任が行われても、経営協議会がそれに異議を述べることはできない。

4　事前承認

雇用条件のうち特に重要なものについては、経営協議会の事前の承認なくして実行することができない。以下に掲げるものを導入、変更または廃止する場合、取締役会は経営協議会の事前の承認を得なければならない（承認権（instemmingsrecht））（法27条1項）。

(a)　年金、業績連動報酬および貯蓄に関する取決め
(b)　労働時間、休日に関する定め
(c)　給与および職務分掌制度
(d)　労働安全衛生および病欠に関する定め
(e)　雇入れ、解雇、昇進の方針に関する定め
(f)　従業員教育に関する定め
(g)　勤務評定に関する定め
(h)　産業ソーシャルワークに関する定め
(i)　勤務相談に関する定め
(j)　苦情処理に関する定め
(k)　従業員の個人情報の登録、利用、保護に関する定め
(l)　従業員の勤怠、行動、執務状況を観察もしくは管理することを目的とした、またはそれに適した施設に関する定め

会社は上記項目に該当する提案を、その要約および理由とともに書面で経営協議会に示さなければならない。経営協議会は最低1回の諮問会議を実施した後、速やかに結論を会社に回答する。取締役会はそれを受けて決議を行い、その結果を経営協議会に通知する（法27条2項）。ただし経営協議会の事前承認事項に該当しても、

労使協定においてすでに適切かつ詳細に取り上げられている項目については、その限りにおいて事前の承認手続は不要となる（同条3項）。

経営協議会が不承認の決定をした場合、会社は地方裁判所支部に経営協議会に代わる承認を求める申立てを行うことができる。裁判所は、経営協議会の不承認が合理的でないか、または会社の提案が企業としての重要な組織的、経済的、社会的理由に基づいている場合にのみ、その申立てを認容する（同条4項）。

5 構造規制会社の監査役候補者の推薦

構造規制会社では、監査役は監査役会の指名に基づいて株主総会において選任されるが、経営協議会が指名手続に関与する（2:158/268条）。経営協議会は監査役会構成員の3分の1までについて推薦権を有する。すなわち、監査役会は経営協議会の推薦に基づいて指名候補者リストを作成することになる。推薦の対象となる者について監査役会と経営協議会の意見が異なる場合、監査役会は商事裁判所に対して申立てを行うことができる。裁判所が監査役会の申立てを認容したときは、経営協議会は別の者を推薦することができる。

6 取締役会との合意

取締役会と経営協議会はさまざまな目的のために合意（convenanten）をすることがある。この合意は、経営協議会法に基づく経営協議会の法定権限を制限するものではない。企業のリストラクチャリングや合併、合弁事業において合意が形成されることが多い。構造規制会社では監査役会の望ましいプロフィール（専門分野、職歴・教育歴、男女比など）について合意することがある。

企業のリストラクチャリングの場面においてよくあるタイプの合意は、オランダに持株会社を有する国際的な企業グループが、オランダでの事業活動をオランダの子会社に集約することについて行われるものである。国際的な企業実務では、特定の国の経営協議会はその国にとりたてて関係しない経営事項に関わるべきでないと考えられている。そこで持株会社に設置される中央経営協議会の活動をオランダ国内レベルに限定することでこの問題を解決しようというのがほぼ標準的な実務となっている。

スミット船団マネジメント（Smit Vlootbeheer）事件[2]で最高裁判所は、経営協議会法の規定は取締役会との合意に基づく経営協議会の追加的な権限にも適用されるとした。経営協議会法で経営協議会に追加的な権限が認められるのは、①労使協定で定められている場合、②企業と経営協議会の合意に基づく場合である（法32条1項・2項）。合意の内容が経営協議会の事前諮問または事前合意を認めるもので

---

2) HR 17 maart 1993, *NJ* 1993, 366.

ある場合、同様に経営協議会法の規定が適用される（同条4項）。

第5節　手続等

1　諮問事項についての異議

　取締役会が経営協議会の事前諮問事項について経営協議会の助言に反して行動することを決定した場合、または経営協議会が助言を求められたときに知っていたならば、異なる結論に達していたであろうような事情が後になって明らかになった場合、経営協議会は取締役会の書面通知から1ヵ月以内に商事裁判所に異議申立てができる（法26条1項）。この1ヵ月間は、取締役会は提案した活動を止めなければならない（同条2項）。

　異議申立ての理由となるのは、取締役会が「関係する利益を比較考量していたならば、合理的にその決定には至らなかったはずだ」ということに限られる（同条4項）。このように異議申立ての射程は狭いものとなっているため、実体判断で申立てが認められることは少ない。一方、経営協議会が手続面での不適切さを主張した場合は、商事裁判所はその申立てを審査の対象として取り上げることが多い。具体的には、経営協議会に十分な情報提供がなされていない、活動提案の理由が適切でない、代替案について十分な諮問がなされていない、経営協議会の助言に従わない理由が明らかでないなどである。商事裁判所は、会社が経営協議会の助言を適切に受けなかったことにより、適切な比較考量を行っていれば、異なる意思決定に達していたはずであるとみなして申立てを認容してきた。認容決定において裁判所は、取締役会に対して活動の全部または一部を撤回して、第三者が得た権利に十分配慮しつつすでに行った活動の影響を除去しなければならないという命令を下す（同条5項）。このように、経営協議会の諮問は、会社の経営方針についての法的責任とつながることになる。商事裁判所はとりわけ従業員の利益が十分に考慮されたかどうかを審理する。

　第三者の権利は原則として尊重されるが、第三者が会社と契約した時点で、経営協議会の不服申立てによる1ヵ月間の停止期間に入っていたことを知っていた場合はこの限りでない。また、第三者が経営協議会に対して不適切な対応をとるように会社に慫慂していたような場合も同様である。

【オランダ郵便（PostNL）事件[3]】

　オランダ郵便事業会社は2010年に郵便事業の再編について経営協議会の助言を求めた。オランダ郵便は会社の体質を強化して競争力を高めるために、正社員の

3）　OK 10 oktober 2011, *JOR* 2011, 291.

配達員を解雇して、低コストで雇用形態が柔軟な外注配達員に配達業務を請け負わせることを検討していた。会社は経営協議会の反対にもかかわらずこの決定を押し通した。

経営協議会の申立てに対して商事裁判所は、オランダ郵便の決議結果は合理的に到達したものでないとまではいえないとした。裁判所は、会社が長期間にわたり経営協議会および労働組合と市場状況の悪化への対応策を話し合い、抜本的なコスト低減によって会社の将来が確保されることから、人員整理計画（sociaal plan）における配達員の重要性を経営陣が軽視したと判断する理由はなく、また経営協議会に対してより良い代替案があることについての説明が不十分であったともいえないとした。

この判断は商事裁判所が経営協議会制度において経営判断の中身を限界的に審査する（marginaal toetsen）にとどまることを示すものとなっている。

2　承認手続の不遵守

承認事項について経営協議会の事前の承認を得なかった場合、その取締役会の決議または行為は、法律上当然に無効となる。ただしその効果は、経営協議会が決議を通知されてから、または（通知されなかった場合は）その決議を実行する取締役会の行動から1ヵ月以内に、経営協議会により発行される形式的な無効通知によって生じる（法27条5項）。

経営協議会は無効対象となる行為を会社が実行するのを差し止める申立てを地方裁判所支部に対して行うことができる。一方、会社は同じく地方裁判所支部において、その行為が無効とされることを争うことができる（同条6項）。

経営協議会法27条による取締役会決議の無効は、2:14条、15条の決議の瑕疵に基づくものではない。経営協議会法自体が定める無効規定である。そのように解釈すべき理由として、同法が非法人にも適用されるということがある。すなわち経営協議会法は個人企業にも適用される。2:14条、15条は法人の機関の決議についての規定であるため、経営協議会法と比べると射程が狭い。しかし、法人における決議について従業員が利害関係者から除外されているわけではない。従業員も、例えば決議が自分に対して合理と公正の原則に反するとして、2:15条により無効宣言を求めることはできる。

3　司法手続

本章においてこれまでに説明してきた異議申立手続のほかに、経営協議会法では規定の遵守を確保するための一般的な司法手続が設けられている（法36条）。ほとんどの場合は地方裁判所支部に管轄権がある。

経営協議会の被選任権を有するすべての従業員と労働組合は、経営協議会の設置、

経営協議会に適用されるべきルールの決定、経営協議会構成員候補者の推薦、経営協議会構成員の選任に関して、取締役会および経営協議会が法を遵守することを要求することができる。これは法の定める内容の実施が会社または経営協議会の義務である場合に限り適用され、労働紛争として扱われる。

不服のある当事者（従業員、経営協議会、会社）は、まず裁判所に対して産業委員会（bedrijfscommissie）による調停（bemiddeling）を申し立てる。産業委員会は社会経済評議会によって業界ごとに設置されている準公共機関である。調停が不調に終わった場合、当事者は地方裁判所支部に申立てを行うことができ、裁判所は会社または経営協議会に対する差止命令を出すことができる。

第6節　小企業の従業員参加（Medezeggenschap）

従業員が10名以上50名未満の企業の取締役会は経営協議会の設置は必要ないものの、従業員会議（personeelsvergadering）を少なくとも年に2回開催しなければならない（法35b条1項）。また全従業員の4分の1以上から要求があった場合も従業員会議を行わなければならない。取締役会は少なくとも年に1回、従業員に対して過去1年間の業績と向こう1年間の見通しに関する情報を提供しなければならない。

また取締役会は、①失職に関する事項、②全従業員の4分の1以上に関係する業務内容、労働条件、労働環境の重要な変更に至る活動の提案について、助言をする機会を従業員に与えなければならない（同条5項）。

取締役会が従業員の助言と異なる活動を行うときであっても、活動の一時停止は必要ない。従業員側にも異議申立ての機会は与えられていない。

経営協議会法では、3名以上で構成される従業員代表（personeelsvertegenwoordiging）を採用する選択も認めている。従業員の過半数から要求された場合は、従業員代表を設けなければならない（法35c条1項）。従業員代表は、①労働時間、休日についての方針、②労働安全衛生、福利厚生および病欠に関する定めの導入、改正または廃止について、承認権を有している（法27条1項、35c条3項）。従業員代表の権限を合意で追加することもできる（法32条、35c条3項）。

経営協議会設置義務のない従業員10名未満の企業の取締役会も、従業員代表を設置することができる（法35d条1項）。この従業員代表は、労働時間、休日の方針に関する定めの導入、改正または廃止に承認権を有する（法27条1項、35d条2項）。従業員代表の権限を合意で追加することもできる（法32条、35d条2項）。

第8章
会社の代表

　本章では、だれが会社を代表するか、代表に関するルールは会社形態によってどのように異なるかをみてゆく。代表（vertegenwoordiging）とは会社のために第三者（相手方当事者（wederpartij））との間で法律行為を行うことである。法は、法人の運営機関（bestuur）が法人を代表するとし、さらに株式会社では個々の取締役が会社を代表することができるとしている。民法典第2編の代表に関する規定は、相手方が個別の取締役と特定の取引を行うに際し、会社から代表権を与えられているかどうかについて詳細かつ複雑な調査をする必要がないようにすることがその主眼となっている。そのため代表に関する規律は強行規定である。人的会社の代表権については、法はより大きな自由を与えている。

第1節　取締役会の代表権と取締役の代表権

1　総説
　株式会社の取締役会および取締役の権限は、2:130/240条で規律されている（**図表8-1**）。会社を代表する権限が取締役会に与えられ（同条1項）、そのうえで、定款に別段の定めがなければ各取締役にも個別に（iedere bestuurder afzonderlijk）、裁判上および裁判外の行為についての代表権が与えられる（同条2項）。これは取締役会と各取締役が会社を代表して法律行為を行い、その結果として会社のために契約を締結することができることを意味している。各取締役が会社を代表するために取締役会の何らかの行為が必要であるわけではない。ただし、一定の重要な法律行為については取締役会決議が前提となる。

　法人は法によって人と認められた存在にすぎないため、会社自身が実際に何らか

【図表8-1：会社の代表権（原則）】

2:130/240条1項（強行規定）	法令に別段の定めがない限り会社の代表権は取締役会にある。
2:130/240条2項（任意規定）	各取締役は代表権を有する。

の行為を行うことができるわけではない。取締役会および取締役の代表権は、会社が行うすべての法律行為に適用される。この点をとらえて完全代表権（volledige vertegenwoordigingsbevoegdheid）とよばれることがある。2:130/240条3項は、取締役会および各取締役に与えられた権限は無限定・無条件なものであるとする。同条1項により取締役会に与えられている代表権とは、取締役が共同して、または取締役会の多数決による決議に従って法律行為を行うことを意味する。しかし、取締役会が多くの構成員で成り立っている場合には、これは現実的でなく迅速さが要求される。そこで原則として個々の取締役にも代表権が帰属するとしているのである。

2　代表権の3つの特徴

株式会社の代表権については3つの特徴がある（2:130/240条3項）。第1の特徴は、すでに述べたように取締役会および取締役の代表権は無限定・無条件なものであることである。第2の特徴は、この無限定・無条件には例外があり、その例外は法令から導かれる（uit de wet voortvloeien）場合にのみ第三者（会社の取引相手方）に対抗できることである。第3の特徴は、この法定例外は会社の側のみが（第三者に対して）主張できることである。

(1)　第1の特徴：原則

取締役会および各取締役の代表権が無限定かつ無条件とはどのような意味か。それは取締役会と各取締役が、取引の大きさや性質にかかわらず、原則として各自単独で契約を締結できるということである。

【事例8-1】
　ドミノ（Domino）B.V.（D社）にはヤン・フレイス（Jan Grijs）とマレイケ・ドネルズ（Mareike Donners）の2名の取締役がいた。会社法の原則によれば、取締役会と各取締役が単独でD社を代表することができる。ある日マレイケがコンピュータショップに出向き、D社を代表して8万ユーロのIT機器を購入した。ほどなくしてマレイケとヤンは不動産仲介業を始めることとした。2人はD社を代表してオフィス用不動産を20万ユーロで購入した。D社はいずれの購入契約においても正当に代表されており、よってそれらの契約に拘束される。

(2)　第2の特徴：例外
　ア　総説

無限定・無条件の代表権の例外が法令から導かれる場合にのみ第三者（会社の取引相手方）に対抗できるとはどのような意味か。それは会社が取締役会または取締役の代表権に制限や条件をつけたとしても、その制限や条件は法令に根拠がなけれ

ば第三者に対抗できないということである。第三者に対抗できる代表権の制限は、すべからく法令から流れ出てくるものに限られる。このことは「法令により許諾または規定された代表権の制限または条件」という2:130/240条3項の文言に反映されている。

まず、法令から生じたものではない制限または条件を考えてみる。定款や取締役間の合意（例えば、取締役会規約）で独自に定めた制限や条件がそうである。第三者に対してはそのような制限や条件があることを主張することはできない。かくして、取締役会または取締役には、相手方当事者に対しては無限定かつ無条件な代表権が適用され、そこには法令から生じたものではない制限または条件があるにすぎない。

例えば非公開会社の定款に、株主総会の承認を得なければ取締役会は他社を買収するための大量株式を取得することができないと定められていた場合、取締役会は定款上は総会の承認という条件を満たしていないとしても、会社を代表することができる。総会の承認要件は定款にその基礎があるにすぎないからである。代表権についてのこのような条件は、法令には明文による基礎がない。

定款で、取締役は一定額を超える取引について会社を代表することができないと定めているときに、それを第三者に対して主張することができるか。取引金額による代表権の制限は法令に基づくものではないため、会社から取引相手方に対してそれを主張することはできない。取締役の代表権を制限したい場合、定款で会社を代表できる取引金額の上限を設けることには意味がない。取引の種類の制限、例えば取締役は不動産取引をすることができないとすることについても同様である（図表8-2）。

【事例8-2】

ヤンとマレイケは2万ユーロを超える調達取引を単独でD社を代表して行わないことを合意した。さらに定款には、取締役会が調達を希望する場合は事前に株主総会の承認を要することが定められた。制限（2万ユーロを超える取引）と条件（総会の承認）が付されていることになる。しかし、この制限および条件は法令から導かれるものではないため、ヤンとマレイケの無限定かつ無条件の代表権を制限することはできない。マレイケが合意に反して8万ユーロのIT機器を購入し、株主総会が不動産の購入を承認していないとしても、どちらの取引でも会社は適法に代表されており、会社は契約に基づき取引相手方に対する債務を履行しなければならない。

代表権を制限する各種の定款規定と、それに反して単独で会社を代表した場合の法律効果を図表8-3に示す。

212　第8章　会社の代表

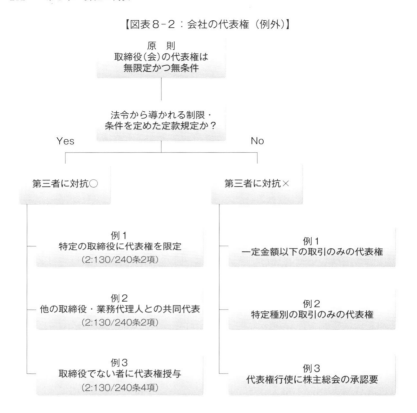

【図表8-2：会社の代表権（例外）】

【スラウス（Sluis）事件[1]】

訴訟手続において取締役が会社を代表して抗弁を提出することができるかが問題となった。他の取締役は抗弁の提出に反対であり、かつ抗弁を提出するためには取締役会決議が必要であるという了解事項があったためである。

最高裁判所は、「定款に基づき法人を代表することができる者が、法人を代表して法律行為を行った場合、たとえその代表権者がその法律行為には有効な取締役会決議を要するという会社の内部規則に違反していたとしても、当該法律行為は法人の行為となる」とした。

最高裁判所はすでに1982年のビボリニ事件[2]において、会社と取引した者が会社

---

1)　HR 9 juli 1990, *NJ* 1991, 51.
2)　HR 17 december 1982, *NJ* 1983, 480.

第 1 節　取締役会の代表権と取締役の代表権　213

【図表 8-3：会社の代表権（各論）】

定款で代表権を制限されている取締役 A ～ F、業務代理人 G が、単独で行った 6 万ユーロの自動車購入取引の効果

行為者	権限の制限内容	法令に基づく制限か？	第三者対抗
取締役 A	代表権を与えられていない	Yes	可
取締役 B	取締役 H と共同で代表権を行使できる	Yes	可
取締役 C	5 万ユーロ未満の取引につき代表権あり	No	否
取締役 D	ソフトウエア関連取引についてのみ代表権あり	No	否
取締役 E	調達部長 G と共同で代表権を行使できる	Yes	可
取締役 F	5 万ユーロ以上の取引には株主総会の承認が必要	No	否
調達部長 G	5 万ユーロ未満の取引につき代理権あり	財産法総則の代理法理に基づく代理権の授与	可 ＊権限踰越の無権代理人（3:66 条 1 項） ＊ただし、取締役でない者に定款で（無限定かつ無条件の）代表権付与は可能（2:130/240 条 4 項）

の内部的な代表権制限を知っていたか否かで法律行為の有効性が変わることは原則としてないとしていた。しかし上記スラウス事件は、取引相手方が代表権の内部的制限を知っていたにもかかわらず契約を締結できるとすると、当該相手方は信義誠実に反して会社の「サポート」により契約の有効性を主張できることになってしまう可能性を指摘した。例えば、相手方が代表権の制限を知っていただけでなく、当該取引が会社にとって不利益なものであったり、あるいは相手方が取引に承認が得られないであろうことも知らされていた場合には、信義則に反する状況となり得る。

【ビボリニ（Bibolini）事件】

　ヒドバルド・ロンバルディ（Guidobaldo Lombardi）（L 取締役）はアンチル諸島機械工業（Antillian Mechanical Works）N.V. の取締役であった。オランダ領アンチル諸島高等裁判所は、L 取締役が権限なくラッチの売買契約を締結したと認定した。ラッチの売買に関して取締役は、株主総会の承認を得て初めて会社を代表できることが決議されていたが、L 取締役は単独で取引を行ったためである。株主総会の議事録には売買取引に関する取締役の権限を制限する内容が示されていた。相手方のビボリニはこの制限を知っており、議事録に対して異論を唱えなかったが、L 取締役との間で契約を取り交わした。

最高裁判所は、オランダ領アンチル諸島法では原則として契約締結権限を株主総会に移すことは可能であるが、相手方が代表権の制限を知っていたかどうかは原則として代表権の制限の対外的効力には関係ないとした。なお、取締役の権限の制限は公正証書によってなされなければならないところ、本件ではそれが行われたことの証明がないとされた。

イ　代表権の制限違反と取締役の責任

　取締役が法令から導かれるものでない代表権の制限または条件に反して法律行為を行った場合、当該取締役は契約の拘束力から生じた会社の損害につき会社に対して賠償責任を負う。会社の内部規則違反は、取締役としての任務懈怠になる（2:9条）。

【ベルフハウザ製紙（Berghuizer Papierfabriek）事件[3]】

　スヒヴァント（Schwandt）（S取締役）は、1992年3月から1995年8月にかけて製紙業を営むベルフハウザ製紙N.V.（BP社）の唯一の取締役であった。BP社はクセイコン（Xeikon）N.V.の株式を12.5％保有していた。S取締役はこの株式のコール・オプションをISTDコーポレーション（ISTD Corporation）に対して設定した。ISTDはコール・オプションを実行して株式を買い取り、それをほどなく第三者を通じて5倍の高値で売却した。BP社の定款によれば、取締役が第三者のために保有株式のコール・オプションを設定する場合は監査役会の承認が必要であった。実際にはこの承認はなかったが、法令による制限ではないためS取締役の代表権はそれによって影響を受けない。BP社は2:9条に基づきS取締役に対して、定款で義務づけられている監査役会の承認なく低廉なコール・オプションを設定したとして、損害賠償を請求した。

　最高裁判所は「2:9条に基づく損害賠償請求が認められるためには、取締役の側に重大な非難（ernstig verwijt）に値する行為があったことが要件である。重大な非難に値するかどうかは、事案の諸事情を踏まえて判断せざるを得ない。会社を守るための定款規定に反する行為があったという事実は、この論点に関しては、原則として取締役の責任を認める方向で考慮せざるを得ないが、もし定款違反の行為が重大な非難に値しないという事実および状況に取締役が依拠するのであれば、裁判所はそれらの事実および状況を検討しなければならない」とした。そのうえで、高等裁判所が定款で必要とされている承認を得なかったという事実のみをもってS取締役が重大な非難に値するとしたのは、法令の解釈に誤りがあるとした。

---

3) HR 29 november 2002, *NJ* 2003, 455.

ウ　法令から導かれる制限

　法令から導かれる制限または条件とはなにか。その重要な例として、2:130/240条2項がある。この規定は代表権が各取締役にあることの例外規定となっている。

　2:130/240条2項は、定款で代表権を1名または複数の取締役に与えることを認める。例えば、定款で取締役会のほか取締役会議長が単独で会社を代表することができると定めることができる。また、取締役は他の取締役と共同でなければ会社を代表することができないと定めることもできる。多くの定款例では、取締役会に代表権があるほか、取締役会議長と財務担当取締役が共同で会社を代表できるとしている。取締役を固定せずに2名の取締役で会社を代表できるとしている場合もある。このような定款規定は複数署名規定（tweehandtekeningenclausules）とよばれている。取締役は取締役でない特定の者と共同でなければ会社を代表できないという規定も認められる。なお、一層型の株式会社では定款で非業務執行取締役の代表権を排除しているのが一般的である。

　これらに該当する制限はすべて定款で規定されるが、2:130/240条2項がそれを明文で認めている。したがって、法令による制限ということになる。それはすなわち、2:130/240条2項の意味において取締役の代表権は無限定、無条件ではないという規定を定款に設けることになる。

　例えば、非公開会社の定款に複数署名規定があり、取締役の一人が単独で会社を代表した場合、会社はこの定款規定を援用することで、当該取締役が締結した契約には拘束されない。定款の複数署名規定は、取締役が単独で第三者と取引をした場合に無権限代表になるという効果を有する。これは複数署名規定が登記されていた場合に限り認められる。取引相手方は、登記によって当該会社の取締役に複数署名規定が適用されることを知ることができるからである。定款の複数署名規定が登記されていなかった場合は、善意の第三者に対して個々の取締役は完全な代表権を有することになる（2:6条2項、2007年商業登記法25条3項）。反対に、登記されていないものの何らかの事情で第三者が複数署名規定の存在について悪意であった場合は、会社は契約の拘束力を免れる。

　取締役の取引権限を定款によって特定の事項に制限したり、取引の規模や性質で制限したりすることは、2:130/240条2項の制限にはあたらないが、特定の取締役が他の取締役から無限定の代理権を得ることができる旨を定款の定めに補充することができる。そのうえで代理権の内容として取引の規模や性質を限定すること（3:60条～79条）で同様の効果を得ることは可能である。この代理権の内容も登記しなければならない。取引相手方はそれにより会社を代表しようとしている取締役に契約締結権限があるかを確認することができる。

　取締役会および取締役の代表権の第三者に対する関係での制限および条件は、民法典第2編の各所にある。そのいくつかをあげておく。

(a) 現物出資（2:94/204条2項）。取締役会は現物出資の受領権限を定款で付与されている場合に限り、それを受領することができる。定款に規定がないときは、株主総会の承認を得て初めて現物出資を受領することができる。この承認がなければ会社は現物の出捐行為に拘束されない。
(b) 新株発行および新株引受権の排除（2:96/206条、96a/206a条）。新株発行および既存株主の新株引受権の排除の決定は、株主総会決議によらなければならない。ただし、定款で株主総会以外の機関に権限が与えられている場合はこの限りでない。
(c) 自己株式の取得（2:98条4項、98a条1項・2項）。公開会社の取締役会は、株主総会から自己株式取得を授権された場合にのみ自己株式を取得する権限を有する。授権の内容には取得株式数、取得方法および取得価額が含まれる。この授権なくして取締役会は自己株式を取得することができない。授権なく取得された株式が記名株式の場合は、会社はその取得行為に拘束されず、無記名株式の場合は、取得された株式は法律上取締役に移転され、各取締役が取得価額を会社に対して補償しなければならない。

次に、2:107a条は公開会社の取締役会決議のうち一定の重要なものを株主総会の承認に服せしめる規定である（非公開会社には必要ないとして規定されていない）。また2:164/274条1項は、構造規制会社の取締役決議のうち一定の重要なものを監査役会の承認に服せしめる規定である。2:107a条、164/274条はいずれも2項において、取締役会決議に各1項で要求されている機関の承認がないとしても、取締役会の代表権には影響しないと定めているため、いずれの場合も承認要件は法令から生じる要件ではない。それゆえ取締役会および取締役の無限定、無条件の代表権原則の例外の例外ということになる。

2:107a条はABNアムロ・ホールディング事件[4]で争点となった。最高裁判所は2:107a条2項の文言を確認し、同条1項違反は確かに取締役会決議の瑕疵となるが、第三者の利益保護の観点から、行われた取引の有効性に影響しないとした（☞第6章第4節2）。

(3) 第3の特徴：第三者の保護

次に株式会社の代表権の第3の特徴についてである。法令により許容または規定されている代表権の制限または条件は、会社のみがこれを主張することができる（2:130/240条3項）。会社の相手方当事者が取締役会または取締役の代表権を信頼していなかったとしても、会社と相手方との間の法律関係は有効に存在する。この場合、会社も相手方も法律関係に基づく債務の履行を請求することができる。ちがいは、会社はいつでも法令に基づく代表権の制限または条件を理由として債務の履

---

4) HR 13 juli 2007, *JOR* 2007, 178.

行を免れることができ、相手方はそれができないということである。そのため相手方当事者は一方的被拘束者となる。ただし、3:78条および69条4項により、相手方は会社に対して無権限代表行為を追認する期限を設定することができる。期限までに追認がなされなかった場合、相手方当事者はもはや合意に従う義務がなくなる。法令により許容あるいは規定された制限や条件を相手方当事者に対して会社を代表して主張するのは、会社を代表する権限を有する取締役会または取締役である。

なお、取締役による代表権制限違反については、①他の者(取締役会、複数署名の共同代表権を有する他の取締役、監査役会、株主総会など)が行うべきであった行為と、②そもそも会社が行うことができない行為とを区別する必要がある。②の行為は無効である。例えば、授権資本を越えた新株発行、会社による新株の引受け(2:95/205条)、払込未了株式の自己株式としての取得(2:98/207条1項)、自己株式取得の上限規制違反(同条2項)である。これに対して①の行為は、その性質に応じて重要な事実とともに取引の利益を会社が承知したうえで追認することが可能である。

3　代表権制限規律の位置づけ

これまで説明してきた株式会社の取締役会および取締役の代表権に関する会社法の規定は、会社の代表権が、会社の組織や権限についての内部規程からかなりの程度切り離されていることを示している。2:130/240条3項に定められている法令が許容または規定した代表権の制限および条件は数が限られている。対外的な代表権と内部組織の断絶という関係は、会社の内部的な権限分配に会社の相手方があまりに入り込むことを避けるためである。そこで立法者は、2:130/240条を第三者および取引の有効性を保護する規定と位置づけた。同条は、会社が取締役会または取締役によって正当に代表されていないという事案の数が限られているという事実に基づいており、同時に3項によって会社だけが代表権の有無についての主張をすることができるとして会社の保護も図っている。取引が会社にとって有利なものであればそのままその効力を維持することが望ましいためである。これらの代表権に関する取扱いは1968年EEC会社法第1指令[5]にさかのぼる。EU加盟国は代表権については同様の取扱いをしている。

---

5) First Council Directive 68/151/EEC of 9 March 1968, repealed by Directive 2009/101/EC of 16 September 2009, as amended.

第2節　利益相反

1　総　説

　2013年1月1日経営・監督法により、2:129/239条6項に利益相反（tegenstrijdig belang）についての新規律が導入された。利益相反の問題は会社の代表権とも関わる。2013年1月までは旧2:146/256条により、定款に別段の定めがない限り、取締役に利益相反がある場合はすべて監査役会（または株主総会が指定するその他の者）が会社を代表するとされていた。この場合取締役はだれも会社を代表できないことになっていた。代表権についてのこの制限規定は会社および関連する企業の利益を守ることを意図したものであったが、実際には多くの法的不安定性をもたらした。取引から時間が経過してから、会社が旧2:146/256条違反で債務を免れるということが起きた。そのため、利益相反についての対外的な規定であった旧2:146/256条は削除され、内部の意思決定に関するルールである2:129/239条6項に代わった。

　しかし、旧法下の利益相反取引に関する判例および学説は、いまだ大きな影響力を有している。2:129/239条6項の立法過程では、利益相反の概念を旧2:146/256条と同様に決議成立ルールに記述すべきだとの議論があった。2013年1月1日以降も、会社と利益相反関係のある取締役は会社を代表することができないという定款規定を設けることは可能である。ただし、そのような定款規定は内部的な効力を有するにすぎない。当該定款規定はもはや法律に基づく規定ではなく、したがって第三者に対して主張することができない。利益相反概念に関する定款の記述は、別段の意図が示されていない限り2:129/239条6項にあてはめて解釈されることになる。

　問題は利益相反がいつ発生するかである。この問題については、最高裁判所の判例のほか研究者等による多くの論文がある。この点をより明らかにした比較的最近の判例であるブラウル（Bruil）事件[6]では、利益相反は、取締役の個別具体的な利益と取締役が留意すべき会社の利益との間に対立が生じたときに生じるとされている。このような個人的な利益のために、取締役が十分に正直かつわけへだてなく会社の利益に注意を払えないというリスクが生まれる。利益相反ルールは、取締役がその判断と行動においてとりわけ自己の個人的利益に導かれることを防ぐためのものである。本節では、利益相反を直接的利益相反、間接的利益相反、性質的利益相反の3つに分けて具体的な問題状況を示す。

2　直接的利益相反

　取締役と会社が直接法律行為を行う利益相反場面である。例えば会社が社用車を

---

[6]　HR 29 juni 2007, *JOR* 2007, 169.

取締役の一人に売却する場合である。取締役はできるだけ安い価格で車を買いたいという個人的利益を有し、会社はできるだけ高い価格で売りたいという適切な利益を有する。また会社が取締役に損害賠償を請求するために訴訟を提起することを検討している場合に、取締役は会社の提訴に対して個人的利害関係を有する。これらの例で示されているのが直接的利益相反であり、この場合当該取締役は売買契約締結や訴訟提起の決定の意思決定プロセスには参加してはならない（2:129/239条6項）。

2:129/239条6項の適用にあたっては、関係する利益の実質的な評価が最終的には必要になる。会社の利益と相手方（取締役）の利益が、実は対立しているのではなく並行しているのであればこの禁止規定は適用されないが、直接的利益相反であれば利益が並行するということはない。さらに、問題の行為が会社に不利益をもたらすことは要件とされていない。取締役が行為をするに際し会社およびその関連企業の利益のみによって導かれるかが合理的に疑われれば、2:129/239条6項が適用される利益相反があると判断するのに十分である。

3　間接的利益相反

会社が第三者と取引をしたり、第三者を訴えたりする意思決定を行う場合に、取締役が当該第三者の利益と関わるときは、2:129/239条6項における利益相反が発生する可能性がある。金銭に関わることもあれば、創作など無体財産に関わることもあろう。取締役会が会社を代表して取締役の子女と雇用契約を締結することを決定する場合、一般的には利益相反があるということになる。子どもが新入社員として会社に迎え入れられ高い給料を貰うことで、父親である取締役が満足するであろうことが配慮されてしまうという点で利益相反があると考えられるためである。

会社と第三者との間の取引に取締役が実質的に利害関係を有するという例は少なくない。A社とB社（非公開会社）との取引において、A社の取締役またはその妻がB社の株主であるケースを考えてみる。当該取締役は明らかにB社の業績見通しという個人的利益を有している。このような場合も間接的利益相反である。

間接的利益相反は直接的利益相反と比べて、取締役と第三者の利益との関係がそれほど大きくない場合に特に立証が困難となることが想定される。会社が2:9条に基づき取締役の任務懈怠責任を追及する訴訟を提起した場合に、当該取締役が2:129/239条6項または定款の会社代表に関する規定に違反していたことを事後に主張立証することは会社にとっては難しい場合があると考えられる。会社は利害関係から実質的に距離を置かなければならない一方で、当該取締役と第三者の利益との密接な関係の存在を主張立証しなければならないからである。利益考量に際しては当該事案の関連する諸事情を踏まえることが求められる。

4 性質的利益相反

会社が他の会社と取引をするにあたり、両社の取締役を兼任する者がいる場合は、前述の2つの利益相反とは異なる状況が生じる。これを性質的利益相反（kwalitatief tegenstrijdig belang）という。AがX非公開会社の唯一の取締役であり、かつY非公開会社の取締役でもあるケースを考えてみる。AはX社とY社が取引契約を結ぶべきと考えている。取引契約の締結にあたっては、2:240条に基づき両社ともにAが会社を代表できる。この取引がX社にとって不利な内容を含んでいた場合に、Aは2:239条6項違反としてX社の損害について2:9条により責任を負うかが問題となる。Aの兼任取締役の地位は、2:239条が適用されるAと第三者（本事例ではY社）との密接な個人的関係という要件の適用場面と同じではないため、ここでは原則として利益相反は発生しない。

同様のことは企業グループ内で取引を行う場合や、企業グループが第三者と取引を行う場合にもあてはまる。例えば、親会社であるM公開会社が子会社D非公開会社の唯一の取締役であり株主であるとする。M社は子会社D社を代表してM社との取引を決定することができる。企業グループ内部の利益は原則として並行していると考えられるためである。ただし、これは原則であって常にそのような結論となるわけではなく、最終的には利益相反があるかどうかは個々の事案の状況による。

5 2013年改正前の利益相反規定

旧2:146/256条は2013年1月1日に削除されたが、実務ではいまだにこの古い規定が取引に用いられている。移行規定が経営・監督法第4章に定められている。

旧法では利益相反がある場合、定款に別段の定めがない限り会社を代表するのは監査役会（または株主総会が指定するその他の者）であるとされていた。これは取締役会および個々の取締役が会社を代表して法律行為を行う権限が利益相反の場合は制限されることを意味していた。したがってこの制限は、法律の規定、すなわち旧2:146/256条に基づくものであった。

もし利益相反のある取締役が会社を代表したときは、会社は2:130/240条3項により当該取引に拘束されないと主張することができた。ただし会社は、旧2:146/256条を主張するに際して、第三者が利益相反を知っていたか、または知り得たことを証明しなければならなかった。また旧法下では定款で旧法の規定とは異なる定めを置くこともできた。例えばすべての利益相反の場面で取締役は会社を代表することができるという定款も許されていた。ただし、利益相反に関する株主総会の権限は強行法的に認められており、特別代表者を選任する場合には株主の明示の（正式な）決議が必要であった。判例の中には、さらに例外的に株主の行動から黙示の選任決議があったとするものがある[7]。

第3節　決議による代表（Vertegenwoordiging bij besluit）

　会社の代表行為は決議によって行うこともできる。例えば、取締役会は決議によって契約の申込みや承諾をすることができる。決議そのものが会社を代表する行為になる。また、2:132/242条による株主総会の取締役選任でも、会社は決議によって代表されることになる。これを決議の直接的対外効力（direct extern werkend）という。

　2:130/240条1項は、法律に別段の定めがない限り（voor zover uit de wet niet anders voortvloeit）、取締役会は会社を代表すると定めている。そして法律に基づき、取締役の選解任決議においては株主総会が会社を代表するが、これは例外的なものである。取締役が相互に選解任に関わるのは望ましくないためである。株主総会による選解任は株主が会社の経営に影響を与える重要な手段となっている。

　契約の申込みに対してこれを承諾する取締役会決議や取締役を選任する株主総会決議が、無効または無効宣言の対象となる場合、さらには決議が不存在の場合に、申込みは承諾されるのか、取締役は選任されるのかが問題となる。2:16条がその答えを提示する。同条2項は、相手方が決議の瑕疵を知らず、かつ知り得なかった場合、会社は決議無効を当該相手方に主張することはできないとする。決議不存在の場合も同様に考えることができる。善意の第三者はかくして保護される。結果として、申込みを承諾した無効な取締役会決議は、2:16条2項によって承諾として有効となる。

　2:16条2項は、取締役、監査役の選任決議についてさらに特別な定めを置いている。取締役、監査役の選任決議の無効は、被選任者に対しては、その者が善意であってもいつでも無効を主張できる。会社の内部組織である取締役、監査役の椅子が、第三者保護規定によって確保されるのは適切ではないためである。その穴埋めとして2:16条2項は、念押しになっているが、選任決議の瑕疵を知らなかった、または知り得なかった被選任者は（法的には選任されていないが）損害賠償を会社に請求できるとしている。

　2:16条2項は、法律行為の前提となっている決議の無効から善意の相手方を保護する。これを決議の間接的対外効力（indirect extern werkend）という。抽象的なルールを具体化するために例をもう一つあげておく。

　2:96/206条1項は、原則として会社は設立後においては、株主総会の決議によってのみ株式を発行することができると定めている。同条では2つの法律行為が区別されている。第1は、株式発行の株主総会決議である。第2は、決議後の第三者に

---

7)　HR 9 oktober 2009, *NJ* 2009, 595（BoVe）; HR 9 oktober 2009, *NJ* 2009, 596（Bovast）.

対する株式発行である。第2の法律行為では、取締役会または取締役が会社を代表する。2:16条2項により会社による株式発行は相手方のある法律行為であり、その要件として株主総会決議がある。会社が株式を発行した後、さかのぼって株主総会の株式発行決議が無効となったとする。相手方が引き受けた株式は、株主総会決議を伴っていないという瑕疵を帯びている。株式引受人はそれを知る由もなかったが、後になってから株主総会決議という株式発行の法定要件が遵守されていないことが分かった。この場合、取締役会または取締役は株式発行について会社を代表する権限がなかったことになる。しかし会社は善意の株式引受人に対しては、2:130/240条3項による取締役会または取締役の代表権欠缺を主張することができない。相手方は2:16条2項の保護を受け、したがって株式発行決議の無効を善意の相手方に対して主張することはできない。

第4節　取締役以外の者による代表・代理

　会社の代表権を取締役でない者に与えることもできる。ただし定款にその旨の定めが必要である（2:130/240条4項）。

　また、商業使用人をある種の経営者としての職位（オランダ会社法には執行役の概念がない）に就けて、その者に会社の日常の業務執行についての代理権（volmacht）を与えることができる。この商業使用人は、常に取締役会の監督下で行動しなければならない。

　会社の代表権は、第三者との関係ではおおむね民法の代理法理に従う（3:60条〜79条）。ただし会社の代表者には、会社の目的を越えた法律行為をすることはできないという能力外法理の適用がある。それ以外の点では代表者の権限は無制限かつ包括的であり、その制限は明示し、かつ登記しなければならない。

　会社の商業使用人の権限は、職務記述書として一般に書面化されているが、商業使用人はその職位に付随する行為を行う黙示の権限を有している。例えば販売ディレクター（directeur）は取締役ではないが、会社を代理してその通常の取引に属する販売契約を締結することができる。また、会社が商業使用人に一定の肩書を与えていた場合は、仮に明示で権限を与えていなかったとしても、その者による法律行為について会社が責任を負うことがある。商業使用人が販売ディレクターの肩書を有しており、その者の一連の行為により特定の分野について会社を代理する権限を有していると第三者が信じるに至った場合、当該第三者は表見代理法理により保護される。この商業使用人が過去に同様の行為を繰り返し会社がそれを黙認していたような場合は、なお一層その信頼は保護されよう。第三者に代理権の有無を知らせる有効な手段は商業登記であり、かつ登記された内容を確実に履行させることである。商業登記されている取締役以外の者は、業務代理人（procuratiehouder）とよ

ばれる。

　代理権を与えられていないにもかかわらず第三者に対して明示または黙示で代理権があるかのように振る舞った者は、それによって第三者に生じた損害を賠償する責任を負う（3:70条、78条、79条）。無権代理行為により会社に損害が生じた場合は、会社も損害賠償を請求することができる。

　取締役、商業使用人その他の代理人の代表権、代理権の範囲は、商業登記によって証明することができる。商業登記所に請求することで登記簿抄本が発行され（2007年商業登記法22条、2008年商業登記令51条）、登記簿抄本はそのまま裁判上証拠として採用される。

第5節　社団、協同組合、財団

1　代表権

　社団、協同組合、財団の代表権については、株式会社の取締役会の代表権と同様のルールが適用される。大きなちがいは、社団、協同組合、財団では個々の理事に法定代表権が与えられていないことである（2:45条2項（社団）、53a条、45条2項（協同組合）、292条2項（財団））。個々の理事には定款に規定を置くことで代表権を与えることができる。この代表権は、単独代表であれ共同代表であれ、定款の明文規定によって与えられるものである。デフォルト・ルールで個々の理事の代表権が除外されているため、社団、協同組合、財団の理事は原則として株式会社の取締役より独立性が低い。これら3つの法人形態では商取引の必要性が比較的小さいためである。

　株式会社の2:130/240条に類似した規定として2:45条、292条がある。2名以上の理事がいる社団、財団において、定款で個々の理事に代表権が与えられていない場合に、理事が単独で取引を行ったときは、当該社団、財団は取引を行った理事に代表権がないことを主張して、取引の拘束力を免れることができる。ただしその制限または条件が法令により許容または規定されている場合に限る（2:45条3項、292条3項）。

> 【事例8-3】
> 　社団法人Aスポーツクラブは、各理事が2万ユーロまで社団を代表できると定款で定めていた。その金額を超える取引は他の理事と共同で社団を代表する必要があった。一人の理事が有名なサッカーチームのホームゲームの特別席を、社団のために3万ユーロで5年間利用する権利を得た。社団はこの契約に原則として拘束される。

2:45条3項では代表権を与えられた社団の理事の代表権は無限定かつ無条件であるとされており、法令に別段の定めがない限り、代表権が与えられた社団の理事には完全代表権がある。代表権の範囲を2万ユーロまでとする定款規定は内部的な意味を持つにすぎない。ただし、この規定に違反した理事は、2:9条により社団が取引に拘束されることから生じた損害を社団に対して賠償する責任を負う。

2:44条2項に基づき、登記財産に関する取引または保証行為における代表権の除外、制限もしくは条件を定めた定款規定は、完全代表権の例外の根拠となるところの法令により認められた代表権の制限または除外の例である。したがって、この場合社団は2:45条3項により相手方に対して取引を行った理事の無権限を主張できる。2:44条2項は社団の理事の独立性を制限する規定であり、法令または定款によって代表権が与えられていない限り、社団の理事は社団を代表して登記財産に関する取引または保証行為を第三者との間で行う権限がない。財団についても同様である（2:291条2項）。協同組合にはこの規律は適用されない。2:53a条は2:44条2項の準用を明らかに除外している。この制限は協同組合の事業活動の足かせとなるためである。

2 利益相反

財団には、理事に利益相反がある場合に財団を代表できないという法律の規定がない。これに対して社団では、2:47条が1名またはそれ以上の理事に利益相反がある場合、社員総会が社団を代表する1名または複数の特別代表者（bijzonder vertegenwoordiger）を選任することができると定めている。社員総会はこの権限を行使するために適切なタイミングで利益相反の存在を知らされなければならない。2:47条に基づき特別代表者が社員総会で選任される前後に理事が行った取引が社団を拘束するかが問題となる。法律の条文および立法過程からは明らかでない。学説は分かれているが、肯定すべきと解される[8]。取引相手方としては、社団が特別代表者を選んだかどうかを確認するのは非常に困難であることが想定されるため、社団が取引に拘束されると解することで法的安定性が保たれるからである。

最後に、協同組合と相互保険組合では、2:47条に2:57条4項が加わってくる。後者は任意規定であり、1名または複数の理事に利益相反がある場合に、監査役会が法人を代表すると定めているが、定款で別段の定めをすることが明文で認められている。また、監査役に利益相反がある場合は、社員総会が特別代表者を選定しなければならない（2:47条、53a条）。2:57条4項は、株式会社に関しては削除された旧

---

[8] Kroeze, Timmerman en Wezeman 2013, p. 148; P.L. Dijk/T.J. van der Ploeg, *Van vereniging en stichting, coöperatie en onderlinge waarborgmaatschappij*, 6e druk, Kluwer, 2013, p. 243.

2:146/256条と同様に、理事会の代表権の対外的効力を定めた規定である。

第6節　組合、合名会社、合資会社

　組合では一人の組合員が他の組合員から授権されることにより、単独で代理権を行使することができる。(7A:1679条、1681条)。代理権については3:60条以下に定めがある。

　合名会社では代表権は各社員にある（商法17条）。合名会社の社員は、法令に基づき原則として完全代表権を有している。合資会社の無限責任社員も同様である。

　この原則からはさまざまな方法で逸脱することが可能である。株式会社と異なり、社員契約で社員の代表権を規定するにあたって社員は法令が明文で認めたさまざまなパターンを踏襲する義務がない。社員契約にはありとあらゆる種類の代表権の制限を含めることができ、それを登記しておけば善意の第三者に対しても主張することができる（2007年商業登記法25条）。合名会社、合資会社は株式会社に比べはるかに代表権の設計自由度が大きく、そのことは社団や財団と同じである。

【事例8-4】
　A合名会社（A社）は社員契約において、各社員は単独で10万ユーロまで会社を代表することができると定めることができる。これを超える金額の場合は共同して代表しなければならない。この定款が登記されれば、A社は第三者に対してもそれを主張することができる。また個々の社員が会社を代表して登記財産を売買または担保提供することができないという定めも、登記されていれば第三者に対して主張することが可能である。

　合資会社の有限責任社員を除く人的会社の社員は、代表権がない場合でも業務執行権限は有している。業務執行権限とは社員が自己の名で共同社員の計算において取引を行うことができることを意味している。取引債務は人的会社に生じるか、または他の社員に賦課されることになる。

　人的会社の代表権規定はさらに2つの特徴を有している。第1に、人的会社を代表する権限を有しない社員は、会社自体を拘束することはできず自らその債務を負う（7A:1681条）。この規定は無権代理の一般規定とは異なるものである。無権代理人は、無権代理行為によって生じた損害の賠償責任を負うが、権限なく行った取引には拘束されない（3:70条）。これに対して、権限なく他の社員を取引に拘束しようとした者は、自分自身は拘束されることを承知していたはずであるというのが7A:1681条の立法理由である。第2の例外は同じく7A:1681条にある。権限なく代表された人的会社は、当該取引が最終的には会社に有利なものである場合にはそれ

に拘束される。この取引が有利かどうかで効果を変えるルールは株式会社、社団、財団にはないものである。

【ファン・ヴィリヘン・フューレン（Van Willigen Vuren）事件[9]】
　ファン・ヴィリヘン・フューレンは、ファン・デン・ブルック（Van den Broek）合名会社の社員の一人であったファン・デン・ブルック（B）と契約交渉を行い、その結果手書きの契約書が作成され、合名会社を代表してBが署名した。Bが署名した際に何らかの留保がなされたかどうかは契約書からは明らかでなかった。しかし商業登記所にはBが合名会社を代表する権限に制限があることが登記されていた。
　Bが自ら代表権の制限を主張できるかが争点となった。高等裁判所は、Bが自らの行為と契約書で署名権限の留保を開示していなかったという事実によって、あたかも合名会社の代表権を与えられているがごとく振る舞ったことが推定されるとした。最高裁判所はこの判断を踏まえて、商業登記所での登記は合名会社が契約に拘束されないことを意味する一方で、Bはファン・ヴィリヘン・フューレンに対して登記された代表権の制限を主張することはできないとした。合名会社との契約を望んでいた相手方に対して、真実に反して、契約締結に際して合名会社を代表する完全な権限を与えられているとの印象を与えた社員は、その後に代表権の制限を知らなかった当該相手方に対して、商業登記所で代表権の制限を知り得たはずだということを主張することは認められない。

　社員の代表権の制限が登記されていた場合であっても、相手方当事者は必ずしも3:70条にいうところの社員に権限がないことを知り得た者ということにはならない。また、無権限の代表行為である限りは、会社も拘束されない。会社が拘束されないことから生じた相手方当事者の損害については、当該社員が賠償責任を負う。

第7節　目的外行為（Doeloverschrijding）

　立法者は定款の目的規定を外れた代表者の行為の効力について特別な定めを置いている（2:7条）。すべての法人は定款でその目的を定めなければならない（2:66条1項（公開会社）、177条1項（非公開会社）、27条4項b号（社団）、53a条、27条4項b号（協同組合）、286条4項b号（財団））。特に協同組合では、組合規約において保険を除く組合員の具体的なニーズを満たすことを目的として、組合員の利益のために事業を行う旨を定めなければならない（2:53条1項）。

---

[9]　HR 26 juni 1981, *NJ* 1982, 1.

法人の定款の目的規定は、法人の活動範囲を表す。法人は原則としてこの目的から外れた行為をすることはできない（能力外法理）。これは、法人の理事が原則として法人の目的外の行為をする権限を与えられていないことを意味する。一方、定款の目的に反する行為の効果を定めた2:7条は、そのような行為が原則として有効であることを前提とした書きぶりとなっている。相手方当事者が定款目的を踰越していることを知っていたか、特段の調査なくして知り得た場合に限り、その代表行為は無効とされる。また目的外行為を主張できるのは当該法人のみである。2:7条による無効には、財産法の無効規定である3:49条～53条が適用され、その結果、目的外行為から3年以内に無効を主張しなければならない（3:52条）。2:7条によれば、相手方当事者は個々の取引が法人の定款の目的条項から外れているかどうかを調べる義務はない。したがって相手方は商業登記所に登記されている法人の定款の目的規定をことさらに調べる必要はないことになる。

　2:7条が代表者による目的外行為を規制して法人を保護することを目的としているのは明らかである。法人法の強行法規性原則を定めた2:25条により、2:7条は強行規定であるが、目的外行為であるという主張が認められることはまれである。2:7条により取引が目的外行為として無効とされるのは、相手方当事者が目的外であることを知っていたか、または知り得たことを会社が立証した場合に限られる。

【事例8-5】
　一人非公開会社のA社は定款で駐車場の営業を目的としていた。A社の取締役であり唯一の株主であるBの個人的な住宅融資債務について、A社が銀行に人的保証を差し入れた。そのような保証行為は会社の目的外行為である。当該保証は、会社の事業とは何ら関係がなく会社の目的に沿っていないが、銀行は定款を調べずともそのことを知り得たと考えられる。会社が破産した場合、破産管財人は保証差入れから3年を経過していなければ、銀行に対して保証債務の無効を主張できる。

　2:7条は人的会社には適用されない。人的会社の社員契約の締結には要式性が求められておらず、口頭の契約でも足りる。会社の目的を設定しておくことも強制されない。人的会社は登記しなければならないが（2007年商業登記法5条）、事業活動については、例えば「税務コンサルタント」などのごく短い記述で十分であり、社員契約の内容が第三者との権利義務関係を規律する（2008年商業登記令11条、19条）。

　ところで商法典17条2項は、合名会社または合資会社の社員の代表権は、「会社に関係のない（niet tot de vennootschap betrekkelijk zijn）」行為には及ばないと定めている。この規定は、合名会社または合資会社が、会社の目的達成に合理的に有益ではない行為に拘束されないとするものと解されている。ただし、相手方当事者が

善意の場合は目的外行為を主張することはできない。商法典17条2項の制限も任意規定であり、社員契約で適用を排除することができる。商業登記前の合名会社はこのルールを持ち出すことはできない（商法29条）。

これに対して組合には商法典17条、29条と同様の規律がない。組合は代理権のみによって対外的な法律行為を行うためである。代理権の授与は、一般に組合の目的に貢献する活動に限られている。目的を逸脱した代理権が授与された場合は、それを知っていたか、または知り得た相手方当事者に対しては組合の目的外行為であることを主張できる。

第8節　不法行為

代表権は法律行為に関するものである。不法行為（onrechtmatige daad）（6:162条）は法律行為ではないため、法人は不法行為責任を負うかという問題が生じる。問題を困難にするのは、法人は厳密には不法行為の主体ではなく、行為者として責任を負うのは自然人であるということである。というのも不法行為は故意過失を前提としているが、法人自体にはそもそも故意過失がないからである。しかし個人の責任を法人に帰せしめることが考えられないわけではない。1979年のバベル幼稚園事件は、法人が不法行為責任を負うことを認めて最高裁判所がこの結び目をほどいた判例である。

【バベル幼稚園（Kleuterschool Babbel）事件[10]】

1973年2月11日、ズヴォレ（Zwolle）市のバベル幼稚園の屋根が崩落した。教室の机と椅子はすべて壊れたが、幸い日曜日で人的被害はなかった。ズヴォレ市の幹部職員がマスコミに対し、崩落はリューフェルス（Reuvers）工務店の設計不良であると述べた。その後リューフェルスに落ち度はなかったことが判明した。リューフェルスは幹部職員の不正確な発言で生じた損害について不法行為を主張してズヴォレ市に賠償を求めた。市職員の行為について市（公法上の法人）に対して請求ができるかが問題となった。

最高裁判所は市が職員の行為について責任を負うかについて、職員が市の機関であると認識されるかどうかは決定的ではないとした。職員の行為は、それが市の行為として社会に適用されるものであれば、市の不法行為を構成するとした。結論として本件では、幹部職員がその職務の範囲内において幼稚園の建設工事の欠陥責任についてのコメントを出したといえるのであれば、市の責任が認められるとした。

---

10) HR 6 april 1979, *NJ* 1980, 34.

その後2010年のヘルダーラント州／フィテッセ（Provincie Gelderland/Vitesse）事件[11]、2011年のシント・ユスタティウス統治領（Eilandgebied Sint Eustatius）事件[12]でもこの考え方は維持されている。前者はヘルダーラント州当局の幹部が、地元サッカークラブのフィテッセを財政的に支援するという期待を市民に抱かせたことが問題になり、この期待が結局裏切られた。州は幹部職員の行為について不法行為責任を負うとされた。後者はオランダ領シント・ユスタティウス島の統治委員会が、不動産の所有権をめぐる私人間の紛争解決と所有権移転手続を仲介すると紛争当事者に抱かせた期待が問題となった。これらの事件における最高裁判所の一連の判断は、一般に私法人にも適用されると考えられている。

　法人の枠内で自然人が行った行為は、それが法人の行為として社会の中で受け止められるものであれば、法人の不法行為を構成する。この基準はいささかあいまいであるが、事案ごとの事情に鑑みて判断ができることがメリットである。最高裁判所が構築したこの基準によれば、会社の取締役が法人の組織内において与えられた権限に基づいて決定し、法人の枠内で行った行為であれば、当該取締役の不法行為は法人に帰せしめられる。取締役が自社の製品を誇大広告して競合会社の製品に不当な影響を与えた場合、法人が不法行為責任を負うことになる。これに対して、取締役が会社のために車を運転していて重過失により事故を起こし第三者に損害を与えた場合に法人が不法行為責任を負うかは難しい問題である。業務中に起こした事故については法人の責任が認められる傾向にある。会社所有の車で業務を行っていた場合はなおさらである。

　人的会社も不法行為責任を負うか。社員の行為が会社の行為として社会の中で受け止められるものである場合は、人的会社も不法行為責任を負うことになろう。その場合、被害者は人的会社の資産および社員に対して賠償請求ができる。公開組合、合名会社、合資会社についてはとりわけそのように考える必要があろう。匿名組合は一つの単位として法律関係に加わっているわけではないため、営業者の不法行為を匿名組合の行為と考えることは困難である。

---

[11] HR 25 juni 2010, *JOR* 2011, 34.
[12] HR 23 december 2011, *NJ* 2012, 34.

第9章
取締役等の義務と責任

第1節　序　説

1　総　説

　取締役には、義務を果たす責任（verantwoordelijkheid）と発生した結果に対する責任（aansprakelijkheid）がある。一般に前者を取締役の義務、後者を取締役の責任とよんでいる。

　義務を果たす責任には、例えば経営方針についての責任があり、それは良き経営方針に向けて取り組む義務を意味している。また、そこには説明責任を果たす義務が含まれている。説明責任によって経営の過誤が浮き彫りとなる。

　株式会社においては一つの会社機関が他の会社機関（の構成員）に対してこの責任を問うことがある。例えば、株主総会が取締役を解任する場合である。株式会社では取締役会が株主総会との関係で相対的に大きな権限を有していることが多く、この法人形態では、取締役会に義務を果たさせるための「良い法」が重要である。そこで取締役会の権限行使は、説明責任を果たすことを伴わなければならないとされる。これは会社自身のみならず株主や会社債権者にとっても重要なことである。

　義務を果たす責任は、裁判所によって実現されることもある。調査請求権がその中核となっている。調査請求権は、特に株主に対して経営方針を調査する機会を与える手続であり、株主等が商事裁判所に申立てを行うことによって開始される。商事裁判所は調査請求手続を通じて会社法分野の多くの問題につき重要な司法判断を下している（☞第10章第1節、第2節）。

　本章では、義務を果たす責任が最終的には発生した損害に対する責任となる過程をみてゆく。すなわち、良き経営方針に向けて取り組む義務を全うしなかった取締役の責任がどうなるかである。取締役個人の責任は損害賠償責任であり、数多くの裁判例がある。

2　注意義務と忠実義務

　コモン・ロー法域では、取締役は信認義務を負い、その内容として注意義務と忠実義務が区別されているが、オランダでは注意義務が経営または監督を適切に履行

する義務として規定され（2:9条）、忠実義務は合理と公正の原則（2:8条）（☞第1章第4節2）の一部を成すものと把握されている。合理と公正の原則は、会社法では取締役（会）、監査役（会）、株主、預託証券所持人、株式質権者・用益権者および経営協議会の関係に適用され、また、一般契約法では契約当事者に適用される法理である（6:248条1項）。

3　対内的責任と対外的責任

　取締役の義務違反はその者の法的責任の追及に至る。取締役の責任は対内的責任と対外的責任に区別される。対内的責任は会社に対する責任であり、取締役と会社の法的関係から生じる。対外的責任は第三者に対する責任であり、会社債権者や個々の株主、従業員、税務当局などとの関係で生じる。

第2節　取締役会の義務

　取締役会は、株式会社の日々の業務執行を指揮する機関である。取締役会は会社の各機関に対して、実行すべき経営方針および実行された経営方針について説明しなければならない。説明責任は義務履行責任の一形態である。

1　年次会計
(1)　計算書類、経営報告書の作成

　取締役会は株主総会に対して義務を負っており、計算書類（年次決算）（jaarrekening）を毎年度株主総会に提出することによりそれを履行する。計算書類には貸借対照表、損益計算書およびそれらの附属明細書が含まれる（2:361条1項）。また単体計算書類（enkelvoudige jaarrekening）と、企業グループに関して作成される連結計算書類（geconsolideerde jaarrekening）とがある。計算書類には過去1会計年度に実行された経営方針が反映され、取締役と監査役が署名する。

　取締役会は会計年度終了から5ヵ月以内に計算書類を作成して株主に提供しなければならない。特例として株主総会で最長5ヵ月間延長することができる（2:101/210条1項）。上場公開会社では計算書類の作成期間は4ヵ月に短縮されており、この期間は延長することができない。

　計算書類には会計士の意見書（2:393条）および取締役会が作成した経営報告書（bestuursverslag）（2:101/210条1項、391条、394条4項）を添付しなければならない。経営報告書には計算書類に含まれていない情報が示される。経営報告書は取締役会による一種の経営方針書面であり、今後の事業展開、会社が直面する主要なリスクや不確定要因を株主に伝えるものである。経営報告書は取締役会が作成したものが最終であって、株主総会や監査役会が修正することはできない。

計算書類、経営報告書は原則としてオランダ語で作成しなければならず、それ以外の言語で作成するためには会計年度が始まる前に株主総会の決議を得なければならない（2:362条7項、394条4項）。

(2) 会計士による監査（Onderzoek）

大会社および中会社の株主総会は、計算書類が法令の要件を満たしているかどうかを監査する会計士を選任しなければならない（2:393条1項、396条7項）。

会計士の監査結果は、取締役会（および監査役会）に報告される（いわゆる「経営者への書簡（managementletter）」）（2:393条4項）。この報告書には自動情報処理の信頼性と継続性に関する所見（bevindingen met betrekking tot de betrouwbaarheid en continuïteit van de geautomatiseerde gegevensverwerking）が含まれる。会計士はこの所見を含めた監査結果を妥当性意見書（verklaring omtrent de getrouwheid van de jaarrekening）として提出しなければならない（同条5項）。妥当性意見書は株主総会に提供される。

会社の利害関係者は会計士による法定監査の実施を請求することができる（同条8項）。

(3) 計算書類の承認

計算書類は最終的に株主総会で承認を受けなければならない（2:101/210条3項）。株主と取締役が一致している株式会社では計算書類の承認手続を簡略化でき、すべての取締役と監査役が署名した計算書類は承認されたものとして扱われる（2:210条5項）。定款でこの株主総会外の承認方法を排除することも可能である。

2:101/210条3項に定められている承認権限が、未承認の計算書類を株主総会が変更することができることを意味するかどうかは、学説で争われてきた。財務構造が複雑な会社の場合、株主総会が計算書類を即座に修正する能力を有しているとは言いがたい。現実的には株主総会は提出された計算書類を承認するか否かの二者択一になるであろう。承認されない場合、取締役会は計算書類を再作成して、改めて株主総会の承認を得なければならない。

計算書類の承認には取締役会が提案する利益処分案が含まれる。計算書類の承認権限は株主総会にあるが、株主への配当を含めた最終的な利益処分については、準備金の取扱いについての定款の定め、および定款で取締役会、監査役会または種類株主総会に与えられている利益処分に関する権限に従うことになる（2:101条6項、210条7項）。すなわち、定款に別段の定めを置くことにより、株主への配当に影響を与える準備金の積立てに関する権限を取締役会または監査役会に与えることができる。

計算書類は、会計士の意見書が承認権限を有する機関に提出されてから承認を受けなければならない（2:393条7項）。

⑷　計算書類の公告

　承認された計算書類は、8日以内に商業登記所で公告しなければならない（2:394条1項）。計算書類が承認されずに法定期限から2ヵ月を経過した場合は、取締役会は直ちに、すなわち会計年度終了から最長13ヵ月以内に、承認されていない計算書類を未承認計算書類として商業登記所で公告しなければならない（同条2項・3項）。

　極小会社、小会社、中会社は、計算書類の公告に際し一定の情報を省略することができる（2:395a条〜398条）（☞第2章第5節2）。

⑸　計算書類手続

　計算書類と経営報告書に関する詳細なルール（2:360条〜392条）は、計算書類に関する司法手続規定（計算書類手続（jaarrekeningprocedure））（2:447条〜453条）によってその遵守が担保されている。利害関係者は、法令の要件に従った計算書類を会社に作成させるよう裁判所に申し立てることができる。この申立ては商事裁判所が管轄権を有しており、商事裁判所は会社に対して、勧告に従い各情報を再度取りまとめるよう命じることができる（☞第10章第4節1）。申立ては計算書類が承認されてから2ヵ月以内に行わなければならない。この申立てができるステークホルダーの輪の中には、株主、預託証券所持人、従業員および経営協議会がいる。

⑹　上場会社に対する規制

　上場公開会社の計算書類は財務報告監督法（Wet toezicht financiële verslaggeving）に基づき金融監督機構によるチェックを受け、金融監督機構は商事裁判所に計算書類の修正命令を求める申立てを行うことができる（2:448条2項）。金融監督機構がこの申立権限を与えられたのは、2007年1月1日に財務報告監督法が施行されたことによる。この権限は、オランダに本店を置く上場会社の計算書類手続に限定されている。金融監督機構は、上場会社が監督機構に対する情報提供を全うしていないか、または上場会社の計算書類が財務報告要件を満たしていないと判断した場合に、この手続を申し立てることができる。これまでのところ利用頻度はそれほど高くない。2006年のKPN事件[1]が知られているが、これは旧規定（民事訴訟法999条〜1002条）に基づいて起こされたものである。財務報告監督法によって、手続規定は民事訴訟法から民法典に移された。それにあわせて計算書類手続は召喚手続（dagvaardingsprocedure）から書面申立手続（verzoekschriftprocedure）に変更された。それにより手続のスピードを上げることが目的であった。申立手続は簡略かつ変更が容易で、手続に関するルールはあまり厳格ではない。

【スパイカー（Spyker）事件[2]】

　財務報告監督法施行後の新手続を扱った事件である。金融監督機構が改正後の

1）　HR 10 februari 2006, *JOR* 2006, 94.

2:447条に基づいて、商事裁判所に対し上場会社スパイカー自動車（Spyker Cars）N.V.について2006年度計算書類の変更を求める申立てを行った。申立ての内容は、同社の計算書類が国際財務報告基準（IFRS）および国際会計基準（IAS）に適合しておらず、法定要件を欠く（2:362条1項）というものであった。計算書類では約80万ユーロの利益が計上されていたが、金融監督機構によれば実際は100万ユーロを超える損失が出ていた。金融監督機構は、Spyker Formula 1レースチームのスポンサー料の処理を問題視したが、商事裁判所は金融監督機構の申立てを斥けた。最高裁判所は、いくつかの（マイナーな）点で（完全には）IFRSおよびIASに従っていなかったものの、計算書類は2:362条1項が定める「健全な判断（verantwoord oordeel）」を形成するに足りる内容を示していると判断した。

2　情報提供義務（Inlichtingenplicht）

取締役会および監査役会は株主総会が要求する情報をすべて提供しなければならない。ただし、明らかに会社の重要な利益に反する場合には提供義務はない（2:107/217条2項）。条文の文言からは情報請求権があるのは株主総会であって、個々の株主の権利は定められていないため、どのような情報が必要なのかについて株主総会で決議をしなければならないが、これは現実的ではない。また、2:8条の合理と公正の原則を考慮すると、株主総会において個々の株主も情報を請求する権利を有していると解してよい。上場会社の株主は、招集通知に議題としてあげられているかどうかにかかわらず、株主総会においてそれぞれ独立して質問権を行使できる。このことはASMI事件[3]で最高裁判所によって示された。また非公開会社についても別段に考える必然性はない。

3　監査役会に対する義務

取締役会はまた、監査役会に対しても責任を負っている。2:140/250条2項は取締役会と監査役会の間にこの責任関係が存在することを示しており、監査役会は取締役会を監督しなければならないと定める一方、取締役会は監査役会に対して適時に義務の履行状況について必要な情報を提供しなければならないと定めている。取締役会は少なくとも年に1回、経営戦略方針の概要、一般的および財務的なリスク、会社のコンプライアンス・システムについて監査役会に報告しなければならない（2:141/251条2項）。一層型の会社（2:129a/239a条）では非業務執行取締役が業務執行取締役を監督し、監査役会に関する2:140/250条、141/251条は適用されない。非業務執行取締役の監督義務と権限は定款または取締役会規則に詳細が定められる。

---

2)　HR 24 april 2009, *NJ* 2009, 345.
3)　HR 9 juli 2010, *NJ* 2010, 544.

構造規制会社では、取締役会と監査役会の責任関係は通常会社より重いものとなっている。構造規制会社では監査役会が取締役の選解任権を有している（2:162/272条）。株主総会の役割は小さく、選解任についての情報を監査役会から報告されるのみである。構造規制会社の監査役会はまた、取締役会決議のうち他社との事業提携、比較的大きな投資などの法定事項について、事前にそれを承認する権限を有する（2:164/274条1項）（☞第6章第6節1）。通常会社も、定款で2:164/274条1項と同様の規定を設けていることがある。2:164/274条の承認権限は、取締役会の自律性を制限するものである。

反対に構造規制会社の監査役会は、その裁量のみで取締役会決議の承認を差し控えることは許されない。監査役会は常に会社とその関連企業の最善の利益のために決議をしなければならない（2:140/250条2項）。このような決議は事案の諸状況を考慮しなければならず、難しい場合が出てくることもあろう。会社が企業グループに属する場合は、監査役会は企業グループの利益も考慮しなければならない。

構造規制会社も一層型を選択することができ、一層型会社の業務執行取締役と非業務執行取締役の間には強い責任関係がある。非業務執行取締役は業務執行取締役の選解任権を有し、2:164/274条1項に定められた取締役会決議事項は、非業務執行取締役の過半数の承認を得なければならない（2:164a/274a条）。

4　経営協議会に対する義務

取締役会はまた、経営協議会との関係で義務を負っている。50名以上を雇用する会社の取締役会は、経営協議会法に基づき一定の情報を定期的に経営協議会に提供しなければならない。100名以上を雇用する会社にはさらに広範な開示要件が適用され、経営協議会がその任務を遂行するために合理的に必要な情報を提供しなければならない（経営協議会法31条、31a条、31b条）。

一定の重要な決議については経営協議会の助言を求めなければならない（経営協議会法25条）。その対象は2:164/274条1項と同様のものとなっている（☞第7章第4節3）。したがって同じ決議事項について、経営協議会の助言と監査役会の承認が必要になる。経営協議会の助言を無視した場合、経営協議会の申立てにより、会社の決議について商事裁判所の調査が行われる可能性が出てくる（経営協議会法26条）。商事裁判所は、関係する利益を考慮すれば合理的にその結論には達しなかったであろうという場合に、決議の撤回を命じることもある。したがって、経営協議会の諮問は会社の経営方針についての法的責任とつながることになる。商事裁判所はとりわけ従業員の利益が十分に考慮されたかどうかを審理する（☞第7章第5節）。

経営協議会の同意を要する決議事項も少なからずある（経営協議会法27条1項）。それらの事項について会社が経営協議会の承認を得ない場合は、決議が経営協議会に通知されてから1ヵ月以内に経営協議会が書面で反対の旨の通知を経営側に通知

することで無効となる（同条5項）。

第3節　取締役の対内的責任

1　総　説

　取締役会の義務履行責任は、取締役会の経営方針をとりわけ株主総会に対して説明することである。株主総会に対する説明責任の極みは取締役の解任であり、各取締役の責任は、会社または第三者に対する損害賠償責任として展開する（**図表9-1**）。会社が取締役の任務懈怠により損害を被ったときは、その取締役に対して損害賠償責任を追及することができる。取締役の損害賠償責任にはいくつかの法的根拠があるが、それに応じて特別な要件が関わってくることがある。

　経営は取締役が共同して行うものである。各取締役は経営の適切な遂行に責任を負っている。一方、会社法は集団的経営（collectief of collegiaal bestuur）の原則に基づいている。経営方針の要綱は常に取締役会の決議に基づいていなければならな

【図表9-1：取締役の対内的責任と対外的責任】

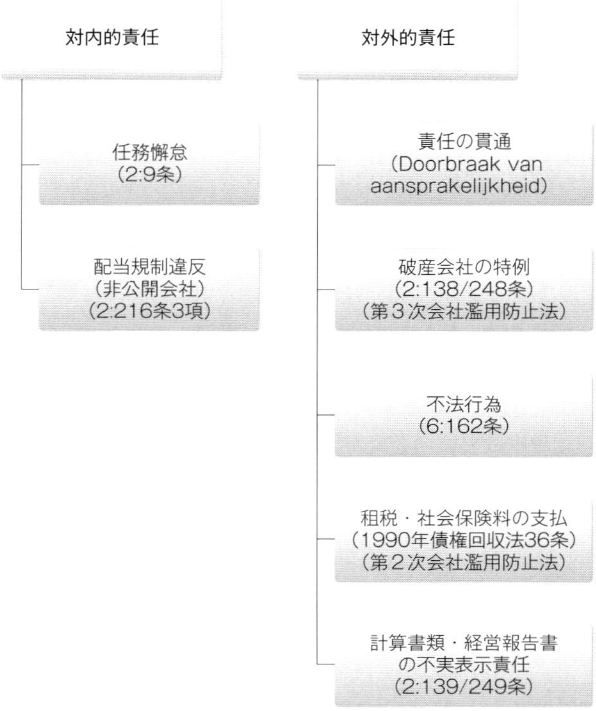

対内的責任	対外的責任
任務懈怠 （2:9条）	責任の貫通 （Doorbraak van aansprakelijkheid）
配当規制違反 （非公開会社） （2:216条3項）	破産会社の特例 （2:138/248条） （第3次会社濫用防止法）
	不法行為 （6:162条）
	租税・社会保険料の支払 （1990年債権回収法36条） （第2次会社濫用防止法）
	計算書類・経営報告書の不実表示責任 （2:139/249条）

い。

2:9条が定める取締役の会社に対する責任は対内的（＝会社に対する）責任のルールであり、これは監査役会にも準用される（2:149/259条）。2:9条は強行規定であり（2:25条）、対内的責任ルールを定款で排除することはできない。しかし、株主総会決議で取締役の責任を遡及して免除することが可能であり、その場合は、2:9条を取締役の責任追及訴訟の根拠とすることができなくなる。残るのは取締役の対外的責任である。対外的責任は会社以外の者に対する取締役の責任であり、多くの場合それは弁済を受けていない会社債権者に対する責任である。

2　任務懈怠（Onbehoorlijk bestuur）

2:9条は各取締役に対して適切な業務執行の義務と責任を課している。取締役の責任には、定款または定款に基づく取締役会規程などにより特定の取締役に課せられたもの以外のすべての経営事項が含まれる。その任務を怠ったことにより会社に損害が生じた場合、取締役は会社に対してそれを賠償しなければならない。実務では、会社が破産した場合に新経営陣または破産管財人が2:9条に基づき前取締役の責任を追及するケースが多い。

立法者は、経営機能の遂行は原則として集団的な責任であると考えており、それによれば割り当てられた任務にかかわらず財務方針や主要な利害関係事項についてはすべての取締役が義務を負うことになる。2:9条2項は経営任務の遂行に懈怠があった場合の責任をすべての取締役について定めており、取締役会の不当な業務執行については、各取締役が会社に対して責任を負う。ただし他の取締役に課せられた任務について、取締役が自分自身は重大な非難に値せず、かつ不当な業務執行が発生するのを避けるための対応をとることにおいて過失がなかったことを証明した場合は、当該取締役については責任が課されない。責任を免れるための立証負担はかなり重いものがあるが、この立証責任は経営が集団的な業務執行であるとする考え方の論理的な帰結である。ある業務が特定の取締役に割り当てられていたことによって、他の取締役が必要に応じて当該担当取締役の行動をコントロールする義務を免じられるわけではない。

とはいえこれだけの説明では、どのような場合に不当な業務執行があったか、どのような場合に取締役は会社に対する責任を負わないかの答えにはならない。端的に言えば、会社が犠牲者になるということを知りつつ無責任に行動した場合は、その取締役には任務懈怠があったということになろう。取締役が、例えば監査役会が承認した規模を超える投資など会社の予算を大幅に超えることを分かっていて行動し、それによって財務上の問題の発生という大きなリスクを招くことは任務懈怠に該当すると考えられ、実際にそのようなことはありがちである。判例の考え方によれば、取締役は同じ状況下にある合理的かつ能力のある取締役に期待される水準に

従って、誠実に義務を遂行することが要求される。経営に危険はつきものであり、取締役は経営上の義務を遂行するに際し一定の自由度を有している。その経営方針は、行為時に立ち戻って評価しなければならず、後知恵は適切でない。取締役は誤りを犯すことが許されているが、義務の不履行や法令違反に至るような重大なものであってはならない。

　最高裁判所は判例の積み重ねにより、2:9条の仕組みを明らかにしてきた。特に重要なのがファン・デ・フェン事件[4]である。この事件で初めて2:9条に基づく損害賠償責任に関し、取締役に誤った経営に対する重大な非難（ernstig verwijt）が認められることが要件となると強調された。

【ファン・デ・フェン（Van de Ven）事件】

　ファン・デ・フェン自動車業フェンロー（Van de Ven Automobielbedrijf Venlo）B.V.（V社）は1987年にリース事業の拡大を計画した。リース事業は1978年に完全子会社のフェンリース（Venlease）B.V.（が開始したが、その後まもなくイージー・レント（Easy Rent）B.V.（と事業提携した。1988年10月にV社はフェンレント（Venrent）B.V.（を買収した。スターレマン（Staleman）とリシェル（Richelle）の2人は、1986年6月以来V社、フェンリース社、フェンレント社の取締役を務めていた。

　1988年8月に開催された株主総会で1987年度の計算書類が承認され、株主総会は1987年度の経営について取締役を留保なしで免責した（☞本章第7節2参照）。しかしリース事業は大きな損失を抱えていた。V社ほか2社は、取締役の業務執行が不当であり、取締役は2:9条により会社に発生した損害について賠償責任を負うと主張した。

　地方裁判所は株主総会の免責決議を理由として請求を斥けた。高等裁判所は、取締役は原則としてその業務執行につき重大な非難に値する場合に、それによって生じた損害の賠償責任を負うとした。そして免責決議は1987年度の業務執行のみを対象とするため、1988年度の誤った経営から生じた損害については賠償責任を負うとした。

　最高裁判所は、2:9条の損害賠償責任は取締役が重大な非難に値することという要件を示した高等裁判所の判断を支持した。重大な非難に値するかどうかは個別の事案の事情によらざるを得ないが、事業の性質、一般に生じ得るリスク、取締役会での業務分担、取締役会に適用される指針、取締役が意思決定時点または行為時点で持っていた、または持っているべきであった情報、および取締役に期待される洞察力、注意義務とそれが果たされたかどうかを参照することになる。結

---

4)　HR 10 januari 1997, *NJ* 1997, 360.

論として、高等裁判所が認定した誤った経営の理由づけに法令違反はないとされた。

その後2013年1月1日施行の改正法において、2:9条2項で重大な非難という要件が明文化された。

取締役会は他に理由がなければ、「任務を課されそれを注意深く遂行する取締役に期待されている識見と注意力」に従って行動しなければならない。ラウルス（Laurus）事件[5]ではこの点について、被告取締役が法人に対して「合理的に有能で合理的に行動する役員が当該状況下で適切に任務を遂行する態様に沿って任務を果たしていなかった」と述べた。2:9条のメカニズム、とりわけ業務執行についての連帯責任を議論するに際しては、少なくとも1名の取締役について、この意味で会社との関係で不当な行為として重大な非難に値することが要件である。この場合、個人に帰せられるべきものを除きすべての取締役が連帯責任を負う。

会社を保護する（beschermen）ことを意図した法令または定款の規定に反する行為は、一般に取締役の損害賠償責任と結びつく。このことはベルフハウザ製紙事件[6]で最高裁判所が指摘したところである（☞第8章第1節2）。この事件では、取締役が定款で必要とされている監査役会の承認がないまま取引を行った。この場合、反証がない限り当該取締役自身については不当な業務執行として2:9条の意味での重大な非難に値する。

【ヴェストラント公共事業ホールディング（Holding Nutsbedrijf Westland）事件[7]】

事実関係は複雑であるが、本件では会社が2:9条も適用が可能であった事実関係について、6:162条（不法行為）に基づいて取締役を訴えた。判決文と訴状からは、誤って2:9条を根拠条文として指摘しなかったのか、あるいは原告が2:9条の重大な非難という要件を回避するためのトリックをしかけたのかは不明である。商事裁判所は、2:9条は一般不法行為より要件が厳格化されている特別法（lex specialis）であり、それを回避して射程の広い6:162条を根拠とすることはできないとしたが、最高裁判所は異なる結論を示した。

最高裁判所はまず、①主張された事実が取締役の会社に対する不法行為を構成すると認められるものかどうか、次いで、②2:9条が定める要件に照らして取締役が6:162条の責任を負うかを確定しなければならないとした。これは、2:9条の基

---

5) HR 8 april 2005, *NJ* 2006, 443.
6) HR 29 november 2002, *NJ* 2003, 455.
7) HR 2 maart 2007, *JOR* 2007, 137; OK 17 november 2009, *JOR* 2010, 89.

準が6:162条3項のものさしに色をつけ、その結果、6:162条による取締役の会社に対する責任は、2:9条に照らして、当該取締役に重大な非難があてはまる場合に限って認められるということを意味している。

取締役に重大な非難に値する程度に義務の不履行があったという2:9条の責任基準は比較的高いものである。事案の諸事情を踏まえて、当該取締役の義務履行が不適切であり、かつ当該取締役が重大な非難に値すると判断された場合に、その責任が認められる。米国の経営判断原則のような一般基準はない。判断にあたっては、①会社の事業の種類および関連するリスク、②取締役会における取締役の職務分担、③取締役に適用される規律、④取締役が非難されているところの意思決定または行為の時点において、取締役が有していたか、または有しているべきであった情報、⑤義務履行の能力があり、かつ誠実にそれを行うことができる取締役に期待されている知見と注意、といった点が考慮されることになる[8]。これまでの裁判例で2:9条の義務の不履行が認定された行為としては、①法人の資金の引出し、②法人と個人の混同、③不必要に大きなリスクテイク、④保険の不備、⑤調査を行わず十分な情報のないまま行われた意思決定、⑥会社の保護を意図した法規定の違反などがある。

2:9条は一層型の会社にも適用される。集団責任の原理は、業務執行取締役の任務懈怠が業務執行取締役と非業務執行取締役の任務懈怠となることを意味している。しかし、非業務執行取締役の役割は、業務執行取締役のそれに比べ限られている。そのことは、非業務執行取締役は業務執行取締役との比較で、他の業務執行取締役の過ちについての責任を免れることができる可能性が大きいことを意味していると解される。

3　配当規制違反

会社の取締役は株主への配当によって会社債権者が害されることのないよう注意を払わなければならない。このことは非公開会社については2:216条で明文化されている。取締役会は配当するか内部留保するかを承認する決議を行う。配当後に会社が継続的に債務を弁済することが不可能であることが判明した場合、同条3項により、配当時においてそのことを知っていたか、または知り得た取締役は、配当によって生じた財源不足分を会社に対し連帯して払い込む責任を負う。

この責任基準は2:9条と軌を一にしており、株主に対する配当についての取締役会特有の対内的責任を表しているものであって、会社債権者を無責任な配当から守ることを意図している。取締役は予定した配当を実行することで会社が支払不能の危機に陥るかどうかを判定しなければならない。この配当テストにおいて取締役は、

---

[8]　HR 10 januari 1997, *NJ* 1997, 360.

流動性（キャッシュフロー）、自己資本比率、収益見通しといった会社の財務状態のすべてを考慮しなければならない（☞第4章第5節2）。

　配当が正当化できるかどうかを決定するに際しては、配当時点での債務の支払能力のみならず、配当後の合理的な期間（一般に1年間）継続して支払能力が確保されるかも考慮しなければならない。取締役が誤った決定をした場合は配当によって生じた財源不足分について会社に対して連帯して払込責任を負う。配当によって生じた財源不足分というのはあまり明確な言い回しではないが、立法過程では、取締役の責任は配当総額（これに法定利息を加えたもの）を超えることはなく、会社債権者の回収不足が部分的なものにとどまる場合は配当総額より低くなると考えられていた。会社（破産した場合は管財人）は各取締役に対して配当によって生じた財源不足額を請求できる。

　請求の相手方には、取締役に代わってあるいは取締役とともに会社の経営方針を決定した者（事実上の取締役）も含まれる（2:216条4項）。例外的に自らが非難に値せず、支払不能状態を回避するための方策を怠らなかった取締役は免責される。例えば配当決定の承認に反対したような場合である（2:216条3項、9条2項）。

　2:216条の配当テストは、非公開会社の取締役にかえって法的不安定性をもたらす可能性がある。正しい決定を常に行うことはたやすいことではない。最良の考えは常に後から出てくる。したがって配当テストでは、取締役が「配当時点」で会社の財務的な見通しについて知っていたこと、または知り得たことが重要となる。

　配当規制違反の責任を定めた2:216条3項によって、非公開会社の取締役は株主への配当にあたってより慎重になるであろうと、多くの会社法実務家から指摘されている。取締役は、配当後の会社が債務の支払を継続することができない場合に究極的に責任を問われるリスクを負うことになるからである。2:216条の法案審議の過程で司法大臣は、取締役にとってなんらかの保証文言が必要ではないかという指摘に対し、「取締役が会社の計算を適正に行い、入手可能な情報に基づいて会社の財務状態と配当の適法性について合理的に構築された意見を得て、会社債権者の利益も考慮していたのであれば、合理的な能力を持ち合理的に行動する役員が当該状況下で適切にその任務を果たしたといえる程度にその任務を果たしたとして扱ってよい。この場合取締役は損害賠償責任を恐れる必要はない」と答弁している[9]。このくだりは、取締役が適切な情報と慎重な考慮の末に会社のために行った行為について、裁判官がその当否を判断しないとする米国の経営判断原則を思い起こさせる。経営判断原則では、意思決定が誠実ではなく会社のために行われたものではないことを原告が証明した場合に、裁判官は初めて取締役の意思決定の内容を審査することになる。

---

[9] *Kamerstukken II* 2006/2007, 31 058, nr. 3.

2:216条の配当テストは公開会社には適用されない。公開会社の配当は、2:105条2項の資本保護規律に基づき判定され（☞第4章第5節2）、分配規制違反は決議無効法理の適用を受ける。これは非公開会社の取締役が公開会社の取締役に比べて大きな責任のリスクを負うということを必ずしも意味しない。公開会社の取締役は、2:9条に基づき会社に対して無責任な配当について責任を負うからである。さらに公開会社の取締役は（非公開会社の取締役もそうであるが）、株主への配当に関して、第三者に対して責任を負うこともあり得る。

分配規制違反の配当を受け取った株主は、会社から返還を求められる。ただし、配当によって会社が債務を支払えない状態に陥ることを知っていたか、または知り得た場合に限られる。取締役が配当金相当額を会社に支払った場合は、当該取締役は配当金受領者に対して求償することができる（2:216条3項）。

株主への分配は配当以外の形態でも生じる。会社が自己株式を取得し（2:207条3項）、または減資をして払込金を株主に償還する方法である（2:208条6項）。2:216条の対内的責任ルールはこれらの場合にも適用される（2:207条3項、208条6項）。組織変更または包括承継による自己株式の保有制限について、上場公開会社の10％、非公開会社と非上場公開会社の「100％－1株」の制限を超えた場合も、取締役は超過分について会社に対し払込責任を負う（2:98a条3項、207a条2項）。

4　派生損害（Afgeleide schade）

1994年のポート／ABP事件[10]は、対内的責任に関して特別な問題提起をした。取締役が経営方針の重大な誤りを犯し、その結果2:9条により会社に対する損害賠償責任を負うべき場合に、会社が損害賠償を請求しない可能性が考えられる。同僚の取締役を訴えることはしたくないのが人情である。しかし会社の株式価値が大きく下落したのは、経営方針の誤りによるものであるかもしれず、少数株主はその減少分を取り戻したいと考えるであろう。これは会社が取締役から受けた直接損害から派生した損害である。

【ポート／ABP（Poot/ABP）事件】

　株式価値が毀損した会社の株主が、不法行為（6:162条）を根拠に直接取締役に損害賠償を請求したが、最高裁判所はそれを認めなかった（☞第1章第4節1参照）。最高裁判所は概略次のように述べている。会社の財産的損害は、それが賠償されない限り会社の株式価値を下げる効果がある。株主は原則としてこの当初発生した不利益に関して、損害を発生させた第三者に損害賠償請求を求める民事訴訟を起こすことはできない。会社の資産保護に利害関係を有するすべての者を保

10）　HR 2 december 1994, *NJ* 1995, 288.

護するために当該第三者に対して賠償を請求するのは会社の役割である。

　一言で言えば、会社は損害を自分で回収しなければならず、会社と一心同体ではない株主はそれを行うことができない。この考え方の根拠は、会社が取締役に対して訴訟を起こせば、会社債権者が利益を回復するということである。株主が請求した場合は当該株主だけが利益を得る。これは、株主は会社債権者との関係では残余権者であるということからすると望ましくない。

　最高裁判所はその後の判例でもポート／ABP判決の考え方を繰り返しているが、それには例外の余地がある。株主が会社の資産の毀損から生じたものではない損害を受けたという特別な場合は、個々の株主が取締役に対して一般不法行為（6:162条）に基づき取締役の任務遂行に関して損害賠償請求をすることが考えられる（☞本章第4節3 (3)）。

5　被用者としての取締役の責任

　対内的責任については、雇用者および第三者に対する被用者の責任も考慮する必要が出てくる。雇用者に損害を与えたか、あるいは第三者に損害を与え、それについて雇用者が損害賠償責任を負う場合、被用者はそれが故意または重大な過失（bewuste roekeloosheid）によるものであれば、雇用者に対して損害賠償責任を負う（7:661条）。会社と雇用契約を締結している取締役であれば、この法理が原則としてその取締役にも適用される。学説では、「重大な非難」と「故意または重大な過失」は同等の基準であると解されている。

　2:9条または7:661条に基づき取締役の責任を追及できる会社は、不法行為に基づく責任追及も可能である。

第4節　取締役の対外的責任

1　総　説

　取締役の対外的責任は、一般に会社の支払不能により会社債権者が損害を受ける状況で発生する。その場合に取締役が会社債権者に対して直接その損害を賠償する責任を負うかという問題である。取締役（およびその他の役職者（functionaris）[11]）は、原則として会社の債務について直接の責任を負わず、法人の債務については法人のみが責任を負う（2:5条）。

　しかしこの原則が濫用される場合がある。とりわけ小規模な非公開会社の取締役（株主でもある）が会社債権者を犠牲にして自らの懐をふくらませる（ようにする）

---

11)　監査役、人的会社の社員・組合員、業務代理人、個人企業の営業主が含まれる。

ということが起こる。債務を積み上げて同時に会社の資産の源泉を引き揚げてしまうことで会社は最終的に破産に陥り、会社債権者が損害を受ける。そのような会社債権者の保護のために各取締役の責任が有効な救済となり、責任の貫通（doorbraak van aansprakelijkheid）とよばれている。これは会社の責任を取締役に拡大（貫通）させることを意味する。

オランダ会社法には取締役の対外的責任追及について2つのスキームがある。第1は2:138/248条の責任である。この規定は1987年に第3次会社濫用防止法（Derde misbruikwet）とよばれる破産時の取締役の責任を定める規律として導入された。この規定に基づく請求はしばしば行われている。第2は、会社から弁済を受けられない債権者が、取締役を相手取って起こす不法行為訴訟である。

取締役の対内的責任と対外的責任には、伝統的に異なる判断基準が用いられてきた。すなわち、対内的責任は前節で述べたように取締役による義務の不履行が「重大な非難」に値する場合に認められ、対外的責任は、株主に対しては「重大な非難」、会社債権者に対しては「十分に重大な非難（voldoende ernstig verwijt）」に値する場合にそれぞれ認められる。しかし近年の最高裁判所判例における取締役の責任の判断基準は「重大な非難」の基準に収斂する傾向にあると指摘されている[12]。

2　破産会社の特例
(1)　総説

第3次会社濫用防止法（2:138/248条）は、会社が破産した場合における取締役の特別な責任を定めており、会社債権者の保護を拡大する。破産前の3年間に取締役会に明白な任務懈怠（kennelijk onbehoorlijke taakvervulling）があったことを破産管財人（curator）が疎明する（aannemelijk maken）ことで、破産財団の負債（債務弁済財源の不足）について取締役に連帯責任が課される。管財人は、義務の不履行が破産の重要な原因になったことを疎明しなければならない。この責任追及により得られた利益は原則として全会社債権者のためのものとなる。破産時の取締役の責任は管財人のみがそれを主張でき、管財人は損害を受けたすべての会社の利益の守護者となる。破産管財人は破産財団を代表し、取締役に対する責任を追及できる立場にある唯一の者である。

明白な任務懈怠とは、取締役による重大な無責任、無思慮で無謀な行為ということになろうが、これは2:9条とは微妙に異なる規範である。パンモ事件[13]で最高裁判所は、2:138/248条で管財人が立証すべきことは、合理的に考える取締役ならば同じ状況下でそのような行動はとらなかったであろうということであるとした。例え

---

12)　Asser/Maeijer/Van Solinge & Nieuwe Weme 2-II* 2009, nr. 441.
13)　HR 8 juni 2001, *NJ* 2001, 454.

ば、会社の主要な取引の相手方の信用調査を十分に行わなかった場合や、他社から譲り受けた事業を当該会社が行うことができないか、あるいは十分に行う力がないような悪影響のある事業譲受け（aanvaarden van opdrachten）などである。

【パンモ（Panmo）事件】

パンモ B.V.（P社）は紳士服の卸売会社であるが、大きな損失があったにもかかわらず1991年1月に100万ギルダーの配当を実施した。P社の株式の80％を保有していたサヴィ・マネジメント（Sawi Beheer）B.V.（サヴィ社）は受け取った配当80万ギルダーをそのままP社に貸し付けた。P社は1992年に破産した。配当がなければサヴィ社は無価値な株式を持つ株主にすぎなかったが、貸付けにより破産債権者となった。

破産管財人は、P社の取締役会の業務執行は明らかに不適切であり、取締役と事実上の取締役（2:248条7項）は破産財団の債務について連帯責任を負うと主張した。管財人はP社の取締役は配当を行うべきではなかったと指摘した。

地方裁判所は明白な任務懈怠があったと認めたが、高等裁判所は次のように述べた。

「2:248条の規定は経営に通常伴うリスクといえる意図的でない失敗や経営方針の誤りについて責任を課すものではない。本条の明白な任務懈怠が意味するところは、取締役が会社債権者に経営の失敗を押し付けることになるのを知りつつ無責任な行動に出たことであり、P社と同様の会社を経営する取締役に必要な資質を有する者であれば取らなかった……経営方針であり、P社の他の債権者に不利益を与えることを認識すべきであったにもかかわらず認識しなかったことである。『明白に』という言葉が追加されているのは、疑義が残る場合は取締役の利益にという趣旨である。当裁判所は取締役会の任務遂行に無謀で無思慮があり、それにより意識的に債権者を不利益に陥れたと認定することはできない。」

破産管財人の上告に対して、最高裁判所は高等裁判所の判断を支持し、上告を棄却した。

2:138/248条の明白な任務懈怠があったというためには、少なくとも1名の取締役において任務懈怠があったことが立証されればよい。2:9条と同様に、2:138/248条は、原則として業務執行を取締役の集団的責任（collectieve verantwoordelijkheid）としており、この集団的責任は取締役の連帯責任となる。ただし個々の取締役が、適切な義務履行を欠いたことについて自らは非難に値しないこと、および結果回避のための措置を取ることを怠らなかったことを証明した場合、当該取締役は責任を免れる（2:138/248条3項）。しかし実際にはその証明は容易ではない。取締

役会決議で反対しその後決議内容の履行に協力できないとして辞任したような場合には免責が認められよう。裁判例では、新任の取締役や重病の取締役が速やかに対策を取らなかったことについては責任が問われていない。しかし取締役は株主総会によりすでに解任されたことを管財人に対する抗弁とすることはできない（同条6項）。

(2) 立証責任

2:138/248条には3つの特別ルールがある。第1の特別ルールは、管財人が取締役会の明白な任務懈怠を証明するのは困難であることを立法者が認識していたことに基づく。そこで立法者は2:138/248条2項に立証責任に関する特別規定を置いた。実際、管財人は同項が使えそうなときに取締役に対する責任追及を行っている。同項は、取締役会が計算書類の作成保存に関する義務を履行しなかった場合（2:10条）、または計算書類を適時に商業登記所に提出しなかった場合に（2:394条）、任務懈怠があったと推定する。すなわち、取締役の義務の不履行が支払不能の主たる原因であることが推定されることになる。

軽微な不履行（計算書類の公開が数日遅れたなど）は、2:138/248条2項の適用対象外とされている。ほかの条文における期間制限も重大なものだけが違反として扱われる。重大でないといえるかどうかは、事案の個別事情を考慮しなければならない。在任期間が1ヵ月に満たずその間に問題が発生した場合や[14]、計算書類の公告が数日遅れた場合に[15]、取締役の責任を認めなかった裁判例がある。ファン・スヒルト建設資材卸売事件[16]で最高裁判所は、公告が必要な会計士の妥当性意見書の欠落を、一定の場合には重大でないものとして扱うことができる可能性を排除しなかった。

【ファン・スヒルト建設資材卸売（Van Schilt Bouwmaterialen Groothandel）事件】

1997年11月21日にファン・スヒルト建設資材卸売B.V.（VS社）が破産申立てを行った。1995年以降VS社は2:397条に定義されている中会社に該当していた。VS社は1995年度、1996年度の計算書類を公告したが、会計士の意見書を付しておらず、その理由も示していなかった。これは原則として2:392条、394条の公告義務違反となる。

VS社の取締役会はファン・スヒルト兄弟2名で構成されていたが、そのうち

---

14) HR 28 juni 1996, *NJ* 1997, 58 (Bodam Jachtservice).
15) HR 11 juni 1993, *NJ* 1993, 713 (Brens q.q./Sarper); HR 2 februari 1996, *NJ* 1996, 406 (Pfennings/Niederer).
16) HR 20 oktober 2006, *JOR* 2006, 288.

の一人は1994年に死亡した。破産管財人は公告義務違反を主張して、残った1名の取締役に対して破産財団の資産の不足分についての塡補責任を追及した。

地方裁判所は公告要件不適合を認めたものの、取締役の責任は認めなかった。これに対し高等裁判所は、VS社のような中会社が会計士の妥当性意見書を取得せず、その理由も示さないことは、2:248条により取締役の不当な業務執行となるとした。また、会計士の妥当性意見書を欠き、その理由も示されないことは重大な欠落であるとした。ファン・スヒルトが主張するところのほかの条件が破産に相当程度寄与しているのは確かであるが、だからといって誤った経営が重大な原因であったことが妨げられるわけではなく、ファン・スヒルトは誤った経営が重大な原因でないことを疎明しなければならないとした。

上告審でファン・スヒルトは、会計士の意見書を欠くこととその理由が示されないとしても、計算書類自体が公告されその内容が正しいことが証明されれば、重大な欠落とはいえないと主張した。最高裁判所はその主張そのものは受け入れなかったが、その可能性は否定しなかった。また、取締役が破産の主要原因がほかにあることを疎明したときは、管財人が2:248条1項に基づき不当な業務執行が破産の主要原因であることを証明しなければならないとした。最高裁判所は原判決を破棄し、差し戻した。

取締役は支払不能の原因についての反証を提出することができる。この場合、義務の不履行以外の事由が破産の重要な原因であることを疎明しなければならない。例えば、養鶏場を営む非公開会社の取締役が、会社が破産したのは防疫対策のない鳥の流行病が原因であると主張することが考えられる。それが認められた場合、取締役は責任を問われないが、管財人がそれにもかかわらず義務の不履行も破産の重要な原因であったことを証明できれば、取締役に対する損害賠償請求は認められる。

一方で最高裁判所は、いくつかの判例で厳格な2:138/248条をトーンダウンさせている。2:101/210条は計算書類の作成を5ヵ月間延長することを株主総会の承認を条件に認めている。延長が認められた場合、計算書類が完成するのは会計年度末から10ヵ月後となる。サーペル（Sarper）事件[17]で最高裁判所は、取締役会は期限までに膨大な計算書類を作成しなければならず株主総会がその延長を承認するというルールは、会社内部の権限分配にとっては重要であるとしたうえで、「会社債権者にとっては、実際に計算書類が延長された期限までに公告されることが重要である」と述べている。確かに計算書類作成期限延長の決議が成立するかどうかには、会社債権者は関与しない。2:138/248条2項の適用は、計算書類の公告期限を徒過するかどうかが重要である。一方、2:394条3項は、会社はいかなる場合も会計年度終了後

---

17) HR 11 juni 1993, *NJ* 1993, 713.

13ヵ月を経過するまでに計算書類を公告しなければならないと定めている。このことは、取締役会には、2:394条遵守のために、2:138/248条2項の「危険ゾーン」の中でとりあえず年度末後13ヵ月までは時間があることを意味する。

(3) 事実上の取締役

2:138/248条の第2の特別ルールは7項である。この規定により管財人は正式な取締役だけでなく、取締役であるかのように、単独または共同で会社の経営方針を決定していた者に対しても請求ができる。事実上の取締役（feitelijk bestuurder）に関する規定であり、この概念は、2:216条4項でも用いられている。例えば、会社を支配している唯一の株主が、法律上の取締役をないがしろにして、会社の経営方針にさまざまな口出しを実際にしている場合である。法は決定的な影響力を行使しながら前線の者の後ろに隠れている者をあぶりだそうとしている。

ただし取締役が第三者の言いなりになって行動した場合に、その結果として経営責任を免れるわけではない。事実上の取締役に責任が認められても、法律上の取締役が社内で「何も言えなかった」ということで責任を免れることはない。取締役が対立する利益を比較することができる限りにおいて、取締役として行動しているのは当該取締役であって、それに関係している第三者ではないからである。したがって取締役として登記されている者は、名目上の取締役であると主張して責任を免れることはできない。

2:138/248条7項は、「責任の輪」を広げる規定となっている。この拡大は2:138/248条の責任に関してのみ適用されるが、その範囲は2:11条が定める法人取締役の責任範囲より広がることになる。2:11条は、2:138/248条のみならず2:9条などによる取締役の責任が容易に回避されてしまうのを防ぐ規定である。ある自然人が自分で会社を経営せずに、非公開会社などの法人を取締役にして、自分はその取締役または事実上の取締役になるということが考えられる。これにより当該自然人は間接的に会社を経営できることになる。このように法人取締役をクッションにして取締役の責任を回避することを防止するために、2:11条は、法人取締役の責任はその法人の取締役にあると定めている。この置き換えは生身（自然人）の取締役に責任を課すことができるまで繰り返し適用される。

(4) 損害額の算定

第3の特別ルールは、2:138/248条の明白な任務懈怠により生じた損害の程度は、破産会社の債務の規模によって決まるということである。より正確には、取締役は破産財団の資産で賄えない会社の債務残額について（連帯して）責任を負う。損害額は破産財団の債務額で固定される。これは管財人の立場を強める効果がある。管財人にとっては、生じた損害額を証明するより、債務額を証明する方が容易である。それでも2:138/248条は損害賠償の性質を有する規定であって、このことは2:138/248条4項の文言に反映されている。同項により裁判所は、取締役の責任の程

度を限定する調整権限を有している。裁判官は、管財人の方針によって債務額が不必要に増大し、取締役が賠償すべき損害額があまりに高くなった場合にこの権限を行使する。2:138/248条により回収された金銭は、会社の破産手続において認定された債権者のみに分配される。

一方、取締役が与えた損害が破産債務の額を超えることもあり得る。この場合損害は2:138/248条によっては回復できないが、2:9条がそれを解決することになる。管財人が2:138/248条により会社債権者のために取締役に対して行動を起こすことは、2:9条により会社を代表して行動することとは異なるものであり、管財人は2:9条を根拠とする手続を2:138/248条の手続と同時に進めることができる（2:138/248条8項）。

2:138/248条に基づく取締役の損害賠償責任は、会社に対する責任ではなく破産財団（会社債権者全体）に対する責任である。このため取締役は会社に対して有していた債権をもって損害賠償債務と相殺することはできない[18]。

3　不法行為
(1)　総　説
取締役は不法行為に基づき第三者に対して責任を負うことがある（6:162条）。この第三者は主に会社債権者であるが、個々の株主も含まれ得る。

取締役は義務を履行するに際して会社を代表し、取締役の作為・不作為は会社の作為・不作為となる。取締役の不法行為は第一義的に会社の不法行為となる。このとき取締役個人には責任はない。取締役の責任は二次的なものであり、個人に対する非難である。しかし、取締役が第三者に対する注意義務違反による不法行為責任を問われる場合はそれとは異なる。会社内部での取締役の特定の役割はそこでは関係がなく、もはや二次的な責任ではないからである。この場合には通常の不法行為責任の要件が適用される。

(2)　会社債権者に対する不法行為責任
取締役が会社債権者に対して不法行為を行ったとして、取締役個人の不法行為責任を認めた裁判例は、専ら個別の会社債権者が取締役を相手取って起こしたものである。状況は事案によってさまざまであるが、裁判例で取締役の債権者に対する不法行為責任が認められるのは主に2つの根拠からである。

収税吏／ルーロフセン事件[19]で最高裁判所は、不利益を受けた債権者のために、個別事案の事情に応じて、取締役の損害賠償責任を認める2つの根拠を次のように示した。第1に、当該取締役の行為が会社を代表したものであること。第2に、会

---

18) HR 18 september 2009, *NJ* 2009, 438（Bandel/Van den End q.q.）.
19) HR 8 december 2006, *JOR* 2007, 38.

社がその法律上または契約上の義務を履行しないことを当該取締役が引き起こしたか、または許諾したことである。最高裁判所は、2:9条に定められた義務の適切な履行という観点から、取締役が債権者に対して一般的には違法といえる行為を行ったことが十分に重大な非難に値するかというものさしを使っている。

【収税吏／ルーロフセン（Ontvanger/Roelofsen）事件】

被告は、財務上一体となっている2つの非公開会社の取締役であり唯一の株主であった。この一体となった2社は付加価値税の未納について多額の追徴課税を受けていたが結局納付されなかった。2社は破産を申し立てた。収税吏は取締役に対して、不法行為および誤った経営を理由として損害賠償を求めた。収税吏は取締役が税金逃れをたくらみ、税法に従わなかったことにより、個人として非難されるべきであるとした。

地方裁判所は原告の請求を認容したが、高等裁判所はそれを斥けた。本件では、取締役が2社を財務上一体とすることで繰り返し意図的に会社の売上を操作したことが、取締役個人の不法行為といえるかが問題となった。

最高裁判所は、会社の責任とは別に、一定の状況下で会社を代表者して会社の法律上または契約上の義務不履行を引き起こした取締役には、個人としての責任が存在すると判断した。この場合取締役は、2:9条に定められた任務を適切に遂行する義務という観点から十分に重大な非難に値するときに、不法行為を行ったということができる。会社が義務を履行できず、その救済もなされない状態を取締役が過失により引き起こしたか、またはそうなることを知っていたか、もしくは合理的に知り得たときに、当該取締役は個人として非難に値する。結論として、本件では被告の行為にそのような重大な非難の問題はなく、その行為は違法とはいえないとした。

最高裁判所が、取締役の対外的責任の判断基準として取締役の対内的責任の規定である2:9条を用いている理由は必ずしも明確でないが、2つの可能性が考えられる。第1は、最高裁判所が対内的責任の判例で用いた重大な非難に値する行為を対外的責任の判断基準に用いようとしてそれを2:9条に言及することで表現しようとしたことである。第2は、取締役が2:9条に従い会社に対する義務を適切に履行するということは、債権者に対するある行為が当初は不注意に見えても、最終的には債権者との関係で重大な非難に値するものでないことがあり得ることを明らかにしようとしたことである。これは、取締役の行為が、確かに会社債権者の利益という点からは不注意があったものの、完全に誠実に会社の利益のためであった場合である。会社の利益と債権者の利益は必ずしも両立しない。

最高裁判所は、十分に重大な非難に値するという対外的責任の判断基準を収税

吏／ルーロフセン事件では2つに分けて説明している。第1は、会社を代表して行為をした取締役の責任である。会社が最初から債権者との取引債務を支払えず、契約違反による損害賠償の支払もできないことを取締役が知っていたか、または知り得た場合に、当該取締役の代表行為は会社から支払を受けられない会社債権者に対する不法行為となる。この場合取締役は、会社の財務状態からして当該取引を履行できる現実的可能性がないのであれば、会社を代表して取引を行ってはならない。取締役は会社債権者が損害を被ることを予見できたのであるから、当該取締役個人が非難に値するのは明らかである。この基準は、「個人として重大な非難に値する行為（persoonlijk ernstig verwijtbaar handelen）」として色づけされており、1989年のベクラメル（Beklamel）事件[20]で使われた「ベクラメル・ルール」として定着している概念である。すなわち取締役は、たとえ会社の利益のためという目的があったとしても、個人として不法行為責任を負うという痛みを伴う取引を、会社を代表して行ってはならない。それを行うことは、原則として十分重大な非難に値する要件に該当することになる。

　立証責任は、民事訴訟の一般ルールによる（民事訴訟法150条）。取引開始時点において会社が取引債務を履行できず、契約違反による損害賠償の支払能力もないことを取締役が知っていたか、または知り得たことを、損害を受けた会社債権者が立証しなければならない。会社債権者にとってはその証拠を集めることは難しいことが多いであろう。時に裁判所が会社債権者に手を貸すことがある。

　ロメ／バッケル（Romme/Bakker）事件[21]では、被告取締役が非公開会社の唯一の株主であり取締役で、社内で絶対的な権限を有していたところ、最高裁判所は、まず民事訴訟法150条が適用されるとしたうえで、合理と公正の原則から、取引を開始した時点で会社に支払能力がないことを知らず、また知る由もなかったことを被告取締役が証明しなければならない場合があるとした（ただし、どのような場合にそう言えるのかは明らかにしていない）。取締役が自らの行為を正当化する理由を提出できれば、非難は反証されたことになる。取引開始時点において債務が履行されないリスクがあり、取引当事者が互いに保証を排除していたものの、リスクを回避できる現実的可能性もあったのであれば取締役には責任はないといえる。

　収税吏／ルーロフセン事件で最高裁判所が示した第2の判断基準は、会社がすでに負っている法律上または契約上の義務について、その不履行を取締役が惹起し、または許容したことである。これは、「救済のフラストレーション（frustratie van verhaal）」として不法行為の一つとされている。会社が当初は財務的に問題なかったが、最終的に債権者に支払うだけの資金がなくなったという場合、取締役は債務

20）　HR 6 oktober 1989, *NJ* 1990, 286.
21）　HR 10 juni 1994, *NJ* 1994, 766.

を適時に履行できるかどうかについて確信がなかったとしても、一般的には債権者に対する不法行為責任を負わない。それに加えて、取締役が支払不能というできごとに対して重大な非難を受けるに値するだけの追加的な事情が必要になるが、それはさらに当該事案の事情に左右される。例えば取締役が自ら支払を滞らせるといった事情がなければならない。単に取締役が会社の債務を履行しなかったというだけでは債権者に対する取締役個人の責任を認定するには不十分である。

収税吏／ルーロフセン事件では、会社が結果として債務を履行できず、さらにその結果としての損害賠償もできないであろうことを、当該債務の不履行を惹起し、または承認するに際し、取締役が知っていたか、または知り得たことが証明されれば、同様に重大な非難に値することになるとしている。これはベクラメル・ルールと同様の効果を有するが、あらかじめあらゆるケースを想定してルールを構築することは不可能であるので、最高裁判所が採用した基準は判例の積み重ねを待つことになる。例えば、取締役が会社の資産を（自己の利益を図ろうとしたかどうかは別として）会社債権者の利益を考慮せずに第三者に低廉譲渡した場合である。また取締役による会社としての履行拒絶が、取締役自身の支払意思の欠如（betalingsonwil）から生じている場合は不法行為を構成する。

ここでも会社債権者は、取締役が会社の支払不能について重大な非難に値することの立証責任という問題に逢着する。取締役に支払う意思がなかったという主観的な事情をどうやって証明するかである。最高裁判所は再び立証負担を緩和する救いの手を会社債権者に差しのべている。ファン・ヴァニング／ファン・デル・フリート（Van Waning/Van der Vliet）事件[22]で最高裁判所は、本件事情の下では、不履行会社の完全な支配権を有していた者（本件では唯一の株主であり取締役であった者）が、会社が「客観的に」支払のできる状態になかったことを立証しなければならないとした。これは、支払不能に陥った会社の取締役が債権者を意図的にえり好みして支払を行っていた場合に、取締役個人の責任が認められる可能性があることを意味する[23]。

取締役が十分に重大な非難に値するかどうかという、会社の債務不履行についての取締役の不法行為責任の判定基準は、会社の不法行為について取締役が責任を負うかという問題にも原則として適用される。

(3) 株主に対する不法行為責任

取締役は会社とのみ契約関係を有しており、株主と契約関係にあるわけではない。このことは株主（株主集団）による取締役に対する訴訟は、本来2:9条に直接基づくものではなく、不法行為法に基づくものであることを意味する。

---

[22] HR 3 april 1992, *NJ* 1992, 411.
[23] HR 12 juni 1998, *NJ* 1998, 727 (Coral/Stalt).

しかしながら2008年のヴィレムセン／NOM事件[24]で最高裁判所は、個人株主による取締役に対する訴訟において、2:9条に言及しつつ取締役の不法行為責任を認める判断を下した。

【ヴィレムセン／NOM（Willemsen/NOM）事件】
　最高裁判所は、株主との関係における取締役の責任要件は、2:9条が適用される場合と同じく、当該取締役が重大な非難に値するということであるとした。最高裁判所はその理由づけを次のように述べている。
　「会社を経営する取締役の会社に対する責任に高い基準を設けることによって会社とその関連企業の利益にも資することになる。なぜならそれによって取締役が防御的な考慮をして、望ましくない程度にその行動を決定するということが回避されるからである。個々の株主は自らの選択で会社の業務執行に関わることになったのであるから、2:8条の合理と公正の原則からは、株主から取締役に対して提起された係属中の損害賠償請求事件においては、2:9条の高い閾値を適用することが示唆される。」

　株主による不法行為責任の追及には、2:9条の要件が適用され、その結果各取締役に重大な非難が認められる場合にのみその請求が認められることになる。最高裁判所は、個々の株主を保護することを意図した定款規定に違反する行為があったという事実は、原則として取締役の各株主に対する不法行為責任を示唆するとした。この場合取締役は反証を行うことが許される。
　例えば、取締役が株主に誤解を招く情報を提供したような場合には、取締役の不法行為責任が認められ得るであろうが、このルールが株主の利益を保護する他のルール（公開買付規制、コーポレート・ガバナンス・コードなど）にまで一般化されて、その違反が原則として取締役の株主に対する責任を認めることにつながるかは明らかでない。また、取締役の責任が認められたとして、株主に株価の下落分相当額の損害賠償が認められるかも問題である。同じ行為により会社も損害を受けて、会社が取締役に対する責任追及訴訟を起こすことができる限りは、株主に対する個別の損害賠償を認めないというのがこれまでの裁判例の傾向である（ポート／ABP事件（☞本章第3節4）参照）。

(4)　その他の第三者に対する不法行為責任
　環境汚染などの不法行為により取締役個人が第三者（国を含む）から責任を追及されるケースもある。ただし環境法分野では、個人責任は例外的なものとされている。原告は取締役が汚染を引き起こした行為を知っていたか、または知り得たこと、

---

[24] HR 20 juni 2008, *NJ* 2009, 21.

および汚染を防ぐ手段を何ら講じなかったことを主張立証しなければならない。

下級審では、会社が天引きした社会保険料を保険機構に引き渡さず、会社の事業に流用した場合に、取締役の従業員に対する損害賠償責任が認められた例がある[25]。取締役が保険料不払いについて悪意であり、そのことを従業員に隠していたが、その後会社が破産して従業員に損害が生じたような場合には、取締役の不法行為責任はより容易に認められよう。

⑸　**法令違反行為の主体と取締役の責任**

法人の法令違反行為には、環境法や安全基準の違反、第三者に対する欺罔行為などさまざまなものがあり、取締役の行為のみならず、他の役職者の行為も法人に帰せられることがある。そこには社会経済活動におけるそれら自然人の行為を法人の行為として扱うかどうかという問題がある。一方、違反があるとされたところの法規範が、法人のみならず実際に行為をした自然人を直接名宛人としていることがある。その場合の取締役の責任には、これまで論じてきた重大な非難という責任要件はあてはまらない。

【ムンド邸（Villa Mundo）事件[26]】

Y_1がY_2社の取締役として、スペインの別荘の売買を仲介した。Y_1は買主Xに対し、建築許可がおりていないというすでに判明していたリスクを伝えず、その後になって現地調査を行った。結局建築が不首尾に終わったため、XはY_1とY_2社を6:162条に基づき訴えた。

取締役Y_1の責任について最高裁判所は、取締役としての義務の不履行または不適切な履行はなかったが、それとは別に、専門性を要する一定の役務提供者に求められる注意義務の違反に基づき一般不法行為法が適用され、一般不法行為では重大な非難に値することは要件でないとした。

4　その他の責任形態

⑴　**租税債務、社会保険に関する責任**

取締役は特定の租税債務について税務当局に対し、社会保険料について会社年金基金に対し、それぞれ責任を負う[27]。この責任は第2次会社濫用防止法（1990年債権回収法36条）で導入された。会社が租税債務、社会保険料を支払えなくなったときは、直ちに当局に通知しなければならないというのがこの法律の主眼である。

---

25) 近時の裁判例として、Rb. Groningen 22 september 2010, *LJN* BO 2529がある。
26) HR 23 november 2012, *JOR* 2013, 40.
27) Art. 36 Inv. 1990, art. 60 Wfsv en art. 23 Wet verplichte deelneming in een bedrijfstakpensioenfonds.

会社が通知を怠った場合は、取締役が未払額について連帯責任を負う。取締役は、会社が通知を怠ったことにつき自分に責任がないこと、および未払額について自分に責任がないことを証明しない限り責任を免れない。取締役は本来就任と同時に会社の財務方針についての責任を引き受けたことになるのであって、会社の財務業務には関与していないとか、他の業務執行に特化していたという理由で責任を免れることはできない。およそ取締役は会社の財務状態について認識を持ち適切な対応を取ることが求められている。

　適切な通知が行われた場合は、通知前3年間に取締役が共同して明白に任務を怠ったことによって未払いが生じたことを当局側が証明したときにのみ、取締役は責任を負う。明白な任務懈怠は、同じ状況下で合理的な取締役なら行わなかったはずの行為があった場合に認められる。

　この規律の対象者は、保険料、租税債務が発生した時点における取締役である。事実上の取締役も含まれる。法人取締役の場合は、当該法人の取締役が責任を問われる。また、この取締役の責任は破産に至らない場合に適用される。

(2)　**計算書類、経営報告書に関する責任**

　会社が公告した計算書類、経営報告書、中間報告が、会社の財務状態を正しく表していない場合、取締役はそれにより第三者に生じた損害について連帯して賠償する責任を負う（2:139/249条）。不実の表示について自らは非難に値しないことを証明した取締役は責任を免れる。損害賠償を請求する会社債権者、株主、従業員を含む第三者は、計算書類の不実表示と被った損害との因果関係を証明しなければならない。ただし、この規定が直接適用された裁判例は稀である。

第5節　監査役の責任

1　総説

　監査役は取締役会の経営方針や業務執行を監督する義務を負う。取締役と同様に、監査役は会社の利益を図らなければならない（2:140/250条2項）。会社経営の監督についてはここ何年かでさまざまな要求が示されてきている。特に上場会社は、監査役会の責任について詳細な定めを持つコーポレート・ガバナンス・コードに従うことが求められる。

　監査役がその任務を遂行するに際しては、取締役から提供される情報によるところが大きい。取締役会は要求された情報を適時に監査役会に提供しなければならない（2:141/251条）。監査役は原則として取締役会が提供した情報を信頼してよい。しかし、情報の正確性や完全性が疑われる状況になった場合は、疑念を呈してさらに情報を要求することが求められる。

　監査役は経営に直接的な責任はなく、経営の監督責任を負うことから、一般に取

締役に比べ責任を問われる可能性は法的にも現実的にも低い。会社や第三者が監査役の責任を追及してそれが認められた裁判例はわずかである。調査請求手続においては、監督不十分により取締役の誤った経営について監査役が連帯して誤った経営を認定されることが少なくないが、商事裁判所がそのように認定したからといって直ちに監査役が損害賠償責任を負うことにはならない（☞第10章第2節8(3)）。

2　会社に対する責任

2:9条に基づく会社に対する責任は監査役にも適用される（2:149/259条）。責任発生要件は、取締役と同じく監査役が重大な非難に値するかどうかである。監査役の経営方針への関与は、原則として協働的、是正的なものである。監査役は完全に独立してその義務を全うしなければならない。監査役会は株主総会が求める情報を、会社の利益に反しない限りすべて提供する義務がある（2:107/217条2項）。

セテコ（Ceteco）破産事件[28]では、監査役としての義務の不履行による責任が認定された。監査役が、十分な調査をせずに会社のリスクを考慮しないまま、持続不可能な成長を目指した取締役の経営方針を支持したためである。

3　破産会社の特例

(1)　総　説

監査役も破産についての法的責任を問われる（2:149/259条、138/248条）。監査役には会計帳簿作成義務や計算書類公告義務（2:138/248条2項）はなく、取締役がそれを怠っている場合でも代わりに作成・公告することは求められないが、それらに関して取締役を監督する義務がある。そのために取締役から報告を受け、取締役に対して義務の履行に関する助言を行い、必要な場合は取締役の職務執行停止や解任により経営に介入しなければならない。

【ボダム・ヨットサービス（Bodam Jachtservice）事件[29]】

　ボダム・ヨットサービスB.V.が破産した。破産管財人は2:248条1項・2項により取締役には明らかに会計規定および計算書類開示における義務違反が認められ、それが破産の主たる原因であるとして、監査役の責任を追及した。

　地方裁判所と高等裁判所の判断は分かれた。最高裁判所は、監査役自身には会計規定や計算書類の開示を自ら履行する義務はなく、そのことは取締役会がその義務を怠っている場合も変わらないとした。そのうえで、監査役の義務は取締役がその義務を履行することを監督することであり、その目的のため、監査役は取

---

28)　Rb. Utrecht 12 december 2007, *JOR* 2008, 10.
29)　HR 28 juni 1996, *NJ* 1997, 58.

締役会から報告を受け、取締役の義務の履行に関して助言を行い、必要な場合は取締役の職務執行を停止したり、辞任を促したりするなどして介入することが求められるとした。

前述のセテコ破産事件では、監査役も支払財源不足の責任を問われた。合理的な監査役であれば、内部組織秩序より成長を重視した経営方針が持続可能かを、事業拡張を認める前に調査したはずだというのがその理由である。

(2) 立証責任

監査役が義務を適切に履行しなかったことの立証責任は管財人にある。取締役が会計帳簿作成および計算書類公告の義務を履行しなかったことが証明されると、監査役は管財人の主張を争うために、事実に関する情報を提出しなければならない[30]。

(3) 事実上の取締役

監査役も事実上の取締役としての責任を負う可能性がある立場にある(2:138/248条7項)。また定款または株主総会の決議に基づき一定期間一定の状況下で監査役が業務執行を行った場合は、当該監査役も取締役と同じ責任を問われる(2:151/261条)。

4 不法行為

監査役も不法行為に基づく第三者に対する責任を負う立場にある。例えば取締役会が十分な担保なく高額の貸付けを第三者に行うのを監査役会が見過ごした場合が考えられる。監査役会は貸付債権が適切に担保されていることを独立して調査し確認すべきであり、取締役会からの情報を鵜呑みにしてはならない。

5 その他の責任形態

(1) 租税債務、社会保険に関する責任

第2次会社濫用防止法はそれ自体直接監査役に影響を与えるものではないが、監査役の助言・監督のあり方に関係してくる。

(2) 計算書類、経営報告書に関する責任

会社が公告した計算書類が、会社の財務状態を正しく表していない場合、監査役は取締役と同じくそれにより第三者に生じた損害について連帯して賠償する責任を負う。取締役と異なり、経営報告書、中間報告については責任を負わない。不実表示について自らが非難に値しないことを証明した監査役は責任を免れる(2:150/260条)。

---

30) *Ibid.*

第6節　一層型会社の取締役の責任

　一層型会社の業務執行取締役、非業務執行取締役は、それぞれ二層型会社の取締役、監査役に対応するため、その責任についてもそれぞれ対応させて考えればよい。非業務執行取締役の責任については、今後の裁判例の展開を待つことになるが、取締役会の構成員である非業務執行取締役は、監査役と比べて業務執行への関わり方が深くなるため、そのことが責任の認定にも影響を与える可能性がある。

第7節　責任の減免

1　総　説

　取締役・監査役の責任のリスクを限定するための選択肢としては、次のものがあげられる。
　① 責任免除（decharge）
　　　取締役・監査役の経営に関する法的責任を免除するもの
　② 免責契約（exoneratie）
　　　取締役・監査役が会社との契約で、自らの行為により生じた損害について免責を受けるもの
　③ 補償（vrijwaring）
　　　取締役・監査役が第三者から不法行為または対外的責任（2:138/248条）に基づく損害賠償請求を受けた場合に、会社（または株主）から補償を受けるもの
　④ 保険（verzekering）
　　　取締役・監査役自身が対内的・対外的責任を対象として付保するもの
以下、それぞれの特徴と問題点について述べる。

2　責任免除

　責任免除の権限は株主総会にある。取締役が行った一定期間の経営方針の遂行に対して責任免除を認めることで、当該取締役は原則として当該期間の会社に対する責任を免除される。対外的責任については適用されない。一人会社の株主が唯一の取締役である場合も責任免除は認められる。
　株主総会が計算書類を承認すると、取締役と監査役は実行した経営方針について株主総会に対し責任免除を求めることが多い。株主総会はその可否を個別に決議しなければならない。計算書類の承認で自動的に取締役、監査役が免責されるわけではない（2:101/210条3項）。例外的に株主と取締役が同一である非公開会社で計算書類が承認されると、それによって免責効が生じる（2:210条5項）。免責の効力が

生じた後、会社は、取締役、監査役に2:9条の任務懈怠についての責任がないとして扱わなければならないことになる。

　しかし免責の効力は、計算書類に関する取締役会または監査役会の行為のうち、株主総会に提出し明らかに議論の対象となった範囲にしか及ばない。ファン・デ・フェン事件[31]（☞本章第3節2）で最高裁判所は、「個々の株主が総会外で提供された情報や、計算書類に含まれていなかった情報またはその他株主総会が計算書類を承認する前に知らなかった情報に免責の効力が及ぶという立場を、当裁判所は受け入れられない」という判断を示した。

　この判決は、免責の効力が計算書類に反映されたデータおよび免責が審議された株主総会に明らかに提出された情報にのみ及ぶことを意味している。すなわち免責決議は、免責を受ける対象となる経営方針が計算書類に示されているか、または何らかの手段で株主総会がそれを知っていた場合に適用される。これにより取締役、監査役は、会社に対する責任を遮断するために安易に免責を求めることはできないということになる。一言で言えば、経営陣が不当に「包んだ」ものに免責は及ばないのである。このルールは、取締役が一人会社の株主で、事実上自分で自分を免責できるような場合にも適用される。

【デ・ロウ（De Rouw）事件[32]】
　破産した非公開会社の管財人が、同社の取締役であり（間接的に）唯一の株主であった者が架空の請求書を作るなどして会社の金を隠匿していたことを発見した。管財人は取締役に対して2:9条に基づく責任を追及したが、取締役は株主総会の免責決議を理由に責任を否認した。
　最高裁判所は、帳簿操作で不正に金銭を隠匿したことは、会社の計算書類および妥当性意見書からは知り得なかったことであるとして、免責の主張を斥けた。不正行為は、株主総会には提示されなかった議事録から判明したものであった。

　免責が合理と公正の原則（2:15条1項b号、8条）に反すると考えられる場合は、取締役・監査役が免責を受けることは認められない。利害関係者が裁判所に対して免責が合理と公正の原則に反するとして申立てを行い、裁判所がそれを認容すると免責決議は無効となる。
　会社が取締役を提訴してその後株主総会により免責が認められた場合に、それにより会社が訴訟を取り下げると期待させたと取締役が当該訴訟において主張しても、一般論としてはその抗弁は認められない。

---

31) HR 10 januari 1997, *NJ* 1997, 360.
32) HR 25 juni 2010, *NJ* 2010, 373.

免責は会社の提訴権の放棄を意味するものと解されるが、実際に免責を認めるか否かは会社の裁量である。取締役・監査役の側に免責を要求する権利があるわけではない。

3 免責契約

会社と取締役が2:9条に基づく会社の請求について免責契約を締結することにより、株主総会による免責決議と同じ効果が得られる。しかしこのような契約は、取締役の適切な義務遂行を要求する2:9条の強行法規性に反し、一般に無効とされている。ただし取締役・監査役に対する責任追及訴訟の防御費用を会社が負担する旨の合意をあらかじめ就任時にしておくことは許されると考えられている。

4 補　償

第三者からの請求に対して会社が取締役に補償する旨の合意は可能であり、実際に上場会社では一般的に利用されている。補償の範囲は、第三者に対する損害賠償と訴訟費用である。補償条件は契約書に規定されるか、または定款に定められる。契約による補償のメリットは、株主総会の承認が原則として不要であることである。取締役に故意・重過失がある場合は、補償は認められないという点で限界はある。また、会社が破産した場合は、補償契約は取締役保護の機能を果たさなくなる。

5 保　険

各取締役・監査役は、役員賠償責任保険（bestuurdersaansprakelijkheidsverzekering）を付すことができる。第三者からの取締役・監査役に対する請求に関して、会社が取締役・監査役に対して行った補償について会社が保険金を受け取ることができる保険条件も用いられている。企業グループでは親会社がグループ全体を付保することが多い。

付保対象は、第三者に対する取締役・監査役の損害賠償と訴訟費用である。訴訟費用は付保金額から控除されるため、訴訟費用だけで付保金額に到達してしまうケースもあることに留意が必要である。

付保期間は1年間で更新することができるが、保険会社は更新拒否ができる。多くの保険では会社が破産した場合に保険契約が終了する条件となっている。延長付保オプション付の保険では、付保対象の事実が保険期間内に発生しそれを保険会社に告知した場合は、訴訟が保険契約期間終了後に提起された場合でも保険金が支払われる。

第 8 節　社団、協同組合、財団

　民法典第 2 編第 9 章の会社計算に関する規定およびそれに基づく取締役の義務は、株式会社のほかに、協同組合や相互保険組合にもおおむね適用される（2:360 条 1 項）。計算書類の公告は、純収入の額が一定の要件を満たす事業を行っている社団および財団にも適用される（同条 3 項）。社団および財団も一定程度株式会社のような営利性を有しているためである。
　通常の社団についての規律はより簡素である。社団の理事会は貸借対照表と損益計算書を社員総会に提出しなければならないが（2:48 条 1 項）、法にはこれらの計算書類に関する詳細な規定はない。通常の社団は貸借対照表、損益計算書を公告する義務がない。定款には社員総会が貸借対照表と損益計算書を承認する旨の定めを置くことができる。また、理事の免責や会計士による計算書類の監査に関する規定を設けることもできる。
　通常の財団についてはさらにルールは簡素である。財団では一般に理事会が唯一の機関であるため、理事会が責任を負う対象となる機関がない。そのため 2:298 条は、利害関係者または検察官の申立てにより財団の理事を裁判所が解任することができる旨を定めている。検察官は財団に対し情報提供を請求することもできる（2:297 条）。
　最後に、調査請求権は協同組合にも適用される。財団および社団に適用される場合もある。また事業を行っている財団および社団には、経営協議会の設置が義務づけられることがある（2:344 条 b 号）。
　2:9 条の対内的責任は、社団、協同組合、財団にも適用される。非公開会社で説明した不法行為責任はこれらの法人でも起こり得る。株式会社が破産した場合の取締役の責任は、法人税の課税対象となる社団および財団にのみ適用される（2:50a 条、300a 条）。また 2:53a 条により 2:50a 条は協同組合にも適用される。協同組合は一般に事業を営んでいるため、法人税の課税対象である。法は、株式会社の取締役と、事業を営む社団、協同組合、財団の理事を同様に扱っている。社団や財団が法人税の課税対象となるかは、一定の時が経過してから明らかになる。過去の課税判定実績ではなく、実際の事業の状況が問題になるからである。社団および財団の理事にとっては、それが予期せぬ責任のリスクになることがあり得る。

第 9 節　組合、合名会社、合資会社

　人的会社（組合、合名会社、合資会社）の社員は、義務履行責任の内容を大幅に自ら形成することができる。民法典第 2 編は人的会社には適用されない。したがっ

て、人的会社は計算書類を作成し、公告する義務がない。株式会社と異なりその必要性が低いためである。人的会社の財務状態が見えないことによる債権者にとってのリスクは、社員個人の損害賠償責任によって補償されている（7A:1679条、1680条、商法18条）。社員個人のコミットメントが、人的会社法の自由度を正当化しているのである。

損害賠償責任規定は強行法規ではない。社員は人的会社契約の相手方との合意で、法令から逸脱することができる。人的会社契約の相手方は、会社契約に基づき生じた債務について、当該社員個人の責任を免除したり制限したりすることができる。しかし会社契約で、社員が会社債権者に対して責任を負わない、または責任を限定する旨の規定を設けることはできない。社員間の求償を合意することは可能であるが、第三者を害するものであってはならない。

人的会社の社員には簡易な管理義務がある（3:15i条）。社員は、人的会社の資産・負債の状態および事業全般を示す帳簿を作成保存しなければならない。取締役の会計帳簿作成義務に関する2:10条2項～4項が準用される。社員は少なくとも年に1回、貸借対照表と損益計算書を作成しなければならない。社員は経営についての責任を負い、必要に応じて民事訴訟法771条以下の会計手続および3:15j条の帳簿開示請求に対応しなければならない。社員がその義務の適切な履行を怠った場合は、契約上の義務違反として人的会社に対する損害賠償責任を負う。これは契約法の一般原則によるものである（6:74条以下）。人的会社が50名以上の従業員を有するときは、経営協議会の設置が義務づけられる。社員は経営協議会に対しても一定の責任を負う。

社員の責任は社員間の紛争に発展することがある。社員は人的会社契約の紛争解決条項に従わなければならない。会社の人的性格ゆえに解決方法のカスタマイズが必要になってくる。調査請求手続は人的会社には適用されない。

第10章
会社訴訟

第1節　商事裁判所

　会社訴訟は地方裁判所（rechtbank）で通常の民事訴訟手続によって提起することができる。地方裁判所は、会社機関の決議の瑕疵に関する訴えについて管轄権を有する（2:15条3項）。また取締役の責任を追及する訴訟についても地方裁判所が管轄権を有する。

　しかし、オランダの会社訴訟で広範囲にわたり専属管轄を有するのがアムステルダム高等裁判所の支部である商事裁判所（Ondernemingskamer）とよばれる特別裁判所である。商事裁判所はアムステルダム高等裁判所の特別部として1971年に設立され、3名の職業裁判官と2名の非法律家で構成される。非法律家裁判官は上場会社の元役員や登録会計士が就くことが多い。

　商事裁判所が扱う事件のうち最も重要とされているのが調査請求手続（enquête-procedures）であり、この手続を通じて、対象会社において「誤った経営（方針）（wanbeleid）[1]」が行われていたかが調査され、それに対する種々の救済措置が講じられる。商事裁判所はまた、紛争処理手続（geschillenregeling）と少数株主締出手続（uitkoopregeling）において株式買取価格を決定する権限を有する。そのほか、株主その他の利害関係者の申立てにより会社の財務諸表を修正し、または無効とするための手続や、業務執行に関する取締役会の提案に対する経営協議会からの異議、

---

[1]　"wan"は英語の"mis"に相当する接頭辞である。"wanbeleid"には、取締役の任務懈怠責任が問われるような行為だけでなく、個々の株主による違法とはいえないまでも不適切な行為が含まれる。このため「違法経営」という訳語を与えるとすると、狭きに失するきらいがある。小山貞夫編著『英米法律語辞典』（研究社、2011）では、"mis"ではじまる適切な熟語が充てられない一連の用語については、「誤った〜」と訳出しており（709–710頁）、本書もこれにならうこととする。また"beleid"は「方針」の意であり、したがって"wanbeleid"は「誤った方針」と訳すのが原語に忠実である。「経営」を意味する"bestuur"が用いられていないのは、調査対象に個々の株主も含まれるためである。しかし実際の事案の多くは取締役を対象としたものであることから、本書では文脈上経営という訳語が不適合な場合を除き、原語よりやや意味合いが狭くなる難点はあるが、「誤った経営」の訳語を用いることとする。

構造規制会社の監査役会の構成に関する問題などを扱う。さらに地方裁判所で提起された会社訴訟の控訴審の役割も担っている。

第2節　調査請求手続（Enquêteprocedures）

1　序　説

　会社のステークホルダーは会社の経営についての調査を商事裁判所に申し立てることができる。申立ては、会社の経営方針や業務執行が適切でないと疑うに足る十分な根拠がある場合に認められる。対象となるのは株式会社だけでなく、協同組合、相互保険組合のほか経営協議会の設置が義務づけられている財団および社団が含まれる（2:344条）。また、欧州経済利益団体（EEIG）、オランダ国内の欧州会社（SE）および欧州協同組合（SCE）にも適用されるが、外国会社は適用対象外である。

　調査請求手続に関する規律は、2:344条～359条に定められている。2013年1月1日に調査請求権改正法（Wet Wijziging Enquêterecht）[2]が施行され、特に手続面で重要な改正が行われた。また、民事訴訟法典第3編（261条以下）が若干の例外を除いて適用される。手続の特徴として比較的インフォーマルで迅速であることがあげられる。これは調査手続によって会社の事業運営が妨げられるのをできるだけ防ぐ趣旨である。

　調査請求手続については商事裁判所が専属管轄を有しており（2:345条）、この分野の特別裁判所と位置づけられている。その判断はオランダの会社法とコーポレート・ガバナンスに大きな影響を与えている。商事裁判所およびその判断に対する特別抗告を扱う最高裁判所の決定は、取締役等の会社法上の義務に関する基準を示すものとなっている。

　調査対象は主として取締役会であるが、監査役会、株主総会および個々の株主の行為も対象となる。経営方針または業務執行の正当性を疑うべき合理的な根拠が明らかとなった場合に、商事裁判所は調査開始を命じる（2:350条）。調査請求申立ては一定の持株要件を満たした株主または預託証券所持人が行うことができるほか（2:346条1項b号・c号）、会社自身も申立てができる（同条1項d号・2項・3項）。2013年1月1日の法改正によるものである。さらに労働組合（2:347条）や、アムステルダム高等裁判所付の法務次官（advocaat-generaal）[3]（2:345条2項）も申立権者とされている。実際には、申立ての大半は株主によるものである。

---

[2]　Wet van 18 juni 2012, *Stb*. 2012, 274.
[3]　advocaat-generaal はそれに対応する制度が日本に存在しないため、訳語をどうするかという問題を伴う。最高裁判所および高等裁判所付の次席検事の地位であること、および欧州司法裁判所の同名職位（Generalanwalt, avocat général）が「法務官」と訳されていることを踏まえ、「法務次官」としておく。

調査請求申立ては、事前に書面で取締役会および監査役会に対して経営方針や業務執行についての異議を通知して、会社側に反論または説明のための合理的な機会を与えた後でなければ受理されない（2:349条）。会社自身が申し立てる場合はこの規定は適用されない。

図表10-1に調査請求手続の全体像を示し、次項以下で各手続段階の詳細を述べる。調査請求権の評価は積極・消極の両論があり、それに関する論文も少なくない[4]。

2 目 的

調査手続の本来の目的は、誤った経営が行われている場合、すなわち、容認し難いリスクを伴う不正行為や誤った経営が行われている場合に、会社の業務執行の状況を明らかにすることであった。しかし、商事裁判所が次第にその専門性を発揮するにつれて、そして、さらに1994年の法改正により暫定的救済措置を講じる権限が与えられるに至って、商事裁判所はその役割を広げていった。その結果、敵対的買収、株主間の紛争、株主への情報開示に関する紛争、株主総会と取締役会の対立もこの手続の中で扱われるようになった。

調査請求手続に関する会社法の規定の多くは、株主間の紛争の解決に資するものであるが、適用場面は必ずしもそれに限定されない。この手続は正当な理由、すなわち2:350条が定めるところの経営（方針）または業務執行の正当性に疑義がある場合に適用される。したがって、調査は主として取締役会および監査役会の行為ならびに株主総会の方針をその対象としている。

調査請求手続は、組織再編的な措置、会社の業務執行状況の開示、誤った経営の責任の特定の3つを柱として、会社内部の健全な関係を回復することが主たる目的である。またそれによって予防的な効果を発揮することも期待されている。誤った経営の法的責任を確定することはその目的ではない。そのため商事裁判所は損害賠償を命じることはできない。しかし調査請求手続は、役員の損害賠償責任を問う民事訴訟に発展することが多いのも事実である。ユニリーバ事件[5]の最高裁判所の言葉を借りれば、商事裁判所は、ある財産が申立人と会社のどちらに帰属するかといった争いを解決する場ではないのである。

---

[4] 調査請求権を論じた最近の博士論文として、P.G.F.A. Geerts, *Enkele formele aspecten van het enquêterecht*, Kluwer, 2004、F. Veenstra, *Impassezaken en verantwoordelijkheden binnen het enquêterecht*, Kluwer, 2010がある。

[5] HR 18 november 2005, *NJ* 2006, 173.

266　第10章　会社訴訟

【図表10-1：調査請求手続の流れ】

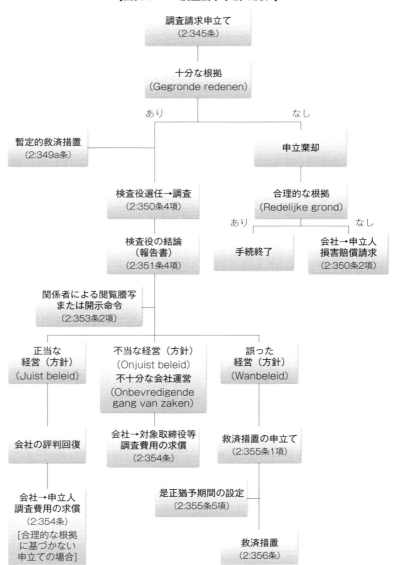

【ユニリーバ（Unilever）事件】

ユニリーバN.V. が株主との黙示の約束に基づく剰余金配当を行わなかったとして、株主による調査請求申立てがなされた。商事裁判所は、本件は財産法的紛争ではあるが、会社の姿勢、会社機関の機能に関わるもので、本件を明らかにすることは調査請求手続の目的の一つとして可能であるとした。その裏返しとして、単なる財産権に関する紛争（例えば、契約の履行に関する紛争）、またはそのような紛争の背景となった事実の調査は、調査請求権の目的には含まれないとした。最高裁判所は商事裁判所の立場を支持した。

3 申立権者

(1) 総 説

調査請求の申立権者は、2:346条1項に限定列挙されている。会社の株主、定款または契約により請求権を付与された者のほか、会社自身が請求権を有する。さらに、労働組合および公益の観点から法務次官も申立権を与えられている。これは会社が単に株主の手に委ねられるものではなく、さまざまな利害が関係する社会的な団体であるという考え方を踏まえているためである。調査請求の大半は株主によってなされているが、時に労働組合や法務次官が権利行使をすることがある。調査請求権は株主によって広く利用されるようになり、今日までに数多くの裁判例が生まれている。

(2) 株 主

資本金の額が2250万ユーロ以下の会社では、株式または預託証券を合わせて発行済資本の額の10分の1以上または額面で22万5000ユーロ以上を保有している者が調査請求を申し立てることができる（2:346条1項b号）。預託証券については、それが公開会社において会社の協力により発行されたものか否か、非公開会社において株主総会出席権と結合しているか否かにより所持人の権利内容にちがいが生まれるが、これらのちがいは調査請求権の行使要件には影響しない。無記名株式、記名株式のいずれであってもよい。

資本金の額が2250万ユーロを超える会社の場合は、発行済資本の額の1％以上の株式または預託証券を保有する者が請求権者となる（2:346条1項c号）。上場会社にあっては、1％の要件を満たさなくとも、市場価格で2000万ユーロ相当の株式を保有していればよい。価額要件を充足しているかどうかは、申立て直前の取引日の終値によって判断される。

株主による申立てに持株要件による制約が課されているのは、調査手続が会社に悪影響を与える場合もあり得るためである。大会社および上場会社についてはそれ以外の会社より要件が厳しく、アクティビスト株主にとっては調査請求がやや行いにくい状況になっている。定款で持株要件を緩和することは許されるが、要件を引

き上げることは許されない（2:346条1項b号・c号）。持株要件は申立時に充足していなければならず、また審理途中で要件を満たさなくなった場合は、申立ては却下される。

担保に供されている株式については、担保権者が株主権を行使できる場合は担保権者に申立権が認められる。株主権を行使できない担保権者は、公開会社では担保権設定契約または定款で排除されていない場合に、非公開会社では担保権設定契約で排除されず定款で許容されている場合に、それぞれ申立権を有する（2:88条4項、89条4項、197条4項、198条4項）。

株主あるいは預託証券所持人がだれであるかという申立権者の特定の問題について、商事裁判所は柔軟な態度を示している。調査請求権はリスク資本提供者の経済的利害関係を射程に入れていることから、2:346条の目的に照らして株主または預託証券所持人としての利益を有する者と認められる場合は、その者に申立権を認めてよいとされる[6]。株主または預託証券所持人から代理権を授与された者が申立てを行うこともできる。

(3) 会　社

調査対象となる当該会社自身も調査請求の申立てをすることができる。2013年の法改正により明文規定が設けられた（2:346条1項d号）。

実際に申立てを行うのは法人の代表者である。株式会社の場合は取締役会であるが、定款で代表者が定められている場合は代表権を有する取締役が行う。申立ては、監査役会または一層型の会社の場合は非業務執行取締役が行うこともできる（2:346条2項）。破産会社にあっては破産管財人が申立権者となる（同条3項）。調査手続中に会社が破産しても調査手続の進行は妨げられない。

【OGEMホールディング（OGEM Holding）事件（最高裁判所）[7]】

　　破産した建設大手のOGEMホールディングN.V.の株主が、同社の経営方針および業務執行について、2:345条に基づき調査請求の申立てを行った。申立人は、1973年から1981年3月にかけてOGEM社には誤った経営があったと主張した。

　　最高裁判所は、会社が破産宣告を受けたとしてもそれに先んじて救済措置を講じることができたはずだという理由がなければ、調査請求の申立ては認められるとした。

会社による申立てには、特定の株主の行動を理由とするものがある。例えば会社に支配的な影響力を持つ株主がその権利を濫用したとされる場合である。

---

[6] HR 29 maart 2013, *NJ* 2013, 304（Chinese Workers）.
[7] HR 10 januari 1990, *NJ* 1990, 466.

(4) 労働組合、経営協議会

　会社（または当該会社の企業グループに属する会社）の被用者が組合員となっている労働組合で、法人設立登記後2年以上を経過し、その定款において被用者としての組合員の利益を促進することを目的として定めており、かつ当該業界または当該会社において実際に活動をしているものは、調査請求申立をすることができる（2:347条）。

　経営協議会に申立権が認められるかについては、議論があるものの、判例では2:346条の申立権者は限定列挙であり、経営協議会は申立権者ではないと解されている[8]。

　しかし経営協議会には調査手続の中で一定の権利が与えられている。すなわち、経営協議会が設置されている会社では、労働組合が事前に経営協議会に対して書面で見解を示す機会を与えなければ、労働組合による調査請求申立ては受理されない（2:349条2項）。労働組合によるむやみな申立てを抑制するための規定であり、また、経営協議会と労働組合の主導権争いの妥協の結果でもある。実際には労働組合が申立てを行った事例は少ない。

　また定款に定めを置くか、または会社と経営協議会で個別に合意することで、経営協議会に申立権を与えることができるほか（2:346条1項e号）、経営協議会は調査手続の中で利害関係者として調査申立てに対する陳述書を提出することができる（民事訴訟法279条）。

(5) 定款または会社との契約による申立権者

　契約または定款の定めにより、調査請求権を例えば経営協議会や従業員個人に与えることができる（2:346条1項e号）。インター・アクセス（Inter Access）事件[9]は、特別に創設された財団および会社の監査役会とその構成員に会社が契約に基づき調査請求権を付与していたところ、これらの者が商事裁判所に調査請求の申立てを行ったというものである。

(6) 法務次官

　法務次官は、会社の業務執行に公益が関わっている場合に調査請求を申し立てることができる（2:345条2項）。例えば、会社の経営が国または地域の経済に大きな影響を与える場合、大量の雇用が問題となる場合、あるいは一つの会社の誤った経営が他の会社に波及したり業界の信用問題に発展したりする場合である。

　公益を判断する要素としては、会社のさまざまなステークホルダー、法的手続の重要性および商事裁判所の判断の先例的価値がある。そのような観点から、公益という言葉は制限的ではなく拡張的に解釈されるべきと考えられている。公益を根拠

---

[8] HR 1 februari 2002, *NJ* 2002, 225 (De Vries Robbé I).
[9] OK 31 december 2009, *JOR* 2010, 60.

とする調査請求は裁判例でも広く認められてきている[10]。

法務次官は調査請求の準備として専門委員（deskundige）に調査をさせることができる。対象会社は要求された情報を提供する義務を負い、帳簿閲覧に応じなければならない。

公益が関わる場合であっても、法務次官は調査請求を申し立てる義務はない。公益を理由とする調査請求においては、商事裁判所が他の理由で調査をすでに命じている場合であっても、法務次官は申立てができる。申立てを担当するのは、商事裁判所が所在するアムステルダム管轄区の法務次官である。

4　事前通知

調査請求の申立てが受理されるためには、申立人が事前に会社の取締役会に（監査役会設置会社の場合は監査役会にも）、書面で会社の経営に関する異議の内容を通知していることが必要である。この義務は法務次官が申立てを行う場合にも適用される（2:349条1項）。不意打ちを避け、経営者がそれを検討して対策を講じ、または反論を準備する機会を与えるためである。経営者が自ら業務執行を正す機会を与えられるべきであることを考えれば、このルールは合理的なものといえる。また申立人が無茶な申立てを行って会社に損害を与えるリスクも軽減される。この機会が与えられるのは調査対象となる会社に限られる。会社が破産手続中の場合は、事前通知は管財人に対して発せられる。

通知の方法は限定されていない。申立書の写しを会社宛てに送付してもよいし、株主総会において口頭で伝えた後に、議事録にその内容が記載されたことをもって足りる[11]。

事前通知は申立書が提出される前に行わなければならないが、商事裁判所はこの要件を形式的に解釈することはしていない。

【OGEM ホールディング事件（商事裁判所）[12]】

　事前通知は会社（の取締役）が不意打ちを受けることを避けるのが目的であるところ、本件では会社の経営の根幹に関するさまざまな異議が出されていたことを会社側も十分認識しており、ホールド・アップというような問題はなかったとして、事前通知要件を満たしていないとする会社側の主張を斥けた。すなわち商事裁判所は、書面が実際に届いた日よりもむしろ経営者が現実に経営に対する異

---

10) Vgl. OK 28 december 1981, *NJ* 1983, 25; OK 26 juni 1986, *NJ* 1988, 99; OK 8 oktober 1987, *NJ* 1989, 270; OK 16 juli 1987, *NJ* 1988, 579.
11) Vgl. OK 3 januari 1977, *NJ* 1977, 342 (Oostrum's Algemene Beleggingsmaatschappij); OK 2 februari 1989, *NJ* 1990, 146 (Friesendorp).
12) OK 22 december 1983, *NJ* 1985, 383.

議を知ったのがいつであるかを重視して一歩踏み込んだ判断を示した。

　事前通知から申立書の提出までどれくらいの時間の経過が必要かは、個々の事案および経営陣の反応の状況によっても異なってくるが、商事裁判所は6週間では短いと判断したことがある[13]。しかしこれに対しては、当該事案では会社が不満を伝えてきた労働組合（申立人）に対して、会社側が調査のための会計士を指名したことを伝えており、すでに事前通知に対して反応していたという学説の批判がある[14]。なお、事前通知後速やかに調査請求の申立てが行われなかったことは、一般には申立却下の理由とされることはない[15]。

　複数の申立人株主がいる場合に、一部の申立人が実際に事前通知を行っていなくても、申立書面の内容から十分な数の株主によりその内容が支持されているとされれば、申立ては有効なものとして扱われる[16]。

　法務次官が調査請求申立てを行う場合、法務次官は経営協議会と共同で申立てを行うか、経営協議会に意見を述べる機会を与えなければならない（2:349条2項）。

5　調査対象

　株主からの調査請求の申立ては、一般に当該株主が保有する株式を発行した会社についての経営方針や業務執行が対象となる。しかし当該会社の完全子会社も調査対象となる場合がある。商事裁判所がいわゆる企業グループ調査（concernenquête）を命じた場合である。親会社株主は、調査請求申立てに際し子会社も調査対象に含めるよう商事裁判所に対し請求することができる。企業グループとして共通の経営が行われている経済体で、子会社が完全子会社として親会社から経営支配を受けているケースについては、最高裁判所はこれまで企業グループとしての調査手続を認めている。

【ランディス（Landis）事件[17]】

　最高裁判所は、2:346条を拡大解釈して、親会社の株主は一定の状況下で子会社の調査請求を申し立てることができるとした。法律の文言からすれば親会社の株主は子会社の調査請求申立てができないはずであるが、それが認められたのは、立法過程で、調査請求権の対象範囲は経済活動主体であるという説明がされていたことにある。本件での経済活動主体は子会社の経営方針、業務執行を大きく支

---

13) OK 3 februari 1977, *NJ* 1977, 343 (Huizenga).
14) Van Schilfgaarde 2013, § 118.
15) OK 18 augustus 2005, *JOR* 2005, 271 (Dubbelhuis).
16) HR 6 oktober 1993, *NJ* 1994, 300 (Bobel).
17) HR 4 februari 2005, *NJ* 2005, 127.

配していた親会社であった。

　商事裁判所が企業グループ調査を命じた場合は、子会社は独立した調査対象となる。「親会社株主の子会社調査請求権（bevoegdheidsdoorbraak）」とよばれており、それが認められるための要件が問題となる。商事裁判所の裁判例では、60％子会社では原則として企業グループ調査は認められていないが、上記のランディス事件では75％子会社に認められた。当事者でない子会社の少数株主に調査手続が影響を及ぼすことが配慮されているためである。

【チャイニーズ・ワーカーズ（Chinese Workers）事件[18]】
　最高裁判所は香港親会社の出資者とオランダ子会社の出資者である香港親会社を同列にとらえて、香港親会社株主の申立てによる企業グループ調査を認めた。香港親会社がオランダ子会社の発行済株式を支配しており、さらにその事業活動も親会社からの出向者で賄われていたなど、親会社が実質的に事業を行っていたと認定されたためである。

　親会社のみが調査対象とされた場合であっても、親会社が子会社に対して適用している経営方針については調査対象に含まれる。しかしその場合、調査対象はあくまで親会社のみである。親会社から子会社へという上から下に向かっての調査に加えて、下から上に向かっての調査も認められる。

【ヤンセン・ペルス（Janssen Pers）事件[19]】
　子会社の労働組合員からの調査請求において、子会社に加えて親会社の調査請求が申し立てられた。最高裁判所は、子会社の経営方針および業務執行が完全にまたは専ら親会社によって決定されていることを要件として、親会社の調査を認めた。

6　調査請求申立て（第１ステップ）
(1)　利害関係者の申立て

　調査手続の第１ステップは、申立人が商事裁判所に会社の経営方針や業務執行の調査を命じるよう請求する申立書（verzoekschrift）の提出にはじまる（2:345条）。商事裁判所は申立書を受理すると、申立人と利害関係者（株主、取締役、監査役等）に対して召喚状（oproeping）を発行し、調査請求が申し立てられたことを通知する

---

18) HR 29 maart 2013, *NJ* 2013, 304.
19) OK 17 maart 1994, *NJ* 1995, 408.

（民事訴訟法279条）。通知を受け取る前に利害関係者の側から、自ら手続に参加する意思を商事裁判所に通知することもできる。

　召喚状を受け取った者は、審理開始前の商事裁判所の定める一定の期間内に（通常1週間程度）、意見書を提出することができる（2:349a条1項）。利害関係者は調査請求対象のあらゆる事柄について意見を表明することができる。また反対申立てとして、申立書の記載内容とは異なる事実や追加的な事実、あるいは申立てとは異なる期間を調査対象とすることや暫定的救済措置の申立てを行うことができる。

　利害関係者であるか否は、手続の結果にその者の利益がどの程度影響を受けるかによって判断される。調査対象との関係が密接でその利益を保護する必要がある者は利害関係者として扱われる。調査請求申立ての持株要件を満たさない株主も商事裁判所によって利害関係者と認められることがある。商事裁判所は必要に応じてこの段階で専門委員から意見を聞いて、利害関係者と認められるかどうかを職権で判断することができる。

(2) 調査開始要件

　調査請求は、会社の経営方針および業務執行に関わるすべての事柄について申し立てることができる。事業計画、新事業提案、社内での意思決定など、単独の行為でもよいし一連の行為でもよい。期間は特定しなくてもよいが、申立書提出日以前に生じたことに限られる。取締役会の方針や業務執行のみならず、その他の会社機関やその機関を構成する自然人を対象としてもよい。調査請求手続は、会社の具体的な事業だけでなくガバナンス体制についても対象とすることができる。

　商事裁判所は、経営方針または業務執行の適切さを疑う十分な根拠（gegronde redenen）が示された場合に、調査開始の申立てを認容する（2:350条1項）。これは、もし調査が命じられたとすれば、適切な経営方針または適切な業務執行が認められないという結論に到達する合理的な可能性がある状況を意味する。この要件を充足しているかについての判断は、商事裁判所のみが裁量権を有している。商事裁判所は当該事案の諸事情を考慮して結論を下すが、その結論に向けての主張責任は申立人にある。

　これまでの事件で調査開始の要件を満たすと認められたものとして、①意思決定プロセスにおけるデッドロック（これは株主総会、取締役会またはその双方の機関において、デッドロックに陥った場合である）、②取締役会と一人株主の対立、③株主への開示不備または株主に対する開示情報の差別的取扱い、④利益相反、⑤少数株主の利益の軽視、⑥コーポレート・ガバナンスの不備などがある。商事裁判所は、複数の事情の合わせ技で調査開始要件を満たすと判断することもある。

　調査請求を認容するための要件の適用はあまりに厳格であってはならないが、要件を満たしている場合に調査開始を命じるかどうかは商事裁判所の裁量によるため、事案によっては、合理的な根拠があっても調査請求を認めないことがある。例えば、

調査を命じることによって会社および関係者の利益が損なわれる一方で、回復できる利益が小さい場合である。商事裁判所は、調査請求を斥ける場合にも利益考量を行うことが求められる。一方、調査費用を確保できる可能性がないというだけでは調査の利益を欠くとはいえない。しかし、調査開始を決定するに先立って誤った経営の存在を認定しなければならないわけではない。商事裁判所の裁量権は広範にわたり、最高裁判所も商事裁判所に対してその決定の正当性に高いハードルを設けることはしていない[20]。

商事裁判所は、合理的な根拠なく申立てがなされたとして申立てを認めなかった場合に、会社の申立てに基づき、会社に生じた損害について申立人に賠償を命じることができる（2:350条2項）。申立てが却下されたという事実のみでは合理的な根拠のない申立てがなされたということにはならず、合理的でないということを示す状況がある場合に限られる。実際に商事裁判所が申立人に損害賠償を命じた例はまれである[21]。

会社が破産宣告を受けたこと、解散決議をしたこと、支払停止処分を受けたことによって、それ以前の事実関係についての調査が妨げられることはない。ただしこれらの場合には、会社による調査費用の負担が問題となる。破産会社では破産管財人が調査の実施に納得しなければ費用負担を拒絶することが考えられ、その場合調査費用は破産財団の債務とならないため、調査は申立人を含むその他の者がそれを負担する場合にのみ実施可能となる。破産以外の理由で会社が解散を決議した場合であっても調査請求は妨げられない。

(3) 裁判例

最も問題になるのは、経営方針または業務執行の適切さを疑う十分な根拠が認められるかどうかである。グッチ（Gucci）事件[22]では、グッチがLVMH（ルイ・ヴィトン）による敵対的買収を不成功に終わらせるためにとった防衛策について、経営方針の正当性に対する疑義に合理的な根拠があるかどうかが問題となった。チップスホル（Chipshol）事件[23]では、会社の利害関係者が継続的かつ広範に会社に対する訴訟を提起したことが、調査開始の合理的な根拠と認められた。スラウス（Sluis）事件[24]では、会社が数年間にわたって会社の利益のためという正当な理由なく利益をわずかしか配当しなかったのみならず、定款変更にも協力的でなかった

---

20) HR 18 november 2005, *NJ* 2006, 173 (Unilever).
21) 認容例として、OK 4 mei 2009, *JOR* 2009, 190 (La Casserole)。否認例として、OK 8 oktober 1998, *NJ* 1999, 349 (European Bulk Services) en OK 24 september 1998, *NJ* 1999, 332 (Horgen Papier)。
22) OK 8 maart 2001, *JOR* 2001, 55.
23) OK 31 december 1998, *NJ* 1999, 376.
24) HR 9 juli 1990, *NJ* 1991, 51, gevolgd door OK 24 januari 1991, *NJ* 1991, 224.

場合に、明らかに正当な経営方針を疑う根拠があると認められた。そのほか取締役と会社の間に利益衝突が発生した場合に、監査役会による監督が適切に機能したかどうかについて合理的な疑いがあるとして調査請求が認められている[25]。

上場会社については、オランダ・コーポレート・ガバナンス・コードに従っていない場合、とりわけ少数株主の利益が損なわれるおそれがある場合に調査請求が認められる。一般投資家を誤解させる可能性を理由として調査が認められたものとして、KPNQ ヴェスト（KPNQwest）事件[26]とフォルティス（Fortis）事件がある[27]。KPNQ ヴェスト事件では、KPNQ ヴェスト社が不正確な財務情報と市場の見通しを開示して一般投資家をミスリードしたとして、コーポレート・ガバナンス体制の不備を株主が主張した。フォルティス事件では、ABN アムロ銀行による買収を阻止するためフォルティス社経営陣が事実と異なる財務情報を流し、その後経営危機に陥ると資金調達のためにベルギーおよびオランダ当局と取引をしたことに対して、調査開始が認められた。また、ストーク（Stork）事件[28]では、上場会社の経営陣とアクティビスト株主グループとの関係が著しく損なわれたことが判断対象となった。

【ボベル（Bobel）事件[29]】
　上場会社の清算により企業グループ内の無担保貸付けが明るみになった事案である。上場が廃止された後に外部監査人が財務状態について無限定意見を出すことを拒絶したことを踏まえて、経営方針の正当性に合理的な疑義があるとされた。その後に行われた調査の結果、誤った経営があったとする検査役の報告書が提出され、財務諸表を承認し役員を免責した決議が無効と宣言されたうえ、調査費用を一部の役員に負担させる決定が下された。

インター・アクセス事件[30]では、多数派株主が必要な資金提供を行わなかったことが、健全な経営方針を疑う合理的な理由になるとされた。会社が経営危機を脱するための新株発行緊急動議を多数派株主が斥けたというものである。

持株比率50％の株主によって調査請求が申し立てられる案件の数が比較的多い。会社の経営方針をめぐってデッドロックに陥ることが生じるためである。この場合商事裁判所は、諸事情を考慮したうえで経営方針の正当性について合理的な疑義が

---

25) OK 26 september 1991, *NJ* 1992, 310（VHS）.
26) OK 28 december 2006, *JOR* 2007, 67.
27) OK 24 november 2008, *JOR* 2009, 9 en 9 februari 2009, *JOR* 2009, 70.
28) OK 17 januari 2007, *JOR* 2007, 42.
29) OK 2 januari 1992, *NJ* 1992, 329, gevolgd door HR 6 oktober 1993, *NJ* 1994, 300.
30) OK 31 december 2009, *JOR* 2010, 60.

あるかどうかを判断している[31]。また、裁判所は審理に際して和解を試みることも多い。デッドロックに陥ったという事実のみでは調査開始は認められない[32]。デッドロック解消のために仲裁手続が用いられる場合もあるが、仲裁に移行しても調査請求の途が閉ざされるわけではない[33]。

7 調査（第2ステップ）

(1) 総 説

商事裁判所は、経営方針の正当性または業務執行の適切さを疑う十分な根拠があると判断して申立てを受理すると、調査命令を下し、1名または複数の検査役（rapporteur[34]）を任命する。調査命令では、調査の対象と期間が定められる。商事裁判所は、会社の利益になると考えたときは、調査請求申立書で示された範囲を超えて調査対象を特定してもよい。

検査役は経営方針および業務執行についての調査結果を報告書（rapport; verslag）としてまとめる。検査役は会社の帳簿を閲覧することができ、会社の取締役、監査役および被用者は、調査遂行のために必要なすべての情報を検査役に提供しなければならない。検査役はまた商事裁判所に対して証人尋問を求めることができる。

(2) 迅速処理の原則

商事裁判所は申立てを可及的速やかに処理しなければならない（2:349a条1項）。申立てから商事裁判所の最初の実体判断までの期間は一般に2〜3ヵ月であるが、

---

31) Zie OK 26 juli 2011, *JOR* 2011, 330 (TNA) en OK 7 februari 2012, *JOR* 2012, 143 (Chinese Workers).
32) OK 20 april 1989, *NJ* 1991, 205 (Neerpelt).
33) OK 21 november 1991, *NJ* 1992, 254 (ITP Holland).
34) "rapporteur" は「調査役」と訳すのが、事実関係を調査してその結果を裁判官に報告する役割を担う者という原語のニュアンスをよく表すと思われるが、「調査役」は銀行等の使用人の役職名称という使われ方が定着している。このため、わが国会社法中、部分的に類似した機能を有する「業務の執行に関する検査役」（会社法358条）を踏まえて、「検査役」の訳語を用いることとする。ただし、わが国の検査役は、設立、現物出資、株主総会招集手続にも関わるなど、オランダ会社法の "rapporteur" とはその機能や権限が異なることに留意しなければならない。

オランダの法律家も "rapporteur" を英語で説明する際に適切な訳語がなく、やむを得ず "investigator" の訳語を用いると釈明しているものがある。"investigator" の訳語に商事裁判所が納得していないためであるとしている（Marius Josephus Jitta, *Procedural aspects of the right of inquiry*, in: *The Companies and Business Court from a comparative law perspective*, Marius Josephus Jitta et al., 2004, Kluwer, p. 22, n.38）。

邦語文献では、"rapporteur" に「監査人」の訳語を充てているものがあるが（柏木邦良『欧米亜普通会社法第2巻』（リンパック、1998））、"rapporteur" は法的判断を下したり監視・監督権限を行使したりする者ではないことを明らかにしようとしたオランダ会社法立法者の苦心の用語選択の趣旨を反映できていないきらいがある。

長いものは 1 年を要することもある。事案の複雑さ、検査役や調査対象者の人数、企業グループ会社への広がりの有無などにより調査期間も変わってくる。

　商事裁判所の決定に対する特別抗告が最高裁判所で係属している場合は、その後の商事裁判所での手続は最高裁判所の決定を待って進められる。この場合、調査が最終的に開始されるとしても相当の日数経過を要する。現実には 7～10ヵ月を要するとされ、検査役の報告書に基づき申立人が具体的な救済措置を得られるまでには相応の時間がかかることになる。

　調査開始命令とともに商事裁判所の最終判断は救済措置を講じるか否かに限定される。申立人自身が調査の帰趨を左右することはできない。

(3)　**検査役の権限**

　商事裁判所は、その裁量で検査役を選任する。検査役に選任されるのは企業法務または企業経営において専門知識や実務経験を有する者であるが、商事裁判所は、元監査役、企業コンサルタント、弁護士、企業経営者などの非公表の候補者リストを作成しており、その中から検査役を選任する。

　商事裁判所は検査役の選任決定において検査役の任務について言及する。会社の権限に介入して調査を行うことが明言されることもある。調査対象は会社の「経営方針および業務執行」全般である（2:345条）。特定の経営方針・業務執行や一定期間の経営方針・業務執行が対象とされる場合もある。

　検査役とともに受命裁判官（raadsheer-commissaris）が任命され、検査役はその監督下で調査を遂行する（2:350条4項）。受命裁判官の監督権の行使は補充的なものであって、申立人または利害関係者が調査の遂行に関する指揮を求めた場合に、検査役に意見表明の機会を与えたうえで判断を示す。受命裁判官はまた、検査役の求めに応じて調査に関する指示をすることがある。この場合、指示を出す前に会社に意見表明の機会を与えなければならない。その他の当事者に意見表明の機会を与えることもできる。受命裁判官の判断に対しては最高裁判所への特別抗告はできない。

　検査役は広範な調査権限を有しており、会社のすべての会計帳簿またはこれに関連する資料を閲覧することができる。検査役から求められた場合、会社はその保有財産を提示しなければならない。取締役、監査役および会社の被用者は自己が有する情報を提供し、検査役がその任務の適切な遂行に必要と判断する援助を行う義務を負う。この義務は調査対象期間に取締役、監査役または会社の被用者であった者にも適用される。

　検査役は、調査の遂行に必要な場合、調査対象会社と密接に関係する法人の会計帳簿や財産を調べる権限を商事裁判所から与えられることがある（2:351条2項）。この場合、当該密接関係法人の取締役、監査役および被用者は、調査対象会社の取締役、監査役および被用者と同様の義務を検査役に対して負う。ただし、当該密接

関係法人そのものは調査請求手続の対象となるわけではなく、調査請求の手続規定も適用されない。

検査役の権限は受命裁判官の命令により拡大することができる（2:352条）。検査役はその任務遂行のために一定の自由を与えられており、民事訴訟の基本原理である武器対等や公開法廷のルールは適用されないとされてきた。そのため商事裁判所の判断が比較的大ざっぱな調査によってなされる弊害が生じているとの懸念が生じ、2013年の法改正では、検査役の報告書において特定された者に、報告書の内容についての意見表明の機会を与えなければならないという当事者対抗主義の原理を適用する内容が盛り込まれた（2:351条4項）。なお、検査役は守秘義務を負う（同条3項）。

(4) **証人尋問**

検査役は商事裁判所に対して証人尋問を申し立てることができる（2:352a条）。証人に対する尋問は検査役がこれを行うことができる。証人尋問は、会社の取引先、子会社など調査の対象とならない者から検査役が情報を得る手段として有効である。実務上も証言の要請を受けた者は、多くの場合にこれに協力している。

調査手続の当事者は、商事裁判所に対して証拠提出の申出をすることができる。しかしこの手続は迅速を旨としており、商事裁判所に提出された証拠がその後の民事訴訟を拘束することはないことから、民事訴訟の証拠手続の例外として、商事裁判所の裁量により証拠提出が認められない場合もある。

(5) **検査役の報告書**

検査役は調査の結果を報告書にまとめて、アムステルダム高等裁判所書記官室に登録しなければならない（2:353条1項）。報告書には、報告書で言及されている者がその内容について意見表明をする機会を与えられたことを明記しなければならない（2:351条4項、353条1項）。

法務次官、会社、申立人およびその弁護士は写しを入手することができるが、それ以外の者については、商事裁判所が必要と認める範囲でのみ内容を確認することができる。商事裁判所が認めた場合、報告書の内容は官報に掲載される（2:353条2項）。商事裁判所は、上場会社の調査報告については一般に公表する傾向がある。公表されない報告書の内容については、商事裁判所長の許可がない限り、当該会社以外の者がそれを第三者に開示することは許されない（同条3項）。

調査報告書は事実を提示するものであって、誤った経営があったかどうかについての結論を示すものではない。調査の結果明らかになった事実関係から、さらなる調査を行えば調査対象者による不当な経営方針や不十分な業務執行を十分に証明できる可能性が明らかになれば、誤った経営を疑うに足る合理的な根拠があるということになる。調査報告書は、次の第3ステップにおいて商事裁判所が誤った経営の有無を判断するための証拠となるものである。

(6) 調査費用

調査費用は、調査対象となった会社が負担する。検査役が調査行為または調査報告の内容をめぐって損害賠償の請求を受けた場合の防御費用についても、合理的な範囲で会社が負担する（2:350条3項）。2013年の法改正により、検査役はその活動によって生じた損害について、故意または重過失の場合を除いて責任を負わないとされている（2:351条5項）。仲裁人の法的責任に関する最高裁判所の判断[35]と平仄を合わせたものである。

商事裁判所は期限を定めて、会社に対して調査費用の担保を提供するよう命じることができる。十分な担保が提供されなかった場合、調査請求手続の当事者は商事裁判所に対して手続の停止を申し立てることができる。

検査役が調査費用の増額を求めた場合、商事裁判所はそれを認めることができる。この場合、申立人その他の利害関係者は意見表明をする機会を与えられる。会社と検査役の間で調査費用の負担額について合意に至らなかった場合は、商事裁判所が会社の負担すべき額を決定する。

【ディサイドワイズ（Decidewise）事件[36]】

調査請求手続の費用に関して最高裁判所は、法人の破産宣告後に行われた調査の費用は、当然にして破産財団の債務であるという見解を正当でないとした。破産管財人は破産法に基づき与えられた任務を遂行するために、自らの判断で破産財団の資産を使って調査費用を賄うかどうかを決めなければならないとされた。

報告書の内容を精査した結果、調査請求が合理的な根拠（redelijke grond）に基づかずに申し立てられたと判断される場合、商事裁判所は当該会社の請求に基づき、会社が申立人に対して調査費用の全部または一部を求償することを認める決定を下すことができる（2:354条）。ただし、申立人が虚偽の主張をし、または商事裁判所を誤解させるような言動を積極的にした場合に限られる。実際に申立人に対する費用償還請求が認められた例はほとんどない。ここまでは、調査請求申立て不受理の場合と同様であるが（2:350条2項）、2:354条はさらに、調査報告の結果、調査対象となった個々の取締役、監査役または当該法人に雇用されているその他の者に「不当な（経営）方針（onjuist beleid）」または「不十分な業務執行（onbevredigende gang van zaken）」が認定された場合に、当該取締役等に調査費用を負担させることを定めている。実務では、破産管財人がこの規定を利用して、取締役または監査役から調査費用を回収しようとすることが多い。不当な方針、不十分な業務執行は、

---

35) HR 4 december 2009, *NJ* 2011, 131.
36) HR 24 juni 2005, *NJ* 2005, 382.

特定の取締役等が重大な非難に値する場合にのみ認められる。

8 決定（Beslissing op het verzoek）（第3ステップ）

(1) 総説

検査役による報告書の作成が所定の手続に従って完了すると、手続は新たな段階に進む。報告書により誤った経営があったと商事裁判所が判断した場合には、当初の申立人の請求に基づき、救済措置（voorzieningen）がとられる（2:355条、356条）。それ以外の者が救済を請求することができる場合もある（2:355条1項）。救済措置の趣旨は、会社を正常な状態に戻すことである。

(2) 誤った経営の認定

調査報告の結果、誤った経営の存在が明らかとなった場合、商事裁判所はそれを解消するための一定の措置を講じることができる。この措置が講じられるのは、当初の調査請求申立人、調査請求権を有し報告書の写しを受領した者、または公益が関わる場合は法務次官の請求があった場合に限られる（2:355条1項）。調査請求が第3ステップに入るか否かは、これらの者による請求の有無による。

救済措置の請求は、検査役の報告書が商事裁判所に登録されてから2ヵ月以内に提出しなければならない（同条2項）。第1ステップの場合と同様に、すべての利害関係者はその請求に対して書面で意見を述べることができる。商事裁判所はすべての当事者に口頭での主張機会を与えるため、法廷での審理を開くこともできる。

商事裁判所は、誤った経営があったと認定した場合にのみ救済措置を講じることができる。誤った経営は、検査役の報告書の内容のみならず、調査対象に関するものであれば、第3ステップにおいて商事裁判所に提出されたその他の事実関係に基づくこともできる。誤った経営の判断においては、当該会社の事業の種類や社会の中での地位（例えば、金融システムにおける重要な銀行かどうか）が考慮される。

誤った経営は法令に定義がある用語ではない。立法者は意識的にこの言葉の解釈を商事裁判所による個々の事案の判断に委ねた。最高裁判所はこの点について「責任ある企業家精神の基本原理（elementaire beginselen van verantwoord ondernemerschap）」に反していることであるという表現を用いている[37]。しかし、これだけで個別事案の結論を導くことはできない。会社は経営方針の決定や業務執行において一定の裁量権を有している。商事裁判所は、会社が合理的に決定し行動すれば、会社が実際に決定し行動したことに至るかどうかという観点のみから評価をしなければならない。誤った経営は、取締役会だけではなく株主総会、監査役会といった他の会社機関およびそれらの構成員の作為または不作為にも関わる概念である。

商事裁判所が誤った経営を認定した事案は実にさまざまである。意思決定過程で

---

37) HR 10 januari 1990, *NJ* 1990, 466（OGEM）.

デッドロックが生じた結果会社が適切に運営できなくなった状態が誤った経営と認定された事案が多い。そのほかに誤った経営が認定されたものとしては、合理と公正の原則に反した行為、無責任な事業判断、法令または定款に抵触する行為、利益相反行為の不適切な取扱い、情報開示不備または不公正な情報開示、計算書類の誤りなどがある。いずれも個々の事案の事実と状況によるところが大きい。商事裁判所はまた、申立人が調査請求申立て前に行った指摘に対して会社がどのように対応したかも考慮する。

(3) 誤った経営と取締役の責任の関係

検査役の報告書は誤った経営の証明となり、それに基づき商事裁判所は救済措置を講じることができる。救済の申立者は、当初の申立人および調査手続の申立権者である（2:355条、356条）。

【OGEM ホールディング事件[38]】

最高裁判所は、調査請求権規定の立法過程から、立法者は調査対象である当該法人の経営陣の再構築を通じて健全な関係を回復することだけでなく、立証された誤った経営の責任の所在を明らかにするとともに、予防的な効果も期待していたとした。したがって、商事裁判所は、2:356条に示されている救済措置を講じずに、誤った経営があったことを認定することだけでも足る。

最高裁判所判例によれば、商事裁判所の役割は誤った経営の有無を宣言することで足りるが、会社が破産、特別清算、支払停止に陥っている場合は、取締役、監査役の責任の追及にあたり、検査役の報告および商事裁判所の宣言的決定が管財人の立証責任を実質的に緩和するという効果が発生する。

【ボベル（Bobel）事件[39]】

ボベル N.V.（B社）の取締役会は必要な監査役会の承認を得ずにある取引を行った。この取引は大きな財務上のリスクを伴うものであったが、取引の記録が十分に書面に残されなかった。またB社は担保提供なしに多額の融資を実行した。これらの事実を確認したうえで、商事裁判所はB社の取締役会および監査役会はその役割を重大な過失により果たしていなかったとして、誤った経営を認定した。

商事裁判所は計算書類を承認した総会決議および取締役会を免責した総会決議について無効を宣言した。一方、B社は破産を申し立て、B社の破産管財人は免責決議が無効とされたことを受けて、2:9条に基づき取締役に対して損害賠償を請

---

38) *Ibid.*
39) OK 17 april 1997, *NJ* 1997, 672.

求した。

　最高裁判所は、調査請求手続は第一義的には法人機関の責任の所在を確定することであり、そのために法人の経営方針および業務執行を調査するものであるとしている。すなわち最高裁判所は、取締役および監査役に着目して調査手続の性質を糾問的なものととらえているが、手続および証拠に関するルールが厳格に適用されない調査申立てをそのような性質のものとしてとらえてよいかどうかは一つの問題である。一方で最高裁判所は、調査請求権の目的は紛争解決ではなく、また紛争の原因となった事実関係を明らかにすることでもないとしている[40]。

　OGEM事件で商事裁判所は、誤った経営があったという事実認定は最高裁判所によって覆されない限り当事者を拘束するとした。最高裁判所はこの点について、商事裁判所の決定は、破棄された場合および当該事件以外の手続における場合を除いて、申立人および会社のみならず手続に参加した当事者を拘束するものであるとした一方で、それによって認定された誤った経営が個々の対象者の責任に帰するものか、個々の対象者がいかなる責任を負うべきものであるかについて決定するものではないとしている。

　OGEM事件では、8人の前取締役と監査役が抗弁を主張したが、最高裁判所の判断は、当事者は、2:9条および2:138/248条に基づく手続においては、誤った経営があったかどうかを争うことはできず、基礎づけられた複雑な事実を所与のものとして受け入れなければならないとしており、不十分な業務執行や誤った経営があったことを裏づけているように読める。決定文の中で誤った経営の概念が一般的な用法と変わらずに用いられているためである。

　このような立場に対しては学説から批判が向けられた。これに対して、最高裁判所はラウルス事件でさらに微妙な立場を取るに至った。

【ラウルス（Laurus）事件[41]】

　最高裁判所は、商事裁判所による調査手続で当該法人に誤った経営があったと認定されたことで、法人の理事会構成員に必ずしも誤った経営についての損害賠償責任があることにはならないとした。これにより、調査請求手続で取締役に義務不履行の責任が認められても、必ずしも損害賠償責任があることにはならないことが確認された。

　調査対象となった取締役に任務懈怠（2:9条）が認められた場合は損害賠償請求が

---

40) HR 18 november 2005, *NJ* 2006, 173（Unilever）.
41) HR 8 april 2005, *JOR* 2005, 119.

認められるが、損害賠償請求を扱う裁判所は、その裁量で調査請求手続の決定にどれだけの重みを与えるかを判断することができる。調査請求手続で義務履行責任（verantwoordelijkheid）が認められても、必ずしも損害賠償責任（aansprakelijkheid）があることにはならない。

　商事裁判所が認定した事実ですら損害賠償責任の判断プロセスでは決定的なものとはならない。もちろん誤った経営を認定された取締役は、窮地に陥ることは否定できない。調査請求手続は、不満を持つ株主が取締役や監査役に損害賠償請求をするための攻撃材料として用いられる。誤った経営があったという判断は、責任認定手続において場合によっては証拠手続上重要な意味を持ち、裁判所は調査報告書の内容および調査手続第2ステップでの論争を踏まえて、当該役員が当該状況下で合理的に果たすべき任務を怠ったとの証明がすでになされたと判断することがある[42]。破産会社の管財人も、破産手続の中で取締役の損害賠償責任（2:138/248条）を追及する目的で、調査請求の申立てを行うことがある。

　調査手続後に通常裁判所が2:9条の責任を認定する場面では、取締役または監査役の免責が承認されるかどうかが関係してくる（☞第9章第7節参照）。主要な争点について誤った経営が認定されたファン・デル・クリス（Van der Klis）事件[43]では、免責決議が無効と宣言され会社が解散した。商事裁判所による免責決議の無効宣言は、後に別の事件で最高裁判所により是認された[44]。

(4) 責任ある企業家精神の基本原理

　誤った経営が何を意味するかは、調査請求手続における一つの問題である。OGEM事件で商事裁判所は、判断対象として取締役会および監査役会の経営方針を審査した。「不注意（onzorgvuldig）」あるいは「非難されるべき（laakbaar）」を判断基準とし、それが認められれば、責任ある企業家精神の基本原理に反し、誤った経営が認められるとした。最高裁判所はこの商事裁判所の手法と判断基準は誤った経営の概念について誤った解釈をしているものとはいえないとして支持した。

　商事裁判所が企業家精神の基本的な原理に反するとして誤った経営を認めた事案はおおむね3つに分類できる。第1に、取締役が個人の利益と会社の利益を区別していないものである。これは利益相反の問題としてすでに説明した（☞第8章第2節）。取締役会の決議事項に利害関係を有する取締役が決議参加することもこの問題である（2:129/239条6項）。第2に、法令および定款に定められた権限分配の不

---

42) Veenstra 2010, p. 209-268参照。一方、HR 4 april 2003, *NJ* 2003, 538 (Skipper Club) では、商事裁判所が明らかに誤った経営として取締役および監査人に調査費用の負担（2:354条）を命じたことは必ずしも任務懈怠責任（2:9条）につながるものではないとされた。

43) OK 8 oktober 1987, *NJ* 1989, 270.

44) HR 4 juni 1997, *NJ* 1997, 671 (Text Lite).

遵守である。例えば、監査役会による業務執行への必要な関与を取締役会が妨げた場合が考えられる。第3に、取締役と株主の間で見解が対立したために会社としての意思決定が不全状態となっていることである。計算書類に必要な承認が得られない場合がそうである。

商事裁判所が採用し最高裁判所が認めた公式は、誤った経営概念を超える内容を有し、誤った経営という無色の概念により多くの色合いを付け加えている。他方、誤った経営は必ずしも「構造的な」性質を有しておらず、一回限りの行為であっても、それが会社にとって非常にマイナスの結果をもたらし、かつ偶発的な経営方針のミスという性質のものでなければ誤った経営を構成し得る。この点について最高裁判所が、調査請求権は特定の役員の誤った経営についてではなく、法人の誤った経営についての手続であるとしていることに留意しなければならない。機関（またはその構成者）による誤った経営は、法人に配賦されるのである[45]。この考え方の重要な点は、だれに責任があるかを確定できなくても、商事裁判所は会社が誤った経営を行ったと認定することができるところにある。そのうえで、責任ある企業家精神の基本原理に反するとは、経営判断において企業家に広い裁量が認められる一方で、いかなるデータと手続に基づいてそのような判断をしたかが厳格に問われるという内容と理解されることになる。

2013年1月1日施行の調査請求権改正法の注釈で司法大臣は次のようにコメントしている。

「商事裁判所は、経営判断がそのメリット・デメリットについて適切な評価を行い適切な手続で下されたのであれば、その実質に入り込むべきではない。会社の経営を考えるにあたり、経営者は会社とその関連企業の利益のために行動しなければならない。それゆえ取締役会は株主の利益のみに特化してはならない。……取締役会は経営方針の決定に先立ち十分な情報を得て、考えられる会社のリスクを評価しなければならない。これまでの判例がその指標となる。正当な経営を疑う理由があるかどうか、すなわち誤った経営の認定は、裁判所によってレビューされた当該事件の状況のみに基づかなければならない。私の見解では、取締役会に利益衝突があるかどうかを裁判官が見分けなければならないのは明らかである。……個人的な利害関係がない裁判官は企業家の椅子にすわることができる。その場合は、意思決定が十分な注意をもってなされたということが第一義的に重要である。

経営陣が法令および定款により課されたさまざまな義務に従わなければならない場合は、裁量の余地は狭まる。……そのような義務の違反が、十分に経営方針

---

45) HR 10 januari 1990, *NJ* 1990, 466 (OGEM).

の正当性または誤った経営を疑う合理的な根拠となるという結論に至るかどうかを裁判所は判断することになる。」[46]

　比喩的に言うならば、商事裁判所は意思決定を評価するに際して双眼鏡を用いて、その決定がなされたプロセスを精査する。具体的にいかなる原理が関わるのかを決定する「奥義」なるものはない。経営者が知りつつ法令に違反した場合は裁量の余地は失われる。具体的な法令および定款規定に基づいた原則が関わることは明らかであるが、個別の事案では2:8条の合理と公正の一般原則から導かれる義務もある。

　責任ある企業家精神の基本原理は、意思決定プロセス、事業内容の出発点、事業判断の効率性すべてに関わる。それらは本質的に注意義務と忠実義務の問題である。会社の経営陣が会社の財務状態と市場の状況を十分認識していたか、その経営方針の選択は十分にバランスのとれたものであって透明性と説明責任の裏づけがあるか、権限を有する株主総会その他の会社の機関が十分に情報提供を受けて適切に意見を尋ねられたか等である。基本原理からはさらに、恣意的に行動してはならないとか、権利の濫用は許されないといった定理が導かれる。とりわけ利益衝突の予防が重要である。

　これまでの商事裁判所における誤った経営を扱った事件をみると、会社の支払能力およびその情報開示の方針に重大な欠陥があったことを理由の一つとして誤った経営を認めたもの[47]、財務方針に重大なリスクに関する内容が欠けており、財務方針、企業買収、開示、監査役会の管理と機能に関して誤った経営を認めたもの[48]、新たな株主の参加が会社の財務状態を弱体化させ、レバレッジド・バイアウトの功罪について十分な評価がされていなかったもの[49]、スーパーマーケットの業態転換が、それを正当化する合理的な目的なく不必要なリスクを負ってなされたとして誤った経営とされたもの[50]、利益相反を理由として誤った経営を認めたもの[51] などがある。

　誤った経営および責任ある企業家精神の基本原理の判断においてコーポレート・ガバナンス原則はいかなる役割を担っているか。商事裁判所はしばしばその判断においてコーポレート・ガバナンスに言及している。2005年のUMIマネジメント（UMI Beheer）事件[52]では、会社の売却についての株主総会による調査請求権の行

---

46) *Kamerstukken II* 32 887, nr. 3, MvT, p. 20-21.
47) OK 5 april 2012, *JOR* 2013, 41（Fortis）.
48) OK 15 december 2011, *JOR* 2012, 77（Landis）.
49) OK 27 mei 2010, *JOR* 2010, 189（PCM）.
50) OK 16 oktober 2003, *JOR* 2003, 260（Laurus）. ただし手続的な理由により最高裁判所で破棄された（HR 8 april 2005, *NJ* 2006, 443）。
51) HR 1 maart 2002, *NJ* 2002, 296（Zwagerman）.

使は「コーポレート・ガバナンスのルール」に基づくとした。また監査役による義務の履行の要件に関して、明らかにコーポレート・ガバナンス・コード（☞第6章第9節）に触発されたとみられる表現がある。例えば、2005年の EVC 事件[53]で商事裁判所は、大株主との間での事業譲渡およびそれに先立って行われた競売の判断にあたり、独立した監査役がコーポレート・ガバナンスとして与えられた役割に反して、利益衝突に対する十分な予防策を講じていなかったことが問題になるという判断枠組みを示した。2005年のフェルサテル（Versatel）事件[54]では、利益衝突事案における監査役会決議に関するコーポレート・ガバナンス・コードの規範と異なる決議を株主総会が行うことを緊急に差し止めた。さらに ABN アムロ・ホールディング（ABN AMRO Holding）事件[55]で最高裁判所は、2:8条の合理と公正の原則の内容を確定するための一般法理には、コーポレート・ガバナンス・コードが含まれるとした。

　しかし、コーポレート・ガバナンスという言葉自体は内容が確定しているものではなく、誤った経営や任務懈怠といった具体的な法的義務や法的要件を判断する際にそれに依拠することが適当かどうかは疑問も残る。コーポレート・ガバナンスは一般原則として、それに基づき個別具体的な法的ルールが構築されるべきであり、裁判所はどの個別ルールの違反があったかを認定しなければならない。コーポレート・ガバナンス・コードは、「グッド・ガバナンス」とは何かを追求するものとして定められたものであり、「最良執行」という言葉がその特徴をよく表している。それによって「バッド・ガバナンス」とは何かが明らかにされているわけではないし、ましてや誤った経営や任務懈怠が確定されるわけでもない。

(5)　救済措置（Voorzieningen）

ア　概　要

　商事裁判所が誤った経営を認定した場合、次の一つまたは複数の救済措置を講じることができる（2:356条）。

(a)　取締役会、監査役会、株主総会その他の会社機関の決議の停止または無効宣言
(b)　取締役または監査役の職務執行停止または解任
(c)　一時取締役または一時監査役の選任
(d)　商事裁判所が指定した定款規定からの一時的な逸脱
(e)　受託者への一時的な株式移転

---

52)　OK 16 november 2005, *JOR* 2006, 5, gevolgd door OK 9 oktober 2006, *JOR* 2007, 9.
53)　OK 21 december 2005, *JOR* 2006, 8.
54)　OK 14 december 2005, *JOR* 2006, 7.
55)　HR 13 juli 2007, *NJ* 2007, 434.

(f) 会社の解散

2:356条が列挙している以上の6種類の救済措置は限定列挙であるが、その内容は広範囲にわたっており、むしろ商事裁判所が命じることができないことの方が少ないといってよいかもしれない。

救済措置は、当初の申立人その他の調査請求権者が申し立てることができる。救済の申立ては、検査役の報告書が書記官に提出されてから2ヵ月以内に行わなければならないが、具体的な救済内容を特定する必要はない。申立人が救済の内容を特定しても、商事裁判所はそれとは異なる命令をすることができる。しかし、救済措置の申立てがないときに商事裁判所が職権で救済措置を講じることはできない。

救済措置は検査役の報告書により誤った経営が明らかな場合にのみ用いられる。しかし、これは商事裁判所が報告書に縛られることを意味するわけではない。商事裁判所は救済措置を必ず講じなければならないというわけではなく、単に誤った経営があったと宣言するにとどめることもできる。商事裁判所が救済措置命令を出さずに、いわば経営陣に対するモラトリアムとして会社の自主的な対応を促すこともある（2:355条5項）。また法人の解散命令は、株主、被用者その他の第三者に重大な影響を与える可能性があるため、そのような重大な影響が認められる場合においては、解散命令は許されない（同条7項）。

商事裁判所が救済措置を講じる場合、あわせてその期間を定める。救済を請求した申立人、会社または法務次官から期間変更の請求があった場合、商事裁判所はその期間を延長または短縮することができる（2:357条1項）。商事裁判所が命じた救済措置を会社は無視することはできない。措置を無視して対応しないと取締役会等で決議しても、法律上無効である（同条3項）。

商事裁判所は、救済措置を講じる決定の仮執行宣言ができる。仮執行宣言付決定に対して最高裁判所に特別抗告しても、仮執行は停止しない。ただし、会社の解散を命じる救済については、その性質上復旧ができないため、例外的に仮執行は停止される（2:358条1項）。調査手続の第3ステップにおける商事裁判所の決定は、特別抗告にかかわらず救済措置を仮に執行することができるとされるのがむしろ一般的である。仮執行宣言をした後で別の救済に変更することもできる。

イ 裁判例

ファン・デン・ベルフ（Van den Berg）事件[56]では、取締役の退任とともに、会社の費用負担で3名の一時監査役が任命され、監査役会は定期的に商事裁判所に対して定款規定の変更などについて報告をしなければならないとされた。商事裁判所の権限は、当該会社の定款規定にかかわらず直接法令から導かれるため、このような措置が可能となる。ツワヘルマン（Zwagerman）事件[57]では、3名の一時監査

---

56) HR 4 november 1987, *NJ* 1988, 578.

役が任命され、それらの監査役に定款の定めとは異なる権限が与えられたが、このような場合には、商事裁判所が一時監査役の権限の内容と放棄される定款規定を特定すべきであるとの批判がある[58]。また、一時的に株式を経営陣に譲渡することが命じられた事案もある[59]。法人の解散命令は最終手段である。どのような救済措置が効果的であるかの判断は商事裁判所に委ねられている。

　商事裁判所は、発足後間もない時期には広範な救済措置を命じていた。1972年の事案では、1名の取締役の職務を停止し、外部から一時監査役を任命して、役員の報酬も商事裁判所が定めた。さらに職務停止中の取締役ともう1名の取締役の報酬を指定して、後者に対して一時監査役と会計士が監査を行うための情報提供をすることを命じた[60]。これら一連の指示は、現行法では救済措置命令の結果について商事裁判所が必要な対応をしなければならないとする条文（2:357条2項）に基づくものと解されることになる。また現行法には、一時取締役・監査役の商事裁判所に対する報告義務も定められている（同条5項）。

9　暫定的救済措置（Onmiddellijke voorzieningen）
(1)　総　説

　迅速処理を旨とする調査請求において、手続のための時間軸を固定することはその価値を減ずることになるという認識を踏まえ、1994年に暫定的救済措置の規定が新設され、2013年にはその改正が行われた（2:349a条）。現行規定では、商事裁判所は、手続のいかなる段階においても会社を含めたあらゆる利害関係者の利益を考慮したうえで、手続の期間を上限として申立人の請求により暫定的救済措置を命じることができる。実務では、調査請求申立人は併せて暫定的救済措置を申し立てることが多い。多くの事案ではむしろ暫定的救済措置を得ることが申立人の動機となっている。

　この権限が与えられたことにより、商事裁判所の裁判官は、会社法に関わる事案について高度に専門的な予備的救済を命じることができる裁判官として、その地位が飛躍的に高まった。第3ステップにおいて講じることができる救済措置と異なり、暫定的救済措置については法令による制約がない。このため商事裁判所は暫定的救済に関して実質的に無限定の裁量権を有していることになり、個別事案について効率的かつ決定的な判断をすることができるようになった。

　商事裁判所の暫定的救済の権限は排他的なものではない。地方裁判所の裁判官も

---

57)　HR 1 maart 2002, *NJ* 2002, 296.
58)　Van Schilfgaarde 2013, § 123.
59)　OK 11 januari 1990, *NJ* 1991, 548（Friesendorp）; OK 23 juni 1994, *NJ* 1995, 456（ITP）; OK 22 december 2000, *JOR* 2001, 29（Naveman）.
60)　OK 26 april 1972, *NJ* 1973, 6.

暫定的救済措置と同様に予備的な救済措置を講じることができる。しかし、申立人が地方裁判所と商事裁判所の双方に暫定的救済の申立てができる事案においては、地方裁判所の裁判官は抑制的となる。例えば救済期間について、地方裁判所の裁判官は商事裁判所が決定するであろう救済期間と抵触が生じないように配慮をするとされる[61]。

　暫定的救済措置は秩序保持手段の性質を有することから、商事裁判所は慎重にそれを利用することが求められる。2013年の法改正により、2:349a条2項は、救済の必要性について、法令および定款に照らして会社の利益と会社組織に関わっている利害関係者との比較考量のうえで判断することを要求している。暫定的救済措置を命じる決定に対しては、最高裁判所に特別抗告することができる（2:359条）。

(2) 手　続

　暫定的救済措置は調査手続の3つのいずれのステップにおいても講じることができる。調査請求申立後であれば、商事裁判所が調査開始を決定する前でもよい（2:349a条2項、355条3項）。2007年 DSM 事件[62]で最高裁判所が、適切な経営を疑う根拠の有無を最終的に決定する前に暫定的な救済措置を実施することは原則として可能であるとしたのを受けて、2013年の法改正により明文で認められた。中間手続として行うことができることから、商事裁判所の5人の裁判官ではなく1名の裁判官で手続の処理が可能である。

　最高裁判所は、商事裁判所が調査開始前に暫定的救済措置を講じる場合は、関係者の利益を比較考量し、十分に説得力のある理由が存在することが必要であるとしている[63]。さらに商事裁判所は、適切な経営方針または業務執行を疑う十分な根拠があると予備的に判断して暫定的救済を命じた場合は、その後合理的な期間内に調査実施の可否に関する判断を行わなければならない（2:349a条3項）。

　すなわち、商事裁判所が暫定的救済措置を実施する場合は、調査請求が認められる可能性が高いという判断をしていることが前提となる。申立人に申立権がないことが初めから明らかな場合、あるいは適切な経営方針または業務執行を疑う根拠がない場合は、商事裁判所は暫定的救済措置を講じることができない。その場合、申立人は救済の必要性があるならば地方裁判所に予備的救済を申し立てることになる。

　商事裁判所は職権で暫定的救済を命じることはできない。暫定的救済措置を申し立てることができるのは申立人本人および調査請求の要件を満たす他の当事者である。2:349a条2項には明文で定められていないが、利害関係者が調査手続への参加

---

61)　*MvT op de Wijzigingswet*, TK 1991-1992, 22 400, nr. 3, p. 14-16; Van der Heijden en Van der Grinten, *Handboek voor de naamloze en de besloten vennootschap*, 13e druk, Kluwer, 2013, § 363.

62)　HR 14 december 2007, *JOR* 2008, 11.

63)　*Ibid.*

を認められた場合は、当該利害関係者も暫定的救済措置を申し立てることができる（民事訴訟法282条4項参照）。

　暫定的救済措置の申立てを認めるかどうかについては、商事裁判所が広い裁量権を有している。その内容は、2:356条に救済措置として列挙されたものに限定されず、また、申立てとは異なる内容の救済を命じることもできる。暫定的救済は会社内部の法的関係を損なうおそれがあるが、その本質は予備的なものであり、また目的の達成のために必要な範囲を超えてはならない。商事裁判所は関係者の利益を公正にバランスさせなければならない。商事裁判所は暫定的救済の判断に際し慎重な姿勢を示しており、会社の置かれた状況や調査を行う利益との関係で、暫定的救済を認めるのに十分な説得的根拠が存在していることを要求している。暫定的救済は均衡を欠くものであってはならないため、商事裁判所は調査手続における会社および他の当事者の利益のみならず、法令および定款に基づき当該会社組織のすべての利害関係者を考慮するようにしている。

　一方、暫定的救済措置は特別抗告によって後に覆されることもあり得る。実際に特別抗告が利用される頻度はこれまでのところそれほど高くはなく、2013年に明文規定が設けられる前は、訴訟手続が専ら利用されていた。しかし、迅速を旨とする調査請求手続の重要な構成要素として、今後は頻繁に利用されるようになることが想定される。

(3) 暫定的救済の種類

　商事裁判所は、申立人が請求した暫定的救済の内容に必ずしも縛られない。会社が置かれた状況や調査手続の利益に鑑みて、必要と判断される暫定的救済措置を講じることができる。請求された暫定的救済とは異なる内容の暫定的救済命令が出されることも多い。申立人の請求範囲を超えることもあれば、救済措置の対象となる自然人や会社機関を変えることもある。

　しかし、商事裁判所の権限は無制限であるわけではない。第1に、その範囲は暫定的救済の命令に限られ、その期間は調査手続の期間を超えることはできない（2:349a条2項）。一方、暫定的救済であるからといって、回復できない結果をもたらす救済を講じることが許されないわけではない。第2に、商事裁判所は、強行規定によって定められた会社機関の権限分配を尊重しなければならない。例えば、商事裁判所が一時監査役を任命した場合に、その一時監査役に会社法上株主総会の権限とされている権限を付与することはできない。第3に、商事裁判所は会社に代わって意思決定を行うことはできない。商事裁判所の役割は、暫定的救済措置を講じることによって関係当事者の紛争解決に資することだからである。

　これまでの事件において、商事裁判所は事案に応じさまざまな暫定的救済を生み出してきた。株主の議決権の差止め、利益衝突がある場合に取締役会決議に対して拒否権を有する監査役の任命、取締役会が会社の現状を変更するような行動をとる

ことの禁止、取締役および監査役を解任する株主総会決議の禁止、希釈化防止策の一時的停止、定款に基づく現取締役の代表権を排除したうえでの新取締役の選任などがあげられる。

商事裁判所の暫定的救済措置については、最高裁判所への特別抗告中も仮執行できる旨の宣言を付すことができる。

(4) 裁判例

敵対的買収など株主と経営陣の間の紛争を伴う場合に、暫定的救済措置はしばしば少数株主の武器として利用されている。

【ABN アムロ・ホールディング（ABN AMRO Holding）事件[64],[65]】

ABN アムロ銀行の取締役会が、子会社のラ・サール（LaSalle）をバンク・オブ・アメリカ（Bank of America）に売却することを決定したのに対して、バークレーズ（Barclays）が ABN アムロ株式の公開買付けを表明した。子会社の売却が株主3銀行（RBS、フォルティス（Fortis）、サンタンデル（Santander））によるコンソーシアムの意向に反しているとして、それに対抗して ABN アムロ株式の公開買付けを試みたものである。

商事裁判所は、当該子会社の売却は ABN アムロの株主総会に付議すべきであったとして、2:349a条に基づき、売却の差止めを命じた。

これに対して最高裁判所は、経営陣はラ・サールの売却を自らの判断で行うことができるとして、株主総会の決議事項を定めた2:107a条は本件では適用されないとした。最高裁判所はさらに、株主総会決議事項についての総会決議の欠缺が取締役の代表権に影響を与えないことを定めた2:107a条2項に基づき、総会決議の欠缺は対外的な効力を有しないとして、バンク・オブ・アメリカに対抗する暫定的救済は正当化されないとした。そして、たとえ「公正な利益バランスが図られたとしても、ラ・サールの売却を差し止めたり、一時期にせよ不可能にしたりすることを認める余地はない」と判断した。最高裁判所の立場は、暫定的救済は第三者の権利が2:107a条2項によって明確に保護されている場合にそれに影響を与えることはできないというものであった。

【HBG 事件[66],[67]】

HBG 社は、ある会社からの公開買付けと、それとは別の会社からの経営統合の

---

64) OK 3 mei 2007, *JOR* 2007, 143.
65) HR 13 juli 2007, *NJ* 2007, 434.
66) OK 21 januari 2001, *JOR* 2002, 28.
67) HR 21 februari 2003, *NJ* 2003, 182.

提案が出ている中、さらに別の会社と業務提携契約を締結した。HBG社経営陣の約束にもかかわらず、当該取引が株主総会に付議されなかったため商事裁判所は調査を命じた。2:349a条2項による暫定的救済として、商事裁判所はHBG社に対して調査手続期間中に業務提携契約の内容を遂行することを禁じた。商事裁判所は誤った経営があることを認める最終判断を下したが、特別抗告を受けた最高裁判所はそれを覆し、本件では株主に是非を問う必要はなかったとした。

【フェルサテル（Versatel）事件[68]、[69]】
　公開買付けにつづけて合併が行われた事案において、監査役会の独立性が欠けており、合併のメリットについて少数派株主への十分な情報提供がなかったとして、商事裁判所がその効力の発生を差し止める暫定的救済命令を発した。商事裁判所は暫定的救済措置の中で、3名の中立の監査役に特別な権限を与えたが、最高裁判所もこれを支持した。

【ASMインターナショナル（ASM International）事件[70]】
　会社がある財団に対して新株を発行するにあたり、役員構成の大幅な変更が余儀なくされることについて十分な検討時間を株主に与えていたとして、商事裁判所は調査請求を認めない判断を下した。

10　特別抗告（Beroep in cassatie）

　商事裁判所は調査請求申立てを審理する第1審かつ唯一の事実審である。商事裁判所の決定に対しては、手続参加者または当該会社が最高裁判所に特別抗告することができる（2:359条1項、民事訴訟法426条1項）。最高裁判所は事実の評価を再審査することはせず、通常の民事訴訟と同様、審理の対象は法律問題または合理的な根拠の存否に限られる（裁判所法79条）。最高裁判所への特別抗告にあたっては、調査請求申立てに適用される資本要件は適用されない。

　適切な経営方針または業務執行を疑わせる十分な根拠があるという商事裁判所の決定は、専ら事実の認定に基づいている。したがって、最高裁判所への特別抗告でこの点を争っても認められる可能性は低い。誤った経営の存否に関する商事裁判所の判断についても同様である。

---

68)　OK 27 september 2005, *JOR* 2005, 272; OK 14 december 2005, *JOR* 2006, 7; 24 maart 2006, *JOR* 2006, 98.
69)　HR 14 september 2007, *NJ* 2007, 611.
70)　OK 20 mei 2008, *JOR* 2008, 158; OK 27 juni 2008, *JOR* 2008, 230; OK 13 mei 2009, *JOR* 2009, 163. Zie HR 30 maart 2012, *NJ* 2012, 423（ASMI II）, na HR 9 juli 2010, *NJ* 2010, 544（ASMI I）.

第3節　紛争処理手続、少数株主締出手続

　株式の取得・処分は本来株主の任意である。取得にせよ処分にせよそれを株主が望むゆえに発生する。民法典第2編にはこの原則の例外が2つ定められている。紛争処理手続と少数株主締出手続である。一定の状況下で株主が他の株主を強制的に退出させ、反対に株主が他の株主や会社に保有株式の買取りを請求する手段である。

1　紛争処理手続（Geschillenregeling）
(1)　総　説
　紛争処理手続は2:335条〜343c条にその定めがある。紛争処理手続の基本は、株主間で紛争が解決しない場合に、一方の株主が他方の株主に株式の売渡しを請求するか、あるいは一方の株主が他方の株主に株式の買取りを請求することで両者を別れさせるというものである。紛争処理という一般的な名称が与えられているが、実質は「強制退出手続」といってよい。

　紛争処理手続は非公開会社と閉鎖性を有する公開会社（無記名株式を発行しておらず、定款で譲渡制限を定めており、同意預託証券の発行を認めていない公開会社）のみに適用される（2:335条2項）。閉鎖性を有しない公開会社では株式の処分が容易であり、株主は株式を手放すことで容易に対立状態を回避することができる。これに対して、非公開会社と閉鎖性を有する公開会社では、株式を譲渡する相手となり得るのは実質的に他の株主であるが、その株主と対立している状態では交渉も成立しないためである。ただし、紛争処理手続は任意法規であり、定款または契約で紛争処理手続の全部もしくは一部の放棄または他の解決手段（仲裁等）を定めることができ、その場合は紛争処理規定を根拠として売渡しまたは買取りを請求することはできない。会社法の紛争処理規定はいわゆるセーフティ・ネットになっている。

　実務上は、複雑かつ時間のかかる手続となる紛争処理手続の適用が排除されていることが多い。しかし、定款または株主間契約で独自の定めを置いて、株式譲渡を不可能または極めて困難にすることはできない（2:337条1項）。例えば定款または株主間契約で、紛争処理規定を全く適用しないと定めることは許されない。

　改正非公開会社法によって規定間の調整が図られ、立法者は紛争処理手続の促進を図った。例えば、抗告によって買取義務の履行が中断しないように、裁判所は仮執行を宣言することができる（2:341条1項）。また株主の退出については合意しているが譲渡価格について合意できないような場合には、簡易な申立手続が適用される（2:343c条）。しかし依然として課題は残っているとして、司法大臣は紛争処理手続について近い将来見直しを行うことを明らかにしている。

(2) 売渡しを求める申立て

ア 申立権者

単独または共同で発行済株式の3分の1以上を有する株主に申立権が認められる。株式発行会社による申立てはできない。

イ 申立手続

申立株主は他の株主に対して株式の売渡しを請求する（2:336条1項、341条）。加えて申立株主は申立ての根拠となった行為から生じた損害の回復を同じ手続の中で請求することができる（2:336条5項）。この損害賠償責任は、主として一般不法行為責任（6:162条）である。

請求を受けた株主は、召喚状送達後は、申立人の同意または裁判所の承認なく質権や用益権を設定することは許されない。裁判所は手続開始後に、被申立株主の議決権行使停止などの仮処分を認めることができる。

売渡請求は、議決権を有する株式質権者・用益権者に対しては、議決権の引渡請求として行うことができる（2:342条）。この場合、議決権を失う者は対価を受け取ることはできない。

ウ 請求理由

売渡請求は、被申立株主がその行為によって会社の利益を害するおそれがあるか、または害したことにより、その者が株主であり続けることが合理的に寛容できない場合に認められる（2:336条1項）。例えば、株主が拒否権を行使して会社の意思決定を構造的に麻痺させることによって、会社の継続性を危機に陥れた場合を想定すればよい。対象となる行為は、株主としての行為であって、個人としての行為や業務執行は請求理由とはならない。

「会社の利益が害されるおそれ」が要件であることに留意しなければならない。申立人である株主の利益は副次的な理由にすぎない。この点をとらえて、会社は請求手続に参加することができると解する有力説がある[71]。また紛争処理手続は、同じ理由に基づく調査請求手続と並行して行うことができると解されている[72]。

(3) 買取りを求める申立て

ア 申立権者

持株要件はなく、どの株主でも請求することができる。

イ 申立手続

申立株主は他の株主に対して自己の保有する株式を買い取るように請求する。会社に対する買取請求が適用される場合もある（2:343条1項）。請求を受けた株主は、同じ請求を他の株主および会社も受けるべきと考える場合は、それらの者を手続に

---

71) Van Schilfgaarde 2013, § 114.
72) HR 8 december 1993, *NJ* 1994, 273（Van den Berg）.

参加させることができる（同条3項）。買取請求は、会社または他の株主の行為を理由として、会社に対してこれを行うことが認められる点が特徴である。株主が海外に所在する場合や、他の株主が株式を買い取る資力がないような場合は実益がある。ただし、会社に対する買取請求は、自己株式の取得が許される範囲においてのみ行うことができる。

　また、会社の行為は調査請求申立ての理由ともなり得る。会社の行為と株主の行為は必ずしも明確に区分できないことがある。例えば、株主総会の取締役解任決議は会社の行為であるが、同時に解任議案に賛成した株主の行為でもある。

　ウ　請求理由
　株式の買取りは、株主の権利または利益が他の株主によって害され、株主であり続けることが合理的に耐えられない場合に申し立てることができる。例えば、家族経営の会社で家族関係が悪化して他の株主との対立が生じ、利益配当から排除されてしまう取扱いを受けたような場合である。売渡請求と異なり、会社の利益は考慮の対象とならない。一方、他の株主の行為であれば、それが株主としての行為に関わるものでなくてもよい。

【ホーイマンズ（Hooijmans）事件[73]】
　ヘールト・ホーイマンズ（Geert Hooijmans）、ヴィム・ホーイマンズ（Wim Hooijmans）、ヘニー・ホーイマンズ（Hennie Hooijmans）の3名は同じ会社の株主であった。ヘールトは取締役でもあったがヴィムとヘニーによって株主総会で解任された。ヘールトは2:343条に基づき株式の買取りを求めた。
　取締役解任が適法になされたか否かが、2:343条の請求の前提として関係するかが問題となった。
　地方裁判所は、2:343条の買取り申立ては不当な行為の存在が前提であるとするヴィムとヘニーの主張を支持した。商事裁判所は原決定を取り消し、取締役解任が正当であったかどうかに答える必要はなく、取締役解任は2:343条にいう他の株主の「行為」にほかならないとした。

　株主である取締役が解任された場合は、それ自体でその者の利益が損なわれており、株式保有の継続が合理的に期待できない状態といえる。取締役解任が正当なものであったかどうかは、2:343条の請求の前提としては重要な意味を持たない。

(4)　審理手続
　ア　全　般
　申立ては会社自身の行為に基づき会社に対して行うこともできるが、他の株主の

---

73)　OK 20 november 1997, *JOR* 1998, 26.

行為に基づいて会社に対して行うこともできる。ただし、会社による株式買取りが資本保護規制に反する場合は請求をすることができない（2:343条1項、98/207条）。

定款または株主間契約で株主間紛争の解決手続が定められている場合、その手続が適用できないことが明らかな場合を除き、紛争処理手続は利用できない（2:337条1項）。ただし定款または株主間契約で定める手続は、申立株主に法定の紛争処理手続と同等の救済を与えるものでなければならない。

紛争処理手続の申立ては会社の本店所在地の地方裁判所に行い、決定に対する不服申立ては商事裁判所に行う（2:336条3項、343条2項）。申立書の写しは会社にも送達され、また被申立人となっていない株主にも通知される（民事訴訟法997a条）。被申立人でない会社や株主が手続に参加する機会を与えるためである。定款または株主間契約で、直接商事裁判所に申立てができるといった法定の管轄権とは異なる定めや仲裁条項を設けることもできる（2:337条2項）。

裁判所は紛争処理手続に係る請求と損害賠償請求をあわせて審理することができる（2:336条5項）。それにより、関連する紛争を同時に解決することが期待されている。ただし、抗告審である商事裁判所では審理の統合が認められておらず、手続上のボトルネックとなる可能性がある。

手続が行われている間、あるいはさらに申立てが認容されて株式が引き渡されるまでの間は、被申立人の議決権の停止といった仮救済措置を認めることができる（2:338条3項）。

　イ　二段階手続

申立ての審理は2つのステップに分かれる。第1ステップは、売渡し・買取りの請求が認められる要件を申立株主が証明できているかの審理である。第2ステップは、売渡し・買取りの請求が認められた場合の株式の対価の決定である。売渡しまたは買取り自体について当事者が合意している場合は、第1ステップを省略して第2ステップの審理のみを申し立てることができる（2:343c条）。第1ステップの司法判断に対する不服申立ては、第2ステップの司法判断に対する不服申立てと同時に行わなければならない（2:339条1項）。これは手続促進のためである。

　ウ　対価の決定と引渡し

紛争処理手続は、非公開会社または閉鎖性を有する公開会社の株式の強制譲渡であるため、株式の価値をどのように決定するかが重要な問題となる。市場価格がないため価格形成は交渉を基礎とせざるを得ない。そのため2:339条は、申立ての判断にあたり裁判官は株式の価額について報告書を提出する1名または複数の専門委員を指名することを定めている。専門委員は当該申立ての担当裁判官が決まる前から評価作業を始めることができる。専門委員が報告書を提出すると、裁判官はそれをもとに株式譲渡価格を決定する（2:340条1項）。

裁判所は、譲渡される株式の価値に影響を与える新たな事情を、譲渡の時点まで

考慮しなければならない。また価格決定に際し裁判所は、被申立人その他の者の行為により下落した株式価値で、退出する株主が負担すべきでないものについて補正を認めることができる（2:343条4項）。当事者間で株式の価値評価について合意がある場合、または定款または契約の定めにより株式価値について明確な基準が存在している場合は、専門委員の任命を省略することができる（2:339条3項、340条2項）。

被申立株主は、裁判所の決定書送達後2週間以内に株式を決定された価格で引き渡さなければならない。引渡しの実行に際しては、定款の譲渡制限規定は適用されない。

2　少数株主締出手続（Uitkoopregeling）
(1)　総　説

少数株主締出手続は2:92a/201a条に定められている。紛争処理手続と異なり、すべての公開会社、非公開会社に適用される。少数株主締出手続の考え方は、会社のほぼすべての株式を保有している株主に、残りの少数株主の持株を買い取る権利を与えるものである。少数株主が株主であり続けることの利益より、特定の株主に100％の株式を保有させることの利益の方が大きいと考えられるためである。

株式を100％保有することには会社法上大きな意味がある。例えば株主総会の招集通知、議案の要領といった手続を省略することができる（2:128/238条）。手続の省略は、公開会社では発行済全株式を有する株主が出席した株主総会での全員一致の決議（2:115条1項、114条2項）、非公開会社では総会出席権者全員の同意（2:225条、224条2項）によるためである。少数株主がいなければ株主総会によらない決定が容易になる。また、完全親会社でない親会社は、子会社との契約の締結、利益の留保、子会社への株式の移転にあたり、子会社の少数株主を考慮しなければならない。完全親会社であればこれらの手続はより簡易に行うことができる。また計算書類に関しても技術的なちがいが出てくる（2:403条1項b号）。

締出手続について管轄権を有するのは商事裁判所であり、その決定に対しては、法令違反または法令解釈の誤りについてのみ最高裁判所に特別抗告することができる（2:92a/201a条2項）。商事裁判所での手続には6〜12ヵ月を要しているのが実情である。

(2)　手　続
ア　申立権者

公開会社では発行済株式の95％以上を保有する株主である。企業グループの2社以上があわせてこの持株比率を有している場合でもよい。株主は自己の計算で（voor eigen rekening）株式を保有していなければならない（2:92a条1項）。したがって、預託証券所持人のために会社に出資している信託機関によって少数株主を

締め出してはならない。非公開会社ではこれらの要件に加えて、株主総会で議決権の95％以上を行使できる株主でなければならない（2:201a条1項）。非公開会社は無議決権株式を発行できるため、この追加要件が関係してくる。

　イ　請求内容

　要件を満たす株主（または株主である企業グループ）は、少数株主に対して、その保有株式を自ら（企業グループの場合はそのうちの1社）に譲渡するよう請求することができる。

　ウ　請求時期

　株主の自己の計算による持株比率が発行済資本の95％以上（非公開会社では議決権の95％以上）となったときである。少数株主の行動は関係ない。少数株主の少なくとも一人に対して締出しの対価が支払われたとしても、譲渡によって重大かつ実質的な損害が発生し得る場合、または少数株主の少なくとも一人が定款で特別な会社支配権を与えられた株式（議決権優先株式）を保有している場合、もしくは申立株主が少数株主に対する請求権を放棄した場合は、すべての少数株主に対する締出請求は棄却される（2:92a/201a条4項）。

【ホフリオ（Goglio）事件[74]】

　少数株主が自己の保有する株式は定款により特別な会社支配権を与えられているとして、締出請求を争った事案である。2:201a条4項によればそれが認められた場合は、締出請求が棄却されることになる。

　当該会社の定款には、株主総会のすべての決議は全員一致でなされなければならないと定められていた。したがって少数株主は総会決議の成立を妨げることが可能であった。最高裁判所はこの点を手短に述べた後、論点に関して次のように判示した。

　「少数株主締出しの性質と趣旨からして、それを棄却する根拠は個別に解釈されなければならない。とりわけ、株主には原則として株主権が認められており、利益考量の余地はない。2:201a条の立法経緯からすると、本条4項に含まれる請求棄却の根拠はとりわけ優先株式の保有者の地位の視点を取り入れたものである。本手続における当該株式は、定款によって決議に対する特別な権利と結びつけられているものではなく、普通株式にすぎない。」

　エ　対　価

　2:92a/201a条は、紛争処理手続と同様の株式価額算定メカニズムを有している。株式価額の算定は極めて重要である。締出しスキームは結局のところ少数株主をそ

---

[74]　HR 16 januari 2004, *NJ* 2004, 184.

の意思に反して失わせるものだからである。これは少数株主が失う株式に対して少なくとも経済取引におけるのと同じ価額を受け取ることによって初めて正当化される。なお2:92a/201a条8項は、少数株主が株式の引渡しをしない場合に、申立株主が当該株式に対する権利を確保するための対価の供託および強制引渡しを定めている。

オ　上場会社の特例

上場会社には特別な規律が適用される。2007年の法改正により、上場会社の株式に対する公開買付けを行い、持株比率、議決権比率ともに95％以上となった株主は、公開買付期間終了後3ヵ月以内に残りの5％を買い取ることができる（少数株主締出権（uitkooprecht））（2:359c条、359d条）。この規定は公開買付けに関するEU指令[75]に対応する国内法規定である。

任意公開買付けの対象となった株式の90％以上が公開買付けによって取得されている場合は、公開買付価格が合理的な締出価格と推定される。強制公開買付けの場合は公開買付価格が合理的な締出価格と推定される（2:359c条6項）。

一方、買付期間の終了から3ヵ月以内であれば、少数株主の側から公開買付けで95％を取得した株主に対して、株式の買取りを請求することができる（少数株主退出権（uittredingsrecht））（2:359d条1項・3項）。

第4節　商事裁判所におけるその他の手続

1　計算書類を争う手続

会社の計算書類、経営報告書その他これらに付随する情報が法令に従っていない場合、利害関係者は商事裁判所に対してその修正を求める申立てができる（2:447条、448条）。公益に関わると考えられる場合は、法務次官が申し立てることができる。金融監督機構は財務報告監督法の適用対象会社について申し立てることができる。一方、会計監査に関する申立てについては、商事裁判所ではなく地方裁判所が管轄権を有する。

申立ては、非上場会社では計算書類の承認から2ヵ月以内に、上場会社では9ヵ月以内に行わなければならない（2:449条1項）。申立ての対象となる問題点が計算書類上明らかでない場合は、申立期限の延長が認められる（同条4項）。審理は非公開で行われるが、審理結果は公表される（2:450条1項）。商事裁判所は、計算書類の監査を行った会計士に見解表明の機会を与えるほか、対象会社が上場会社の場合は金融監督機構に、また対象会社が金融機関の場合はオランダ銀行（中央銀行）に、それぞれ見解を求める（同条4項〜6項）。

---

75)　Directive 2004/25/EC of 21 April 2004, L 142/12.

商事裁判所は、計算書類の法令違反を認定したときは計算書類の無効宣言を行うが、例えば配当金の支払義務は維持するなど無効の効果を限定することができる（2:451条4項）。

2　経営協議会法に関する手続

会社またはその従業員に重大な影響を与える可能性がある取締役会決議は、経営協議会の事前の助言を得なければならない（経営協議会法25条1項）（☞第7章第4節3）。この手続規定が守られていない場合で、取締役会が予定している行為があらゆる利害を比較考量すれば実行し得ないものであると判断されるときは、商事裁判所は取締役会による行為の禁止または破棄命令を下すことができる（同法26条4項）。取締役会決議の中には、事前の助言のみならず経営協議会の同意が必要なものもある（☞第7章第4節4）。地方裁判所支部は、経営協議会の承認のない決議や決議内容の実行を差し止める命令を出すことができる（同法27条）。

3　構造規制会社の監査役会の構成に関する手続

商事裁判所は構造規制会社の監査役会の構成に関する紛争について専属管轄を有している。商事裁判所は経営協議会が推薦した監査役の選任に対する異議について決定する（2:158/268条7項、159/269条3項）。構造規制会社の監査役の解任にも商事裁判所の関与が必要である（2:161/271条2項）。ただし、選任に関する法令その他の手続規定違反に基づく申立ては地方裁判所に対して行う。

第11章
定款変更、解散・清算

第1節　定款変更

　設立後の株式会社は定款変更（statutenwijziging）によって変化する。変化の程度は大小さまざまであり、授権資本の額を増やすだけの定款変更もあれば、会社の基本的な構造を変えてしまう定款変更もある。定款変更には株主総会決議を要する（2:121/231条）。また公正証書が必要であり、公正証書の作成によって定款変更の効力が発生する（2:124/234条1項）。株主総会決議のみでは定款変更の効力は生じないことに留意しなければならない。

　定款変更手続には会社による定款自治の範囲がかなりあり、例えば定款変更決議に定足数要件を設けることができる。これにより発行済株式のうち一定数を保有する株主が総会に出席して初めて定款変更が可能となる。ごく一部の株主で定款が変更されるのを防ぐ機能を有する。定款で決議要件を加重することも認められる。例えば行使された議決権の3分の2以上とすることにより、3分の1超の議決権を有する株主が定款変更を阻止することができる。決議要件も少数派株主を保護するものとなる。

　定款変更ができないという定款規定を設けることもできる。その場合でも、発行済株式を保有する全株主の一致で定款を変更することができるが（2:121/231条3項）、そのためにはすべての株主が株主総会に出席して議決権を行使することが必要となる。このほか定款変更提案権を議決権優先株主総会にのみ与えるといった定款規定を設けることもできる（図表11-1）。定款に定めを置いていなければ、定款変更決議には定足数や特別決議要件は適用されない。

【事例11-1】
　A非公開会社が新たな事業活動のために資金調達を必要としている。A社の取締役会は将来に向けて競争力を維持するために新事業を始めることが重要だと考えている。そのために新株を発行したいが、その前に授権資本を増加することが必要であり、授権資本の増加のためには定款変更が必要である（2:178条1項）。

> A社の定款では議決権優先株主のみが定款変更の提案権を有すると定められている。しかし議決権優先株主の協力が得られない。会社の将来の存続がかかっており、定款変更が「会社の利益」に資することが明らかであれば、他の株主が定款の定めに従い議決権の過半数で定款を変更することが認められてよい。
>
> これは合理と公正の原則（2:8条2項）に基づく。この場合、定款に定められている提案権条項の適用は排除される。すなわち、2:14条1項によれば定款変更決議は無効であるところ、このような明らかな例外的状況下では定款変更提案権を与えられた株主からの提案がなくても定款変更決議は有効に成立すると解される。

2012年10月1日の法改正により、非公開会社の定款変更についても改正が行われた。株主の議決権を変更する定款変更は、総株主の賛成が必要である（2:228条4

【図表11-1：定款変更権限の原則と例外】

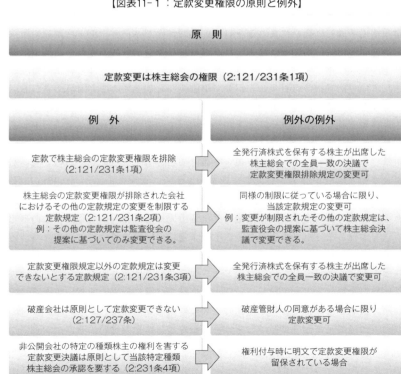

項)。定款変更により株主に義務を課す規定を設けるときは、株主の意思に反してそれを行うことはできない。したがって、当該定款変更に反対の議決権行使をした株主は、その義務に拘束されない（2:192条1項）。

　非公開会社の特定の種類または組（クラス）の株主の権利を害する定款変更は、当該種類または組（クラス）の株主の事前承認が必要である。ただし当該権利が付与されたときに、かかる事態を明示していた場合は、事前承認は必要とされない（2:231条4項）。

　定款で第三者の権利を定めているときは、当該第三者の承諾なしに定款規定を廃止することはできない（2:122/232条）。例えば、定款で取締役の賞与を定めた規定は、賞与支給対象となる各取締役の承諾なしに変更することはできない。ただし、定款で別段の定めを置いている場合はこの限りでない。

　定款変更の株主総会決議により悪影響を受ける株主といえども、保有する株式を公正市場価格で買い取ることを請求することはできない。株主に認められるのは、決議が合理と公正の原則に反することを理由として総会決議の無効宣言を求めることである（2:8条、15条1項b号）。

　定款変更を株主総会の議題とするときはそれを招集通知に記載しなければならない。変更案の内容については本店に備置して株主に開示し、請求があれば写しを提供しなければならない（2:123/233条）。株主総会の招集権を有する者は定款変更を提案することができる。公開会社の減資の定款変更案については、債権者保護の手続を実行しなければならない。変更後の定款はその全体を商業登記所に登記しなければならない。登記によって初めて定款変更を第三者に対抗することができる。

第2節　解散・清算

1　総説

　株式会社がその事業活動を停止する場合、それまでの取引等により債権者、債務者を数多く抱えている。また会社には多数の株主もいる。そのため株式会社はただ単にその存在を終了させることはできず、解散（ontbinding）によってその命を終える。しかし、会社は解散後もその資産の処理に必要な範囲で清算手続の結了に至るまでは存在し続ける。解散後清算手続中の会社にはもはや収益はない（もしあるとすれば本来清算手続は必要ないことになる）。会社は第三者との関係を持たないまま存在し続ける。会社の解散事由は2:19条に規定されており、民法典第2編の他の法人にも適用される。以下、株式会社を中心に説明する。

　株式会社の解散事由は、第1に、株主総会の解散決議である。定足数、決議要件について特段の規定は設けられていない。第2に、定款に解散事由が定められている場合は、当該事由の発生により株式会社は解散する。例えば、一定の日の到来や

特定の目的の達成などである。第3に、財務状態を理由とする清算手続の中止または支払不能による破産手続開始の決定である。支払不能については破産法173条に規定されている。このほか、商業会議所または裁判所の命令により株式会社は解散する。

2　解散命令

　株式会社は商業会議所の命令によっても解散することに注意しなければならない（2:19条1項e号）。この解散事由については2:19a条に手続規定がある。資産を全くあるいはほとんど有せず事業活動も行っていないいわゆるペーパーカンパニー（lege vennootschap）を解散させることが目的である。法的手続を経ずに資産を処分してしまっている会社や、そもそも事業活動を最初から全く行っていない会社はペーパーカンパニーになることが多い。立法者は、このような会社が再び事業活動を始めた場合にその多くが違法不正の目的で使われるという疑いを持っている。

　2:19a条はペーパーカンパニーの4つの指標を示している。このうち2つ以上にあてはまった場合に、商業会議所は会社とその取締役に8週間の猶予期間を与え、その後も2つ以上の指標に該当するときは、商業会議所が当該会社を解散する。その指標とは、当該会社が一定の期間、①登記管理料を納めていない、②取締役を欠いている、または所在不明、③税務申告を行っていない、④計算書類を公告していない、の4つである。

　裁判所は、検察官または利害関係者の申立てにより会社の解散を命じる。公序良俗に反する事業活動（2:20条）、設立の瑕疵や定款の法令違反（2:21条）、資産不足による目的不達成、事業活動の停止、および公開会社では法定最低資本金不足に該当する場合である（2:74/185条）。裁判所の解散命令には、裁判所が裁量により解散を命じることができる裁量的解散命令と、解散命令事由に該当する場合に裁判所が解散を命じなければならない必要的解散命令がある（図表11-2、11-3）。

3　清算手続

　解散後、清算人（vereffenaar）が会社資産の清算（vereffening）を行う。会社は清算の目的で存続する。原則として当該会社の取締役が清算人となるが、裁判所命令で会社が解散した場合は裁判所が清算人を選任する（2:23条1項）。清算人は取締役と同様の権限を有し、かつ義務、責任を負う（2:23a条1項）。

　清算人はまず会社債権者への弁済をしなければならない。株主は残余権者であり、債務弁済後に残った財産が定款の定めに従い株主に分配される（2:23b条1項）。清算人は財産目録・貸借対照表と分配計画を作成する（同条2項）。それによって清算財産の規模と構成が明らかになる。分配計画は残余権者が複数の場合に必要となる。債務を弁済するに足る資産がないことが明らかになったときは、清算人は裁判所に

第2節 解散・清算 305

【図表11-2：裁判所による裁量的解散命令】

【図表11-3：裁判所による必要的解散命令】

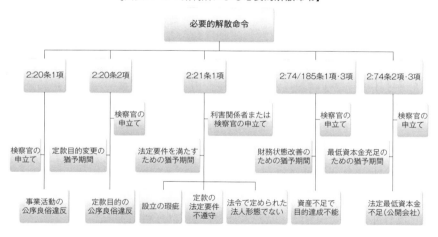

破産を申し立てなければならない（2:23a条4項）。

　清算人は財産目録・貸借対照表と分配計画を商業登記所に提出し、会社の本店に備え置く。また日刊新聞紙に当該書類を閲覧できる場所と期間を公告する。裁判所は官報への公告を命じることができる（2:23b条4項）。債権者および残余権者は2ヵ月以内に財産目録・貸借対照表と分配計画に対する異議を裁判所に申し立てることができる（同条5項）。存否または額について争いがある債務については、清算人は当該債務の弁済期到来後6ヵ月以内にその弁済に必要と認められる金銭を裁判

所に供託しなければならない（同条8項）。このように清算手続においては、清算会社の債権者の利益が配慮されている。

　原則として異議申立期間が経過するまでは、清算人は残余財産を分配することができず、株主への残余財産の分配は当該期間経過後となる。債務および残余財産がなくなった瞬間に清算は結了し会社の法人格は消滅する（2:23b条9項）。清算人は1ヵ月以内に清算結了の登記を行い（同条10項）、清算会社の帳簿資料を7年間保存しなければならない。

　株主総会の解散決議時点で会社に債権・債務が存在していなければ、会社はその瞬間に消滅する。この場合、異議申立てを含めた清算手続が行われないことから「ターボ清算（turbo liquidatie）」とよばれている。ただし例外的に、清算結了後新たな債権者もしくは残余財産に対する権利者が現れた場合、または会社が有していた資産の存在が確認された場合には、裁判所が清算手続を再開することができる（2:23c条）。清算手続再開による会社の復活は再清算のためであり、再清算結了後再び消滅する。

【ハウトスティッケル美術品販売（Kunsthandel Goudstikker）事件[1]】
　J. ハウトスティッケルは、N.V. ハウトスティッケル美術品販売の大株主であった。第二次世界大戦が始まったとき、J. ハウトスティッケルは、英国に向かう飛行機の事故で死亡した。大戦中に、会社の2人の従業員が資産（主として絵画）をナチス・ドイツの大臣に売却した。その中には、レンブラント、ゴッホ、ヤン・ステーンといった名作が含まれていた。会社は1955年に解散した。1960年に清算手続は結了し会社は消滅した。

　1997年になり、J. ハウトスティッケルの相続人が2:23c条を根拠にハウトスティッケル美術品販売の再清算手続を申し立てた。会社が国に対して絵画の代金債権をまだ有していたというのがその理由であった。裁判所は清算手続を再開した。1960年に消滅していた会社が、絵画の代金債権が残っていたことを理由に、およそ40年を経て復活したのである。主張された代金債権は2006年に最終的にほぼ認められた。

第3節　社団、協同組合

1　定款変更

　社団は定款を変更することができる。原則として行使された議決権の3分の2以上の特別決議による（2:43条）。協同組合については2:53a条が2:43条を準用している。

---

1) Rb. Amsterdam 31 maart 1998, *TVVS* 1998, 72.

2　解散・清算

　株式会社の解散・清算について述べてきたことは、基本的に社団、協同組合にもあてはまる。また社員が1名もいなくなった場合、社団、協同組合は解散する（2:19条1項d号）。債権者への弁済を終えた残余財産は、定款に別段の定めがなければ社員に分配される（2:23b条）。

第4節　財　団

1　定款変更

　財団は、定款で定款変更を認めている場合にのみ定款を変更することができる（2:293条）。この点は、定款変更が原則として認められる株式会社、社団、協同組合との大きなちがいである。すなわち財団は原則として定款変更が許されない。財団は遺言によって設立されることがあるためである。財団を創設した者の意思（しばしば最後の意思である）を尊重するために、定款変更の可能性が原則として排除されている。

　定款変更が許される場合は、変更は公正証書によって行わなければならない。かたくなに定款を変更しないことがかえって財団の設立目的を達成できないことになる可能性も考えられる。そこで財団の機関が安易に定款を変更しないように、形式的要件を設けた。2:294条は創設者、理事会、検察官の申立てにより裁判所が定款変更命令を出すことができるとしている。

2　解散・清算

　財団の解散について定めた2:301条は、2:19条以下の一般規定に加えて、財団の目的達成のために資産が不十分であるとき、目的を達成したとき、またはもはや目的が達成できないときは、裁判所が財団の解散命令を出すことを定めている（必要的解散命令）。さらに裁判所は、定款変更の申立てを却下して職権で解散を命じたり、2:21条または2:301条による解散の申立てがあった場合に、解散を回避するために定款を変更したり、定款変更決議を無効としたりすることができる。裁判所に与えられた能動的な役割は、財団の定款が理事に与えている限定的な権限と出資者総会および監督機関がないことのカウンター・バランスである。ただし、財団も定款に規定を設けることで監督機関を設置することはできる。

第5節　組合、合名会社、合資会社

1　社員契約の変更

　組合、合名会社、合資会社の社員契約について法は詳細な規定を設けていない。

しかし社員契約は書面化されることで株式会社の定款に類似したものとなる。社員契約には社員のさまざまな権利・義務が規定される。人的会社の経営、社員の代表権、損益の分配、解散事由などである。社員契約の締結は自由であるので、人的会社の存続中に社員契約を変更するのも自由である。したがって契約法理がここでは適用される。

社員契約を変更するためには、原則として社員全員の合意が必要であるが、社員契約で別段の定めをすることができる。すなわち社員契約の変更は社員の多数による決議（普通決議または特別決議）で行うことができるという定めを置くことができる。この場合、一部の社員の意思に反して社員契約を変更できることになるが、合理と公正の原則からは、社員は少なくとも変更の協議に参加することができると解される。合名会社、合資会社に適用される商法典22条は、社員契約の締結に関する手続規定は設けていないものの、契約が締結されたことの証明は必要であるとしている。

2　社員の退社と会社の継続

社員が組合、合名会社、合資会社を退社すると、原則として人的会社は解散する（7A:1683条）。社団とは全く異なる扱いである。社団の場合は、社員が退社しても社団は存続する。ただし、人的会社が社員の退社により社員契約解除で解散することは、強行規定ではない。社員契約では、社員が退社しても2名以上の社員が残っていれば人的会社を継続するとして継続条項を設けることがある。継続条項は社員が破産した場合にも適用すると規定されることがある。社員の破産は法定解散事由であるが、継続条項はこのルールを排除することになる。

とはいえ、一部社員の退社後、残る社員に共同財産がどのように帰属するかを社員契約で定めていなければ、人的会社の存続には意味がない。そこで、退社する社員は共同財産への持分を失い、残る社員だけで共同財産に対する権利を有するとする存続条項を規定しておくことが必要となる。存続条項は、社員が退社するのを条件として社員間での分配を義務づけるものである（☞第5章第8節3）。

社員が破産のため退社する場合は、法的には若干複雑な状況が生じる。社員が破産して退社すると当該社員が有していた代理権が終了する（3:72条）。その結果、破産管財人が共同財産に対する退社社員の持分を移転することを拒否する可能性が出てくる。そうなると残りの社員で人的会社を継続することは困難となる。しかし、破産社員は共同財産に対する持分を持っているにすぎないため、それを社員以外の者に譲渡することはできない。結局のところ存続条項で合意した分配に従わざるを得ず、管財人は持分移転に協力することを拒む実際的な理由はない。そのため、破産の場合に形成される合意内容も、それ以外の事由による退社の場合とさほど変わらないであろう。

退社社員は、社員契約に定められた存続条項に基づき分配を受け取ることができ、その結果として会社の資産に対する持分を失う。分配は持分を失うことの対価と考えることができる。その場合、株式会社と異なり減資の規定は適用されない。退社した社員はいずれにしても退社前の会社債務について債権者に責任を負うからである。

3　解散・清算

社員契約で定めた期間の満了、会社財産の滅失、目的の達成、社員契約の解除ならびに社員の死亡および破産は、人的会社の法定解散事由である（7A:1683条）。社員の破産は最終的には裁判所の破産宣告による。裁判所はさらに、社員の申立てにより重大な事由による会社の解散または条件付きの解散命令を発し、加えて解散事由を引き起こした特定の社員に対して、他の社員への損害賠償を命じることができる（7A:1684条）。解散判決は社員契約に任意退社または強制退社の定めがなく、社員との協力関係に重大な支障が生じている場合の特別な解決手段である。

解散後は清算手続が行われ残余財産が分配される。解散した人的会社には、3:189条2項により民法典第3編第7章の共同体の規定が適用される。3:170条2項により、組合員であった者は解散した組合の共同清算人となる。合名会社と合資会社では、商法典32条が3:170条2項の特別法として、社員契約に別段の定めがなければ業務執行社員であった者が清算人になるとしている。清算人は清算貸借対照表を作成しなければならない。それには清算財団が有する財産目録が含まれる（3:194条）。

人的会社の資産の分配にあたっては、まず会社の債権者が弁済を受ける。社員は劣後的地位にある。債権者が弁済を受けた後に、社員は分配を受けられる（3:178条2項、192条、193条3項）。清算の過程で人的会社の資産が債権者への弁済に足りないことが判明した場合は、清算人は各社員に持分割合に応じて不足分を拠出するよう請求することができる。合名会社、合資会社については商法典33条に定めがある。組合については7A:1666条の「損失の持分（aandeel in de verliezen）」という言葉に表れており、社員は不足分の清算義務がある。債権者はまず会社の資産から回収し、不足分が社員に割り当てられることになる。

4　破　産

合名会社と合資会社は破産（faillissement）の申立てができる（破産法2条3項、4条3項）。破産開始決定によりすべての社員について支払不能となる。破産した合名会社、合資会社の清算手続は破産管財人が行う。

組合には破産手続がない。これは組合が組合員と分離された資産を有していないという伝統的な考え方に基づいている。一方、民法典第3編第7章では組合にも資産分離が認められている。それは破産において組合と合名会社が同様に扱われるべ

きことを意味していると解される。破産法は合名会社についての規定しか設けていないため、個別事案では裁判所が組合の破産開始を決定しないこともあり得る。組合員が清算義務を果たせないときは、組合員個人として破産を申し立てることができる。個人の破産手続の枠組みにおいて、組合の分離資産の清算を行うこともできる（☞第 4 章第10節 2 ）。

第12章
組織再編等

　本章では組織再編（herstructurering）を扱うが、組織再編に何が含まれるかについては確定的な定義がない。合併、会社分割が組織再編に含まれることはすべての論者に共通しているが、それに組織変更、定款変更を加える場合や、さらには増資、減資、解散・清算も含めて組織再編と扱われることもある。本書では、合併、会社分割、組織変更を組織再編として扱い、叙述の便宜上事業譲渡についても本章中で触れる。定款変更、増資、減資、解散・清算についてはすでに別章で説明した。

　合併、会社分割はいわゆるリストラクチャリングの手法である。経済のダイナミズムに合わせて会社のリストラクチャリングはますます大きなスケールで行われるようになっている。それに応じて組織再編の法制度も柔軟になってきた。以下では、組織再編がどのようにして決定され実行されるか、それらのルールの意義を中心に述べる。

第1節　合併（法定合併）

1　総　説
　法人は他の法人と合併することができる。合併（法定合併）（juridische fusie）については、2:308条～331条に一連の規定がある。株式取得による経営統合（株式合併（aandelenfusie））(☞第13章第3節2）や事業譲渡による経営統合（事業合併（bedrijfsfusie））(☞本章第4節）と区別するために法定合併とよばれる（図表12-1）。民法典第2編の合併規定は、1984年1月1日にEEC会社法第3指令[1]を取り込んだものである。合併の典型は2以上の法人が1法人になるものであるが、それを実行するための手続が民法典第2編に定められており、その手続規定はすべての法人に適用される。

　法人は若干の例外を除き同じ種類の法人としか合併できない（2:310条1項・3項）。法人の種類が異なる場合は、例外規定が適用されない限り、いったん2:18条により組織変更を行って同じ種類の法人になってから合併することになる(2:308条1項、310条1項・3項・4項）。以下では株式会社の合併を中心に説明する。

---

1)　Directive 78/855/EEC of 9 October 1978.

【図表12-1：合併形態とその特徴】

事業合併 （事業譲渡） (Bedrijfsfusie)	株式合併 （資本参加・株式交換） (Aandelenfusie)	法定合併 (Juridische fusie)
例1：A社がB社の資産・負債を買い取る 例2：新設のC社がA社・B社の資産・負債を買い取る	例1：A社がB社の株式の過半数を買い取る 例2：新設のC社がA社・B社の株式の過半数を買い取る	例1：A社がB社を吸収し、B社が消滅する吸収合併 例2：A社とB社でC社を新設し、A社・B社が消滅する新設合併
当事会社の取締役会による交渉	買主会社の取締役会と個々の株主による交渉	存続（新設）会社と消滅会社が当事者
事業の全部または実質的に全部の譲渡は株主総会による承認要	会社の支配権は移転 資産・負債は移転しない	株主総会での合併決議
個々の資産・負債は法令の定める方法で権利移転手続実行	株式譲渡 法令に定める方法で引渡し	消滅会社の資産・負債は存続（新設）会社に包括承継
対価は現金または株式	対価は現金または株式	消滅会社の株主は存続（新設）会社の株主になる
雇用契約上の権利義務は買主会社が承継（7:663条）	雇用契約は変化なし	雇用契約上の権利義務は存続（新設）会社が承継

合併には、①ある会社（存続会社）が他の会社（消滅会社）を吸収する吸収合併と、②合併する複数の会社（消滅会社）が新たな会社（新設会社）を設立する新設合併の2つの方法がある（2:309条）。

合併がどのような法律行為であるかは、合併の効果を説明することで明らかになる。合併は、①存続・新設会社が消滅会社を包括承継し、個々の資産・負債を移転する必要がない（2:309条）、②消滅会社は合併により清算手続を要せず消滅する（2:311条1項）、③消滅会社の株主は存続・新設会社の株主となる（同条2項）、という3つの効果を有している。

いわゆる締出合併は認められていない。合併対価を金銭とできるのは、一定範囲の株主に限られている（2:325条2項）。したがって法定合併は、一般株主を排除する非公開会社化（going private）の手段、あるいは公開買付けと組み合わせた二段階合併による完全子会社化の手段としては適当でないことになる。

法定合併の基本は株式の交換であるため、金銭は合併比率の差を埋めるなど補助的に用いられるにすぎない。合併に際し交付される金銭は、新たに発行される株式の額面総額の10%を超えてはならない（同条1項）。少数株主への金銭の交付には、

合理と公正の原則、さらにそれを具体化した株主平等原則が可能な限り適用されなければならないと解されている[2]。したがって、少数株主を締め出すために意図的に株式の額面を高く設定することは許されない。

2012年10月1日の法改正により、非公開会社は無議決権株式、無配当株式が発行できるようになったが、公開会社にはそれが許されていないため、非公開会社を消滅会社、公開会社を存続会社とする合併では、無議決権株主、無配当株主は例外的に金銭を補償として受領することになる（2:330a条1項）。金額は1名または複数の専門家が、定款または株主間契約の株式評価に関する規定を踏まえて算定する（同条2項）。

2 手続
(1) 合併比率
消滅会社の資産と株主は、合併後そのまま存続・新設会社の資産と株主になるが、合併は当事会社が消滅するという根本的な構造変化であるため、手続はかなり厳格なものとなる。当事会社の取締役会は合併計画を作成する（2:312条）。合併計画の重要な項目の一つは、消滅会社の株式1株に対し、存続・新設会社の株式が何株割り当てられるかである。合併比率（ruilverhouding）とよばれる（2:326条）。取締役会は合併比率の根拠を説明しなければならない（2:327条）。各当事会社の外部会計士（例外的に当事会社が共通の会計士を指名できる場合あり）は、当該当事会社に対して合併比率が合理的なものであることを証明しなければならない（2:328条）。金融業界ではフェアネス・オピニオンとよばれている。フェアネス・オピニオンは、提案された合併比率が、財務的観点から対象会社の株主にとって公正妥当なものであることを示す第三者意見である。

(2) 合併計画
合併計画は、合併手続を完成する公正証書の基礎となるものである。合併計画はすべての取締役と監査役が署名しなければならない。署名をしない者はその理由を説明しなければならない（2:312条3項・4項）。合併計画は当事会社の協力により作成されるものであり、したがって法定合併では敵対的合併は想定されない。合併計画には次の事項を記載しなければならない（2:312条2項・4項、326条）。

(a) 合併当事会社の種類、商号、本店所在地
(b) 存続会社の合併前後の定款、または新設合併の場合は定款案
(c) 消滅会社に対して特別な権利を有する株主以外の者に与えられる存続・新設会社に対する配当請求権、新株引受権などの権利またはそれらの補償の名目で存続・新設会社が負担するものおよびその効力発生日

---

[2] Asser/Maeijer/Van Solinge & Nieuwe Weme 2-II* 2009, nr. 756.

(d) 合併に伴い取締役、監査役または合併に関与するその他の者に与えられる便益
(e) 取締役会および監査役会の構成案
(f) 消滅会社に関する財務情報が存続会社の計算書類等に統合される日
(g) 消滅会社の株主権の移転方法に関する案
(h) 消滅会社の事業の継続または停止に関する案
(i) 合併承認決議機関
(j) 合併比率および合併交付金の案
(k) 消滅会社株主が存続会社の利益に与ることができる日およびその程度
(l) 合併が存続会社の貸借対照表上ののれん、配当可能な準備金に与える影響
(m) 消却される自己株式
(n) 無議決権株主、無配当株主への影響
(o) 無議決権株主、無配当株主への補償の額
(p) 無議決権株主、無配当株主が請求できる補償総額

　当事会社の取締役会は合併計画に、①合併の理由および合併による法律上、経済上、雇用上の影響（2:313条1項）、②合併比率の算定方法とその根拠（2:327条）の補足説明を添付しなければならない。会計年度の6ヵ月を経過してから合併計画を提出する場合は、合併比率算定の基礎と整合する中間財務諸表を作成しなければならない（2:313条2項）。

　各当事会社は会計士による合併計画の検査および合併比率に対する公正意見を受けなければならない（2:328条1項・2項）。株主総会が同意した場合はこの手続を省略することができる（同条6項）。会計士はすべての当事会社の会計帳簿およびそれに関する資料にアクセスすることができる（同条4項）。

　各当事会社は商業登記所に合併計画、過去3年度分の計算書類と会計士の意見書、過去3年度分の経営報告書（年次報告書）および中間財務諸表を提出する。電子データでの提出も認められている。また、これらに加えて経営協議会、労働組合の意見書を本店に備置し、株主その他の利害関係者の閲覧に供さなければならない。商業登記所に一件書類が提出されたことは全国版日刊新聞紙で公告される（2:314条3項）。

(3) **合併決議**

　合併決議は原則として株主総会が行う。ただし、取締役会により作成された合併計画を変更する権限は有しない（2:317条1項）。合併決議は合併計画の公告から1ヵ月を経過するまでは行うことができない（同条2項）。合併決議は、発行済資本の半数以上の議決権を有する株主が出席しない場合は、行使された議決権の3分の2以上の多数による（2:330条1項）。その他の点は定款変更決議と同様である（2:317条3項）。

　存続会社では取締役会が合併決議を行うことができる。存続会社にとっては合併

のインパクトは消滅会社に比べれば小さいためである。ただし発行済資本の額の5％以上の株主が反対していないこと、定款で取締役会による決議が認められていること、および取締役決議による旨が公告されていることが条件である（2:331条1項～3項）。発行済資本の額の5％以上を保有する株主が合併を決議する株主総会の開催を請求した場合は、株主総会の承認決議を経なければ合併を実行することができない。完全親会社に吸収合併される消滅会社（完全子会社）においては、定款に別段の定めがなければ取締役会で決議することができる（同条4項）。

(4) 債権者保護等

合併当事会社の債権者は合併により影響を受ける可能性があるため、法は債権者保護手続を設けている。2:316条により、各合併当事会社の債権者は合併前に地方裁判所に異議申立てを行い、相当な担保の提供を受けることができる。この異議申立権は、公開会社の減資や組織変更における異議申立権と同様の内容である。異議は合併の通知から1ヵ月以内に申し立てなければならない。債権者異議が係属中は合併手続が進行しない。

合併の結果、消滅会社が締結している契約が、合理と公正の原則に照らして無変更のまま存続すべきでないときは、当該契約の当事者は裁判所に対して契約の条件変更または解除の命令を求めることができる（2:322条）。この申立ては合併の効力が発生してからでなければできないが、合併当事会社としては、実務上そのような事態を事前に回避する調整を行うことが賢明であろう。

消滅会社株式の質権者、用益権者は、原則として存続会社株式について引きつづき同じ権利を有する（2:319条1項）。

(5) 合併の効力発生と登記

合併手続は公正証書で行わなければならない。合併は公証人による公正証書の作成により完了し、その翌日に効力が発生する。公正証書は合併公告から6ヵ月以内に作成しなければならない（2:318条1項）。公証人は合併が法令、定款の定めに従っていることを確認したことを公正証書に記載しなければならない（同条2項）。合併公正証書の作成から8日以内に、存続会社は公正証書の謄本を合併当事会社が公告を行った商業登記所に提出する（同条3項）。

(6) 2000年 SER 合併規則

他の企業の支配権を直接または間接に取得する企業買収および合弁会社の設立には、2000年 SER 合併規則（SER-besluit Fusiegedragsregels 2000）が適用される。当事会社の一つ以上が、①オランダで設立され、常時50名以上の従業員を雇用している、または、②オランダで設立され連結ベースで50名以上の従業員を雇用している一つ以上の企業が含まれる企業グループに属している、のいずれかの要件を満たす合併では、この合併規則を遵守しなければならない（2000年 SER 合併規則2条）。

2000年 SER 合併規則が適用される場合は、労働組合との協議が必要となる（同規

則4条）。また経営協議会法により経営協議会との事前協議が求められ、この協議を経なければ合併は効力が発生しない（経営協議会法25条）。労働組合、経営協議会の意見書は株主に開示しなければならない。

3　略式合併

完全親会社が完全子会社を吸収合併する場合（上流合併）、および子会社同士が合併する場合（姉妹合併）は、略式合併（vereenvoudigde fusie）の手続が利用できる。略式合併では、合併計画の記載事項の一部、監査役会による合併計画の承認、消滅会社による補足説明、合併比率に関する記載、会計士の意見書を省略することができる（2:333条、313条3項）。

4　クロスボーダー合併

2008年7月15日以降、株式会社は他のEU／EEA加盟国で設立された株式会社と合併できるようになった（2:333b条〜333l条）。このクロスボーダー合併（grensoverschrijdende juridische fusie）規定はEU会社法第10指令[3]に基づき導入されたものである。クロスボーダー合併の手続は国内合併の手続とおおむね同じである。

重要なポイントとして、各会社は設立されたEU加盟国で規定されている合併要件に従えばよい（従わなければならない）ということがあげられる。EEC会社法第3指令により各国の合併要件はおおむね統一化されているため、この要件には異論はあまりみられない。国内の合併と異なる点として、2:333h条が、消滅会社がオランダ法人の場合、消滅会社で合併決議に反対した株主は、補償を請求することができると定めている。この補償規定の考え方は、オランダの株式会社の株主がその意思に反して外国会社の株主になってしまうことに対する配慮である。株主が補償を得た場合、その株主が保有していた株式は消滅する。オランダ法人の消滅会社の補償を請求しない株主（決議に賛成した株主を含む）は、合併後は外国会社の株主になる。

クロスボーダー合併の場合、国によって共同決定制度の有無やその内容の相違によって法の抵触が生じる可能性がある。例えば、ドイツの大会社の従業員は監査役会に代表者を送り込めるが、英国の公開会社ではそれは考えられない。そこで存続・新設会社において新たな従業員参加制度についての交渉が行われることを念頭に置いた定めを設けた（2:333k条）。交渉がまとまらなければ、意思決定に従業員が参加する比較的厳格なシステム（標準規定とよばれる）が自動的に適用される。

欧州司法裁判所は、民法典第2編にクロスボーダー合併規定が置かれる前の2005年セヴィッチ（Sevic）事件[4]において、異なる加盟国で設立された会社の合併は、

---

3)　Directive 2005/56/EC of 26 October 2005.

設立の自由に基づき、仮に両社が同一加盟国の法人であれば合併が認められるのであれば、その合併を禁止することはできないとした。すなわち、例えば2つの会社がともにオランダの非公開会社であれば合併ができるので、一方がドイツの非公開会社であってもオランダで合併することが認められるということになる。また欧州司法裁判所は、会社とは民法典または商法典上の会社、協同組合、社団その他会社として認識されているものおよび公法・私法上の法人であり、ただし非営利目的のものを除くとしている。したがって、「会社」という言葉から想定される範囲以上に欧州司法裁判所の判決の射程は広いことになる。

第2節　分割（法定分割）

1　総説

　分割（法定分割）(juridische splitsing) は、合併とは逆に1法人を2以上の法人に分けることであり、2:334a条～334ii条に一連の規定がある。1986年1月1日発効の EEC 会社法第6指令[5]を導入したものである。合併と同じく民法典第2編に定められている法人すべてに適用される。ただし、分割当事者は同じ種類の法人でなければならない。本節では株式会社の分割（会社分割）を中心に説明する。

　会社分割にはいくつかの形態があるが、基本はある会社の事業の全部または一部を、株式の交換を通じて他の会社が吸収することである。会社分割では資産・負債が包括承継されるため、企業グループのリストラクチャリングや合弁会社の組成・終了を1回の法的手続で行えることが特徴である。

2　会社分割の種類

　法は、完全会社分割（zuivere splitsing）と部分会社分割（スピン・オフ）(afsplitsing) を区別している（2:334a条1項）（図表12-2）。

　完全会社分割は、分割会社の資産があらかじめ決定された分割計画によって2以上の会社に包括承継され、分割会社は消滅する（同条2項）。原則として分割会社の株式はすべての承継会社の株式と交換され、分割会社の株主はすべての承継会社の株主となる（2:334e条1項）。株主によって株式を割り当てる承継会社の組み合わせを変えることもできる（2:334cc条）。承継会社は既存の会社でも新設の会社でもよい（2:334a条4項）。

　部分会社分割では、分割会社が存続する。分割会社の資産は、1社または複数の承継会社に包括承継される。少なくとも承継会社の1社の株式が分割会社の株主に

---

4)　HvJ EU 13 december 2005, C-411/03.
5)　Directive 82/891/EEC of 17 December 1982.

【図表12-2：会社分割形態とその特徴】

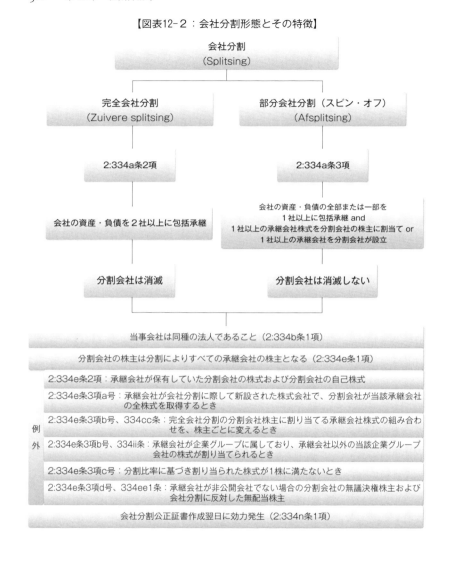

割り当てられるか、または少なくとも承継会社の1社が分割会社によって新設されなければならない（2:334a条3項）。後者の場合、分割会社が承継会社の完全親会社となる。この要件は、完全会社分割と部分会社分割は同一種類の組織再編であるという立法者の考え方を反映している。立法者は組織再編の要件を通じて、会社分割において資産の包括承継に加え、法人法的な変化を実現しようとしていた。組織再編規定の要件が適用されなければ、会社分割は事業譲渡と変わるところがなくな

る。そうなると、会社分割は法人法（民法典第2編）ではなく財産法（民法典第3編）に規定されるべきことになってしまうのである。

【事例12-1】
　A社は子会社B社の完全親会社である。A社はその資産の一部をB社に移転したい。この場合選択肢としては事業譲渡になるであろう。事業譲渡契約を締結したうえで、個別に資産を移転することになる。しかし、A社が部分会社分割規定を濫用して、事業譲渡を用いずにB社に資産の一部を包括承継させることが考えられる。そこでこの場合にA社が部分会社分割によって資産の一部をB社に包括承継させることができるのは、B社が親会社A社に株式を発行する見返りであると規律することとした。立法者によればそこに組織再編の本質がある。完全会社分割についても、分割会社のすべての資産を承継会社が1社単独で承継するのは組織再編とはいえないと考えられた。そのため法は、完全会社分割では資産が2社以上により承継されることを要件とした。

3　手　続
(1)　分割比率
　法定会社分割の基本は株式の交換であり、金銭は分割比率の差を埋めるなど補助的に用いられるにすぎない。会社分割に際し交付される金銭は、新たに発行される株式の額面総額の10％を超えてはならない（2:334x条2項）。少数株主への金銭の交付には、合理と公正の原則、さらにそれを具体化した株主平等原則が可能な限り適用されなければならないと解されている[6]。

　2012年10月1日の法改正により、非公開会社は無議決権株式、無配当株式が発行できるようになったが、公開会社にはそれが許されていないため、非公開会社と公開会社が当事会社となる会社分割では、無議決権株主および会社分割に反対した無配当株主は金銭を補償として受領することになる（2:334ee1条1項）。金額は1名または複数の専門家が、定款または株主間契約の株式評価に関する規定を踏まえて算定する（同条2項）。

(2)　会社分割計画
　会社分割計画は、会社分割手続を完成する公正証書の基礎となるものである。会社分割計画はすべての取締役と監査役が署名しなければならない。署名をしない者はその理由を説明しなければならない（2:334f条3項・4項）。

　会社分割計画には次の事項を記載しなければならない（2:334f条2項・4項、

---

6)　Asser/Maeijer/Van Solinge & Nieuwe Weme 2-II* 2009, nr. 756.

334y条）。
  (a) 会社分割当事会社（および新設分割設立会社）の種類、商号、本店所在地
  (b) 承継会社および分割会社の会社分割前後の定款、または新設分割の場合は新設会社の定款案
  (c) 完全会社分割か部分会社分割かの区分
  (d) 承継される分割会社の資産・負債を正確に特定できる記述。部分会社分割の場合は、分割会社に残る資産・負債の特定および承継会社と分割会社の損益の仮配分。
  (e) 承継会社が承継する資産・負債と分割会社に残る資産・負債の額および会社分割により分割会社が受け取る承継会社の株式の価額
  (f) 分割会社に対して特別な権利を有する株主以外の者に与えられる承継会社に対する配当請求権、新株引受権などの権利またはそれらの補償の名目で承継会社が負担するものおよびその効力発生日
  (g) 会社分割に伴い取締役、監査役または会社分割に関与するその他の者に与えられる便益
  (h) 取締役会および監査役会の構成案
  (i) 分割会社に関する分割対象資産・負債の財務情報が承継会社の計算書類等に統合される日
  (j) 分割会社の株主による承継会社株式の受領に関する案
  (k) 事業の継続または停止に関する案
  (l) 会社分割承認決議機関
  (m) 会社分割比率および会社分割交付金の案
  (n) 分割会社株主が承継会社の利益に与ることができる日およびその程度
  (o) 消却される自己株式
  (p) 会社分割が承継会社および分割会社の貸借対照表上ののれん、配当可能な準備金に与える影響
  (q) 無議決権株主、無配当株主への影響
  (r) 無議決権株主、無配当株主への補償の額
  (s) 無議決権株主、無配当株主が請求できる補償総額

当事会社の取締役会は会社分割計画に、①会社分割の理由および会社分割による法律上、経済上、雇用上の影響（2:334g条1項）、②会社分割比率の算定方法とその根拠（2:334z条）の補足説明を添付しなければならない。会計年度の6ヵ月を経過してから分割計画を提出する場合は、会社分割比率算定の基礎と整合する中間財務諸表を作成しなければならない（2:334g条2項）。

各当事会社は会計士による分割計画の検査および会社分割比率に対する公正意見を受けなければならない（2:334aa条1項〜3項）。株主総会が同意した場合はこの

手続を省略することができる（同条7項）。会計士はすべての当事会社の会計帳簿およびそれに関する資料にアクセスすることができる（同条5項）。

各当事会社は商業登記所に分割計画、過去3年度分の計算書類と会計士の意見書、過去3年度分の経営報告書（年次報告書）および中間財務諸表を提出する。電子データでの提出も認められている。また、これらに加えて経営協議会、労働組合の意見書を本店に備置し、株主その他の利害関係者の閲覧に供さなければならない。商業登記所に一件書類が提出されたことは全国版日刊新聞紙で公告される（2:334h条3項）。

(3) 会社分割決議

会社分割決議は原則として株主総会が行う。ただし、取締役会により作成された分割計画を変更する権限は有しない（2:334m条1項）。会社分割決議は分割計画の公告から1ヵ月を経過するまでは行うことができない（同条2項）。会社分割決議は、発行済資本の半数以上の議決権を有する株主が出席しない場合は、行使された議決権の3分の2以上の多数による。その他の点は定款変更決議と同様である（2:334m条3項、334ee条1項）。

承継会社では取締役会が会社分割決議を行うことができる。ただし発行済資本の5％以上の株主が反対していないこと、定款で取締役会による決議が認められていること、および取締役会決議による旨が公告されていることが条件である（2:334ff条1項〜3項）。発行済資本の額の5％以上を保有する株主が会社分割を決議する株主総会の開催を請求した場合は、株主総会の承認決議を経なければ会社分割を実行することができない。承継会社が分割会社の完全親会社である場合、およびすべての承継会社が会社分割に際し設立され分割会社がその完全親会社となる場合は、分割会社においても定款に別段の定めがなければ取締役会で決議することができる（同条1項・4項）。

(4) 債権者保護等

分割会社が当事者となっている契約は承継会社に包括して承継される。ただし、複数の承継会社に承継される資産・負債に密接に結びついている契約については、承継される資産・負債との結合の程度に応じて複数の承継会社間で契約関係が分割される（2:334j条1項・2項）。

いずれかの分割当事会社の債権者から請求があった場合、少なくとも当事会社の1社が担保の提供をしなければならない。債権者への弁済が十分に担保されているか、または債務者の財務状態が会社分割により債権者を害するおそれがないときは、担保の提供は不要である（2:334k条）。

会社分割の結果、分割当事会社が締結している契約が、合理と公正の原則に照らして無変更のまま存続すべきでないときは、当該契約の当事者は裁判所に対して契約の条件変更または解除の命令を求めることができる（2:334r条）。

分割会社株式の質権者、用益権者は、原則として承継会社株式について引きつづき同じ権利を有する（2:334o条1項）。

いずれの承継会社が分割後に対象資産・負債を承継するかが会社分割公正証書の記載から明らかでないときは、全部会社分割にあっては全承継会社による共有または連帯債務となり、共有財産については承継した資産・負債の額に応じた共有持分となる。また部分会社分割にあっては、分割会社に帰属する（2:334s条）。

分割会社と承継会社は、分割時の分割会社の債務履行について連帯責任を負う（2:334t条）。

(5) **会社分割の効力発生と登記**

会社分割は公証人による公正証書の作成により完了し、その翌日に効力が発生する（2:334n条1項）。公正証書は会社分割公告から6ヵ月以内に作成しなければならない。公証人は法令、定款の定めに従っていることを確認したことを公正証書に記載しなければならない（同条2項）。会社分割公正証書の作成から8日以内に、承継会社および分割会社は公正証書の謄本を会社分割当事会社が公告を行った商業登記所に提出する（同条3項）。

(6) **2000年SER合併規則**

経営協議会および労働組合（2000年SER合併規則が適用される場合）は、会社分割を承認する決議に先立ち事前協議を行う権利を有する。

4　略式会社分割

すべての承継会社が会社分割に際し設立された株式会社であって分割会社がその完全親会社となる場合は、略式会社分割（vereenvoudigde splitsing）の手続が利用できる。また、すべての承継会社が会社分割に際し設立され、承継会社の株式が分割会社における持分に応じて分割会社の株主に割り当てられる場合にも略式会社分割手続が利用できる。略式会社分割では、分割計画の記載事項の一部、監査役会による分割計画の承認、分割比率に関する記載、会計士の意見書を省略することができる（2:334hh条1項・2項）。

5　クロスボーダー会社分割

現行法では、オランダ法人と外国法人が当事者となるクロスボーダー会社分割は認められていない。

第3節　組織変更

1　総　説

法人は他の法人に組織変更（omzetting）することができる。例えば非公開会社は、

【図表12-3：株式会社の組織変更の手続要件】

条文	要件
2:18条2項a号	・定款変更に適用される決議要件に従った組織変更の決議が成立すること ・NV→BV、BV→NVの組織変更を除き議決権の10分の9以上の多数決
2:18条2項b号	・定款変更を含めた決議をすること
2:18条2項c号	・組織変更後の定款を含んだ公正証書を作成すること
2:72条1項 2:18条4項、183条1項	・BV→NV：会社の純資産の状況について会計士の意見書を添付すること ・財団→BV：裁判所の許可を得ること

上場を目指すとして、公開会社に組織変更することができる。逆に、公開会社も非公開会社に組織変更できる。非公開会社から公開会社に組織変更する場合は、資本に関する要件が加わる。すなわち、組織変更前5ヵ月以内の期間において非公開会社の純資産が組織変更公正証書に記載された公開会社の発行済資本・払込資本の額と同額以上であることを会計士が証明しなければならない（2:72条1項）（**図表12-3**）。公開会社、非公開会社ともに、社団、協同組合、財団に組織変更できる。その逆も然りである（2:18条1項）。ただし、財団から他の法人への組織変更、他の法人から財団への組織変更および株式会社から社団への組織変更には、裁判所の許可が必要である（同条4項）。

組織変更によって法人の存在が終了するわけではない。法人は組織変更によって法人形態を変えるが、権利能力を有する法人としての同一性は変わらない（同条8項）。例えば、組織変更によって契約の当事者性や財産法上の地位は変わらない。組織変更前後で財産を移転するということも発生しない。

2 手 続

組織変更のためにはまず組織変更を行う決議が必要となる（2:18条2項）。株式会社では原則として株主総会がその権限を有する。組織変更決議は、定款変更に必要な手続に従って行わなければならない。決議は行使された議決権の10分の9以上で成立するが、公開会社から非公開会社、非公開会社から公開会社への組織変更には、この加重要件は適用されない（同条3項）。また定款変更決議を別に行う必要はない。組織変更の決議は必然的に定款変更を伴うためである。新定款が組織変更の公正証書に含まれていることが必要となる。

組織変更に関する2:18条の規定は、民法典第2編の法人すべてに適用されるが、株式会社から他の法人形態への組織変更については、2:71/181条に追加的な規定が

設けられている。株式会社を社団または協同組合に組織変更する場合、株主は組織変更後に社団、協同組合の社員となり、発行済株式は消滅する。また株式会社が財団に組織変更する場合も株式は消滅し、減資の手続がとられる。2:71条2項により公開会社が組織変更する場合は、2:100条に定められた減資に対する債権者異議申立てが組織変更による株式の消滅にも適用される。非公開会社については、2:182条に債権者異議申立ての定めがある。

　組織変更により株式を失う株主で、株主総会において組織変更に反対した者は、会社に対して株式の買取請求ができる。反対株主は事前に株主総会で反対する旨を通知し、株主総会で反対の議決権行使をしなければならない。

　2:72/183条は、それぞれ組織変更によって公開会社、非公開会社になる場合の特別な要件を定めた規定である。財団を株式会社に組織変更する場合は裁判所の許可が必要とされるほか、非公開会社が公開会社に組織変更する場合には会社の純資産に関する会計士の意見書を公正証書に添付しなければならない（2:72条2項）。また、非公開会社を他の法人に組織変更する場合は、無議決権株主、無配当株主の利益が十分に配慮されていないときは、裁判所は組織変更を許可しない（2:181条6項）。

3　クロスボーダー組織変更

　以上の説明は、オランダ国内に登記されている法人の組織変更にあてはまるが、2012年の欧州司法裁判所の判例[7]では、EU域内の会社の組織変更が問題となった。イタリア法を準拠法として設立された非公開会社が、ハンガリー法を準拠法とする非公開会社に組織変更しようとした事案である。そのような国境をまたいだ組織変更は、一般に国内法には規定されていない。オランダ民法典にもクロスボーダー組織変更の規定はなかった。欧州司法裁判所は、法人が設立準拠法とする他のEU加盟国法が認める一般的な方法とは異なる組織変更が国内法で定められていても、会社設立の自由に基づき、当該外国法人は国内法に基づき組織変更することができると解釈されなければならないとした。これにより、オランダ国内での組織再編を念頭に定められた民法典第2編は、他のEU加盟国法を設立準拠法とする会社のクロスボーダー組織変更にも適用されることとなった。欧州司法裁判所はこの判決によりEU域内の設立の自由に多大なる貢献をしたことになる。

　現在、欧州司法裁判所判決に対応する法規定を欠いている状態であるため、民法第2編にクロスボーダー組織変更の規定を設けることが望まれている。

---

7)　HvJ EU van 12 juli 2012, nr. C-378/10（Vale）.

第4節　事業譲渡

　会社が事業の全部または実質的に全部を譲渡すると、事業の継続は困難となる。そこで法は、公開会社についてはそのような事業譲渡（overdracht van onderneming）を行う取締役会決議に、株主総会の承認を要件としている（2:107a条）。非公開会社については明文規定がないが、非公開会社であってもそのような事業譲渡は解散と同等であるとして、株主総会決議が必要であると解されている。株主総会の一般的権限を定めた2:217条がその根拠となる。事業全部の譲渡は会社が事業を停止するのに近い効果があるためである。そのような大きな変化の決定に際して、株主総会によって結びついている資本の提供者は、自らの意思表示ができる。

　譲渡会社の少数派株主は、合理と公正の原則に反するとして事業譲渡の有効性を争うことができる。多数派株主と譲受会社に特別な関係があって、当該事業譲渡が独立当事者間取引といえないような場合は、その主張が認められる可能性がある。このような事態を避けるために実務では独立した専門家による評価が利用されている。

　事業譲渡は時に煩瑣な手続を伴う。会社の資産の移転には、権利移転の法律上の要件（不動産は公正証書、債権は譲渡証書（akte van cessie）と債務者への通知）を満たす必要がある。債務の移転は債権者の承諾が必要となる。契約上の地位の移転は相手方当事者の協力が必要である。

第5節　社団、協同組合

　株式会社の合併、会社分割、組織変更について述べてきたところは、基本的に社団、協同組合にもあてはまる。ただし、クロスボーダー合併規定の適用範囲は、資本会社と資本協同組合（資本を有しそれが持分に分割された協同組合）に限られる。一般の協同組合は社団と軌を一にしており持分がないため、クロスボーダー合併規定の適用対象とならない。

　社団は他の社団と、協同組合は他の協同組合とそれぞれ合併することができる（2:310条1項）。社団と協同組合は法人形態が異なるため合併できない。社団がまず2:18条により協同組合に組織変更することによって、他の協同組合と合併することはできる。合併した後、今度はその協同組合が他の社団と合併するために、社団に組織変更することもできる。

第6節　財　団

　財団を株式会社に組織変更する場合は、裁判所の許可が必要である（2:18条4項）。財団は一般に非営利的な特定の目的を持っているためである。2:285条3項は、財団の目的に、創設者その他財団の機関である者に配当を行うことを定めてはならないとしている。これは株式会社の営利性と相容れない。そこで財団が所定の目的を変更することを認めるかどうかを裁判所が個別具体的に審査することになる。また財団の組織変更では、裁判所の承認を得なければ、組織変更後にその財産を組織変更前と異なる態様で利用することができない旨が組織変更後の定款に明定されていなければならない（2:18条6項）。

第13章
結合企業法（Concernrecht）

　オランダの大企業の多くは企業グループ（結合企業）を形成し、共通の経営（gemeenschappelijke leiding）の下、複数の公開会社・非公開会社が親会社によって束ねられ、子会社の経営は親会社によって管理されている。オランダには詳細かつ体系的な結合企業法はないが、企業グループを念頭に置いた規定が民法典第2編に設けられており、また判例の発展もみられる。裁判所は会社法の規定を解釈するに際し、それが適用されるべき特別な法的関係を考慮しており、これにより企業グループという関係は会社法の解釈にも影響を与えている。

第1節　企業グループ（結合企業）

1　企業グループ（結合企業）の定義
　2:24b条は結合企業を表す語として「企業グループ（groep）」を用い、企業グループとは法人および人的会社が一つの経済体を構成しているものと定義している。したがって企業グループが一つの企業となり、中央管理的経営（centrale leiding）によって単一の経済体が実現される。企業グループは持分割合のみで画定されるわけではない。持分比率が50％以下であっても中央管理的経営に服することが認められれば企業グループとなる。したがって一つの会社が複数の企業グループに属することも可能である。なお本書では、結合企業と企業グループを同じ意味で用いる。

【事例13-1】
　フィリップス（Philips）の経営陣は2004年に"Let's make things better"という経営スローガンを"Sense and simplicity"に変更することを決定した。このスローガンは新しい経営哲学を表すものであった。製品を外見はシンプルに内部はスマートにするというものである。この新しい経営哲学の実践は、フィリップス・グループのすべての会社がそれに貢献することによって初めて可能となる。新製品を設計し、広告宣伝し、工場も含めたすべての拠点で従業員がそれに対応しなければならない。あらゆる職場、あらゆる職位での新しい経営哲学の実践は、中央管理的経営によって初めて可能となる。

2　子会社、企業グループ会社

2:24a 条は子会社（dochtermaatschappij）の定義を定めている。子会社の要件は、他の株式会社がその会社の株主総会で議決権の過半数を行使できること、または取締役もしくは監査役の過半数を選任できることである。この要件のいずれかに該当すれば、中央管理的経営に必要な意思決定権限を行使できる。他の法人または会社に対して中央管理的経営を行う会社が親会社であり、その権限は過半数の株式保有または株主間契約に基づく。定款または株主間契約で、取締役の過半数の指名権をある株主に与え、監査役の過半数の指名権を別の株主に与えることで、一つの会社が複数の会社の子会社となることも可能である。株式会社のみならず、財団、社団、協同組合、人的会社も親会社になることができるが、以下では株式会社に限定して説明する。

一方、2:24b 条が定義する企業グループは、企業グループ会社（groepsmaatschappij）が複数結合して一つの経済体を形成しているものである。子会社はほとんどの場合企業グループ会社になるが、子会社と企業グループ会社は完全に一致する用語ではない。公開会社が、ある非公開会社のすべての株式を投資目的で取得した場合は、一つの経済体ではないため子会社ではあるが企業グループ会社ではない。逆に、上位にある会社が議決権の過半数を有しておらず意思決定権限がなくても、企業グループ会社になることもある。企業グループ会社は子会社とは限らず、企業グループは持株比率によって決まるものではない。実際に70年以上前になるが、ユニリーバの英国とオランダの親会社や、さらにその前はシェル（現ロイヤル・ダッチ・シェル）もそうであった。企業グループの組織的連帯（organisatorische verbondenheid）は、役員の兼任に反映される。子会社の概念が法的基準（経営支配権の大きさ）によって決まるのに対し、企業グループ会社の概念は事実上の基準（一つの経済体、組織的連帯、中央管理的経営）によって決まる。

以下、子会社という用語を用いる場合は、企業グループ会社の意味を含めることとする。実際に多くの場合子会社は企業グループ会社である。

3　経営協議会法における企業グループ概念

経営協議会法にも企業グループの概念が用いられている。2008年の TNT 事件[1]で最高裁判所は、経営協議会法33条3項の「結合グループ企業（groep verbonden ondernemers）」という言葉は、民法典2:24a 条の「企業グループ」、2:24b条の「一つの経済体」とは独立して解釈されるとした。経営協議会法では結合グループ企業の定義内容が意識的に省略されており、それを民法典で補う根拠もないというのがその理由である。もし裁判官が経営協議会法の結合企業グループの概念を解釈する

---

1) HR 14 maart 2008, *NJ* 2008, 167.

のであれば、経営協議会法の目的に照らしてそれを行うことになる。その目的とはすなわち効果的な従業員参加の達成である。

【ヒューハ（Heuga）事件[2]】

　米国法人インターフェース・ヒューハ（Interface Heuga）の完全子会社であるヒューハ・ホールディング（Heuga Holding）B.V.（HHBV）は、一部免除型の構造規制を任意適用していたが、定款変更決議を行い構造規制の任意適用を排除した。HHBV には経営協議会がなかったが、その完全子会社のヒューハ・ネーデルラント（Heuga Nederland）（HNED）には経営協議会が設置されていた。HNED の経営協議会は、親会社の HHBV の定款変更について助言権を行使する機会を奪われたとして商事裁判所に提訴した。

　子会社の経営協議会が親会社を訴えることができるか、また子会社の経営協議会は、親会社の重要な決議事項で当該子会社に影響するものに対して、経営協議会法25条に基づき助言権を有しているかが争点となった。

　商事裁判所は、親会社の権限分配は子会社の内部においても適用されるとして、子会社の経営協議会に親会社の決議事項に対する助言権を認めたが、HHBV が上告。

　最高裁判所は、HHBV が定款に従って HNED を実質的に支配しており、その限りにおいて HHBV の一部であったとした商事裁判所の認定を是認した。そのうえで、経営協議会の主張を認め、両社が単体または同一の企業（onderneming mede in stand houdt of vereenzelviging）とみられる状況にあることを理由として、HNED の経営協議会は経営協議会法26条に基づき HHBV を提訴できるとした。

4　参加（Deelneming）

オランダ会社法には、企業グループのほかに「（資本）参加（deelneming）」の概念が存在する（2:24c条）。法人または人的会社が、自己の計算で、直接または子会社を通じて、自らの事業目的を実現するために長期的な関係を構築することを意図して他の法人の持分を保有することをいう。5分の1以上の持分保有は、参加と推定される。

第2節　結合企業形成の動機

　企業が結合形態で経営する理由はさまざまである。企業グループを形成すること

---

[2]　HR 26 januari 1994, *NJ* 1994, 545.

で経済的なリスクや法的責任を分散することができる。グループ内の個々の会社は原則として自社の債務についてのみ責任を負うため、それぞれの事業活動を互いに財務的に防御できる。グループ内の1社が破産したり巨額の損害賠償責任を負ったりしても、それが自動的にグループ全体に及ぶことはない。一方で企業グループは規模の経済を実現する。製品開発、マーケティング、販売・流通を大規模に実現することで製品1単位当たりのコストは低減される。出資の募集や保険契約の締結においても有利になる。

　企業グループは大企業にとっては組織経営の明確性、柔軟性という点でもメリットがある。地域別や事業別に会社を配置することで、その事業活動がグループ内のどの位置で行われているかがだれにでも分かるようになる。地域や事業分野によってそのグループ会社の役割分担を明確化できる。事業活動の処分も、その事業を行っているグループ会社の株式を譲渡すればよい。また企業グループ内部で債権債務の相殺消去が行えるので、企業グループ全体の業績に応じた法人税が課されることになる。

【事例13-2】
　企業グループが企業防衛のために形成されることがある。ハイネケンビールグループがその例である（**図表13-1**）。ハイネケン一族はラルシェ・グリーン（L'Arche Green）N.V. の89％の株式を保有している。この会社はハイネケン・ホールディング（Heineken Holding）N.V. の51.709％の株式を保有している。残りの48％のうち33.356％はユーロネクスト・アムステルダム証券取引所に上場されており、14.935％はメキシコ法人のフェムサ（Femsa）S.A.B. de C.V. が保有している。ハイネケン・ホールディングN.V. はハイネケンN.V. の50.005％を保有している。残りの49.995％のうち37.463％はユーロネクスト・アムステルダム証券取引所に上場されており、12.532％はフェムサが保有している。これによりハイネケン一族は、間接的に25％をわずかに超える出資（50.005％のうちの51.709％）によりハイネケンN.V. を完全に支配していることになる。なおフェムサ S.A.B. de C.V. は、2010年にビール事業をハイネケンに譲渡してハイネケン・ホールディングN.V. およびハイネケンN.V. の主要株主となった[3]。

---

[3]　ハイネケングループの株主構成については、同社ホームページ（http://www.theheinekencompany.com/about-us/ownership-structure）を参照（ただし飲酒が許される年齢でないと閲覧ができないので注意）。S.A.B. de C.V. は、Sociedad Anónima Bursátil de Capital Variable の省略形であり、Femsa がメキシコ法を設立準拠法とする変動資本を有する上場公開会社であることを表している。

【図表13-1：ハイネケン社の株式保有構造】

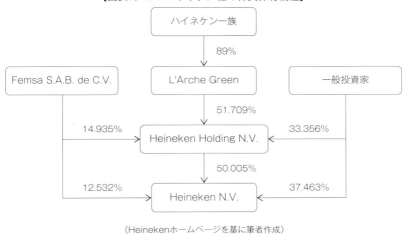

(Heinekenホームページを基に筆者作成)

第3節　結合企業の形成

1　子会社の設立

　企業グループ関係は、公開会社が（非公開会社でもよいが）非公開会社を設立することで実現できる。公開会社は設立された非公開会社の全株式を保有する。設立された非公開会社は公開会社の子会社であり、2社は一つの経済体を構成する企業グループ会社となる。公開会社は多くの非公開会社（あるいは公開会社、外国会社）を設立して、国際企業グループに成長することもある。

　企業グループ関係は部分会社分割によっても形成される。2:334a条により1つの株式会社が部分会社分割によって親会社と子会社に分かれることができる。

2　企業買収

　企業グループ関係の形成方法には、公開会社が非公開会社の株式を譲り受けたり、買収したりする方法もある。そのような株式取得の結果、株式取得会社は、株式を取得された会社の経営決定権を持つことになる。これを株式合併（aandelenfusie）という。そのような株式取引は、買主が株式買付けを申し出て、売主がそれを承諾することによって行われる。通常は相対取引形態（onderhands karakter）である。株式買付けの申出は、買主に知られた株主に対して行われ、両者の交渉により買付けが成立する。

　株式買付けの交渉においては（のみならず事業譲渡の交渉においても）、財産法の

一般法理が重要な役割を果たす。契約締結前の誠実義務（precontractuele goede trouw）、売主の情報提供義務（mededelingsplichten van de verkoper）および買主の調査義務（onderzoeksplichten van de koper）である。

バリス／リーゼンカンプ（Baris/Riezenkamp）事件[4]で最高裁判所は、契約当事者の交渉は、信義誠実に基づき特別な法的関係に到達するためであって、そこには相手方当事者の正当な利益を通じて自らの行為を決定しなければならないということが含まれているとした。判決はさらに、買主には調査義務があり、調査義務の範囲は一般に相手方当事者が提供した情報の正確性によって決まることを示唆した。その後の判例により、不正確な情報を提供し、あるいは情報提供が不十分で開示義務を履行しなかった売主は、買主の調査義務の不履行を主張することはできないとされている[5]。このことから情報提供義務は調査義務に先行するということになる。

【ホーヒ・キャサレイン（Hoog Catharijne）事件[6]】

情報提供義務と調査義務についてのリーディング・ケースである。ABP社はホーヒ・キャサレイン B.V.（HC社）を買収した際に、同社に合計350万ユーロの2件の借入金があるのを見落としていた。取引前調査としていわゆるデュー・ディリジェンス（due-diligenceonderzoek）が行われ、HC社のすべての権利、義務、リスクの一覧が示されていた。ABP社は、HC社がすべての関連する情報を開示しなければならないという買収契約の保証条項違反を主張した。

最高裁判所は、HC社の義務の範囲は、ABP社が調査で期待するとHC社が判断するところのすべての情報を、売主として提供することであるとした。買主が必要とする当初の情報がいわゆるグリーン・ブック（Groene Boek）[7]として売主から提供された後は、買主がグリーン・ブックに利害関係を有することになり、ABP社の側から未確定債務についての情報の要求や、必要があればどの部分の情報が必要であるかを知らせてくるとHC社が期待するのは無理からぬところである。それゆえ、ABP社が2件の少額の債務に気づかなかったことはABP社のリスクと計算によるべきであり、それはHC社の情報提供懈怠によるものとはいえないとした。

本判決は、買主が目にしなかったある情報が買主にとって必要かどうか、またその情報が買主にとって重要かどうかが売主に明らかでない場合に、売主はその

---

4) HR 15 november 1957, *NJ* 1958, 67.
5) HR 10 april 1998, *NJ* 1998, 666 (Offringa/Vinck).
6) HR 22 december 1995, *NJ* 1996, 300.
7) 一般にはEUおよび一部の国において立法過程の最初の段階で公表される文書を意味する。ここではM&Aでターゲット会社がデュー・ディリジェンスにおいて買収側に対して最初に提供する情報一式を指す言葉として用いられている。

情報を提供しなかったことを非難されるいわれはないという考え方を踏まえている。また、買収価格2億ユーロに比べて問題となった借入金の額が低かったことも影響したとみられる。

3　公開買付け
(1)　総　説
買付けの対象となる株主がだれであるかが判明していない場合、株式合併を行う者はいわゆる公開買付けを実施せざるを得ない。これは一般投資家に向けての買付申出である。そのような公開買付けは一般に上場公開会社で行われる。

【事例13-3】
　最近ではアメリカのUPS Inc.がTNTエクスプレス（TNT Express）N.V.の全株式の公開買付けを行った例がある。上場会社の株式は預託証券の形態で取引されているため、UPSにはだれが実質株主であるか分からない。なお、UPSはEUから買収禁止命令を受けたため、公開買付けを断念した。UPSとTNTエクスプレスの合計の市場占有率が高すぎたためである。

公開買付者は、買取価格や公開買付けの効果などを示した買付書面（biedingsbericht）を公開しなければならない。公開買付けの要件は金融監督法5:70条〜83条および公開買付令に規定されている。それらの規定は、買付会社、対象会社双方の株主を保護する内容となっている。

(2)　友好的買収と敵対的買収
買付者と対象会社の経営陣との間で、買付けについて合意がなされる場合がある。UPSによるTNTエクスプレス株式の買付け（**事例13-3**）がそうであった。友好的買収（vriendelijk bod）とよばれている。

その逆が敵対的買収（vijandig bod）であり、ターゲット会社の経営陣が公開買付けに反対して、大きな企業グループに入るより独立した経営を望む場合である。その際に取締役会は、例えば友好的な財団に優先株式を発行するなどの敵対的買収防衛策（beschermingsconstructies）を講じることがある。

【事例13-4】
　ロッテルダムの不動産会社ファン・ヘルク（Van Herk）グループは2004年末から2005年初めにかけて上場会社のロイヤル・レーシンク（Koninklijke Reesink）N.V.と友好的買収について協議した。申出の内容はファン・ヘルクがレーシンクの発行済預託証券をすべて取得したうえで、レーシンクの日曜大工事業を取得するというものであった。レーシンクは中身のある提案ではない

として協力関係は構築できないと判断した。

　その後まもなくしてファン・ヘルクがレーシンクに対して敵対的買収を仕掛けた。ファン・ヘルクの買付けに応じた預託証券所持人は1単位につき70ユーロを受け取れるという内容であった。この買付価格はファン・ヘルクがレーシンクに関心を示す前のレーシンクの預託証券価格より28％高いものであった。

　レーシンクの経営陣はあらゆる情報ルートでファン・ヘルクの敵対的買収に反対する旨を表明した。経営協議会は微妙な表現でファン・ヘルクを非難した。レーシンクにしてみればファン・ヘルクは不動産会社で自分たちの事業については素人であり、ファン・ヘルクがレーシンクの買収後に会社所有の不動産を転売するのではないかと感じていた。

　レーシンクは会社防衛の主張を繰り返してファン・ヘルクの敵対的買収をつぶそうとした。まず、レーシンク信託財団を株主として、委任状不可の預託証券を発行した。これは2:118a条2項により敵対的買収の場合に許される対抗策である。その結果財団は議決権の90％を有するに至り、株主総会でファン・ヘルクに対抗できるようになった。さらに、レーシンクの買収に関心のあった別の5社と協議した。いわゆる白馬の騎士（white knight）である。好ましからざる者に買収されるより、好ましい者に買収された方がましという考え方である。また、レーシンクは財団に大量の優先株式を発行することを検討した。

　ファン・ヘルクの敵対的買収は結局不首尾に終わった。公開買付けに応じた者はわずかであった。ファン・ヘルクの買付価格が低かったのが大きな原因である。レーシンクは実は長年にわたっていわゆる秘密準備金（stille reserves）を積み立てていた。5人の白馬の騎士との協議が始まると、預託証券の市場価格は80ユーロに上がった。数ヵ月後なお市場価格はファン・ヘルクの買付価格より高かった。まともな預託証券所持人であれば、70ユーロでファン・ヘルクの買付けに応じるより、持ち続けていた方がましだと考えるのは当然であった。

　取締役会は全く自由に買収防衛策を講じることができるわけではない（☞第6章第4節3）。上場会社では2:359b条が適用される。この規定はEU会社法第13指令（買収指令）[8]に基づいており、ターゲット会社の取締役会が防衛策を講じることができることを前提としている。しかし上場会社は、公開買付期間中はそれを不首尾に終わらせるような行為を事前の株主総会の承認なしに行ってはならないと定款で定めることができる。また、公開買付けで75％以上の議決権を買収者が取得するに至った場合は、取締役の選解任に関する優先株主に与えられた権利は適用されないという定款規定を設けることもできる。欧州委員会はこれらの選択的なアレンジが

---

8)　Directive 2004/25/EC of 21 April 2004.

(3) 株式交換

公開買付けは現金で行うことができるが、対価を自己株式とすることもできる。ターゲット会社の株主が買付けに応じた場合は、買付者の株主となる。

> 【事例13-5】
> エール・フランス（Air France）S.A.が2004年にKLM N.V.を買収したときに用いたのは株式交換であった。KLMの株式10株を提供した者は、エール・フランスの株式11株を受け取ることができるという条件であった。エール・フランス（買収後エール・フランスKLM S.A.と商号変更）は、現在KLMのほぼすべての株式を保有している。KLMは上場廃止となった。オランダ人投資家はユーロネクスト・アムステルダム証券取引所において株式交換で受け取ったエール・フランスKLMの株式を取引している。

株式交換（aandelenruil）においては、合併の場合と同様に株式交換比率を決定しなければならない。手続等は基本的に合併の場合と同様である。買付者は買付書面で交換比率についての説明を行う。買付書面には、買付価格または交換比率が公正で均衡のとれたものであるという内容の専門家（多くの場合は投資銀行）によるフェアネス・オピニオンが添付される。

4 少数株主の保護

企業グループによっては親会社が子会社のすべての株式を保有しておらず、少数株主が存在している場合がある。これらの「外部」株主の権利が買収にとってリスクとなることがある。一般論として、2:8条（合理と公正の原則）、9条（取締役の義務）、14条、15条（株主総会決議の瑕疵）、344条以下（調査請求権）が多数派株主による権利濫用の防波堤となる。上場会社では、株式分散により少数株主の持株比率はほんのわずかである場合が多いが、法による保護が買収指令の国内法化によって施されている。

そのような強行法規の第1として、金融監督法5:70条が、市場での株式購入などにより上場会社の「支配的地位（overwegende zeggenschap）」を獲得しようとする者はだれであっても、残りの株式（預託証券を含む）について公開買付けを行わなければならないと定めている。これにはいくつかの例外がある（金融監督法5:71条、72条）。支配的地位は、上場会社の株主総会において議決権の30％以上を得ることと定義されている（同法1:1条）。上場会社で30％以上の議決権を有する者は、事実上株主総会での多数派株主の地位を得る。上場会社の株主総会では欠席者が多い

ためである。強制公開買付けは公正な価格で実施しなければならない（同法5:80a条）。多数派株主に支配されることを望まない上場会社の少数派株主は、公正な分け前によって退出する機会を得ることになる。商事裁判所は必要に応じてこの規制の遵守を強制する。

　第2に、上場会社の買収には少数株主締出手続（2:92a条）に加えて特別な規律が適用される。買収者が（強制または任意）公開買付けによって、上場会社の95％以上の株式または議決権を取得するに至った場合、残りの5％未満を有する株主は不本意かつ蚊帳の外に置かれた状態となる。法は多数派株主にも少数派株主にも解決の道を与えている。多数派株主（買付者）は少数派株主に株式の売渡請求ができ、5％未満の株主は保有する株式の買取請求ができる（2:359c条、359d条）（☞第10章第3節2）。

5　従業員の保護

　株式の公開買付け、相対取引ともに2000年SER合併規則の適用を受ける（☞第12章第1節2(6)）。2000年SER合併規則は合併における労働者の保護を目的としており、合併を直接または間接に企業またはその一部の支配権を獲得することと定義している。そのような支配権は、法定合併のほかに公開買付け、相対取引や事業譲渡といった企業買収手段によっても獲得することができる。したがって2000年SER合併規則は広く企業買収を規制対象としている。

第4節　結合企業法の意義

　結合企業法はなぜ必要なのか。企業グループが形成されることで、一定範囲の関係者の利益が害される危険がある。結合企業法はそれに対する追加的な保護装置である。個別の会社の利益とならない行為や個別の会社の経営陣が実行しないような事柄が、企業グループ全体の利益に資するということがある。個々の会社の利益と集団的な企業グループの利益が比較され、個別会社の利益が企業グループ全体の利益に押しのけられると、当該個別会社の（少数派）株主、債権者および従業員が害される可能性がある。結合企業法は個別会社とそのステークホルダーに法的保証を与えることを目的としている。

　企業グループの利益と企業グループ会社の個別の利益は、静的な関係ではなく状況に応じて変化する動的な関係にある。企業グループ会社の利益の多くは並行関係にある。その利益が並行関係から離れたときに法的な問題が生じる。企業グループ内で一つの事業で協力関係にあった2社のうち1社が他の企業と提携したり、あるいは経営難に陥ったりした場合などである。

　結合企業法は保護規定だけではない。補充的な役割を担い、企業グループ活動を

促進させる規定もある。

さらに保護規定、補充規定と区別して、均衡規定があると説明されることがある。規定の適用にあたり、法、親会社、子会社が一列に並ぶというものである。均衡規定には、保護的性質または補充的性質をあわせ持つものもある。

保護的性質を有する均衡規定の例としては、2:98条2項がある。上場会社が自己株式を取得する前提条件として、取得した自己株式の額面額が発行済資本の額の2分の1を超えないこととされている。当該会社の子会社が保有する当該会社の株式もこの計算にカウントする。この規定は上場会社の債権者保護の規定である。

補充的性質を有する均衡規定としては、2:92a/201a条がある。ある会社の95%以上の株式を保有する株主は残りの少数株主を締め出すことができる。95%の要件は、親会社が企業グループの子会社とあわせて95%保有していれば満たすことができる。企業グループ会社（姉妹会社）で満たすこともできる。同様に、2:359c条は企業グループについての締出規定である。

第5節　指揮権（Aanwijzingsbevoegdheid of aanwijzingsmacht）

企業グループの運営に関連して、親会社が子会社に対して拘束力のある指揮命令ができるかという問題がある。これについてはさまざまな見解が示されている。判例ではフォーラム銀行事件法理（☞第6章第2節4）が現在でも原則になっている。この法理は、株主総会は法令および定款に定められた範囲で権限を与えられており、また取締役会は法令および定款に定められた職務の範囲内において自律的であるという考え方である。これによれば、子会社の取締役会は、法令および定款による会社の権限分配の定めに従っている限りにおいて、株主総会（すなわち親会社）の指揮命令に従う義務はないという結論を導くことが可能になりそうである。

以下では、親会社が子会社に対してどのように中央管理的支配を及ぼすことができるかについて検討する。

【アムステラント（Amstelland）事件[9]】

アムステラント結合企業マネジメント（Amstelland Concern Beheer）N.V.（持株会社）が子会社2社に対して、アムステラント・グループ全体の利益のために融資契約を締結することで親会社の債務を一部引き受けるように要請した。子会社はそれによって収益性が下がることを懸念した。

持株会社はその完全子会社に対して企業グループ全体の利益のために債務を引

---

9) Pres. Rb. Arnhem 28 december 1987, *KG* 1988, 37.

き受けるように指示できるかが問題となった。地方裁判所は、アムステラント・グループに属する子会社が債務を引き受けることは当該子会社の目的に反するものではないとし、そのことは子会社の定款の目的規定に第三者のための債務引受けや担保提供の規定を特段に設けていなくても変わるものではないとした。

実務上は、企業グループを構成する会社が、その資産を企業グループの他の会社のために担保として提供できる旨を定款で定めておくことが望まれる。そのような担保提供が会社(すなわち企業グループ)の利益のためであることが定款上明示されることになるからである。この規定が設けられていない場合、担保提供を行わないことによる子会社の利益が、担保提供による親会社の利益を上回ると判断されると、子会社による担保提供には能力外法理が適用される可能性がでてくる。

公開会社では2000年改正で、2:129条4項により限られた範囲で指揮権が与えられている。この限定的な指揮権は定款の明文規定によって会社の機関に与えておく必要がある。その機関が株主総会である場合は、限定的な指揮権は親会社に対して与えられ、最終的にはそれが子会社の株主総会で行使される。限定的な指揮権は、定款で規定された範囲に限って、一般的な経営方針についてのみ認められている。親会社はこれによって、例えば財務、環境、社会性に関する一般的な指揮権を行使することができる。親会社の子会社取締役会に対するそれ以外の指揮は、法令および定款による権限の範囲を越えることになるため拘束力はない。

【事例13-6】
　親会社Aは公開子会社Bの株主総会において「A社は財務上の責任がある範囲で、B社に融資する」という指揮を行うことができる。しかし、「B社はSNS銀行で1000万ユーロの融資を受けること」という指揮には拘束力がない。

非公開会社では2012年10月1日施行の2:239条4項により、より広い範囲で指揮権が認められている。取締役会は会社の他の機関の指示に従って行動しなければならないという定款規定を設けることができる。会社の他の機関とは、例えば株主総会(すなわち親会社)である。一方、非公開子会社の取締役がやみくもに親会社の指示に従わなければならなくなるのを防ぐため、2:239条4項には、その指示が「会社とその関連企業の最善の利益に反しない限りで」という限定が付されている。会社およびその関連企業の利益に反するかどうかの判断は、第一義的に当該非公開子会社の取締役会に留保されており、裁判所は特定の案件で取締役会の判断についての審査を求められた場合に限界的にその当否を判断する。2:239条4項により、親会社は、子会社の取締役会が下した判断を覆す指示や、当該子会社とその関連企業の利益に反するような指示を出すことはできないと解される。

第5節　指揮権（Aanwijzingsbevoegdheid of aanwijzingsmacht）

2:239条4項は、企業グループを構成する会社が法律上も実際上も、より良く連結した実体となるよう導入されたものである。実際上の実体とは親会社が子会社の取締役会に具体的な指示を与えることが原則となっていることである。親会社が子会社の取締役会に指示を与えた場合、取締役会は経営がうまくゆかない理由を親会社の指示のせいだと言いわけに使う可能性がある。例えば、自分たちの思惑と異なる指示をされた取締役会が2:239条4項によりそれに従わなければならなかったとして、誤った経営や不法行為の責任を免れると主張することが想定される。しかし、このような抗弁は認められないと考えるべきであろう。取締役会はあらゆる場合に、その行為（不作為）について、たとえ親会社の指示に従ったとしてもその責任を負わなければならない。取締役会自身がその指示の中に選択肢を見いだせないとしても、選択肢自体はいくつもあるはずである。親会社の指示が会社と関連企業の利益に反する場合は、取締役会はその指示に従う必要はない。そうでない場合も、取締役会は親会社と代案について十分協議を尽くすことはできよう。取締役会はまた、調査請求手続を利用し、または合理と公正の原則に反するとして、決議無効宣言を申し立てることができる（2:15条1項b号）。親会社が調査請求申立てや決議無効宣言の申立てを止めるような動きをしたときは、取締役会は自らの判断でそれを無視してよい。親会社の指示を反映した株主総会決議が維持されるかどうかの判断を、裁判所の目から遠ざけることはできない。取締役は、親会社の指示に反対の場合、最終的には辞任することになる。辞任せずに唯々諾々と指示に従った場合、その指示を通じて取締役会は自らの経営方針を策定することとなり、それについて全面的に責任を負う。

2:239条4項は、定款に定めを置くことで、取締役会に対して別の機関が拘束的な指示を出すことを認めている点では、フォーラム銀行事件法理と相容れない。権限を行使する会社機関は、法令および定款により与えられた範囲内でその権限を行使し、取締役会もまた法令および定款に定められた範囲内で自律的にその職務を行う。取締役会の自律性はオランダ会社法の根幹であるが、2:239条4項は、企業グループなど一定の関係の観点から取締役会の自律性を制約する定めである。

【事例13-7】
　親会社Aは非公開子会社Bの株主総会において、「A社は財務上の責任がある範囲で、B社に融資する」、または「B社はSNS銀行で1000万ユーロの融資を受けること」という指示を出すことができる。これらの指示は、B社とその関連企業の利益に反しない限り拘束力がある。

2:129条4項（公開会社）、239条4項（非公開会社）は、無条件の指揮権限を与えているわけではない。公開会社・非公開会社は、ともに定款において特定の機関、

例えば株主総会に権限を分配することが必要である。この権限分配がなければ、拘束力のある指示を出すことはできない。公開会社ではさらに、定款で示された特定の分野において実行すべき一般的な経営方針に関するものでなければならない。

問題は、定款で拘束力のある指示を出すための権限の分配が定められていないときに親会社は子会社に対してどのように中央管理的支配を行うことができるか、また実際にそれを行う場合に、実行すべき一般的な経営方針に関するものに限られるとはどのようなことかである。親会社は子会社の業務執行に重要かつ現実的な影響を与える形で中央管理的な経営を行うことができる。親会社は、究極的には株主総会を通じて取締役の選解任権を有しており（2:132/242条、134/244条）、子会社の計算書類を決定する。この種の権限は現実的な影響力を持っている。指示を出す権限を有していない親会社も現実にはそのような影響力を行使している。そのため、かつては定款による指揮権がなくても実際には問題にならなかった。立法者は理論的にこの問題を解決したにとどまる。

親会社の指揮権についてはソビ／ヒュルクスⅡ（Sobi/Hurks II）事件[10]で問題となり、最高裁判所は、親会社が実際に権限を行使して、子会社の取締役会に対して経営方針に関する指令や指示を出してそれに従わせており、さらに極端なケースでは指令や指示に従わない取締役を解任し、従う心づもりのある取締役に交代させていると指摘した。OGEM事件[11]によれば、子会社の取締役、監査役は、就任している当該子会社の利益からいかなる場合にも逸れてはならないわけではない。企業グループ全体の利益が、ときには当該企業グループの個別会社の利益を上回ることがある。コルス（Corus）事件[12]で商事裁判所は、子会社の監査役会の地位について、子会社の監査役会は、意図するとせざるとにかかわらず当該企業グループの戦略にそぐわない経営方針を指揮してはならないと述べた。一定の状況下では、監査役会は自己の会社の利益が企業グループ全体の利益に劣後することを受け入れなければならない。一方、企業グループの経営においては、無限定でグループの一会社の利益がグループ全体の利益に劣るとみなしてよいわけではない。

2:239条4項は、企業グループの法的状態が現実と対応しないことがあるために導入されたものである。しかし、この規定には、企業グループ全体の利益に比例した形での個々の会社の利益が反映されていない。取締役会は（権限のある）親会社の指示について、それが当該子会社や関連企業の利益にはならないが企業グループ全体の利益になるのであれば従わなければならない。それは事案の状況に応じたさまざまな利益考量の帰結である。

---

10) HR 21 december 2001, *NJ* 2005, 96. 本章第7節参照。
11) HR 10 januari 1990, *NJ* 1990, 466.
12) OK 13 maart 2003, *NJ* 2003, 248.

第6節　連結会計規定

　企業グループの頂上会社は、自社の計算書類とともに企業グループ全体の連結計算書類を作成しなければならない（2:406条1項）。連結計算書類には、それらグループ全体の会社および法人の連結貸借対照表が含まれる。連結損益計算書には企業グループ全体の収益と費用が計上される（2:405条）。それにより、親会社の株主、企業グループのその他の会社の少数株主および親会社・子会社の債権者等の企業グループの外部者が、企業グループ全体の財務状況をよりよく知ることが可能となる。株主は連結計算書類によって取締役会のアカウンタビリティをより適切にチェックできる。債権者は企業グループとの取引条件をより有利なものとできる可能性がある。とはいえ大きな企業グループでは、株主や債権者が企業グループ構成会社の個々の計算書類をすべてチェックするのは困難なことがあろう。

　企業グループに属する公開会社、非公開会社は、それぞれ自らの計算書類を作成、承認、公告しなければならない。大企業グループでは連結計算書類作成の負担も大きい。各計算書類は極小会社、小会社を除き会計士が監査しなければならない。公告によって競争相手の会社に企業グループ内部の財務状態の情報が伝わることにもなる。企業グループ内でどの会社がどの会社に供給しているかといった内部取引の情報が開示される。親会社は会計業務の負担を少なくしつつ、外部の目に触れる重要な内部取引を抽出して連結計算書類により開示しなければならない。

　そこで、連結計算書類に企業グループに属する会社の法律行為から生じた債務について親会社が連帯責任を負う旨の表明（免除表明）が記されることがある。免除表明により当該グループ会社の個別計算書類の開示が免除される（2:403条1項f号）。このほかにもグループ会社の開示要件についての規定が設けられている（同条1項a号～e号）。免除表明をした場合、その書面は商業登記所に提出しなければならない。会社債権者は商業登記所で企業グループ会社の債務について親会社が連帯責任を引き受けているかどうかを調べることができる。

　2:403条の免除表明は法律行為から生じたものに限られる。税金債務や不法行為債務は対象外であるため、免除表明によって子会社のすべての債務について親会社が責任を負うことになるわけではない。親会社の責任が法律行為から生じた債務に限られているのは、その種の債権者のみが個別会社の計算書類を見て、取引をするかどうかを判断できる立場にあるからである。個別会社の計算書類に代えて、債権者は追加的な債務者を得ることになる。不法行為の場合は債権者が個別会社の計算書類を見て不法行為の被害者になるかどうかを決めるなどということはあり得ないため、不法行為債権者には選択権がない。親会社は2:403条の範囲を越えた債務についても連帯責任を負う旨を表明することができるが、実際にそのような例はほとん

どみられない。

第7節　責任の貫通（Doorbraak van aansprakelijkheid）

　親会社が2:403条の免除表明をしなかった場合に、子会社の債務について責任を負うことがあるかが問題となる。一般論としては、責任はない。親会社と子会社は独立した法人であるためである。子会社の債権者は数多くの訴訟で、子会社が親会社と同一視されるとして、親会社が子会社の債務について自らの債務であるがごとく責任を負うべきと主張してきたが、最高裁判所はこれを認めていない。しかし親会社自身の不法行為責任に基づき、子会社の債権者に対する支払を命じた判例がある。責任の貫通とよばれている。

　すでに説明した取締役会または取締役の不法行為責任（☞第9章第4節3）は、大株主（親会社）が子会社に対する影響力を濫用して債権者を害した場合にも、当該大株主に責任を認める根拠として用いられることがある。親会社の責任は、取締役の不法行為責任が問われたベクラメル事件[13]と同様の考え方に基づいている。親会社が子会社の経営方針に密に関与している場合、親会社は事実上の取締役として行動していると考えられ、事実上の取締役の責任基準が親会社と子会社債権者との関係でも適用される（2:138/248条7項参照）。子会社に債務弁済能力がないことを親会社が知っていたか、または知り得たにもかかわらず、子会社に取引を行わせ、あるいはそれを止めなかったため、子会社債権者が弁済を受けられなくなった場合は、親会社が子会社債権者に対して不法行為を行ったとして扱う。親会社は、その行為を通じて子会社債権者に対する配慮義務（zorgplicht）に違反したことになる（6:162条）。

【オズビー（Osby）事件[14]】

　企業グループとしての関係において、親会社が子会社の債務について責任を負うべきことが認められた事件である。

　スウェーデンの親会社オズビー・パナン（Osby-Pannan）ABは、経営不振に陥ったオランダの子会社に、会社の資産全体を担保として提供させ融資を行った。スウェーデンの親会社はこれにより子会社には資産が実質的にないにもかかわらず、与信があるかのような外観を作出した。オランダ子会社の債権者がスウェーデン親会社の不法行為責任を追及した。

　最高裁判所は、本件状況下では新しい債権者（与信が示された後に債権者に

---

13) HR 6 oktober 1989, *NJ* 1990, 286.
14) HR 25 september 1981, *NJ* 1982, 443.

なった者）に対する不法行為を構成するとした。請求額、担保に提供された財産の価額、子会社の経営方針のコントロールなどの事情を踏まえると、本件担保付融資の実行時点で、新たな債権者が弁済を受けられなくなるであろうことが予見できたとされた。

この判決の後、同様の訴訟が増えた。事実関係は事案によりさまざまである。赤字子会社に有利な融資条件をつけたもの、子会社への融資を引き揚げて債権者を害したもの、債権者を恣意的に選択して弁済したものなどである。これらの事件で共通していることは、親会社が法的義務のない行為をした一方で、子会社債権者の利益を十分に配慮しなかった点である。

【レインボウ（Rainbow）事件[15]】
　デマラージェ（Démarrage）B.V. は運送会社であったが、1994年に破産した。その翌日にレインボウ B.V. が、デマラージェ社の全顧客、住所、標章、社用便箋、取引データおよび第三者との契約を引き継いで事業を始めた。租税債権を持っていた税務当局は、デマラージェ社の債務とともに取り残された。税務当局は、レインボウ社が「デマラージェ社の仮の姿」であるとして、レインボウ社の数多くの債務者に対する債権の仮差押え（derdenbeslag leggen op）を行った。レインボウ社は仮差押えの解除とデマラージェ社名義の租税債務に関するレインボウに対する法的手続の差止めを請求した。
　地方裁判所、高等裁判所は、両社が同一（vereenzelviging）であると認定した。上告したレインボウ社は、同一性を根拠とできるのはごく例外的な場合に限られると主張した。最高裁判所は、2つの法人を完全に支配し、または支配的な地位を有することで、2つの法人が別の法主体であることを濫用することが可能になるが、そのような濫用がどのような意図でなされたかは考慮の対象とはならないとした。そのような法人の濫用は、原則として不法行為に該当し、それによって第三者に生じた損害についての賠償義務が発生するという一般論を述べた。そのうえで、税務当局の債権仮差押えについてはそれを解除し、今後同様の法的手段を差し控えることを命じた。

法人の同一視（vereenzelviging van rechtspersonen）は容易には認められないが、債権者を害する目的で前会社が事業を停止し、同じ名前で（しかし形式的には別法人で）事業を継続するような濫用行為については、不法行為責任が認められる傾向にある。

---

15) HR 13 oktober 2000, *NJ* 2000, 698.

344　第13章　結合企業法（Concernrecht）

【ソビ／ヒュルクスⅡ（Sobi/Hurks II）事件[16]】

　土木・建設業を営むヒュルクス建設グループ（Bouwgroep Hurks）B.V. は HBA B.V.（HBA 社）の全株式を保有していた。ヒュルクス社は HBA 社の経営方針に密に介入しており、両社は共通の勘定を持っていた。ヒュルクス社が HBA 社も含めて銀行との連絡窓口になっており、HBA 社の法人税も支払っていた。判決文で示された事実関係によれば、ヒュルクス社は HBA 社の会社としての「生命」を自社の利益に取り込んでいた。HBA 社は下請および資材業者への出来高払いについて、ヒュルクス社と協議して工事の進捗を遅らせないために支払遅延が生じないようにしていたが、結局 HBA 社の破産により支払を受けられなくなった業者が出た。業者らはヒュルクス社の一人株主であるヒュルクス取締役に対して、不法行為による損害賠償を求めた。

　最高裁判所はヒュルクス社が子会社の経営方針に密に介入したとして、ヒュルクス社は1984年7月1日以降の HBA 社の全債務について責任を負うとした。裁判所によれば、その日以降、ヒュルクス社は HBA 社が債権者に対する弁済ができなくなることを知っていたか、少なくとも知り得た。そのことはヒュルクス社が HBA 社の純資産がほとんどなかったにもかかわらず、HBA 社のための与信を銀行から取りつけたことからも裏づけられる。1984年7月1日以降、ヒュルクス社は HBA 社債権者のために注意喚起をしたり取引停止を要請したりするなどのさまざまな対策を講じるべきであった。

　またヒュルクスは、ヒュルクス社の取締役として HBA 社の債権者に対し責任を負わなければならないとされた。1984年7月1日以降、新たな債権者の発生を防ぐ措置を取らなかったばかりか、債権者への弁済が滞るであろうことを知っていたか、または知り得たにもかかわらず、HBA 社の与信をアレンジしたためである。ヒュルクスが厳しい財務状態にあった HBA 社を維持すべく会社に深く関与したことは明らかである。したがって、ヒュルクスは債権者に対して意識的にかつ無謀な振る舞いをしたとして、裁判所は、ヒュルクスとヒュルクス社は HBA 社債権者に対する配慮義務を怠ったというべきであると結論づけた。

第8節　結合企業の解消

　子会社の株式を第三者に売却したり、子会社が企業グループ外の会社と合併して解散したりすることで結合企業関係は終了する。また親会社がそのような合併によって得た企業グループ外会社の株式が、株式交換比率によっては企業グループを形成するに至らない場合もあり得る（2:311条2項）。以下、結合企業の終了（企業

16）　HR 21 december 2001, *NJ* 2005, 96.

分離（ontvlechting）、（狭義の）企業再編（herstructurering）とよばれることもある）について説明する。

　親会社は2:403条に定められた表明を行うことにより、企業グループに属する法人の法律行為から生じた債務について連帯責任を負う（☞本章第6節）。そのような子会社との企業グループ関係が終了したときに、子会社債権者のために表明した連帯責任はどうなるかという問題がある。親会社は子会社の債務について責任を負いたくないために企業グループ関係を終了させたかったと見るのは自然なことである。他方、子会社債権者に対するすでに存在している責任を、企業グループ関係を終了させるだけでいともたやすく逃れることができてしまうという問題もある。2:404条はこの問題について、親会社を満足させる一方、債権者の地位を保護する規律である。

　親会社が2:403条の効果を終了させるにはどうすればよいか。第1に、子会社債務に対する責任を終了する旨の表明を商業登記所に提出する（2:404条1項）。これにより親会社は子会社の新たな債権者に対して責任を負うことになるのを防止できる。2:403条表明の撤回は、企業グループ関係が終了していない会社に関して行うことができる。親会社は、子会社債務に対する責任の表明撤回後も、撤回前に発生した債務については原則として引き続き責任を負うが（同条2項）、債権者に対する残存責任は、免除の目的を踏まえ一定の要件を満たしたものについては終了する。その要件とは、親会社がより厳格な開示義務を果たしたうえで、その結果債権者からの異議がないこと、または異議が撤回されるか異議に根拠がないことである（同条3項）。債権者の異議は、親会社が債務を弁済するに足る十分な担保または保証を提供できない場合に維持される（同条4項・6項）。

【アクゾー・ノーベル／ING銀行（Akzo Nobel/ING Bank）事件[17]】

　2:403条表明の効果の終了が争点となった。事実関係はかなり複雑であるが、ごく簡略化すると次のようなものであった。

　アクゾー・ノーベルN.V.は子会社インデュストリパルク（Industriepark）B.V.の債権者のために、2:403条表明を行った。債権者の一人にWKC合名会社がいた。WKCはING銀行から借入れをしていた。WKCはING銀行に対して担保としてインデュストリパルクに対する売掛債権を差し入れていた。その後アクゾー・ノーベルがインデュストリパルクの株式をすべてアコルディス（Acordis）B.V.に譲渡した。アクゾー・ノーベルは2:404条1項に基づきインデュストリパルクの債権者に対する責任を撤回し、同条3項に基づき残存責任を終了させた。WKCはインデュストリパルクの債権者として同条5項の債権者異議を申し立て

---

17) HR 28 juni 2002, *NJ* 2002, 447.

なかった。WKC のインデュストリパルクに対する売掛債権に担保を有していた ING 銀行は、アクゾー・ノーベルがインデュストリパルクの債権者である WKC に対する残存責任を終了させたことに異議を申し立てた。

　最高裁判所は、ING 銀行は残存責任の対象となる債権者ではないとしてその申立てを認めなかった。裁判所は、WKC が2:403条表明に基づきアクゾー・ノーベルに対して有する債権について ING 銀行が担保権を有していたのであれば、結論は変わっていたであろうと示唆した。

　結合企業関係は、健全な事業と不健全な事業を分離するリストラクチャリング（sterfhuisconstructie）によっても解消される。これは財務状態が悪化した企業グループが用いる手法である。財務的に健全な会社の株式をグループ外の法人に移転し、財務的に不健全な会社は親会社の下についたまま、いわゆるホスピス（sterfhuis）として企業グループに残る。このようにして企業グループの健全な部門までもが清算されることを防ぎ、同時に雇用やノウハウも維持される。切り出される健全なグループ会社の株式の対価として市場形成価格が支払われるため、不健全会社の債権者に不利になることはない。ただし、企業グループを構成する会社は、企業グループの取引銀行からの借入れに対して融資契約条件に基づき連帯債務を負っていることが多く、この連帯債務は企業グループの外に出た健全な会社の経営を圧迫し続ける可能性がある。そのため、スプリット・アップの成功には銀行の協力、すなわち健全な会社の連帯債務の免除が不可欠である。

終 章
さまよえるオランダ会社法

　最後に、M.J. クローゼ（M.J. Kroeze）教授らの言葉を借りてこれからのオランダ会社法の「針路」を見ておきたい[1]。

1　変化する会社法
　会社法は凪いだ海ではない。法は絶えず大なり小なり変化している。最高裁判所と商事裁判所は次々と興味深い新たな判決を下している。会社法は常に変化し社会のあらゆる発展段階を反映している。会社法の特徴は、それが一般私法システムに組み込まれている一方で、このシステムにプレッシャーを与えている社会の発展と密接な関係を持っていることである。会社法は経済活動の変化とダイナミズムに鋭い視線を向けなければ適切に表現することができない。ここ10年、20年の変化は特に顕著である。
　1960年代から70年代にかけては、従業員が会社の経営に十分に関与できないことが問題であった。そのため、経営協議会が監査役の選任において一定の役割を果たすことを内容とする構造規制が設けられた。また、会社の経営方針に重大な失敗があると考える労働組合が、商事裁判所に調査請求を申し立てる機会が与えられた。80年代は、非公開会社の債権者が不利益を被るような権利濫用が問題とされた。当時の最高裁判所は、責任の貫通を認める判例を示した。またこの時期には、株式会社が破産した場合の取締役の特別な責任の規定が設けられた（2:138/248条）。90年代にはオランダ会社法に資本の管理面での裁量の余地が少なすぎることが認識された。一方で、株主の地位を強化する新規定が設けられた。

2　変化しない会社法
　会社法は不変なものではない。しかし、長きにわたって変わらないものがあることを見失ってはならない。株式会社は長い間いくつかの特徴を維持し続けてきた。法人格を有し、出資者から隔離された資産が会社資本として結合しそれが債権者に対する弁済の源となっていること、会社債権者に対する株主の有限責任、株式の譲

---

1) Kroeze, Timmerman en Wezeman 2013, Hoofdstuk 10, *Waarheen met het ondernemingsrecht?*

渡性、経営を担う自律性を持った二層の機関と株主総会などである。これらの特徴は、株式会社制度の成功を物語るものであって、これからも続くものとなろう。諸外国においても、オランダの公開会社・非公開会社に対応する会社は、その他の点ではちがいがあるとしても、これらの特徴はおおむね共通である。

さらに新たに付け加えれば、経済効率性の原則がある。第1に、会社においては会社の内部と外部の区別がはっきりしている。例えば、ある機関の承認がないというように会社の内部で問題が起こった場合、善意の会社の相手方当事者はそれに拘束されない。この特徴は2:130/240条（代表権の制限）、107a条2項（株主総会の決議を要する事項）、164/274条2項（監査役会の承認を要する事項）に表れている。利益相反規制によってこの特徴は一層強化された。

第2に、会社法は、会社が身の丈に合った衣を纏うようにするための機会を増やしている。組織変更、合併、会社分割といった組織再編はその表れである。組織再編はグローバリゼーションの進展を反映しており、また、欧州司法裁判所の判決とクロスボーダー合併指令の役割も大きい。これにより、企業家はより望ましい法域へと移動することもできるようになった。企業家はいったん選択した法形態にとらわれることがない柔軟な会社法を手に入れたのである。

第3に、裁判所が取締役の責任追及訴訟、調査請求手続において、取締役の判断と裁量に対する抑制的な司法審査基準を採用していることであり、これは一定の範囲で企業家を保護する機能がある。一言で言えば、裁判所は明らかに誤った会社経営が行われた場合にのみ介入する。もし裁判所が過度に経営に事後介入するというその本分をわきまえない事態が起こると、起業のイニシアティブが挫折してしまうかもしれない。

では、これから重要となる「潮流」はどのようなものか。

3　会社法のさらなる任意法規化

会社法の任意法規化の動きは、非公開会社法改正に表れている。オランダの立法者は起業しようとする者にとって非公開会社を魅力的なものにしようとしてきた。最低資本金を廃止し、強行法規性の強かった株式譲渡制限規律を改め、定款自治を拡大して議決権と配当請求権を分離した定めをおくことができるようになった。また一定範囲で、株主が会社の経営に対して指示をすることもできる。これらの新しい法制度により非公開会社は厳格な規律から解かれ、人的会社の要素を強めることとなった。

しかし、現行の非公開会社法は真に自由な規律かと問われると、イエスと即答するのは躊躇せざるを得ない。非公開会社に不満のある債権者は不法行為訴訟を起こすことができる。非公開会社が破産した場合、取締役には2:248条が適用される。多数派株主が自由を利用した結果に対して、少数派株主は合理と公正の原則（2:8条）

や株主平等原則（2:201条）を主張し、あるいは株式買取請求権や調査請求権を行使して自己の利益の保護を要求することができる。非公開会社法をより簡素化することは可能ではあろうが、それによって判例がより複雑かつ厳格なものになる。不法行為法、合理と公正の原則、調査請求権は長年にわたって立法から独立した流れを形成し、判例法理が発展してきた。オランダで昔からおなじみの、晴女と雨男が入れちがいに顔を出す「お天気ハウス（weerhuisje）」の置物よろしく、立法者が引っ込めば（立法者にとっては天気が悪い）、裁判官が出てくる（裁判官にとっては天気が良い）。

4　上場公開会社法独自の発展

　上場公開会社とその他の種類の会社の区別はこれからも重要である。上場公開会社に適用される証券法は、EUの厳しく完璧なアセスメントに基づく立法の影響をこれからも受けるであろう。一方、非公開会社法は柔軟化と簡素化により、より自由なものとなってゆく。その結果として非公開会社と人的会社はさらに接近し、上場公開会社は資本市場の要請に応えて独自に発展してゆくかもしれない。いずれ株主総会もウェブカメラを使ってインターネット上で出席できるようになるだろう。しかし、公開会社と非公開会社が次第に離れていっても、その根幹は同じ民法典第2編であることを忘れてはならない。

● 参考文献 ●

〈外国語文献〉

Amsterdam, L.A. van en A.M. van Amsterdam, *De Ondernemingskamer. De Ondernemingskamer en het Nederlandse ondernemingsrecht*, Kluwer, 2011

Andenas, Mads & Frank Wooldridge (eds.), *European Comparative Company Law*, Cambridge University Press, 2009

Asser/Maeijer & Kroeze, 2-I*, *Rechtspersonenrecht, De rechtspersoon*, 9e druk, Kluwer, 2015

Asser/Maeijer/Van Solinge & Nieuwe Weme 2-II*, *Rechtspersonenrecht, De naamloze en besloten vennootschap*, 3e druk, Kluwer, 2009

Asser/Van Solinge & Nieuwe Weme 2-IIa, *Rechtspersonenrecht, NV en BV, Oprichting, vermogen en aandelen*, 4e druk, Kluwer, 2013

Asser/Van Solinge/Nieuwe Weme/Nowak/Van Olffen, *De NV en BV, Personenvennootschappen —Studenteneditie—* , editie 2011, Kluwer, 2011

Assink, B.F. | W.H. Slagter, *Compendium Ondernemingsrecht* (Deel 1, 2, 3), 9e druk, Kluwer, 2013

Baker & McKenzie Amsterdam, *Doing Business in The Netherlands 2014*, 2014

Bartman, S.M. en J.B. Wezeman (red.), *Uitspraken ondernemingsrecht met annotaties*, editie 2007, Kluwer, 2007

Bartman, S.M. en J.B. Wezeman (red.), *Uitspraken ondernemingsrecht met NJ-annotaties*, editie 2013, Kluwer, 2013

Bartman, S.M. en J.B. Wezeman (red.), *Uitspraken ondernemingsrecht met NJ-annotaties*, editie 2015, Kluwer, 2015

Bastiaans, M.H. e.a., *Leidraad voor juridische auteurs 2013*, Kluwer, 2013

Birkmose, Hanne S., Mette Neville & Karsten Engsig Sørensen (eds.), *Boards of Directors in European Companies. Reshaping and Harmonising Their Organisation and Duties*, Kluwer Law International, 2013

Bossenbroek, W.H., E.H.F. Haantjes en M.F.E. de Waard-Preller (red.), *Wet & Geschiedenis Flex-B.V.*, Boom Juridische uitgevers, 2013

Bulten, C.D.J., A.F.J.A. Leijten en M.L. Lennarts, *Tekst & Commentaar, Ondernemingsrecht*, 7e druk, Kluwer, 2014

Calkoen, Willem J.L., *The One-Tier Board in the Changing and Converging World of Corporate Governance*, Kluwer, 2012

Caspel, R.D.J. van en C.A.W. Klijn, *Fockema Andreae's Juridisch woordenboek*, 15e druk, Noordhoff Uitgevers, 2012

Chorus, J., P.H. Gerver & E. Hondius (eds.), *Introduction to Dutch Law*, 4th revised edition, Kluwer Law International, 2006

Cools RA, K., P.G.F.A. Geerts, M.J. Kroeze en A.C.W. Pijls, *Het recht van enquête. Een empirisch onderzoek*, Kluwer, 2009

Dijk, J.M. van, A.F.J.A. Leijten en M.L. Lennarts, *Tekst & Commentaar, Ondernemingsrecht Effectenrecht*, 5e druk, Kluwer, 2009

Dijk, P.L. /T.J. van der Ploeg, *Van vereniging en stichting, coöperatie en onderlinge waarborgmaatschappij*, 6e druk, bewerkt door C.H.C. Overes, T.J. van der Ploeg en W.J.M. van Veen, Kluwer, 2013

Dorresteijn, Adriaan, Tiago Monteiro, Christoph Teichmann & Erik Werlauff, *European Corporate Law*, 2nd edition, Kluwer Law International, 2009

Dorresteijn, A.F.M. en R.H. van het Kaar, *De juridische organisatie van de onderneming*, 12e druk, Kluwer, 2014

End, A. van den, *Juridisch-Economisch Lexicon*, 5e druk, Kluwer, 2010

Foster, Tony, *Dutch Legal Terminology in English*, Revised & enlarged edition, Kluwer, 2009

Frentrop, Paul, *A History of Corporate Governance, 1602-2002*, Deminor, 2003

Frentrop, Paul, *De geschiedenis van corporate governance. Van VOC naar 21e eeuw*, Koninklijke van Gorcum, 2013

Geerts, P.G.F.A., *Enkele formele aspecten van het enquêterecht*, Kluwer, 2004

Gepken-Jager, Ella, Gerard van Solinge & Levinus Timmerman (eds.), *VOC 1602-2002. 400 Years of Company Law*, Kluwer Legal Publishers, 2005

Grapperhaus, Ferdinand B.J. & Leonard G. Verburg, *Employment Law and Works Councils of the Netherlands*, Kluwer Law International, 2009

Hamers, J.J.A. en C.A. Schwarz, *Vereniging en stichting*, 3e druk, Boom Juridische uitgevers, 2014

Hamers, J.J.A. en C.A. Schwarz, *Naamloze en besloten vennootschap*, 6e druk, Boom Juridische uitgevers, 2015

Hartkamp, Arthur S., Marianne M.M. Tillema & Annemarie E.B. ter Heide, *Contract Law in the Netherlands*, Kluwer Law International, 2011

Heijden, E.J.J. van der, *De ontwikkeling van de Naamlooze Vennootschap in Nederland vóór de codificatie* (diss. Utrecht), Van der Vecht, 1908

Heijden, E.J.J. van der en W.C.L. van der Grinten, *Handboek voor de naamloze en de besloten vennootschap*, 12e druk, W.E.J. Tjeenk Willink, 1992

Heijden, E.J.J. van der en W.C.L. van der Grinten, *Handboek voor de naamloze en de besloten vennootschap*, 13e druk, bewerkt door P.J. Dortmond, Kluwer, 2013

Hooijdonk, Marieke van & Peter Eijsvoogel, *Litigation in the Netherlands. Civil Procedure, Arbitration and Administrative Litigation*, 2nd edition, Kluwer Law International, 2012

Huizink, J.B., *Rechtspersoon, vennootschap en onderneming*, 2e druk, Kluwer, 2011

Jitta, Marius Josephus, Vino Timmerman, Guus Kemperink, Richard Norbruis, Anthony Driessen, Peter van der Zanden & Huub Willems, *The Companies and Business Court from a comparative law perspective*, Kluwer, 2004

Jong, B.J. de, *Modernisering van het NV-recht*, Kluwer, 2014

Klein Wassink, A.J.M., *Toetsing van besluiten in het rechtspersonenrecht*, Kluwer, 2012

Koster, Harold, *De Flex-BV*, Kluwer, 2013

Kroeze, M.J., L. Timmerman en J.B. Wezeman, *De kern van het ondernemingsrecht*, 3e druk, Kluwer, 2013

Langendorf, Hans en Matthias K. Scheer, *Juridisch Woordenboek Nederlands-Duits*, 2e druk, Kluwer Law International, 2011

McCahery, Joseph A., Levinus Timmerman & Erik P.M. Vermeulen (eds.), *Private Company Law Reform. International and European Perspectives*, T.M.C. Asser Press, 2010

Meinema, M., *Dwingend recht voor de besloten vennootschap*, Kluwer, 2003

Micklethwait, John & Adrian Wooldrigde, *The Company. A Short History of a Revolutionary Idea*, Modern Library, 2003（ジョン・ミクルスウェイト＝エイドリアン・ウールドリッジ（日置弘一郎＝高尾義明監訳、鈴木泰雄訳）『株式会社』（ランダムハウス講談社、2006））

Muller, Maarten (ed.), *Corporate Law in the Netherlands*, 3rd edition, Kluwer Law International, 2013

Nieuwenhuijzen, Marcel C.A. van den (ed.), *Financial Law in the Netherlands*, Kluwer Law International, 2010

Nowak, R.G.J. en A.M. Mennens, *Vereenvoudiging en flexibilisering BV-recht deel II. De parlementaire geschiedenis*, Kluwer, 2012

Rensen, G.J.C., *Extra-verplichtingen van leden en aandeelhouders*, Kluwer, 2005

Rutten, S.S.M., *Praktisch Ondernemingsrecht*, Noordhoff Uitgevers, 2014

Schilfgaarde, P. van, *Van de BV en de NV*, 16e druk, bewerkt door Jaap Winter en Jan Berend Wezeman, Kluwer, 2013

Schuit, Steven R. (ed.), *Corporate Law and Practice of the Netherlands. Legal,*

Works Councils and Taxation, 2nd edition, Kluwer Law International, 2002

Slagter, W.J., *Compendium van het ondernemingsrecht*, 8e druk, Kluwer, 2005

Storm, P.M., *Corporate Litigation bij de Ondernemingskamer*, Boom Juridische uitgevers, 2014

Taekema, Sanne, Annie de Roo & Carinne Elion-Valter（eds.）, U*nderstanding Dutch Law, 2nd edition*, Eleven International Publishing, 2011

Timmerman, L., e.a.（red.）, *SamenWerken in het Ondernemingsrecht*, Kluwer, 2011

Veen, W.J.M. van, *Boek 2 BW, statuten en aandeelhoudersovereenkomsten. Stand van zaken en blik vooruit*, Kluwer, 2011（W.J.M. ファン・フェーン（田邉真敏訳）「オランダ会社法、定款、株主間契約──その現在と展望」修道法学34巻2号384頁（2012））

Veenstra, F., *Impassezaken en verantwoordelijkheden binnen het enquêterecht*, Kluwer, 2010

Vossestein, Gert-Jan, *Modernization of European Company Law and Corporate Governance*, Kluwer Law International, 2010

Vries, Paul P. de, *Exit rights of minority shareholders in a private limited company*, Kluwer, 2010

Warendorf, H., R. Thomas & I. Curry-Summer, *The Civil Code of the Netherlands*, Kluwer Law International, 2009

Warendorf, H., R. Thomas & I. Curry-Summer, *The Civil Code of the Netherlands*, 2nd edition, Kluwer Law International, 2013

〈邦語文献〉

上田廣美「EU会社法」庄司克宏編『EU法　実務篇』（岩波書店、2008）

遠藤誠「世界の法制度〔欧州編〕第7回　オランダ」国際商事法務41巻4号546頁（2013）

大隅健一郎『新版株式会社法変遷論』（有斐閣、1987）

大塚久雄『株式会社発生史論（大塚久雄著作集第1巻）』（岩波書店、1969）（初出は有斐閣、1938）

柏木邦良『欧米亜普通会社法　第2巻』（リンパック、1998）

テイメン・コープマンス（ペータース・美智子訳）「ヨーロッパの法伝統とオランダ──その比較考察」ジュリスト1033号82頁（1993）

アントワーヌ・ド・サン＝ジョゼフ（福地家良譯）『荷蘭國民法（日本立法資料全集別巻676）』（信山社出版、復刻版、2011）（司法省藏版、1882年刊行）

科野孝蔵『オランダ東インド会社の歴史』（同文舘出版、1988）

新日本有限責任監査法人編『EU市場の拠点　オランダ進出ガイド』（中央経済社、2011）

田邉真敏「オランダ会社法の強行法規性と定款自治」国際商事法務35巻10号1353頁（2007）

────「オランダの閉鎖会社法改正案について」国際商事法務36巻4号463頁（2008）

────「会社法の強行法規性と株主権の放棄──英国・ドイツ・オランダの比較法的考察」修道法学32巻1号430頁（2009）

────「比較定款論──英国・ドイツ・オランダ(1)(2)」修道法学32巻2号212頁、33巻1号582頁（2010）

────「オランダ商事裁判所と取締役の経営判断の審査に関する若干の考察」修道法学35巻2号524頁（2013）

────「オランダ会社法の女性役員クオータ規定──ユトレヒト大学・ランブーイ博士の調査研究を踏まえて」修道法学37巻2号1頁（2015）

────「改正オランダ会社法の『3本の矢』──役員に対する雇用法理適用除外、役員兼任規制、女性役員クオータ」国際商事法務43巻4号499頁（2015）

────「オランダの法学教育と法律専門職──ボローニャ宣言後の変化と課題」修道法学38巻1号33頁（2015）

────「オランダ会社法における調査請求手続（Enquêteprocedures）序説」修道法学38巻2号29頁（2016）

富永英樹『EU進出企業のオランダ投資税制ハンドブック』（中央経済社、2004）

長坂寿久『オランダを知るための60章』（明石書店、2007）

永積昭『オランダ東インド会社』（近藤出版社、1971）

アーサー・S・ハートカンプ（平林美紀訳）「日本民法改正試案提示の準備のために〔7〕オランダにおける民法典の公布」ジュリスト1358号134頁（2008）

M・ヘルデーゲン（中村匡志訳）『EU法』（ミネルヴァ書房、2013）

法務省民事局参事官室（参与室）編『民法（債権関係）改正に関する比較法資料（別冊NBL146号）』（商事法務、2014）

水島治郎『反転する福祉国家──オランダモデルの光と影』（岩波書店、2012）

弥永真生「商事法における会計基準の受容(2)──オランダ」筑波法政45号71頁（2008）

＊本参考文献リストは本書執筆にあたって利用した文献を収録しているが、概説書という本書の性格上、脚注で個別に引用しなかったものも含めている。

●事項索引●

＊複数回現れる語については、重要な箇所に限って頁を引用したものがある。

あ 行

アクチー 4, 5
アクチー・コンパニ 4, 5
誤った経営（方針） 186, 193, 238, 263,
　　　　　　　　　　　265, 278, 280~287
アルテルネクスト 127
一時監査役 .... 193, 286~288, 290
一時取締役 286, 288
一人会社 9, 28, 39, 51, 56, 119, 258, 259
一部払込株式 79
SER 合併規則 8, 10, 11, 13, 315, 322, 336
エンターネクスト 127
欧州会社 9, 28, 57, 264
欧州協同組合 9, 28, 57, 264
欧州経済利益団体 9, 21, 28, 57, 264
欧州人権条約 43
親会社株主の子会社調査請求権 272
オランダ非公開会社法の簡素化と柔軟化
　　　　　　　　　　　　　　　　　　　 18

か 行

開業（設立）の自由 9, 54
会計帳簿 169, 257, 277, 314, 321
　　──作成義務 256, 262
解散事由 146, 303, 304, 308, 309
解散命令 287, 288, 304, 307, 309
　　裁量的── 304
　　必要的── 304
会社法委員会 8
会社法・一般法人法諮問委員会 8
会社法の現代化 14
会社法のハーモナイゼーション 54
合併計画 313, 314, 316
合併決議 314
合併比率 313, 314, 316
寡頭条項 134
株　式
　　──の額面引下げ 102, 103
　　──の強制譲渡 131, 296
　　──の消却 102, 103
　　──の発行 60, 78
　　──の引渡し 44, 121, 299
株式合併 311, 331
株式交換 335
株式質 142
株式証書 117, 125, 142, 165
　　記名── 118
　　無記名── 117
株式配当 95
株式保有財団 168
株式用益権 143
株式預託証券 131, 137
株式預託証券所持人 139
株式預託証券所持人総会 141
株主間契約 19, 34, 168
株主平等原則 24, 109, 174, 313, 319, 349
株主名簿 30, 31, 80, 118, 122, 124, 125,
　　　　　　　　　　　140, 142, 162, 165, 166
　　──の書換え 118, 121
株主有限責任 29
簡易貸借対照表テスト 18, 94, 100, 104
勧告的議決権 158, 164, 166, 179, 187
完全会社分割 .... 317~320
完全子会社 271, 315, 316, 337
完全法人格社団 70
官　報 106, 278, 305
企業グループ 82, 152, 153, 185, 193, 201,
　　　　　　　　　　220, 231, 235, 297, 346
　　──会社 99, 152, 328, 331, 336, 337
　　──経営協議会 200
　　──調査 271
議決権行使契約 .... 166~168
議決権優先株式 132, 172, 298
議決権優先財団 134
擬似現物出資 82
希釈化 106, 107, 109, 135, 291
基準日 12, 13, 165, 166

議事録 104, 164, 166, 270
議　長
　　株主総会── 164
　　監査役会── 164, 178, 191, 193
　　取締役会── 154, 185, 188, 191, 215
既判力 38
期末配当 94
義務を果たす責任 230
救済措置 .... 263, 280, 281, 286～288
救済のフラストレーション 251
吸収合併 312, 315, 316
強行法規 8, 20, 25, 53, 86, 156,
　　　　　　　　　　　　175, 227, 260, 335
強制公開買付け 299, 336
強制退社 147, 309
共通の勘定 32, 344
共通の経営 271, 327
協働関係 32, 33, 71, 76, 146
共同経営協議会 199
共同体 42, 113
共同体財産 113, 114, 145, 147
業務執行取締役 14, 153, 154, 183, 186,
　　　　　　　　　　　　　　235, 240, 258
業務代理人 222, 243
共有財産 42, 322
極小会社 50, 233, 341
拒否権 184, 197, 290, 294
金融監督機構 16, 43, 126, 233, 299
金融監督法 .... 11, 13, 126～128,
　　　　　　　　　　　　131, 173, 333, 335
金融商品市場 127
組分け（クラス）株式 137
クローズド・システムの法人制度 21
クロスボーダー合併 56, 316, 325, 348
経営・監督法 .... 8, 14～16, 153, 218, 220
経営協議会
　　──の構成員 24, 49, 200, 201
　　承認権 204, 208
経営協議会発言権法 13
経営者への書簡 232
経営報告書 ... 21, 39, 40, 50, 53, 169, 181, 194,
　　　　　　　　　　295, 202, 231～233, 255, 257,
　　　　　　　　　　　　　　　299, 314, 321
経済的所有権 111
計算書類手続 233

形式的外国会社 52, 53
形式的外国会社法 52
継続条項 146, 308
契約自由の原則 75, 76
決　議
　　──成立の根本的な瑕疵 .... 176～178
　　──による代表 221
　　──の間接的対外効力 221
　　──の直接的対外効力 221
　　──の無効 175, 180, 207, 221, 222
　　──の無効宣言 .... 175, 177～179,
　　　　　　　　　　　　　　　221, 283, 286
結合企業 51, 327, 329, 331, 344
結合企業法 327, 336
見解決議 184, 192
検査役
　　──の権限 277
　　──の報告書 277, 278, 280, 287
原始定款 30, 58
原始的瑕疵 72
限定法人格社団 70
現物出資 .... 18, 60, 63, 78, 80～82,
　　　　　　　　　　　　　　　100, 106, 216
　　──規制 7, 81, 100
権利濫用 166, 335, 347
公益組織 51
公開買付免除令 16
公開買付令 13, 16, 333
公開組合 34, 113, 229
公序良俗 167, 168, 304
公正証書
　　──の会社への送達 124, 125
構造規制会社 .... 12, 49, 151～156, 182,
　　　　　　　　　　184～186, 190～194, 205, 235, 300
　　──一部免除 153, 185, 186, 191
　　──完全免除 152
拘束資産 91
拘束条項 168
拘束的指示 .... 157～159, 171
合理と公正の原則 24, 165
コーポレート・ガバナンス・コード
　　............................ 12, 15, 138, 140, 195, 275, 286
　　──基本原則 195
　　──最良執行条項 15, 16, 195

子会社 .... 51, 96~98, 119, 153, 170, 202,
　　　　　　　　205, 220, 271, 272, 278, 328
　　──との契約 297
　　──の株式 344
　　──の経営協議会 329
　　──の債権者 .... 56, 341~343, 345
　　──の債務 56, 342, 345
　　──の少数株主 272, 297, 335
　　──の設立 331
　　──の調査請求申立て 271
　　──の取締役会 .... 337~340

さ　行

最低資本金 18, 30, 31, 61, 63, 65,
　　　　　　　　　　73, 79, 89, 90, 348
　　──制度 86
　　──不足 304
　　──要件 62, 100
　　法定── 103, 104
再評価積立金 83
財務援助 19, 89, 99
財務報告監督法 233, 299
債務法的性質 88
先買権 19, 124, 137, 168
産業委員会 208
暫定的救済措置 .... 288~292
残余権限 150
ジェンダー・ダイバーシティ 194
指揮権 .... 337~340
事業合併 311
事業譲渡 311, 318, 325, 336
自己株式
　　──取得額 96
　　──の額面額 337
　　──の取得に関する黄金律 96
　　──への配当 93, 97
自己資本 28, 78, 83, 87, 92, 161
事実上の取締役 63, 241, 245, 248,
　　　　　　　　　　255, 257, 342
質　権
　　占有── 142
　　無占有── 142
質問権 169, 234
支　店 .... 52~54, 56

自動情報処理の信頼性と継続性に関する
　　所見 232
支配的地位 335
指標投資家 128, 129
資本維持テスト 92, 94
（資本）参加 170, 329
資本（物的）会社 28
資本（物的）社団 28
諮問会議 190, 202, 204
社員総会 .. 45, 71, 110, 117, 144, 196, 224, 261
社会経済評議会 10, 208
社会的企業法案 13
社債権者 128
社債の発行 128
従業員会議 208
従業員参加 13, 208
従業員代表 57, 208
従属会社 50, 152, 153, 182, 191
重大な過失 243, 281
重大な非難 15, 214, 237, 240, 243, 244,
　　　　　　　　250~254, 256, 280
　　十分に── 244, 250, 252
集団の経営 236
集団的責任 245
柔軟な非公開会社法 8, 10, 14, 17, 18
授権資本 31, 59, 61, 78, 84, 86, 103,
　　　　　　　　　　106, 170, 301
守秘義務 201, 278
　　職業上の── 35
受命裁判官 17, 277
種類株式 45, 106, 131, 172
準内部的決議 149
純利益 87
ジョイント・ベンチャー 34, 57, 153, 168
小会社 50, 233, 341
商業会議所 45, 304
商業登記局 45
証券取引監督法 11
証券振替法 118, 126, 141, 142
商　号 33, 35, 44, 59, 63, 199, 313, 320
商工会議所 45
商事裁判所 263
少数株主締出権 299
少数株主締出手続 8, 131, 263, 297, 336
少数株主退出権 299

譲渡証書 325
譲渡承認手続 120, 123
譲渡制限規制 .... 29, 79, 119~122
譲渡の確認 124, 125, 140
情報請求権 169, 201, 234
情報提供義務 234, 332
助言権 199, 202, 204, 329
処分拘束性 114
新株発行
　　──決議 176, 180
　　──権限 106, 107, 176
　　──条件 106
　　──の拒否権 134
新株引受権 .... 107~109, 135, 172, 216, 313, 320
信義則 187, 213
新設合併 312, 313
信託機関 .... 137~141, 297
信託条件 138, 141
人的社団 33, 196
ストック・オプション 109, 185
請求済資本 85, 92, 96, 97, 99
正式社団 70
責任ある企業家精神の基本原理 ..... 280, 283~285
責任の貫通 22, 244, 342, 347
責任免除 258
設立
　　──における国王の同意要件 6, 7
　　──の瑕疵 .... 61~63, 72, 304
　　──の自由 17, 317, 324
設立行為 61, 68
設立公正証書 22, 52, 58, 60, 63, 68, 73, 74, 81, 82, 118, 183, 191
設立時取締役 60, 73, 183
設立中の会社 .... 63~67, 72, 73
全国版日刊新聞紙 105, 106, 162, 314, 321
専門委員 200, 201, 203, 270, 273, 296, 297
総会外決議 164
総会出席権 .... 19, 118, 136~141, 163, 169, 170, 267
総会招集権 161, 303
相　殺 80, 249
双務的債務契約 75
組織再編 311, 318, 324, 348
組織的連帯 328

組織変更 .... 43, 98, 156, 242, 322~326
存在しない法人 21, 72
存続条項 147, 308

た 行

ターボ清算 306
大会社 51, 232, 267
対外的決議 149
第3次会社濫用防止法 8, 11, 244
代表監査役 191, 193
代表権
　　完全── 210, 224, 225
　　取締役会の── 209, 210, 216, 223
　　取締役の── .... 209~211, 214~217, 222, 291
代理人 30, 140, 166, 223
妥当性意見書 232, 246, 259
他人資本 78, 87
タバクスブラット・コード 12
単体計算書類 231
中央管理的経営 327, 328
中央経営協議会 200, 205
中央保管機構 125, 126, 141
中会社 50, 232, 233
中間配当 94
忠実配当 174
抽選で選ばれた株式 103
調査請求
　　──の申立て .... 268~271, 283
　　十分な根拠 273, 274, 276, 289, 292
　　証人尋問 276, 278
　　迅速処理の原則 276
　　調査費用 274, 275, 279
調　停 208
直接拘束効 59, 60, 67
追加払込義務 88
追　認 63, 64, 72, 217
　　明示の── 64
　　黙示の── 64
定款自治 26, 42, 86, 301, 348
定款準備金 .... 83, 87, 92, 95~97, 99, 101, 104
定款変更
　　──決議 165, 177, 301, 302, 307, 323
　　──提案権 301, 302
　　──手続 301

——の拒否権	134
——命令	307
提供規制	19, 119, 122
定足数要件	163, 301
適正意見	83, 130
敵対的買収	140, 265, 274, 291, 333
——の許容基準	173
——防衛策	105, 135, 138, 333
転換社債	128
統括取締役	183
特別共同体	113
特別決議	156, 163, 187, 190, 301, 306, 308
特別抗告	292
特別代表者	220, 224
特別利害関係人	188
匿名組合	34, 37, 46, 113, 229

な 行

内部的決議	149
内部統制システム	189
2007年商業登記法	12, 30, 36, 45〜47
2008年商業登記令	13, 45, 46, 49
任意公開買付け	299
任意準備金	18, 87, 92, 94, 97, 99, 104
任意退社	145, 147, 309
任務懈怠	73, 82, 193, 214, 219, 237, 240, 259, 282, 286
能力外法理	60, 222, 227, 338

は 行

配当参加権	141
配当参加証書	141
配当制限株式	136
配当テスト	18, 94, 100, 101, 104, 105, 240, 241
配当優先株式	134, 172, 174
参加型——	134
累積的——	134
配慮義務	342, 344
派生損害	22, 242
発行済資本	84, 89〜93, 97〜100, 102〜105, 107, 323
発生した結果に対する責任	230
払込金保管証明	18, 61, 62, 64, 81, 100, 106
払込資本	84〜87, 89, 92, 96, 97, 99, 100, 161, 323
払込剰余金	78
払込担保責任	63
東インド会社	2, 3
非業務執行取締役	15, 151, 153, 154, 182〜185, 190, 191, 193, 194, 234, 235, 240, 258
フェルダム委員会	10
複数議決権	19, 165, 196
複数署名規定	215
不信任決議	156, 193
普通株式	131, 135
部分会社分割(スピン・オフ)	317〜320, 322, 331
プレミアム	78, 87, 89, 92, 106, 134, 135
分割計画	319〜322
分割比率	319, 320, 322
紛争処理手続	8, 11, 20, 131, 263, 293〜298
分離資産法理	113
平均的消費者	128
ペーパーカンパニー	12, 45, 304
ベクラメル・ルール	251, 252
包括承継	98, 119, 121, 124, 242, 312, 317
法人管理法	14, 58
法人の同一視	343
法定合併	311〜313, 336
法定準備金	83, 87, 92, 95〜97, 99, 101, 104
法定担保権	138, 141
法定分割	317
法務次官	264, 267, 269〜271, 278, 280, 287, 299
ボーナス配当	95
補償	258, 260
発起人証書	141
本店所在地	59, 63, 105, 162, 183, 296, 313, 320

ま 行

未処分利益	87
未請求資本	85
無議決権株式	19, 28, 31, 109, 135, 140, 142, 164, 165, 170, 298, 313, 319
無限責任社員	39, 40, 113, 115, 197, 225
無効宣言対象	177, 178

無障害証明 7, 58
無配当株式 31, 93, 109, 136, 313, 319
明白な任務懈怠 244, 245, 248, 255
免除表明 341
免責契約 258, 260
目的外行為 .... 60, 226~228
目論見書 .... 127~130

や 行

役員賠償責任保険 260
有限責任社員 39, 40, 76, 113, 115, 197, 225
友好的買収 333
ユーロネクスト 126, 127
預託証券
　——所持人担保権 141
　記名—— 138, 141
　転換—— 138
　不換—— 138
　部分転換—— 138
　無記名—— 138, 141

ら 行

利益相反 .... 15, 189~191, 218~220, 224,
　　　　　　　　　　　　273, 281, 285, 348
　間接的—— 219
　性質的—— 220
　直接的—— 218
利益剰余金 83, 88, 104
利益配当 24, 59, 91, 101, 104, 136, 295
　——規制 89, 92
利益分配目的 32
利害関係の多元性 53
理事会 41, 71, 144, 185, 196, 225, 261, 307
リストラクチャリング 205, 317, 346
略式会社分割 322
略式合併 316
略式社団 70, 71, 76
留保利益 83, 151
連結会計規定 341
連結計算書類 56, 202, 231, 341

A

aanbiedingsregeling 119
aandeel aan toonder 31, 117
aandeelbewijs 117
aandeelbewijs aan toonder 117
aandeelbewijs op naam 118
aandeelhoudersregister 118
aandeelhoudersvergadering 148
aandeel op naam 117
aandelenemissie 105
aandelenfusie 311, 331
aandelenruil 335
aandelen zonder volledig winstrecht 136
aandelen zonder winstrecht 136
aansprakelijkheid 230, 283
aanwijzingsbevoegdheid of aanwijzings-
　macht 337
actie 4
actie-compagnie 4
administratiekantoor 137
administratievoorwaarden 138
Adviescommissie voor het vennoot-
　schapsrecht en het rechtspersonen-
　recht in het algemeen 8
adviesrecht 202
advocaat-generaal 264
afgeleide schade 242
afhankelijke maatschappij 50, 152
afsplitsing 317
afstempeling 102
agio 78
akte van cessie 325
akte van oprichting 58
algemeen directeur 183
algemene ledenvergadering 71
Alternext 127
Autoriteit Financiële Markten 126

B

balans 83
bankverklaring 61
bedrijfscommissie 208
bedrijfsfusie 311
bekrachtigen 63
belangenpluralisme 53
bemiddeling 208
Beperkte Aansprakelijkheid 42
beroep in cassatie 292
beroepsgeheim 35

事項索引　361

beschermingsconstructies 333
beschikkingsgebondenheid 114
beslissing op het verzoek 280
besloten vennootschap met beperkte
　aansprakelijkheid 27
Besluit openbare biedingen Wft 16
besluitvorming buiten vergadering 164
best practice bepalingen 195
bestuur 71, 148, 209
bestuurdersaansprakelijkheidsverzeke-
　ring 260
bestuursverslag 231
betekening 124
beursgang 128
bevindingen met betrekking tot de
　betrouwbaarheid en continuïteit van
　de geautomatiseerde gegevensver-
　werking 232
bevoegdheidsdoorbraak 272
bewuste roekeloosheid 243
bezitloos pandrecht 142
bijzondere aandelen 131
bijzondere gemeenschap 113
bijzonder vertegenwoordiger 224
bindende aanwijzing 157
blokkeringsregeling 29, 119
Burgerlijk Wetboek Boek 2 20

C

centrale leiding 327
centrale ondernemingsraad 200
certificaten van aandelen 131
Code Tabaksblat 12
collectief of collegiaal bestuur 236
collectieve verantwoordelijkheid 245
commanditaire vennootschap 27
commanditaire vennoten 39
Commissie Vennootschapsrecht 8
Commissie Verdam 10
concernenquête 271
converteerbare obligaties 128
coöperatie 27
cumulatief preferente aandelen 134

D

decharge 258
deelneming 329
Derde misbruikwet 244
deskundige 200, 270
directe binding 60
direct extern werkend 221
dividend 92
dochtermaatschappij 328
doeloverschrijding 226
doorbraak van aansprakelijkheid.. 22, 244,
　　　　　　　　　　　　　　　　342

E

economische eigendom 111
eenmanszaak 28
eenpersoons-nv/bv 51
eenvoudige balanstest 94
eerste statuten 58
eigen aandelen 95
eigen vermogen 87
eis van Koninklijke Bewilliging 6
elementaire beginselen van verant-
　woord ondernemerschap 280
enkelvoudige jaarrekening 231
EnterNext 127
erkenning 124, 127
ernstig verwijt 214, 238
Euroclear Nederland 125
European Economic Interest Grouping
　.. 28
Europees economisch samenwerkingsver-
　band 28
Europees Verdrag tot bescherming van
　de rechten van de mens en de funda-
　mentele vrijheden 43
Europese coöperatieve vennootschap ... 28
Europese vennootschap 28
exoneratie 258
extra verplichtingen 88

F

faillissement 309
feitelijk bestuurder 248

filiaal 52
financiële steun 99
formeel buitenlandse vennootschappen
 52
formele vereniging 70
frustratie van verhaal 251
fundamenteel totstandkomingsgebrek
 176

G

gebonden vermogen 91
geconsolideerde jaarrekening 231
gedeeltelijk royeerbare certificaten 138
gedelegeerd commissaris 191
gegronde redenen 273
geheimhoudingsplicht 201
gekwalificeerde meerderheid 163
gelijkheid 24
gemeenschap 42, 113
gemeenschappelijke goederen 113
gemeenschappelijke leiding 327
gemeenschappelijke ondernemingsraad
 199
gemeenschappelijke rekening 32
gemiddelde consument 128
geplaatst kapitaal 84
geschillenregeling 20, 263, 293
gesloten systeem van rechtspersonen ... 21
gestort kapitaal 84
gevolmachtigde 30
gewone aandelen 131
gewone vennoten 39
gezag van gewijsde 38
goede trouw 187
goede zeden 167
goedkeuringsregeling 120
grensoverschrijdende juridische fusie
 316
groepsmaatschappij 328
groepsondernemingsraad 200

H

handelsregister 45
Handelsregisterbesluit 2008 45
Handelsregisterwet 2007 .... 30, 45

herstructurering 311, 345
herwaarderingsreserve 83

I

inbreng op aandelen anders dan in geld
 60
indirect extern werkend 221
informele vereniging 70
ingehouden winst 83
inlichtingenplicht 234
in oprichting 63, 67
instemmingsrecht 204
intrekking van aandelen 102

J

jaarrekening 83, 231
jaarrekeningprocedure 233
juridische fusie 311
juridische splitsing 317

K

Kamers van Koophandel 45
Kamers van Koophandel en Fabrieken
 45
kantonrechter 199
kantoor van het Handelsregister 45
kapitaalassociatie 28
kapitaalvennootschap 28
kennelijk onbehoorlijke taakvervulling
 244
kettingbeding 168
kwalitatief tegenstrijdig belang 220

L

landelijk verspreid dagblad 105
leerstuk van het afgescheiden vermo-
gen 113
lege vennootschap 12, 304
letteraandelen 137
levering 121
loyaliteitsdividend 174

M

maatman-belegger 128
maatschap 27

事項索引 363

maatschappelijk kapitaal 31, 84
managementletter 232
markt in financiële instrumenten 127
mede-eigendom 42
medezeggenschap 208
meervoudig stemrecht 165
minimum kapitaal 61
misbruik van bevoegdheid 166
Modernisering van het ondernemings-
    recht 14

N

naamloze vennootschap 27
Nachgründung 81
Nederlandse corporate governance code
    195
nevenvestiging 52
niet bestaande rechtspersoon 21
nietigheid 175
niet-opgevraagd kapitaal 85
niet-royeerbare certificaten 138
niet-uitvoerende bestuurder 153
niet verdeelde winsten of verlies 87
niet-volgestorte aandelen 79
notariële akte 29
notulen 164

O

obligatiehouder 128
obligo 85
oligarchische regeling 134
omzetting 322
onbehoorlijk bestuur 237
onderlinge waarborgmaatschappij 28
Ondernemingskamer 263
ondernemingsraad 49, 198
onmiddellijke voorzieningen 288
onrechtmatige daad 228
ontbinding 303
ontstaansgebrek 72
onverdeelde winst 83
openbaar bod 172
openbare maatschap 35
opgevraagd kapitaal 85
oprichter 30

oprichtersbewijzen 141
oprichtingsgebrek 62
oprichtingshandeling 61
optie op aandelen 109
opzegging 145
organisatie van openbaar belang 51
organisatorische verbondenheid 328
overdracht van onderneming 325
overgang onder algemene titel 121
overlegvergadering 202
overwegende zeggenschap 335

P

pandrecht 142
pandrecht van certificaathouders 141
personeelsvergadering 208
personeelsvertegenwoordiging 208
personenassociatie 33
personenvennootschap 28, 33
preferente aandelen 134
principes 195
prioriteitsaandelen 132
procuratiehouder 222
prospectus 127

Q

quasi-inbreng 82
quorumvereiste 163

R

raadgevende stem 166
raadsheer-commissaris 17, 277
raad van commissarissen 148
rapport 276
rapporteur 276
rechtbank 263
redelijkheid en billijkheid 24
reserves 83
restbevoegdheid 150
richtlijn 9
royeerbare certificaten 138
ruilverhouding 313

S

saldo winst 87

事項索引

samenwerking ··············· 32, 76
SER-besluit Fusiegedragsregels ········· 315
Sociaal-Economische Raad ············· 10
Societas Cooperativa Europaea ········ 28
Societas Europaea ················ 28
soorten aandelen ················ 131
Staatscourant ················· 106
standpuntbepaling ··············· 184
statutaire reserves ··············· 83
statutenwijziging ················ 301
stemrechtloze aandelen ············· 135
sterfhuisconstructie ··············· 346
stichting ··················· 28
stichting prioriteit ················ 134
stille maatschap ················· 34
stille vennoten ················· 39
storting in geld ················· 78
storting in natura ················ 78
stortingsaansprakelijkheid ············ 63
stortingsplicht ·················· 78
structuurvennootschap ········ 12, 49, 151

T

tegenstrijdig belang ·············· 218
turbo liquidatie ················· 306
tweehandtekeningenclausules ········· 215

U

uitgelote aandelen ··············· 103
Uitgesloten Aansprakelijkheid ········· 42
uitgeven van aandelen ·············· 78
uitgeven van obligaties ············· 128
uitkeringstest ·················· 94
uitkooprecht ··················· 299
uitkoopregeling ············· 263, 297
uitstoting ···················· 147
uittredingsrecht ················· 299
uitvoerende bestuurder ············· 153
ultra vires-leer ················· 60

V

vaste activa ··················· 84
vennootschap onder firma ············ 27
verantwoordelijkheid ········· 230, 283
verbintenisrechtelijke aard ············ 88

verblijvensbeding ················ 147
verdelen ····················· 29
vereenvoudigde fusie ·············· 316
vereenvoudigde splitsing ············ 322
Vereenvoudiging en flexibilisering van
   het Nederlandse BV-recht ·········· 18
vereenzelviging van rechtspersonen ··· 343
vereffenaar ···················· 304
vereffening ···················· 304
Verenigde Oost-Indische Compagnie
   (VOC) ······················· 3
vereniging ···················· 28
vereniging met beperkte rechtsbevoegd-
   heid ······················· 70
vereniging met volledige rechtsbe-
   voegdheid ···················· 70
vergaderrecht ·············· 140, 163
verklaring omtrent de getrouwheid van
   de jaarrekening ················ 232
verklaring van geen bezwaar ······· 7, 58
verklaring van getrouwheid ·········· 83
verkrijging onder algemene titel ········ 98
vernietigbaarheid ················ 177
verordening ····················· 9
verrekening ···················· 80
verslag ······················· 276
vertegenwoordiging ··············· 209
vertegenwoordiging bij besluit ········ 221
verwateren ···················· 106
verzwakt regime ················· 153
vetorecht ····················· 197
vijandig bod ··················· 333
vlottende activa ················· 84
voldoende ernstig verwijt ··········· 244
volledige vertegenwoordigingsbevoegd-
   heid ······················ 210
voorkeursrecht ·················· 107
voortzettingsbeding ··············· 146
voorzieningen ············· 280, 286
voorzitterschap ················· 154
vreemd vermogen ················ 87
vriendelijk bod ·················· 333
vrije reserves ··················· 87
vrijgesteld ···················· 152

事項索引　365

Vrijstellingsbesluit overnamebiedingen
   Wft 16
vrijwaring 258
vruchtgebruik 143
vuistpandrecht 142

W

wanbeleid 186, 263
weerlegbaar vermoeden 65
Wet bestuur en toezicht 14, 153
Wet controle op rechtspersonen 14
Wet Flex-BV 14
Wet giraal effectenverkeer 126
Wet op de formeel buitenlandse vennootschappen 52
Wet op de ondernemingsraden 10, 30, 49, 198
Wet op het financieel toezicht 11, 126

Wet spreekrecht ondernemingsraad 13
Wetsvoorstel maatschappelijke onderneming 13
Wettelijke Aansprakelijkheid 42
wettelijke reserves 83
Wet toezicht effectenverkeer 11
Wet toezicht financiële verslaggeving
.... 233
winstbewijs 141
winstdelende preferente aandelen 134
winstrecht 141
winstrechtloze aandelen 136
winstuitkering 91
winstverdelingsdoel 32

Z

zorgplicht 342
zuivere splitsing 317

●著者紹介

田邉真敏（たなべ・まさとし）

広島修道大学法学部教授
1983年、東京大学法学部卒業、株式会社日立製作所入社。法務部長、コンプライアンス部長を歴任し、2009年より現職。1988年、米国ペンシルベニア大学ロースクール法学修士課程修了（LL.M.）。2007年、筑波大学大学院ビジネス科学研究科博士後期課程企業科学専攻修了（博士（法学））。2014年〜2015年、オランダ・アムステルダム自由大学法学部客員研究員。
主著に『株主間契約と定款自治の法理』（九州大学出版会、2010）、『アメリカ連邦証拠規則』（レクシスネクシス・ジャパン、2012）。

広島修道大学学術選書66

オランダ会社法

2016年9月30日　初版第1刷発行

著　者　田　邉　真　敏

発行者　塚　原　秀　夫

発行所　株式会社　商　事　法　務
〒103-0025 東京都中央区日本橋茅場町 3-9-10
TEL 03-5614-5643・FAX 03-3664-8844〔営業部〕
TEL 03-5614-5649〔書籍出版部〕
http://www.shojihomu.co.jp/

落丁・乱丁本はお取り替えいたします。　　印刷／㈲シンカイシャ
© 2016 Masatoshi Tanabe　　　　　　　　Printed in Japan
　　　　　　　　　　　　　　Shojihomu Co., Ltd.
ISBN978-4-7857-2452-8
＊定価はカバーに表示してあります。